宏观经济学

高等院校经济学管理学核心课教材

王志伟→编著

格致出版社 上海人民出版社

内容简介

这是一本系统介绍宏观经济学基本原理的基础性教材。本书在介绍宏观经济的衡量、目标及结构等基本内容以及宏观经济学的基本理论的基础上，逐渐引申出产品市场和货币市场的应用，并由此推导出*IS–LM*模型，以及宏观经济政策和理论演变。同时，在开放的宏观经济条件下，探讨了一国的汇率和对外贸易政策对宏观经济的影响。最后，分析了通货膨胀的成因和治理，简单介绍了经济周期模型，并对宏观经济学的基本理论和流派作了一个简单的历史回顾。

本教材内容丰富，通俗易懂，适合于高等院校经济学、管理学本科核心课教学。

作者简介

王志伟，经济学博士。北京大学经济学院教授，博士研究生导师。

前言

Forword

随着我国社会主义市场经济的发展，经济问题日益成为人们关心的主要问题之一，掌握一定的经济学知识也日益成为人们的共识。本教材就是为那些希望对市场经济中的基本经济学知识有所了解的人编写的。

近年来，国外的宏观经济学教科书多以经济增长问题作为主线和主题框架，将经济波动和其他问题作为从属内容处理。我们国内也有教材采用类似的写法。考虑到本书还可以为一般读者及其他管理人员使用，本书采取了由浅入深、由静态到动态、由基本模型到扩展模型的循序渐进的写法。本书的程度介于高等院校通行的西方经济学原理课程和中级经济学教材之间，但略低于中级的水平。

本教材作为一本适合于大学本科及高级管理人员学习使用的教材，具有如下一些特点：

第一，本教材大体按照"总体概论—基本理论—政策作用—重要问题"的次序，采用由简单到复杂、由封闭到开放的叙述方法进行编写。

第二，为使书中知识更加系统化，本书注意了整体分析结构的一致性和完整性，便于对宏观经济学的整体和全貌作出适当的把握。

第三，考虑到宏观经济学的特点，本书以凯恩斯主义理论框架为基础和主要内容，并适当注意平衡处理其他侧重点的宏观经济学的理论观点。

第四，适当兼顾了宏观经济学的新近理论动态与发展趋势。

第五，本书在内容上重点强调对宏观经济运行机制和政策作用的理解，并适当加强了开放经济部分的介绍和说明。

第六，本书着重采用文字和图表的表述方法，而较少采用数学分析和推导的方法，以求更加通俗和简明。

由于上述这些特点，作者期望本书能够成为适合大多数一般读者和学生当前需要的初级教科书。

我们学习西方经济学的目的当然是要"洋为中用"，也就是说，是为了推进我国的经济建设和发展而学习国外的经济学理论。因此，我们在通过本教材学习西方国家的宏观经济学时，一定要真正搞清楚西方宏观经济学理论体系的具体适用条件和范围，理论推导中所涉及的必要的假设条件，其特定的适用性和一般适用性，从现实出发，注意贯彻科学发展观。切忌将西方宏观经济学中的某些理论、结论和做法直接地、不分条件和场合地盲目照搬套用。我们相信，只要读者坚持理论联系实际的学习态度，坚持历史唯物主义和辩证唯物主义的分析方法，就一定能够取得真正的收获，达到既定的目的。

使用本书的教师和学生可以根据自己的实际情况安排教学内容，作必要的删减或增补，而不必过于刻板地使用它。

本教材的编写设想其实早在三四年前就成形了。2004 年"中华外国经济学说研究会"年会之后，资深编辑徐永禄老先生找到"中华外国经济学说研究会"名誉会长、北京大学经济学院资深教授、我国老一辈经济学家胡代光教授，提出希望由他牵头编写出版一套适合于非经济类专业出身的人员了解和掌握一定经济学知识需要的教材。胡代光教授十分支持这个提议，但考虑到自己年事已高，遂委托我具体主持编著工作。本教材编写过程中，遇到了一些困难和波折，诸如编写人员变动以及其他众多急迫任务的冲击，好在最终完稿。值此书稿付梓之际，我们仅向胡代光教授、徐永禄老先生、麻俊生先生和钱敏女士致以衷心感谢。感谢他们的长期关心、鼓励和督促，以及为本书出版所做的细致的工作。

本书在编写过程中，参考了诸多国内外教材，这里不便一一列举，谨在此一并对有关作者表示真诚的谢意！

由于各种主客观的原因，本书中难免错误、疏漏和不当之处，切望各位读者、学界前辈和同仁不吝赐教，以便及时匡正，增益社会。

王志伟

2007 年 12 月 8 日

Contents

目录

第一部分 宏观经济的衡量、目标及结构

第二部分　宏观经济的基本理论和分析

第三部分　开放经济条件下的宏观经济

第四部分　宏观经济的重要问题

第一部分

宏观经济的衡量、目标及结构

第一章

宏观经济学概述

学习目的和要求

通过本章的学习应主要掌握：1. 了解宏观经济学的性质、研究对象，以及宏观经济学所要研究和解决的基本问题；2. 在大的历史背景方面，通过宏观经济学的由来和发展过程，了解宏观经济学的发展趋势和变动性；3. 明晓宏观经济学研究中所使用的几种主要方法；4. 在对本教材结构安排有所了解的情况下，进行宏观经济学的学习。

关心自己和家庭切身利益的人，不可避免地需要了解周边的社会经济状况。而对国家和社会有所关心的人，也往往会思索：为什么很多年以前的古代，中国是一个令他国羡慕的经济十分繁荣的国家，而在近代却被一些西方国家远远抛在后面？为什么我们搞了多年社会主义计划经济，但在效果上却不如西方资本主义经济发达国家？社会主义市场经济既然已经表现出其蓬勃的活力，为什么又会遭遇起落和波动？这些问题都会涉及宏观经济学的知识。

第一节　宏观经济学的研究对象和基本问题

"宏观经济学"是理论经济学和基本经济理论的一个重要方面。它是和"微观经济学"相对应的。"宏观"(macro)具有宏大、总体、整体或综合的涵义。"微观"(micro)具有微小、单个、个体的涵义。

也许有人认为，只有和自己的具体经济活动相关的经济知识(微观经济学的知识)才是最重要的，其他知识，特别是宏观经济学的知识，只是国家或政府决策者考虑问题时用到的，因而，离自己较远。实际上，这种认识有片面性。请回想一下，几年前，在亚洲金融风暴的冲击下，有关各国或地区，谁能够完全避免其冲击和影响呢？我们还可以再回想一下，当整个经济不景气时，自己的企业是否能够完全置身事外，不受影响呢？再比如说，当政府出台一项全国性的税收政策，或者决定调整存贷款利率时，自己的企业或个人利益是否也能不做适当调整而维持原状或得到进一步增进呢？显然，个人或企业的利益必然会受到经济大形势和大环境的重要影响。在了解整个经济形势和动向的基础上，个人或企业可以通过对自身行为的适当调整，来尽可能地减少损失或增加收益。但是，在某些情况下，由于缺乏对整个经济形势和动向的了解，或者个人或企业无法做出相应的调整，就只能听任外来因素的冲击和影响。可见，宏观经济学对于企业和个人是至关重要的。

一、宏观经济学的性质和研究对象

1. 宏观经济学的性质

宏观经济学是研究经济总体情况与变化趋势的经济学分支。在人们的印象中，似乎微观经济变量相加在一起，就可以构成宏观经济变量，而许多同类的微观经济问题加在一起也就构成了宏观经济问题。但是，在很多情况下却不能通过把个别经济变量简单相加的方式来直接得出整体经济变量。

企业在经营管理过程中，总要想办法降低成本。假定一个企业能够通过降低工资水平使成本下降，或者通过低工资多使用工人，那么，在外部条件不变的情况下，其经济效益必定会得到提高。但是，这个方法在宏观上却不一定成立。因为每个工人在商品市场上又是消费者。当所有的企业都降低工资的时候，将会使社会商品购买力降低，从而降低对商品的社会需求。商品社会需求的降低又会引起商品价格降低，企业利润下降，生产萎缩，经济萧条。这就是逻辑上"合成错误"（或"合成谬误"）的例子。

再比如，个人或家庭的勤俭持家、节约开支，相当于在实际上增加收入。但是，如果全社会都这么做，却不会增加全社会的储蓄和收入。因为在收入既定条件下，全社会都增加储蓄或节约开支就意味着全社会都减少了当前时期的消费，如果这些增加的储蓄不能转化为新增的投资，社会的总需求就会下降。当社会的总需求量下降的时候，生产也会由于销售的困难而缩减，价格也会因此而下降，最终社会下一时期的总收入就会减少。当社会总收入减少的时候，相应的储蓄当然也会随之减少。这就是宏观经济学中的"储蓄的悖论"。

可见，宏观经济学的确在很多方面和微观经济学是有所不同的。

2. 宏观经济学研究的基本对象

宏观经济学研究的基本对象是经济中的总量及其变化问题。例如，商品和服务的总产量、社会总收入的增长、社会的通货膨胀和失业问题、国际收支的平衡问题、经济的繁荣和萧条问题等等。在对这类问题的研究中，宏观经济学的重点是围绕着短期经济波动和长期经济增长展开的。宏观经济学就是要通过对于这些问题的研究，达到提高经济资源运用的整体效率的目的。

宏观经济学的分析和研究，忽略了经济生活中极其复杂的细节问题，将其抽象化和一般化为一些易于把握的基本问题，再分别从整个商品市场、服务市场、货币市场、劳动市场和国际大市场的角度加以分析，从这些基本问题在整个国民经济中的相互作用和地位进行研究。由于这种特点，宏观经济学力图对国民经济中的一些重大问题做出较为可信的解释。比如说，一国经济在某一时期出现繁荣或衰退的原因，经济中整体物价水平变动的原因，国际收支不平衡的缘由等等。

在宏观经济学中，整体价格水平的决定和变化问题，还有国民收入和支出总水平的变化，以及就业问题都是关键性变量和重要的研究对象。此外,在宏观经济学中,政府也是一个重要的行为主体,政府的财政预算、国债等也都是重要的经济变量和研究的重点。

尽管宏观经济学和微观经济学的侧重点不同,研究的角度也有所不同,但是在它们各自的研究中却是互相关联的,是互以对方为既定条件的。没有微观变量,宏观总量就失去了存在的基础。所以,宏观经济学要以微观经济学为基础,微观经济学当然也要以宏观经济学为既定条件。另外,宏观经济学和微观经济学在研究方法上,也有很多一致性和相似性,比如,双方都运用均衡分析方法、供求分析方法、弹性分析方法和经济模型分析方法等。

二、宏观经济学研究的基本问题

宏观经济学的主要内容是研究国民经济的总量、结构、机制和绩效,以及政府怎样运用经济政策来提高经济的绩效。这些内容一般涉及以下一些基本问题。

1. 充分就业的问题

失业是世界各国普遍存在的重要的社会问题和经济问题,也是宏观经济学家十分关注的问题。西方宏观经济学家一直在花费大量精力对于各种不同条件下失业的原因、机制、影响及解决它的政策和对策进行研究,提出了许多不同的理论观点。特别是在主张政府以宏观财政政策和货币政策等方法进行干预的观点和反对政府干预的观点之间,一直存在着争论,至今未能达成一致。所以,如何实现充分就业的问题便成为宏观经济学研究的一个基本问题。

2. 通货膨胀的问题

如果一国出现持续的物价上涨,经济活动就会受其影响而出现波动,人们的利益也将会受到不同程度的损害。世界各国经济发展的实践证明,通货膨胀是经济活动中一个十分敏感的重要问题,必须给予充分的重视。但是,通货膨胀的原因是什么?它在经济活动中的传导机制是怎样的?怎样控制和预防它?抑制通货膨胀的时候会不会产生其他副作用?它是不是在某种程度上也有一定的积极作用?这也是宏观经济学家十分关注的基本问题。

3. 经济波动和经济周期问题

我们知道,任何国家的经济发展过程都不是一帆风顺的,都会发生或快或慢、时好时差的情况。这就是经济波动。如果这种经济波动具有大致的时间间隔,这就是经济周期。从西方国家的经济发展历史来看,在19世纪,资本主义经济发展早期就已经出现了经济波动,到19世纪末20世纪初,这种经济波动更进一步呈现出某种"周期性"的特征,因而被称为"商业周期"或者"经济周期"。几乎从那个时候起,西方经济学家们就开始对经济周期问题展开了广泛而深刻的研究,提出了形形色色的经济周期和经济波动理论。1929—1933年的大萧条更是这种经济周期最严重的表现。这时出现的凯恩斯的经济理论就是对经济周期和经济波动理论的一种探讨。在凯恩斯的经济理论启发下,经济学家们继续对于经济周期和经济波动理论进行探讨,又不断地提出一些新的理论观点。尽管这种研究后来又出现了低潮,但是研究并没有中断。今天,经济周期和经济波动问题仍然是宏观经济学家们研究的基本问题。

4. 推动经济增长的问题

世界各国发展经济的主要目的就是提高本国人民的生活水平和质量,增加他们的综合福利。解决这一问题的首要途径就是实现经济增长。但是,历史证明,各国实现其经济增长的具体途径并不相同。那么，其中究竟有没有一种普遍性的规律呢？经济增长在各个阶段中有什么特征呢？经济增长又主要是由什么因素决定的呢？有什么模式吗？这一类问题也是宏观经济学家始终关注的对象。所以，经济增长问题也是宏观经济学的基本问题。

5. 开放经济下的宏观经济问题

在世界经济日益一体化和全球化的今天，一国的经济状况会与其他国家的经济活动发生越来越密切的联系，会越来越多地受到其他国家的经济状况的影响。而且，一个国家在发展经济的过程中，必须考虑其国际收支的平衡问题，也必须考虑其本国经济活动与其他国家的经济活动之间的相互影响问题，还必须考虑一旦发生宏观经济失衡将如何应对和调节的问题。此外，有关的全球贸易和资本流动问题、国际经济危机发生时在各国之间的传递与扩散问题、在经济开放条件下如何有效地运用宏观经济政策进行调控的问题等，也都是不可忽视的。于是，开放经济条件下的宏观经济问题也成为了一类基本问题。进一步说，甚至 21 世纪宏观经济学的发展，恐怕要在很大程度上，将会以经济视角的国际化为其主要方向。

6. 宏观经济政策及其效果问题

在当今世界上，并不存在绝对的经济自由。任何一国政府在对外方面总是在最大限度地保护本国人民的利益，而在对内方面也总是试图对经济活动施加积极的影响，以鼓励本国经济的健康发展和收入分配的公平合理。无论如何，政府的宏观经济政策总是会影响经济的绩效。所以，经济学家们必然对宏观经济政策的性质、对经济所产生的具体影响、对经济的作用机制、政策间的相互联系以及政策如何运用等问题进行研究。所以，宏观经济政策问题也是宏观经济学研究的基本问题之一。

第二节　宏观经济学的产生和发展概况

从狭义角度来说，现代宏观经济学作为经济学中的一个重要分支，是从 20 世纪 30 年代中期正式产生的。但是，从广义的角度来说，宏观经济学的思想和相关问题的研究很早就有了。甚至可以说，早在大约四个多世纪前，就有了对于宏观经济学所涉及的总体经济问题的关注和研究。以后，特别是最近的两个世纪当中，宏观经济问题更进一步成为经济学家们长期关注的问题的中心。

一、凯恩斯以前的宏观经济学

这是从广义角度来说的宏观经济学，主要涉及 20 世纪 30 年代中期以前的古典经济学时代和更早的重商主义时代的宏观经济学说。

1. 重商主义时代的宏观经济学说

重商主义经济学说是 15—18 世纪活跃于欧洲（主要是西欧沿海国家）的一种经济思想和学

说。它是资本主义社会正式产生前后、资本主义近代民族国家形成过程中的一种经济理论观点。“经济”(economy)一词最早来自希腊文,其含义是指对于奴隶制庄园的管理或者“家庭管理”。15 世纪中期以后,对资本主义经济关系作最早理论研究的重商主义者,开始把研究的重点和关注的问题转向民族国家的经济强盛与发财致富。在 17 世纪初期,法国早期重商主义者孟克列钦(Antoyne de Montchrétien)在他的一本小册子《献给国王和王太后的政治经济学》(1615 年)中,最先使用了“政治经济学”(political economy)一词,用来表示他对经济问题研究重点的转移和与以往“经济”(economy)一词含义的区别。这一提法实际上涉及了全体重商主义经济学家对宏观经济学问题的重视。

在重商主义时代,欧洲商品经济迅速发展,商业资本的力量迅速增强,在社会上具有压倒性影响。重商主义者既适应当时资产阶级积累财富的需要,也从民族国家的立场出发,提出了一系列经济思想和政策主张。他们把金银看作真正的财富,并且认为这种财富对于国家来说,只能来自于对外贸易的不平等交换当中。为了保证本国财富的扩大,重商主义者主张国家应该积极地干预经济生活,以保证本国的贸易出超,获取更多的金银。重商主义的这种政策主张与现代国家干预主义的宏观经济政策主张在方向上是基本一致的。

尽管重商主义者也涉及如何通过发展工农业来发展一国经济的问题,但他们主要是想在流通领域中发财致富。因此,重商主义者的宏观经济观点和政策主张还是比较粗糙和浅显的,局限性较大,并没有真正涉及现代社会所关心的宏观经济问题。

2. 古典的和早期新古典经济学时代的宏观经济学说

17 世纪中期以后,一直到 19 世纪 70 年代,是古典经济学时代。此后,直到 20 世纪 30 年代是早期新古典经济学的时代。

古典经济学家研究的重点,是市场自由竞争条件下经济活动的规律和增进国民财富的途径。但是,他们也同时研究了有关的宏观经济问题。以亚当·斯密(Adam Smith)、大卫·李嘉图(David Ricardo)、约翰·穆勒(John Stuart Mill)为主要代表的古典经济学家在研究劳动分工、生产专业化和市场调节机制引导资源配置的基础上,从宏观经济学的角度论述了一国经济如何通过国际分工与贸易增进国民财富和福利的问题,也研究了经济增长中的变动趋势问题。重农学派的主要代表人物魁奈(Francois Quesnay)则以其“经济表”的独特关系分析和研究了宏观经济部门之间的联系、平衡问题和社会再生产问题。这是古典经济学家对宏观经济学理论所做出的重大贡献。此外,古典经济学家中的威廉·配第(William Petty)、大卫·李嘉图、大卫·休谟(David Hume)、萨伊(Jean Baptiste Say)、西斯蒙第(J. C. Sismondi)、马尔萨斯(Thomas Robert Malthus)等人也对宏观经济理论和分析方法做出了重要的贡献。大卫·休谟对一国中货币供给、价格水平以及贸易差额间联系的分析方法,后来被称作“国际收支的货币分析方法”,对现代宏观经济分析和理论研究产生了重要的影响。李嘉图、马尔萨斯、萨伊、西斯蒙第之间关于经济均衡与生产过剩经济危机的争论、李嘉图在当时的“金块论战”中所表述的观点和思想,都直接涉及宏观经济学中的主要问题,对后来的宏观经济学理论发展产生了重要作用。不过,从经济政策倾向上来说,古典经济学家们绝大多数是主张实行自由放任政策让市场调节机制充分发挥作用的。只有马尔萨斯的观点对于后来的凯恩斯理论产生了重大的影响。

19 世纪 70 年代以后的早期新古典经济学家基本沿袭了古典经济学家侧重研究微观经济问题的倾向。只有德国历史学派和美国制度学派的经济学家以及少数其他经济学家在某些问题上涉及宏观经济理论和问题。德国历史学派更多地是从本国的民族立场提倡国家对经济生活的较多干预，从宏观角度强调经济发展的问题。美国制度学派则从更加广阔和综合的角度提出宏观经济问题。不过，20世纪20—30年代一些经济学家开始将他们的眼光逐渐转向宏观经济问题的研究。欧文·费雪(Irving Fisher)、庇古(A. C. Pigou)分别从货币问题和福利政策问题介入宏观经济理论和政策的研究，提出了著名的货币"交易方程式"和"剑桥方程式"。瑞典的威克塞尔(Knut Wicksell)则进一步将货币问题和实际经济问题结合起来，提出了关于宏观经济波动和协调的理论，以及比较新颖的财政理论。他们的这些努力都为20世纪30年代中期以凯恩斯理论为标志的现代宏观经济学的出现开辟了道路和奠定了基础。

二、现代宏观经济理论和学说

现代宏观经济学时代是指20世纪30年代中期以后直至当前西方宏观经济学活动的时代。其标志就是1936年凯恩斯的《就业、利息和货币通论》一书的出版。

1. 现代宏观经济学产生的背景和理论条件

(1) 现代宏观经济学产生的背景。

首先，现代宏观经济学产生的背景主要是20世纪30年代时严重的经济大萧条和经济危机。这对于现代宏观经济学的产生起到了直接的推动作用。尽管从19世纪下半叶开始，欧美国家就比较经常地发生着经济萧条和危机，但是，1929—1933年的大萧条和大危机是最为严重的。据统计，在这一期间，美国的经济下跌了将近50%，德国下跌了大约40%，法国下降了近30%，英国下降了大约10%。不过，英国的经济衰退开始得较早，从20世纪20年代一直到30年代，是长期持续萧条。经济大萧条期间，这些国家也经历了史无前例的通货紧缩和特大规模的失业。古典传统的经济理论观念和政策主张在经济大萧条面前一筹莫展，无能为力。严酷的经济现实迫切要求有新的经济理论来解释和解决现实经济问题。

(2) 现代宏观经济学产生的理论条件。

现代宏观经济学产生的理论条件主要是两方面的准备。一方面，是19世纪以来的关于经济危机和周期性波动的理论为现代宏观经济学的产生提供了必要的理论准备。另一方面，20年代以来经济统计学和经济计量学的发展为宏观经济数据的处理和分析提供了有效的工具。瑞典的威克塞尔提出的经济理论和分析方法，甚至某些结论都属于宏观经济分析，也都为现代宏观经济学的产生奠定了直接的必要的基础。

2. 凯恩斯宏观经济学的出现

英国经济学家约翰·梅纳德·凯恩斯(John Maynard Keynes)在1936年出版的《就业、利息和货币通论》是现代宏观经济学正式产生的标志。凯恩斯经济理论的出现被称为"凯恩斯革命"。

凯恩斯在该书中提出了一个较为完整的宏观经济分析理论框架。他以解决就业问题为主要目标，通过有效需求理论的分析，说明有效需求对社会总产出和总就业的决定性作用，以及有效需求不足怎样导致经济失调和失业的增加，最后得出了资本主义市场自动调节机制无法有效解决大规模失业问题的结论。他指出，只有借助于国家对经济生活的"总揽"和干预，才可能提高有效需求水平，克服经济萧条，达到充分就业。

在该书中，凯恩斯提出了“边际消费倾向递减”、“资本边际效率递减”和“流动性偏好”三个心理规律，将货币问题与实际经济问题结合起来，从而克服了传统经济理论将货币与实际经济活动分开的“两分法”。凯恩斯首次在宏观经济分析中涉及商品市场、货币市场和劳动市场，并把三个市场结合起来。凯恩斯也首次强调了宏观经济政策，特别是赤字财政政策对于克服经济衰退、保持充分就业的重要意义。

凯恩斯为现代宏观经济理论和分析方法的发展开辟了一条重要的道路。

3. 现代宏观经济学的发展

20 世纪 30 年代以后，现代宏观经济学伴随着西方国家经济实践的发展，沿着凯恩斯开辟的道路，在不断的争论当中得到了发展。

(1) 20 世纪 40 年代中期至 70 年代初期的宏观经济学。

20 世纪 40 年代中期至 70 年代初期的宏观经济学是凯恩斯主义经济学的兴盛时期。由于凯恩斯的经济学出笼不久就遇到了第二次世界大战，所以，在第二次世界大战结束之前，他的理论并没有得到广泛传播，也没有成为宏观经济学的主流。战后，由于美国经济学家的努力，凯恩斯的经济学开始逐渐成为美国经济学的主流。在这方面，美国的“新古典综合派”是一个最主要代表。在英国，则以“新剑桥学派”为主要代表。可以说，在 20 世纪 40 年代中期到 70 年代，现代宏观经济学已经基本上是凯恩斯主义一统天下了。

这一时期，经济学家们普遍接受了凯恩斯的宏观经济学的分析和政策主张，认为社会总产出和总就业的波动主要是由总需求的波动引起的，所以，经济学家们的主要任务就应该是研究在一般情况下如何通过控制总需求来稳定经济、防止波动，而在经济出现衰退时，怎样提高总需求水平，促进经济复苏，增加就业和产出。这一时期，需求导向的宏观经济分析成为宏观经济学的主流，也成为经济实践的主流。20 世纪 60 年代，美国在肯尼迪总统执政时，这一倾向达到了高峰。其大幅度减税和增加政府购买的政策则成为主流政策的象征。与此同时，在西方国家经济形势较好的情况下，经济增长理论和经济发展理论也成为当时宏观经济学中的重要组成部分。

(2) 20 世纪 70 年代至 80 年代中期的宏观经济学。

这一时期是现代宏观经济学的理论大论战时期，也是凯恩斯主义宏观经济学遭受挫折与批评，以及凯恩斯主义经济学的反对派活跃的时期。

在第二次世界大战结束后到 70 年代初这段时间，凯恩斯主义的理论和政策主张在西方国家日益盛行。加之，这一段时间里大部分国家的经济恢复和发展很快，没有出现严重的经济衰退和通货膨胀。这就使人们普遍相信，政府可以通过采取积极的财政政策和货币政策来主动地稳定经济、防止衰退。在这种情况下，凯恩斯主义的宏观经济理论和政策主张稳居主导地位而没有受到挑战。

但是到了 70 年代，西方国家的经济情况发生了变化。一方面，以美国为首的西方国家经济中出现了日益严重的通货膨胀，另一方面，在石油危机的冲击下，通货膨胀更为加剧，经济也出现了衰退，商品滞销、生产萎缩、银行倒闭、失业加剧。这种经济停滞和通货膨胀并发的情况就是所谓的“停滞膨胀”或者说“滞胀”。对于这种情况和问题，凯恩斯主义的理论和政策显得无能为力，束手无策。一些反对派的经济学家甚至说，严重的通货膨胀局面正是由于长期实行凯恩斯主义政策的结果。于是，一场宏观经济理论和政策领域的大辩论、大论战就开始了。

在这场争论中，有人认为，经济中"滞胀"的产生并不是由于需求方面的原因，而是由于供给方面的原因，所以，传统的凯恩斯主义宏观经济学理论和政策主张并不能解决问题，应该从供给方面入手寻求解决之道。也有人说，凯恩斯主义的宏观经济学缺乏一个微观基础，因而它没有很好地在分析和研究微观资源配置机制的效率基础上运用宏观经济政策。为此，应该很好地检讨宏观经济学的微观基础问题，以求达到宏观分析和微观分析的一致与统一。还有人认为，经济中发生这些问题的原因主要是没有很好地处理货币问题引起的。在这场大争论中，出现了一些宏观经济学上的重要的、有影响的学术流派。例如，以米尔顿·弗里德曼(Milton Friedman)为代表的现代货币主义学派。他们认为，经济中现有的问题主要是凯恩斯主义不适当的宏观经济政策，特别是不适当的财政政策和货币政策造成的。由于市场自动调节的机制是有效的，所以，政府应该尽量减少宏观调节，稳定货币供给，以避免出现大的问题。以拉弗(Arthur Raffer)等人为代表的供给学派也赞成市场自动调节机制的有效性。他们认为，经济中的问题就出在片面强调总需求而忽视了总供给的缘故。所以，解决问题的出路就在于千方百计扩大总供给，特别是采用减税的办法来增加总供给。以卢卡斯(Robert Lucas)、萨金特(Thomas Sargent)、巴罗(Robert J. Barro)为代表的理性预期学派则建立了新古典宏观经济学。他们坚持微观经济主体决策的利益最大化和最优化原则，坚持人们的预期是理性的观点，坚持市场可以即时出清的假定。他们坚信市场自动调节的充分有效性，坚持认为政府的宏观经济政策在系统地稳定经济方面是无效的。这些学术流派的观点对现代宏观经济学理论和方法的发展产生了极其重要的影响。

(3) 20 世纪 80 年代至 90 年代的现代宏观经济学。

经过 20 世纪 70 年代至 80 年代的理论论战，现代宏观经济学在 20 世纪 80 年代至 90 年代获得了一些新的进展和变化。这主要表现在现代宏观经济学在许多方面取得了一定的共识，发生了一定的理论和方法上的趋同。当然，这一时期也出现了一些新的进展。这主要是以下一些方面。

① 新凯恩斯主义经济学的出现。

经过 20 世纪 70 年代至 80 年代的理论论战，坚持原凯恩斯主义宏观经济学观点的一些年轻经济学家，并不相信市场总会即时出清。他们发展出了一种既与原凯恩斯主义有所区别，又有某种联系的新凯恩斯主义宏观经济学的理论、观点和主张。他们认为，即使接受凯恩斯理论体系批评者提出的理性预期假定，接受经济活动当事人利益最大化原则，但是由于市场的非完全竞争、信息的不完备等诸多因素会使价格和工资出现刚性或粘性，而这仍然会造成市场的非出清，产生宏观经济中产出和就业的波动。为避免社会的较大损失，政府的宏观经济政策调节还是必要的，也是有效的。这种新理论观点的提出，既减少了凯恩斯主义理论批评者的激烈批评，也为坚持凯恩斯主义开辟了一条新的道路。

② 新的内生增长理论的出现。

经过 10 多年的消沉之后，从 20 世纪 80 年代中期开始，至少在美国，经济增长理论似乎又有抬头的趋势。以罗默(Paul M. Romer)和卢卡斯等人为主要代表的一些中青年经济学家，鉴于过去经济增长理论的某些缺陷，提出了所谓的"新经济增长理论"。这种理论主要是从知识、经验、技术、教育等方面对于经济增长的源泉和增长机制进行了新的探索。这种经济理论强调专业化知识、技术创新、劳动分工、人力资本、技术扩散等因素在经济增长中的重要作用,并且构建了一些内生动态模型,由此突破了过去的经济增长理论关于资本、劳动等因素的收益递减规律的假定,重新解释了长期经济增长的源泉和机制。这被西方经济学家认为是宏观经济理论的新进展。

③ 对经济周期理论的新兴趣。

自从20世纪50年代、特别是60年代以后,西方宏观经济学中对于经济周期理论的研究逐渐沉寂,理论的兴趣转向经济增长和通货膨胀问题。但是,到了80—90年代,对经济周期理论的研究重新高涨起来。先是现代新古典学派的一些经济学家,最早是R.巴罗(Robert J. Barro),后来是R.霍尔(Robert E. Hall),还有普雷斯科特(Edward C. Prescott)、F.基德兰德(Fann E. Kydland),后来C.普洛瑟(Charles Plosser)、N.G.曼昆(N. Gregory Mankiw)、C.尼尔森(Charles R. Nelson)等经济学家也纷纷加入研究。他们从不同的角度提出了"实际经济周期"的观点和模型。其后引起了其他经济学家的更大兴趣。于是,一个对经济周期理论研究的新的高潮似乎又成为宏观经济学中的一个新动向。

④ 对宏观经济学发展中制度因素的探索。

传统的宏观经济学对于经济制度似乎并没有加以特别的注意。尽管在战后曾经出现了以J.加尔布雷思(John Kenneth Galbraith)、G.缪尔达尔(G. Myrdal)为代表的新制度学派经济学,他们也曾经从制度方面对资本主义经济进行了分析和探讨。但是,主流宏观经济学方面似乎并没有对制度加以重视和注意。只是英国的"新剑桥学派"强调了对收入分配制度的适当改变问题。

在80—90年代,宏观经济学在以道格拉斯·诺斯(Douglas North)等人的"新经济史理论"启发下,在亚洲一些发展中国家经济的崛起的形势面前,对于经济发展过程中的制度因素的作用开始给予一定的关注。这似乎预示着宏观经济学发展变化过程中的一个新的动向。

⑤ 宏观经济学理论在观点上有所趋同情况下的继续发展。

宏观经济学经过20世纪70年代至80年代的大争论以后,宏观经济学家们在一定程度上逐渐接受了对立面的观点和方法,在一些问题上相对取得了共识。比如,对货币长期效应和短期效应的看法,对菲利普斯曲线的看法,对预期基础的看法,对经济行为假定的看法,对构造模型的研究方式的看法,等等,都大致上取得了某种共识。当然,分歧依然存在。不过,从80年代后期开始,宏观经济学家们已经是在新的基础和共识之上进行自己的理论研究了。这无疑也是宏观经济学最新进展的一种表现。

总而言之,在第二次世界大战之后的半个多世纪中,在西方国家经济发展的背景之下,宏观经济学经过长期研究和探讨、不断的争论,得到了很大的发展。今天的宏观经济学,无论在内容上、广度上、深刻性上都是凯恩斯时代的宏观经济学所无法相比的。宏观经济学的流派纷呈可能会使初学者大感困惑,但是,只要认真对待,他们将会在对宏观经济学的各种争论中学会更深刻地理解宏观经济学。当然,在本书中,我们不会过多关注宏观经济学的流派和争论,而是主要留意于宏观经济学的基本概念、基本原理、基本问题和主要经济政策的选择及效应方面,只是在最必要的地方,适当介绍一些有关的内容。

第三节　宏观经济学的研究方法

宏观经济学是一门内容极其复杂的学科。这一方面是由于该学科至今仍然处于不断发展变化之中，其理论内容充满了存有争议的问题和观点；另一方面是由于新的分析方法和新的研究角度被不断地引入该学科，形成了不同的流派和表述方式。所以，在学习宏观经济学的时候，注意这些宏观经济学的研究方法是十分必要的。一般说来，宏观经济学中所运用的研究方法主要有如下一些。

一、总量分析方法

根据前面的叙述，我们知道宏观经济学是以国民经济的整体情况和问题为研究对象的，它和微观经济学有很大的不同。这就决定了宏观经济学在研究方法上强调总量分析方法。所谓总量分析方法就是指，我们在分析有关问题时，要把一些具体的、分散的经济变量合理地综合与抽象成一些反映总体经济情况和问题的、更加概括的经济变量。总量分析方法在分析问题时，着重于大的经济趋势和动向、整体的经济反应和效果，而不必过分关注具体的、个别的解决问题或经济变量。

二、实证分析方法与规范分析方法

实证分析是指对于宏观经济现象、经济行为及其结果进行一种纯粹客观的、科学的考察和描述性的说明。实证分析并不对经济活动的结果做出个人的主观价值判断。一般说来，实证分析方法可以回答“是什么”的问题，但是不能回答“应该如何?”、“应该怎样?”的问题。例如，实证分析方法可以如实说明当中央银行发行了超过经济实际需要的货币量时，就会出现通货膨胀。但是，这种方法并不说明通货膨胀究竟是好还是坏，也不涉及中央银行究竟应该怎么办的问题或建议。

规范分析方法是对经济现象或者经济行为进行主观价值判断性的考察，它要说明对于某种经济现象或者经济行为应该做出什么样的性质和选择性判断，其经济结果是好是坏，是否应该采取某种做法等。一般说来，规范分析方法回答“好不好?”、“对不对?”、“应该不应该?”的问题。例如，当某种程度的通货膨胀发生时，该方法将指出这种通货膨胀的结果究竟好不好，要不要对其采取措施，怎样做才会达到最为理想的结果。

在实证分析方法中，尽管经济学家们之间会有一些分歧，但在规范分析方法方面，经济学家们之间的分歧也许会更大一些。不过，实证分析方法和规范分析方法不是截然对立的。规范分析往往以实证分析为基础，而实证分析也往往导致规范性的结论。对此，我们应该在学习宏观经济学的时候给以充分注意。

三、均衡分析方法和非均衡分析方法

宏观经济学和微观经济学一样，也大量运用了均衡分析方法。但是，它也运用了微观经济学中所不常见的非均衡分析方法。一方面，宏观经济学中的均衡分析方法并非微观经济学中的局部均衡分析方法，而更多的是类似微观经济学中的一般均衡分析那样的方法。另一方面，宏观经济学中也运用了非均衡的分析方法。这既包含了所谓的“非瓦尔拉斯均衡”，也包含了一般意义上的失衡，如失业的长期状态。宏观经济学就是要对这两类经济状况展开研究，并从中发现它们之间的联系和转化的规律。当然，均衡分析和非均衡分析两者间也存在着相互对应的关系。在研究中，我们要注意不可将两种方法截然对立起来。

四、存量分析方法与流量分析方法

为了在分析中更好地理解宏观经济中的各个变量指标，我们有时要对经济活动的数量指标进行流量和存量的区别。

“流量”是指在某一段时间内所发生的经济总量。例如，某一年内一国的国内生产总值、进出口总额等，就是该国在这一年内所有时期生产的所有最终产品和服务的总和，以及该国在同一年内所有时期的进口和出口总量。所以，国内生产总值和进出口总额就都是流量的数据。在对经济活动进行历史性分析和比较中往往会涉及某些年度总量值等流量分析。而“存量”则是指某一特定时点上的经济数量。这往往表现为以单位时间内发生的经济变动（活动）量的总值的形式。例如，某月份、季度的总产量、工资总量等。像某年某月某日一国的货币供应量（或流通中的货币数量），就是一个存量。对经济活动进行某种状态分析时，往往会使用存量分析。在主要的宏观经济总量指标中，像收入、支出、消费、投资、储蓄等都是流量，而货币供给量、劳动力数量、就业数量和失业量等都是存量。

流量与存量之间有着密切的关系。流量的累积会形成存量，而存量的变动就是流量。比如，历年对厂房和机器设备的投资，在扣除折旧之后，就构成资本的存量，而某一时期内资本存量的变动就是作为流量的投资。再例如，每一个时期的储蓄是流量，但是，各时期储蓄的累加结果却形成存量。

宏观经济学中对存量和流量的区别非常重要，所以，对于这两种数量指标在分析时应该注意加以区别。在宏观经济学的分析中，有时会涉及流量分析，有时又会涉及存量分析，有时则会同时涉及两者。此外，在分析过程中，我们有时也会遇到存量和流量相对应的情况，这也应该加以注意。例如，投资的流量会与资本的存量相对应，储蓄的流量会与财富的存量相对应。一般说来，存量是流量的基础，而流量是存量的条件。这就好比某一时刻水库中的实际库存量是存量，而一段时间内流入的水量或者流出的水量则是流量。存量分析和流量分析的主要区别就在于所涉及的时间特性。

学习参考

存量与流量的举例说明

经济学家们常常从存量和流量两个角度上来区分和使用经济变量。存量涉及一个既定时点上的经济变量，而流量涉及一个时间段内每一个时间单位的经济变量总量。

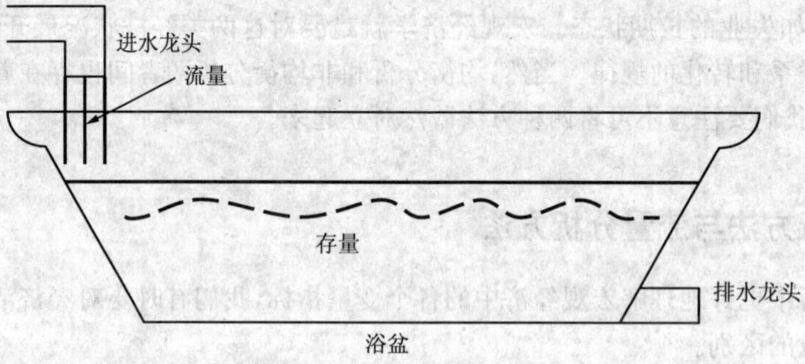

浴盆中的水的数量是存量：它衡量一个时点的水的数量；水龙头中流出来的水的数量是流量：它衡量一个时期内各个时间单位所流出的水的数量之总量。

图 1.1 存量与流量

图 1.1 所表示的浴盆及水量可以很好地说明存量与流量的区别。某一时刻浴盆中水的水量是存量；它是在某一个既定时点上浴盆中水的数量。某一段时间(或者说某一个时期)内，从进水龙头流出的水的总量就是流量；它是这段时间内的每单位时间流到浴盆中的水的数量总量。我们一般用不同的单位衡量水的流量和存量。比如说，浴盆中现在有 70 升水，进水龙头的水流量是每分钟 10 升水。

GDP 也许是经济学中最重要的宏观流量变量。它告诉我们在一段时间内(通常是一年)经济的循环流程中有多少价值量(以货币单位表示)在流转。如果有人说，美国的 GDP 是 8 万亿美元时，这就意味着是每年 8 万亿美元。

存量与流量并非不相干。在上面的例子中，浴盆中的水的数量(存量)代表从进水龙头流出的水数量(流量)的积累，而水的流量代表存量的变动。所以，在改造经济理论模型来解释经济变量时，确定变量究竟是存量还是流量，以及它们之间的联系，是重要而必要的。

我们在以后会涉及的存量和流量的例子有：

- 一个人的财富是存量；其收入和支出是流量。
- 失业者人数是存量；刚刚失业或者每天(每周)失业的人数是流量。
- 经济中的资本数量是存量；投资量是流量。
- 政府债务是存量；政府年度预算赤字是流量。

资料来源：N. 格里高利·曼昆：《宏观经济学》，中国人民大学出版社 2000 年版，第 18 页。

五、静态分析、比较静态分析和动态分析的方法

静态分析是指经济分析中并不特意涉及时间的差别和影响，或者说只关注于某一时刻的经济状态分析，而不涉及经济变动或者变动的过程分析。比较静态分析是只涉及两个或者多个时点上的经济对象的性质、状态、特征等的比较分析。这种分析同样不涉及经济变动的过程。动态分析则与前两者不同，它重点是考察和分析经济因素连续的变动过程，说明变动的原因和机制。在宏观经济学的分析和研究中，上述这三种方法都会遇到。例如，当我们分析当前宏观经济状况时，首先会涉及静态分析，由它说明当前经济的性质特征，发现存在的不协调或者失衡。但是，当我们把以前的经济状况与当前经济状况进行比较时，或者把我国经济状况与某一外国的经济状况进行比较时，就会涉及比较静态分析的方法。如果我们需要进一步分析我们当前的经济情况是怎样由以前的经济情况一步一步地发展和变化的时候，我们就会涉及动态分析方法。

六、即期分析和跨期分析的方法

在宏观经济学中，有时我们分析的对象和因素会集中在同一个当前时期内，这种分析就叫做即期分析。在另外的时候，我们的分析对象和因素则分布在不同的时期内，因而我们的分析就会涉及两个或者更多的时期，这种分析就是跨期分析。在现实经济生活中，即期分析和跨期分析都会遇到，这两种方法都是不可缺少的。比如说，对于某些经济政策所产生的影响的分析、对投资效果的分析等，都不会仅限于一个时期之内，这就需要进行跨期分析。但是，这种跨期分析，又是以一个一个的即期分析为基础的，没有即期分析，就无法很好地进行跨期分析。

七、经济模型的分析方法

在宏观经济学的分析中，建立和运用经济模型已经成为越来越普遍的分析方法。由于社会经济生活的复杂性，分析的困难可想而知，如果经济学家们能够借鉴自然科学家们的分析方法，排除一些不必要的因素或者固定某些分析中暂时不涉及的因素，只分析一些最必要的因素，那将是十分有利的。在这一思路下，经济学家们把最主要的经济因素之间的联系通过理论和数学手段或者逻辑手段建立起来，从而形成他们进一步分析的工具。这就是所谓的经济模型的分析方法。这种方法的最大好处是比较简化和易于操作。

从西方经济学发展的历史上看，古典经济学家们就已经开始尝试运用这一方法了。现代经济学家们更是把这种方法加以大力推广，形成了不涉及经济模型方法就无法进行经济学研究和经济学交流的状况。现在，从某种意义上说，经济学家的理论探讨和比较都是在经济模型基础上展开的，甚至直接就是对经济模型本身的探讨。

一般说来，经济模型的分析方法主要包括：经济模型的建立，经济模型有效性的理论检验和经验检验，经济模型的运用。其步骤大致是：首先提出需要研究的问题；其次，选择已有的经济分析模型或者建立新的经济分析模型；再次，以该模型对经济现象进行描述，以期得出其是否可

用的初步结论；第四，由该模型分析得出初步结论；第五，以现实数据进行必要的计量检验和分析；最后，决定其分析结论是否正确，并对其进行完善性补充和修改。

另外，经济模型会涉及内生变量和外生变量两类变量。内生变量是经济模型需要解释的变量，也是模型推导出来的变量；而外生变量是在模型外给定的、放入模型中作为模型分析中既定不变的变量。经济分析的艺术和技巧就在于判断假设的情况和外生变量是否真实妥当，也在于其建立的模型是否既反映了经济的真实性，也足够简明扼要。

总之，一个经济模型的好坏，主要取决于其前提假定是否合理？是否易于操作和理解？是否可以对其分析结果进行经验性检验和验证？能否对经济变动的结果做出较准确的预测？当然，由于宏观经济问题的多样性和复杂性，分析宏观经济的经济模型也是多种多样的。不同的经济模型可以分别解释不同的经济问题，但是不能企求一个经济模型能够处理所有的问题。我们应该记住：不同的假设适合于不同的模型，不同的模型适合于不同的问题，永远不存在能够解释一切问题的"万能模型"。了解了经济模型分析方法的这些特征，我们就能够更容易地理解有关的宏观经济学理论和分析了。

学习参考

经济模型的表现方式：通过函数表示经济变量之间的关系

经济模型都建立在经济变量之间的数量关系或逻辑上的因果关系、承继关系上。这些关系通常都是可以表示为函数形式的。作为数学概念的函数，它表示一个变量如何取决于另外一些变量。例如，在需求函数中，我们表明了在某种条件（或假设）下对某种商品，比如某种型号与品牌的电脑的需求数量取决于电脑的价格和总收入：

$$Q^d = F(P, Y)$$

上式表明，电脑的需求量 Q^d 是电脑价格 P 和总收入 Y 的函数。一般情况下，在函数式中，括号内的变量表示函数。上式中 $F(\cdot)$ 是表示括号内的变量如何决定电脑需求数量的函数。

如果得到了更多关于某种型号与品牌电脑的市场信息，我们还可以进一步给出一个对该种电脑需求数量的数字公式。比如：

$$Q^d = 50000 - 3P + 2Y$$

在这种情况下，该种电脑的需求函数就是：

$$F(P, Y) = 50000 - 3P + 2Y$$

对于该种电脑的任何一种价格和总收入，该函数都给出了相应的该种电脑的需求数量。例如，当总收入为 20000 元时，电脑价格为每台 8000 元，则电脑需求数量就是 66000 台；如果电脑价格下降为每台 7500 元，则电脑需求数量就可以增加 1500 台，达到 67500 台。

即便我们不知道准确的数字关系，函数也可以给我们表示出变量之间的关系。例如，我们虽然无法知道在其他条件不变而电脑价格下降 500 元时，电脑需求数量究竟会增加多少，但是我们可以大致知道电脑需求数量会增加。在这种情况下，函数形式就是有用的，它可以帮助我们在只知道变量之间函数关系的条件下，以函数形式求出增加量。

第四节　本书的主要内容及结构安排

本书在结构和内容上具体安排如下：

第一部分："宏观经济的衡量、目标及结构"包含第一章至第四章共四章内容。

第一章"宏观经济学概述"以便读者对于宏观经济学有一个基本的认识。本书首先介绍了宏观经济学的学科性质、主要研究对象和所涉及的基本问题，然后简单介绍宏观经济学产生和发展变化的基本概况，使读者能够对宏观经济学有一个更加全面的、历史性的了解，为他们在以后的学习过程中能够正确对待宏观经济学中的一些理论和问题提供一点帮助。在上述基础上，我们对读者在学习宏观经济学时需要加以注意的方面，做了适当的提醒和介绍，以便为他们较快地进入"状态"创造一点条件。最后，为使读者在正式进入本书的学习之前对本书的内容特点有一个大概的了解，以便更方便地安排他们的学习计划，作者对本书的篇章结构安排做了适当的说明。

第二章"宏观经济的主要衡量指标"主要对于宏观经济学分析中经常用到的最主要的几个经济总量加以介绍，同时对于国民经济核算的基本原理、方法和国民收入恒等式加以介绍。本章和其他教科书不同的一点是，我们增加了"绿色 GDP"的概念，并且从科学发展观的角度对经济发展和环境、生态的协调进行了简要的说明。

第三章"宏观经济的目标"主要对于宏观经济的几个大的目标进行说明。本章的特点是增加了"关于宏观经济目标的争论"一节，说明目前在宏观经济学中尚有争论的关于合理缩小收入分配差距问题、经济发展和生态环境保护的兼顾问题。

第四章"宏观经济学的结构"主要对构成宏观经济的总供求以及不同的市场结构加以概括介绍，以便为更好地理解宏观经济问题奠定基础。

第二部分"宏观经济的基本理论和分析"共包含第五章至第十章共六章内容，主要介绍了在当代西方宏观经济学中占主流地位的基本理论模型，其中主要包含凯恩斯主义的理论模型，总供求模型以及相应的政策主张，还有商品(服务)市场、货币金融市场和劳动市场的基本理论。

第五章"商品(服务)市场的总供求分析"主要从商品(服务)市场角度介绍了凯恩斯的宏观经济学理论模型的基本内容。这包含凯恩斯对决定均衡国民收入的总需求方面的分析，以及对消费需求函数与储蓄函数、投资需求函数、政府购买需求、进出口、乘数机制等的分析。

与此同时，本章也介绍了商品(服务)市场的总供给及其决定因素，长期和短期的各种总供给曲线，并且将总需求和总供给结合起来加以分析。

第六章"劳动市场和就业理论"对就业问题的重要性、劳动市场的供求，以及影响就业的各种因素进行了分析。最后，对于解决就业问题的办法也进行了适当的讨论。

第七章“货币和金融市场的总供求分析”对货币和金融市场的供求情况进行分析，并对货币政策乘数和货币创造乘数以及利率的决定进行了分析和介绍。

第八章“*IS-LM* 模型：产品市场和货币市场的一般均衡”介绍了最重要的凯恩斯主义经济学分析工具 *IS-LM* 模型，并以之说明产品市场和货币市场同时均衡的均衡和调整。

第九章“总需求政策和总需求管理”主要探讨了影响总需求的各种政策及其效果问题。

第十章“总供给政策和经济增长”主要从总供给角度来谈经济增长问题。首先概括介绍了关于经济增长问题的范围，并对西方宏观经济学家对于经济增长因素的分析加以概要地说明，然后，逐一介绍了哈罗德—多马模型、新古典经济增长模型和基本的内生经济增长模型，并对西方推动经济增长的政策和关于经济增长问题的争论进行了适当的说明。最后，对推动经济增长的各种政策及其效果进行了探讨。

第三部分“开放经济条件下的宏观经济”只包含第十一章“开放经济条件下的宏观经济分析”。介绍了国际贸易与汇率的关系问题、国际收支的平衡问题、*IS-LM-BP* 曲线及其含义以及开放经济条件下的宏观经济均衡问题。此外，还介绍了国际收支的调整原则、固定汇率制下的国际收支调节及其效果，以及浮动汇率下的国际收支调节及其效果问题。最后，探讨了开放经济条件下宏观经济政策问题。

第四部分“宏观经济的重要问题”主要包含第十二章至第十四章共三章内容。

第十二章“通货膨胀理论和问题”概括介绍了通货膨胀的定义、类型、影响、成因以及解决办法。最后对于与通货膨胀密切相关的菲利普斯曲线的由来和含义、菲利普斯曲线与宏观经济政策的联系、菲利普斯曲线的变化，以及对失业与通货膨胀关系也进行了进一步探讨。

第十三章“经济周期和经济波动”主要介绍了西方最主要的经济周期理论和观点，并介绍了“实际经济周期模型”的基本内容。

第十四章“基本经济学理论派别及论战概况”主要介绍了当前西方国家的两大主流宏观经济学派的基本理论观点、政策主张和一些相关的问题，以及经济学家之间的基本共识与分歧。这也可以看作是对全书以前部分内容的一种特定角度的归纳。

总之，以研究经济总体情况与趋势为主的宏观经济学，是以经济中的一系列总量问题和总体性问题，例如，充分就业的问题、防止和抑制通货膨胀问题、经济波动和经济周期问题、经济增长问题、开放经济下的宏观经济问题，以及宏观经济政策及其效果问题等为研究对象的。它与微观经济学互为前提条件，又互有区别。当今的宏观经济学是相关理论和观点在相当长时期内历史发展的结果。它仍在伴随着经济实践的进展继续发展和完善。在学习和理解宏观经济学过程中，我们应该坚持辩证唯物主义的态度，实事求是地对问题进行正确和适当的分析，避免陷入方法论的形式主义和片面的经验主义。

本章小结

本章说明，宏观经济学在性质上是研究经济总体情况与变化趋势的经济学分支。它以经济中的总量及其变化问题作为研究对象，主要内容是研究国民经济的总量、结构、机制和绩效，以及政府怎样运用经济政策来提高经济的绩效。宏观经济学所要研究和解决的基本问题有就业问题、通货膨胀问题、整体经济的增长和波动问题、对外开放的宏观问题，以及宏观经济政策的效果问题等。

在大的历史背景方面，本章对宏观经济学的由来和发展，以及变动趋势做了概括性的介绍，便于在更广阔的背景下了解宏观经济学。此外，对于宏观经济学研究中所经常使用的几种主要方法做了必要的说明。最后，对本教材结构安排又进行了必要的简介，以便学生和教师使用时具有一定的灵活性。

思考题

一、名词解释

宏观经济学　　微观经济学　　储蓄的悖论
总量分析　　实证分析和规范分析　　均衡分析和非均衡分析
存量分析和流量分析　　即期分析和跨期分析　　经济模型分析
静态分析、比较静态分析和动态分析　　合成错误(合成谬误)

二、选择题

1. 宏观经济学包含下列哪些内容:(　　)。
   A. 总产出是如何决定的
   B. 什么决定就业和失业总量
   C. 什么决定一个国家发展的速度
   D. 什么引起总价格水平的上升和下降
   E. 以上说法全都正确
2. 宏观经济学与微观经济学的关系是(　　)。
   A. 相互独立的
   B. 两者是建立在共同的理论基础之上的

C. 两者在理论上既有联系、又有矛盾

D. 随不同的宏观理论体系，两者的关系是截然不同的

3. 在宏观经济学发展过程中起了最重要作用的一部著作是(　　)。

A. 亚当·斯密的《国富论》

B. 大卫·李嘉图的《赋税原理》

C. 马歇尔的《经济学原理》

D. 凯恩斯的《就业、利息和货币通论》

4. 存款单上的存量为(　　)。

A. 收入额　　B. 支出额　　C. 收支额　　D. 余额

5. "外生变量"与"内生变量"之间的相同点与区别点在于(　　)。

A. 都必须由模型中不包括的关系决定

B. 外生变量值由模型外部决定，而内生变量值由模型内部决定

C. 外生变量由模型内部决定，内生变量由模型外部决定

D. 内生变量是确定的，而外生变量则不是

6. 经济学模型是(　　)。

A. 数学公式

B. 对经济发展的预测

C. 根据经济学理论提出的政策改革建议

D. 若干经济学假设以及由此推导出来的结论

三、判断题

1. 宏观经济学的基本问题是那些与总体经济有关的经济问题。(　　)
2. 由于宏观经济学研究的是总体经济，所以宏观经济分析模型的基础不再对个人行为进行分析。(　　)
3. 经济学家评价经济模型时只需进行逻辑推理而不需考虑经济模型的假设是否成立。(　　)
4. 一般说来，宏观经济学和微观经济学的侧重点有所不同，研究的方法也有所不同，但是在它们各自的研究中却是互相关联的，是互以对方为既定条件的。(　　)
5. 宏观经济学的重点是围绕着长期经济增长和短期经济波动展开的。(　　)
6. 今天的宏观经济学是有关理论和观点的历史发展的结果。它也是对不同时期、不同国家和地区的具体宏观经济问题的研究为基础发展起来的。(　　)

四、简答题

1. 宏观经济学的性质和研究对象是什么？
2. 宏观经济学研究哪些基本问题？
3. 宏观经济学主要涉及哪些基本分析方法？
4. 简述宏观经济学演变历史？
5. 怎样理解宏观经济学发展变化的历史性、现实性和一般意义？

第二章
宏观经济的主要衡量指标

学习目的和要求

通过本章的学习，读者应该能够：1. 掌握作为流量的宏观经济总量和作为存量的宏观经济总量间的区别；2. 掌握GDP和GNP的区别；3. 掌握名义GDP与实际GDP的区别；4. 掌握最基本的两种GDP的核算方法间的联系和区别；5. 掌握同属国民收入的几个不同层次的概念之间的区别和联系；6. 掌握几个不同层次的国民收入恒等式之间的联系和各自的特定含义。

在日常经济生活当中，我们不仅要了解经济活动的性质和特点，也要了解经济活动所涉及的数量和程度。这就需要有一些指标来表示经济变量的大小。同样道理，为了更好地把握宏观经济的情况，我们也需要有一些指标来衡量宏观经济变化的程度。本章主要介绍衡量宏观经济活动的最重要的指标 GDP 和 GNP，说明它们的含义，统计与核算方法，并且从宏观经济均衡的角度介绍国民收入恒等式的各种表达方式。

经济问题的解决情况，在一定程度上取决于决策者和行为人对经济现象的理解。而对经济现象的理解既取决于准确地把握经济状况和相关经济数据，也取决于正确地掌握经济理论。经济数据，即经济统计数字，是对宏观经济状况的基本衡量。经济学家们往往借助于反映特定经济指标的一些统计数字来研究和说明经济问题，政府的经济决策者也往往借助于经济统计数字来监控经济发展并形成适当的经济政策。因此，具体反映经济指标的经济统计数据在理解和解决宏观经济问题时就具有十分重要的意义。

第一节 GDP 和 GNP

宏观经济学所关注的是一国经济的总体表现，而概括表现一国在一定时期整体经济状况的最重要的总量指标就是“国内生产总值”(gross domestic product，简称 GDP)或“国民生产总值”

(gross national product，简称 GNP)。GDP(或 GNP)代表一国在既定时期内总体经济活动成果的价值表现，因而它是宏观经济学所要涉及的最主要指标之一。

我们要了解一个国家在一年内的总产出，就需要了解其在一年内所创造的最终产品的价值增值量总和。在一定时期内生产出来并由其最后使用者所购买的产品和劳务叫最终产品，而不具有这种性质的产品叫中间产品。中间产品需要由其他生产者进一步加工后才能提供给消费者作为最终使用的产品。

一个国家(或地区)在一定时期内(通常指一年)会生产出许多种各不相同的最终产品。当我们将社会上所有的最终产品(包含服务)的售价加在一起的时候，就可以得出该国家在一年内所创造的最终产品或服务的总价值。这就是国内生产总值。所以，国内生产总值就是一国(或进行独立经济核算的地区)境内在一定时期内(通常指一年)所生产的全部最终产品(物品和服务)的市场价值总和。

对 GDP 这个定义的理解应该注意下面几点：

第一，GDP 是一个市场价值的概念。由于经济中会生产出各不相同的最终产品与服务，因而，在商品和服务的具体形态上，是无法将各种最终产品和服务的数量相加起来得出 GDP 的。为了克服这一困难，我们只能把各种最终产品和服务的市场价值加起来，用相应的货币代表的价值量加以衡量。

第二，GDP 表示的只是最终产品(物品和服务)的价值，中间产品的价值不能计入 GDP，否则就会造成重复计算而使 GDP 的衡量发生错误。因为，中间产品的价值在它们被一家企业通过市场交易转到另一家企业的过程中，就变成了使用该中间产品进行生产的企业的生产成本。当最终产品出售时，中间产品的价值已经作为最终产品市场价格的一部分被包括进去了。如果 GDP 在计算了最终产品的价值之后，再计算那些中间产品的价值，就会发生重复计算。

第三，GDP 是在一定时期内所生产的而不是所售出的最终产品价值。比如，某企业上年内生产了价值 100 万元的产品，但是只卖掉 80 万元的产品，所剩下的价值 20 万元的产品可被看作企业自己购买下来的存货投资，因此，这 20 万元的未售出产品同样应该计入 GDP。相反，如果企业当年生产了价值 100 万元的产品，却售出了价值 120 万元的产品，那么，计入 GDP 的仍然应该是 100 万元，因为这种情况只是原有的库存减少了 20 万元。

第四，由于 GDP 是在计算期内所生产的最终产品的价值总和，因而 GDP 是流量而不是存量。比如，某人花 5 万元买了一辆二手汽车，那么，这 5 万元就不能计入 GDP，因为在这辆汽车被生产出来的那个年份，其价值就已计算进当年的 GDP 了。不过，买卖这辆二手汽车的经纪人费用却可以计入计算期的 GDP 当中，因为这笔费用是经纪人在买卖二手汽车过程中所提供劳务的报酬。GDP 衡量的是现期生产的商品和服务的价值，使用过的商品和二手货的出售不能包括在内。

第五，GDP 是一国(或一个地区)地域范围内生产的最终产品的市场价值，从而是一个涉及地域范围的概念。与此相联系的国民生产总值(GNP)则是一个涉及国民范围的概念，是指某国国民所生产的最终产品的市场价值。所以，一个在中国工作的美国商人的收入应当计入美国的 GNP 中，但不能计入美国的 GDP 中，而应该计入中国的 GDP 中。反之，一个在美国开展业务的中国公司取得的利润，则是中国 GNP 的一部分，而不是美国 GNP 的一部分，但它却可以计入美国的 GDP。所以，如果某国的 GNP 超过 GDP，就说明该国国民从外国获得的收入超过了外国国民从本国获得的收入，而 GDP 超过 GNP 时，说明的情况就正好相反。在 1991 年 11 月之前，美国用 GNP 作为对经济总产出的基本测量指标，此后改用了 GDP 指标，因为大多数国家都是采用 GDP 指标的。同时，由于国外净收入数据不足，GNP 不好衡量，而 GDP 则较容易衡量，再加上 GDP 是比 GNP 更好的衡量国内就业潜力的指标，而且对美国来说，GDP 和 GNP 的差异也比较小，二者在使用时差别并不大。

第六，某些金融资产不能计入 GDP 之中。因为当家庭购买金融资产（比如债券）时，实际上是在贷出他们的款项，而不是购买商品或服务。

第七，GDP 指标一般仅涉及市场上经济活动所导致的价值。像家务劳动、自给自足的产品、使用自有房屋的"租金"、警察、消防队员、官员等的服务等等不经过市场的一些经济活动，则无法被计入 GDP 之中。

在市场上，实现的交易中，总产出总是等于总支出，而总产出则就等于总收入。对此，我们可以用一个只包含企业和家庭的最简单的收入与支出循环流转的图形来加以说明。

我们假定一个只使用劳动投入，并有衣服这一种产出的经济。图 2.1 中，箭头的指向都是从家庭的角度考虑的。内环代表劳动和衣服的流向：家庭将劳动出卖给企业，企业将商品（衣服）出卖给家庭。外环代表相应的货币流向：家庭购买衣服时，货币通过家庭支付货款流向企业；企业购买劳动后，货币通过企业支付工资的方式流向家庭。在这个简化和假定的经济中，如果不考虑企业利润的话，则 GDP 既是对衣服的总支出，又是生产衣服所得到的总收入。所以，从会计规则来看，买者购买商品的支出，就是卖者出售那些商品取得的收入。于是，GDP 既可以从总收入角度衡量，也可以从总支出的角度衡量。当然，从实际的经济情况来说，总支出和总收入都是流量，都是每一次个别交易相加的总和。

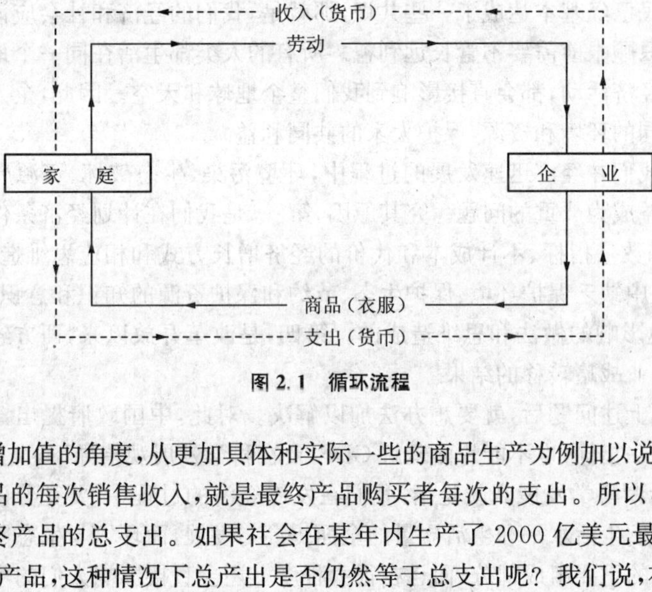

图 2.1 循环流程

如果我们以增加值的角度，从更加具体和实际一些的商品生产为例加以说明，情况也是如此。

由于最终产品的每次销售收入，就是最终产品购买者每次的支出。所以，从全社会看，总产出就等于购买最终产品的总支出。如果社会在某年内生产了 2000 亿美元最终产品，但只卖掉了 1800 亿美元的产品，这种情况下总产出是否仍然等于总支出呢？我们说，在进行国民收入核算时，这没有卖掉的 200 亿美元产品可以被看作企业在存货上的投资支出（即存货投资）。这样，上面情况下的总支出就仍然等于总收入，等于 2000 亿美元。

了解总产出等于总收入，总产出也等于总支出，对于理解核算 GDP 的方法具有重要的意义。

第二节 “绿色 GDP”

“绿色 GDP”是近年来新出现的一个概念。它的含义是指，把经济活动中的污染、自然资源被破坏、生态与环境保护所减少和增加的价值计算进去后所形成的 GDP 值。为什么要如此呢？采用“绿色 GDP”指标有什么意义呢？

众所周知，地球上的资源并不都是取之不尽、用之不竭的，某些稀有资源，更是数量有限，特别是某些资源甚至是不可再生的。这些极其宝贵的资源恰恰又是人类生存和发展不可或缺的。随着人类经济活动的发展和扩大，特别是随着工业化进程在世界各国的扩展，资源消耗量越来越大，原有的资源储备量不断减少，而产生的废弃物和废气却越来越多，造成了日益严重的环境与大气污染，引起了“温室效应”，甚至造成了原有生态环境的破坏。这些不仅严重影响了各国经济的进一步发展，也严重影响了人们的生活质量。在原有经济发展的模式下，上述问题和经济发展相互影响，形成了恶化的趋势。

这种情况引起了人们的思考：我们发展经济的目的究竟是什么？在原有的经济发展模式下能否达到我们的目的？如果不能，我们应该怎么办？我们需要怎样的发展模式和目标？如何才能做到这些？

现在，各国人民已经基本达成了一些共识，那就是，我们的经济和社会应该做到协调发展与可持续发展，不能只顾眼前需要不管长远利益。所有的人类都生活在同一个地球上和同一个天空下，不管是谁的经济活动，都会直接影响到我们整个地球和天空。因此，全人类应该共同行动起来，保护我们共同的环境和资源，保护大家的共同利益。

从中国来看，我们在经济迅速发展的过程中，环境污染、生态破坏、资源严重浪费的情况也随之出现，并且日益成为严重的问题。究其原因，第一，是我们在计划经济条件下长期以来养成的片面追求产值和数量指标、不计成本和代价的经济增长方式和相应思维造成的。第二，是我们在经济增长过程中缺乏保护环境、保护生态、节约和保护资源的知识和意识造成的。第三，是急于致富不顾其他影响的做法和思维造成的。第四，是改革开放以来，西方经济发达国家实行产业结构转变和产业战略转移的结果。

当我们认识到上述问题后，就要想办法加以解决。对此，中国政府提出，不能把 GDP 作为衡量经济发展的唯一指标，也不能片面理解 GDP，要在科学发展观指导下，全面地、协调地、可持续地发展经济。所谓科学发展观就是指，我们在发展经济的过程中，要充分认识到经济发展的主要目标是为了人们生活水平和生活质量的全面提高与发展，而环境与生态同样是构成人们生活水平和生活质量的重要组成部分，而且在很大程度上还会直接影响人们的生活水平与生活质量。所以，科学发展观主张社会的经济发展应该和环境、生态协调发展，只有如此，才能保证社会的长期可持续发展。所以，在宏观经济主要指标的衡量过程中，也需要综合考虑这一问题。进而，“绿色 GDP”的概念便应运而生。但是，如何计算“绿色 GDP”，目前只有方向和原则，各国尚未制定出比较准确可行的具体计算方法。但是,我们坚信,世界各国人民一定可以尽快地找到可行办法,解决这一问题。

第三节　价格指数

宏观经济学用价格水平来描述整个经济中的各种商品和劳务价格的总体平均数。作为一个总量指标,价格水平是用价格指数来衡量的。宏观经济学中常涉及的价格指数主要有 GDP 折算指数、消费价格指数(CPI)和生产者价格指数(PPI)。

GDP 折算指数是名义 GDP 和实际 GDP 的比值,可以用它从宏观上衡量价格水平。如果 GDP 折算指数为 1,则表示经济中没有发生通货膨胀;GDP 折算指数大于 1,则存在通货膨胀;如果 GDP 折算指数小于 1,则存在通货紧缩。

消费价格指数(CPI)告诉人们的是,对普通家庭的支出来说,购买具有代表性的一组商品,在今天要比在过去某一时间多花费多少。这一指数的基本意思是,人们有选择地选取一组(相对固定)商品和劳务,然后,对按照现期价格购买它们的花费和按照基期不变价格购买它们的花费进行比较。用公式表示,就是:

$$CPI = \frac{\text{一组固定商品按当期价格计算的价值}}{\text{一组固定商品按基期价格计算的价值}} \times 100$$

假如,如果我国一个普通家庭在 1990 年每个月购买一组商品的费用为 857 元,2000 年购买同样一组商品的费用是 1174 元,那么我国 2000 年消费价格指数就为:

$$CPI_{2000} = \frac{1174}{857} \times 100 = 137$$

与此相类似,如果在 1980 年相同的一组商品的费用为 412 元,那么 1980 年的消费价格指数(仍以 1990 年为基年)就是这一数值与 1990 年购买相同一组商品的费用比较的结果,即:

$$CPI_{1980} = \frac{412}{857} \times 100 = 48$$

使用 GDP 折算指数和消费价格指数都可以衡量经济中价格水平的变化,但是二者之间是存在差别的。首先,GDP 折算指数衡量的范围是生产出来的全部商品和服务,而消费价格指数衡量的范围是包括消费者购买的商品与服务。像企业或政府所购买的商品价格上升就无法反映在消费价格指数上,而只能反映在 GDP 折算指数上。其次,GDP 折算指数只涉及在国内生产的商品和服务。所以,进口商品和服务的价格变化不会影响 GDP 折算指数,但是却会影响消费价格指数。再次,消费价格指数是确定不同物品价格的固定加权数,而 GDP 折算指数却是确定可变的加权数。尽管在某些情况下,二者有所不同,但在通常情况下,二者的差别并不大。

作为衡量生产原料和中间投入品价格平均水平的价格指数,生产者价格指数(PPI)是对给定一组商品的成本的度量。它与 CPI 的一个不同之处在于，它包括原料和中间产品。PPI 旨在对销售过程中开始阶段的价格的度量，这使得 PPI 成为表示一般价格水平变化的一个信号，被当作经济周期的指示性指标之一，受到政策制定者的密切注视。

学习参考

CPI 会高估通货膨胀吗？

消费价格指数常常被用来衡量通货膨胀的情况。政府的决策者在选择货币政策时往往关注 CPI。美国的许多法律与合同都有被叫做 COLAs 的生活费用调整条款，即用 CPI 来根据价格水平的变动进行调整。例如，社会保障津贴每年自动地进行调整，以避免通货膨胀使老年人的生活水平下降。

正是因为许多事情都与 CPI 关系密切，所以，确保该价格水平衡量指标的准确性，是十分重要的。许多经济学家认为，由于多方面的原因，CPI 会倾向于高估通货膨胀。

其一为替代倾向。由于 CPI 衡量固定的一篮子物品的价格，所以，它没有反映消费者用相对价格下降的物品进行替代的能力。因此，当相对价格变动时，实际生活费用的增加比 CPI 慢一些。

其二为新商品进入市场。当一种新的商品进入市场时，由于消费者有了更多可以选择的商品，因而其福利状况变好了。实际上，新商品进入市场，提高了货币的实际价值。不过，货币购买力的这种提高并没有表现在 CPI 的下降上。

其三为无法衡量的质量变化。当商品的质量发生改变时，商品的价格变化无法反映出生活费用的变化。

鉴于这些原因，一些经济学家便建议修改法律，以便减少指数化程度。例如，社会保障津贴可以按照 CPI 的上升减 1%进行指数化。这种变动为抵消这些衡量问题提供了一个粗略的方法。同时，它也会自动地减缓政府支出的增长。

美国的国会财政委员会曾在 1995 年任命了一个由 5 名著名经济学家组成的小组，专门研究 CPI 衡量所产生的误差量。该小组指出，CPI 每年高估 0.8%—1.6%，而该小组最好的估算才是 1.1%。这个结论是具有重要的政策含义的。纠正这种误差可使美国联邦政府的债务在 12 年中减少 1 万亿美元。

资料来源：N. 格里高利 · 曼昆：《宏观经济学》，中国人民大学出版社 2000 年版，第 30—31 页。

第四节 失 业 率

一国经济状况的一个十分重要的方面是就业状况。而这方面的衡量指标就是失业率。许多国家对宏观经济状况进行监控的一个重要依据也是失业率。

失业率是衡量具有劳动能力同时又想工作的人当中没有得到工作的人的比例大小的统计数字。失业率与一国的宏观经济状况有着密切的关系。所以，宏观经济学中，失业和就业的问题始终是最重要的中心议题之一。

学习参考

失业与GDP之间的关系

失业与实际 GDP 之间存在着十分密切的关系。失业率的提高(就业率的下降)必然造成商品和服务产出量(实际 GDP)的减少，而失业率的下降(就业率的提高)则引起商品和服务产出量(实际 GDP)的增加。由于著名的美国经济学家阿瑟·奥肯最先根据美国的经验数据研究了失业与实际 GDP 之间的负相关数量关系，所以，经济学界便将失业与实际 GDP 之间这种负相关的数量关系叫做奥肯定理(Okun's Law)。

奥肯定理所给出的结论大致表明：

$$\text{实际 GDP 变化的百分比} = 3\% - 2 \times \text{失业率的变动}$$

这说明，在美国，如果失业率保持不变，实际 GDP 将增长3%左右。这是正常情况下单纯由于人口增长、资本积累和技术进步所引起的。如果发生失业率的变化，则失业率每变动一个百分点，实际 GDP 将会按照相反方向增加或者减少 2 个百分点。

依据奥肯定理，可以观察失业率的变动来判断宏观经济的状况，从而为制定经济政策提供参考。比如，当失业率从 6%上升到 8%的时候，实际 GDP 的增长率将是：

$$\text{实际 GDP 变化的百分比} = 3\% - 2 \times (8\% - 6\%) = -1\%$$

这表明实际 GDP 将下降 1%，经济将进入衰退。政府如果要防止经济衰退，就必须运用宏观经济政策或者其他措施，将失业率控制在至少 7.5%以下。可见，反映失业与实际 GDP 之间负相关数量关系的奥肯定理在实际经济活动中具有重要的意义。

第五节　名义 GDP 和实际 GDP

由于 GDP 是用货币单位来计算的，因此，它往往会由于两个因素的变化而产生变动：一个因素是社会所生产的最终产品和服务数量的变动，另一个因素是最终产品和服务的价格变动。有时候，为了分清 GDP 的变动究竟是由产量变动引起的还是由价格变动引起的，就需要区分名义 GDP 和实际 GDP。

名义 GDP 是用最终产品和服务的现期价格计算的 GDP。而实际 GDP 是用以前某一年份作为基期的不变价格计算出来的 GDP。假如某国生产的最终产品以香蕉和皮鞋来代表。两种产品在 2003 年(现期)和 1999 年(基期)的价格和产量在下面表 2.1 中分别列出。以 1999 年价格计算的 2003 年的实际 GDP 为 620 万美元。

表 2.1 名义 GDP 和实际的 GDP 的关系

	1999 年名义的 GDP	2003 年名义的 GDP	2003 年实际的 GDP
香蕉	15 万单位×1 美元＝15 万美元	20 万单位×1.5 美元＝30 万美元	20 万单位×1 美元＝20 万美元
皮鞋	5 万单位×100 美元＝500 万美元	6 万单位×110 美元＝660 万美元	6 万单位×100 美元＝600 万美元
合计	515 万美元	690 万美元	620 万美元

2003 年名义 GDP 和实际 GDP 的差别,可以反映出当前时期和基期相比时,价格变动的程度。在上面的例子中,690÷620＝111.29%,说明从 1999 年到 2003 年该国价格水平上升了 11.29%,在这里,111.29%称为 GDP 折算指数。由此可知,GDP 折算指数(有时也叫做平减指数,或者缩胀指数)是某年的名义 GDP 与其实际 GDP 的比率。如果知道了 GDP 折算指数,就可以将名义的 GDP 折算为实际的 GDP,其公式为:

$$实际\ GDP＝(名义\ GDP \div GDP\ 折算指数)\times 100\%$$

该例中,从 1999 年到 2003 年,GDP 名义上(即从货币价值看)从 515 万美元增加到 690 万美元,实际只增加到 620 万美元。也就是说,如果扣除物价变动因素,GDP 只增长了 20.9%[(620－515)÷515＝20.39%],而名义上却增长了 33.98%[(690－515)÷515＝33.98%]。可见,在价格变动时,名义 GDP 并不能真正反映实际产出的变动。要了解 GDP 的实际变动情况,必须使用以不变价格计算的实际 GDP 指标。

由于采用实际 GDP 指标时,要涉及一个特定的基期不变价格,因而,在现期与基期的时间跨度很长的时候,就不一定合适了。有时,这甚至会引起误导。为了解决这个问题,经济学家们一般会定期更新计算实际 GDP 所使用的基期价格。通常是每 5 年选定一个新的基期年份,然后将价格固定下来,直至下一次更新基期年份。1995 年,美国经济学家采用了环比—加权衡量的办法,使基期不断发生变化。这种办法从 1995 年开始,以 1995 年和 1996 年的平均价格衡量从 1995 年到 1996 年的实际增长;以 1996 年和 1997 年的平均价格衡量从 1996 年到 1997 年的实际增长;等等。然后,再把这些逐年的增长率放在一起,以形成一种可以用来比较任何两个时期之间商品与服务产出的环比。

以后我们在各章分析中所讲的产出或收入,如果不作特殊说明,总是指实际 GDP,并以英文小写字母来表示实际 GDP 以及其他实际变量。

第六节 GDP 和 GNP 的核算方法

由于最终产品价值等于全部生产过程中价值增加量的总和，所以，可以通过核算各行各业在一定时期中生产的价值增值量来计算 GDP。这种方法称为生产法，也叫做部门法。增加值可以用企业的销售收入和生产成本之间的差额来计算。这是企业对 GDP 的贡献。整个经济中的 GDP 就是所有的生产者创造的增加值的总和。其次，由于总产出等于总支出，GDP 也就可以通过核算全社会在一定时期内用于购买最终产品的支出总和这种办法来求出。这种方法叫做支出法。最后，由于总产出等于总收入，GDP 也可以通过核算整个社会在一定时期内获得的全部收入来求出。这种方法叫做收入法。常用的一般是支出法和收入法。

一、用支出法核算 GDP

用支出法核算 GDP，就是通过核算在一定时期内全社会购买最终产品的总支出（即最终产品的总售价）来得到 GDP。这里的所谓最终产品的购买者就是产品和劳务的最后使用者。用支出法核算 GDP，就是计算社会（即一个国家或一个地区）在一定时期内消费、投资、政府购买以及出口这几方面支出的总和。

居民的消费支出包括购买耐用消费品（如小汽车、电视机、洗衣机等持续使用时间长的物品）、非耐用消费品（如食物、衣服等持续使用时间短的物品）和服务（如医疗、旅游、理发等）的支出。

投资是指增加或更换资本资产（包括厂房、住宅、机械设备等为了将来使用的物品及存货）的支出。投资主要包括企业固定投资、居民固定投资和存货投资三类。企业固定投资指用于新厂房、新设备、新商业用房以及新销售用住宅的投资。居民固定投资指居民自己建造住宅的支出。存货投资指企业存货的增加。比如年初时，全部企业的存货价值为 1000 亿美元，到年末为 1500 亿美元，则该年内全部企业的存货投资量就是 500 亿美元。存货投资可能是正值，也可能是负值，因为年末的存货价值可能大于也可能小于年初存货的价值。

用于投资的物品可以被看作最终产品而不属于中间产品。这是因为中间物品在生产别的产品时会全部被消耗掉，但资本品在生产别的产品过程中只是部分地被消耗。资本品由于损耗所造成的价值减少叫做折旧。折旧不仅包括生产中资本品的物质磨损，还包括资本过时和陈旧所带来的精神磨损。例如，购买后并未及时使用的电脑，会由于更新型更先进的电脑迅速问世而贬值。住宅建筑也算作投资而不算作消费的原因，主要是，住宅也像别的固定资产投资一样，是在长期中使用，逐渐被消耗的。

投资是一定时期内增加到资本存量中的资本流量，而资本存量则是经济社会在某一时点上的资本总量。假定某国在 2004 年内的投资是 100 亿美元，在 2004 年末，其资本存量也许是 5000 亿美元。由于机器、厂房等固定资产会不断被磨损、消耗，为保持原有的生产能力，每年必须对它们加以补偿或重新购置。假定该国每年要消耗(即折旧)价值 20 亿美元的固定资产,则 100 亿美元的当年投资中就有 20 亿美元是用来补偿资本消耗的,因而当年净增加的投资实际上只有 80 亿美元。另外那 20 亿美元是用于重置资本设备的,所以被叫做重置投资。净投资和重置投资加在一起就构成了总投资。我们用支出法计算 GDP 时涉及的投资,就是总投资。

政府对物品和劳务的购买指中央和地方各级政府购买商品和服务的支出。政府进行国防建设、维持社会治安、建筑公共道路、开办学校等方面的支出都包括在内。政府支出的另一部分,比如对个人的转移支付、公债利息等都不计入 GDP。因为转移支付只是把已经产生的收入从一些人(或组织、机构)手里转移到另一些人(或组织、机构)手里,并没有为社会增加新的商品或服务。比如政府给灾民发放救济金,并不是因为这些人提供了商品和服务,而是因为他们遭遇了意外的、无法抗拒的自然灾害,生活遇到了较大的困难。

净出口指进口和出口的差额。进口应从外国对本国的总支出中减去,因为进口表示收入流到了国外,是购买外国商品和服务的支出,而不是外国用于购买本国产品的支出;出口则应该加到外国对本国的总支出当中,因为出口表示外国对购买本国商品和服务的支出;所以,本国的净出口应该计入外国对本国的总支出。不过,它可能是正值,也可能是负值。

假定将消费表示为 C,投资表示为 I,政府购买(或者说政府支出)表示为 G, X 表示出口,M 表示进口,$(X-M)$ 表示净出口。把上述四个项目加起来,用支出法计算 GDP 的公式就可以写成:

$$\text{GDP}=C+I+G+(X-M)$$

下面用 1999 年第三季度美国的 GDP 及总需求的构成的例子(见表 2.2)示明。

表 2.2　1999 年第三季度美国的 GDP 及总需求的构成

总支出的构成	单位:10 亿美元	百分比
个人消费支出	6304	67.8
私人国内总投资	1635	17.6
政府对产品和劳务的购买	1637	17.6
产品和劳务的净出口	−278	−3.0
国内生产总值	9298	100.0

资料来源:多恩布什、费希尔、斯塔兹:《宏观经济学》,英文第 8 版,第 24 页。(McGraw-Hill/Irwin, 2001.)

二、用收入法核算 GDP

用收入法核算 GDP,就是用要素收入来核算 GDP。在严格意义上说,最终产品的市场价值中除了生产要素的收入所构成的成本,还有间接税、折旧、公司未分配利润等部分。因此用收入法核算的国内生产总值应该包括以下一些项目:(1)工资、利息和租金等生产要素的报酬。工资包括所有工作的酬金、津贴和福利费,也包括工资收入者必须缴纳的个人所得税及社会保险税。利息是指人们给企业提供货币资金所得到的利息收入,比如银行存款的利息,企业债券的利息等。不过,政府公债的利息及消费信贷利息不包括在内。租金包括在一定时期内出租土地、房屋等资源或物品使用权所获得的租赁收入及专利、版权等收入。(2)非公司企业主收入,如医生、律师、农民和小业主等个体从业者的收入。他们使用自己的资金,为自己工作,其工资、利息、利润、租金常常被混在一起作为非公司企业主收入。(3)公司税前利润,包括公司所得税、社会保险税、股东红利以及公司未分配利润等。(4)企业转移支付及企业间接税。这些虽然不是生产要素创造的收入,但要通过产品价格转嫁给购买者,所以一般也将其看作成本。企业转移支付包括对非营利组织的社会性慈善捐款和消费者呆账,企业间接税包括货物税或销售税、周转税。(5)资本折旧。它虽然不是要素收入,但包括在总投资中,所以也应计入GDP。

这样,按照收入法来计算,GDP的计算公式就是:

GDP = 工资 + 利息 + 利润 + 租金 + 间接税和企业转移支付 + 折旧

从理论上说,这和支出法计算出的GDP是相等的。但由于实际核算过程中常常会发生误差,所以还要加上一个统计误差,才能使二者相等。

第七节　国民收入中几个重要概念间的关系

在国民收入核算体系中,除了GDP和GNP的概念,还有一些在经济分析中较常涉及的重要指标,也需要我们清楚地加以识别,并且能够正确地把握它们之间的关系。这些指标概念有国内生产净值、国民生产净值、国民收入、个人收入和个人可支配收入。

一、国内生产总值(GDP)

GDP可以计量一定时期内一个国家所发生的所有经济活动。不过,GDP并未扣除当年的资本耗费(即折旧),如果扣除资本耗费,那就是国内生产净值了。

二、国民生产总值(GNP)

国民生产总值(GNP)是本国国民在某一时期所创造的增加值。从GDP中减去外国国民在本国同时期所创造的价值增值(即本国对外国的要素支付),再加上本国国民在国外同时期所创造的价值增值(即来自国外的要素收入),就可以得到国民生产总值(GNP)。GNP也没有扣除折旧。

三、国民生产净值(NNP)和国内生产净值(NDP)

由于最终产品价值中不但包含有消耗的原材料、燃料等等的价值,还包含被使用的资本设备的耗费(折旧)。只有从最终产品价值中把所消耗掉的资本设备价值(折旧)扣除了,才能得到总的净增价值。因而,从GNP中扣除资本折旧,就得到NNP,即,国民生产净值等于国民生产总值减去折旧之后的余额。国内生产净值(NDP)则等于国内生产总值减去折旧之后的余额。

四、国民收入(NI)

这里的国民收入是狭义的国民收入，是指按生产要素报酬计算的本国的国民收入。从国民生产净值(NNP)中扣除间接税和企业转移支付加上政府补助金，就得到了一国生产要素在一定时期内提供生产性服务所得到的报酬，即工资、利息、租金和利润的总和，这就是国民收入(NI)。间接税和企业转移支付虽构成产品价格，但不是要素收入。相反，政府给企业的补助金虽不列入产品价格，但成为要素收入。所以，前者应该扣除，后者应该加入。

五、个人收入(PI)

由于生产要素报酬意义上的国民收入并不能全部成为个人的收入，比如，公司的利润收入中要向政府缴纳公司所得税，还要留下一部分用于企业发展等用途而不能分配给个人，最终只有一部分利润才会以红利和股息形式分配给个人。即使是员工收入中，也有一部分要以社会保险费的形式上缴给有关机构。另一方面，人们也会以各种形式从政府那里得到转移支付，比如退伍军人津贴、失业救济金、职工养老金、职工困难补助等等。所以，从国民收入中减去公司未分配利润、公司所得税及社会保险税(费)、净利息，再加上红利、政府给个人的转移支付、个人利息收入，才得到个人收入(PI)。

六、个人可支配收入(DPI)

个人收入实际上也不能全归个人支配，因为还要缴纳个人所得税，所以，税后的个人收入再减去个人非税支付后，才得到个人实际可以支配的收入(DPI)，即人们可用来消费或储蓄的收入。

下面我们借用 1995 年美国的材料来示明上面所讨论的从 GDP 到个人可支配收入之间各项指标逐步变动的关系和步骤(见表 2.3)。

表 2.3 美国 1995 年 GDP 和个人可支配收入 单位:10 亿美元

	国内生产总值		7247.7
加	来自国外的要素净支付	−10.2	
	等于 国民生产总值		7237.5
减	资本消耗扣除(即折旧)	825.8	
	等于 国民生产净值		6411.7
减	间接税	595.9	
	其他 (净值)	−16.6	
	等于 国民收入		5799.2
减	公司留利	373.8	
	社会保障缴款	660.3	
加	政府和企业向个人的转移支付	1022.6	
	利息调整	313.4	
	等于 个人收入		6101.1
减	个人所得税以及非税支付	794.6	
	等于 个人可支配收入		5306.5

资料来源:罗伯特·霍尔、约翰·泰勒:《宏观经济学》第 5 版，中国人民大学出版社 2000 年版，第 31 页，第 32 页。

这里有几点需要加以注意：

首先，来自国外的净要素所得(net factor income form abroad)是指本国生产要素在其他国家所获得的收入(如利润、劳务报酬等)减去本国付给外国生产要素在本国获得的收入之后的部分。这样，GDP加上来自国外的要素净支付就可以得到GNP。

其次，国民收入(要素报酬)并不会全部分给个人，而要从中减去公司保留利润和社会保障缴款。社会保障缴款是指公司为自己的员工参加社会保险而缴纳给社会保险机构的费用。当然，个人收入也会通过政府和企业向个人的转移支付、利息调整和红利分配的途径得到增加。利息调整是指不包括在利息净额(个人从企业获得的因资金借贷所产生的利息)之中的个人利息收入。

第八节　国民收入核算中的几个重要的恒等式

以前面关于国民收入核算的基本方法为基础，我们可以得到国民收入构成的基本公式，并进而得到对分析宏观经济活动具有十分重要意义的储蓄—投资恒等式。储蓄—投资恒等式的基础是收入—支出恒等式，而收入—支出恒等式又是以每次市场交易中的买方与卖方的收支相等为前提的。下面，我们将依照这一原则分别从两部门经济、三部门经济和四部门经济的情况加以说明。

一、两部门经济的收入构成及储蓄—投资恒等式

我们这里所说的两部门经济是一种理论上的简化。它指一个假设的经济社会中只有消费者(居民户)和企业(厂商)两种经济活动的主体，因而不存在企业间接税。同时，为了使分析简化，我们也可以先撇开折旧(假定它为零)。这样一来，国内生产总值就等于国内生产净值和国民收入，都用Y表示。在两部门经济中，也没有税收、政府支出及进出口贸易。

在这种情况下，从支出的角度看，由于把企业库存的变动作为存货投资，所以，国内生产总值总是等于消费加投资，即$GDP = Y = C + I$。

同时，从收入的角度看，由于把利润看作最终产品的售价超过工资、利息和租金的余额，所以，国内生产总值就等于总收入。总收入的一部分用来消费，其余部分都作为储蓄。于是，从供给方面看的国民收入构成就是：$GDP = Y =$ 工资 + 利息 + 租金 + 利润 = 消费 + 储蓄，即$Y = C + S$。

由于$C + I = Y = C + S$，所以，$I = S$。这就是储蓄—投资恒等式。

这里请务必记住，储蓄—投资恒等式是根据储蓄和投资的定义得出来的。根据定义，国内生产总值等于消费加投资，国民总收入等于消费加储蓄，国内生产总值又等于国民总收入。于是，就可以得出储蓄—投资的恒等关系。

这种恒等关系就是两部门经济中的总供给($C+S$)和总需求($C+I$)的恒等关系。只要遵循这些定义,储蓄和投资就一定相等,而不管经济是处于充分就业、通货膨胀,还是处于均衡状态。但是,这个恒等式决不意味着人们意愿的(或者说事前计划的)储蓄总会等于企业想要有的(或者说事前计划的)投资。由于在实际经济生活中,储蓄主要由居民户进行,投资主要由企业进行,个人储蓄量和企业投资量也不相同。这就会造成计划储蓄和计划投资的不一致,总需求和总供给的不均衡,从而引起经济的收缩和扩张。以后我们分析宏观经济均衡时所涉及的投资要等于储蓄,是指计划投资等于计划储蓄,或者说事前投资等于事前储蓄,只有达到这一条件,才能达到经济的均衡状态。这里讲的储蓄和投资恒等,是从国民收入会计角度看的,事后的储蓄和投资总是相等的。

此外,这里所讲的储蓄等于投资,是指整个经济而言的。至于某个人、某个企业或某个部门,则完全可以通过借款或贷款,使投资大于或小于储蓄。

二、三部门经济的收入构成及储蓄—投资恒等式

所谓三部门经济,是指在居民户和企业之外,再加上政府部门的经济活动。政府的经济活动是指,一方面有政府收入(主要是向企业和居民征税),另一方面有政府支出(包括政府对商品和劳务的购买,以及政府给居民的转移支付)。

把政府经济活动考虑进去后,国民收入的构成将是:从支出角度看,国内生产总值等于消费、投资和政府购买的总和,可用公式表示为:$\text{GDP}=Y=C+I+G$。由于可以把政府给居民的转移支付所形成的对产品的需求看作已包括在消费和投资中,所以,公式中不再单独列出。

从收入角度看,国内生产总值仍旧是所有生产要素获得的收入总和,即工资、利息、租金和利润的总和。总收入除了用于消费和储蓄,还先要纳税,但是,居民一方面要纳税,一方面又会得到政府的转移支付收入。税金扣除了转移支付才是政府的净收入,也就是国民收入中归于政府的部分。假定用 T_0 表示全部税金收入,T_r 表示政府转移支付,T 表示政府净收入,则 $T=T_0-T_r$,这样,从收入方面看国民收入的构成就是:$\text{GDP}=Y=C+S+T$。

按照社会总产出等于总支出,总产出价值又构成总收入的原理,我们可以把三部门经济中的国民收入构成的基本公式概括为:$C+I+G=Y=C+S+T$。公式两边消去 C,得 $I+G=S+T$,或 $I=S+(T-G)$。这里的($T-G$)可看作政府储蓄,因为 T 是政府净收入,G 是政府购买性支出,二者差额即政府储蓄。该政府储蓄可能是正值,也可能是负值,这样 $I=S+(T-G)$ 的公式,也就表示储蓄(私人储蓄和政府储蓄的总和)和投资的恒等。

三、四部门经济的收入构成及储蓄—投资恒等式

把三部门经济加进一个国外部门就成了四部门经济。四部门经济中,由于有对外贸易,从支出角度看,国民收入的构成就等于消费、投资、政府购买和净出口的总和,用公式表示就是:$Y=C+I+G+(X-M)$。

从收入角度看,国民收入构成的公式可写成:$\text{GDP}=Y=C+S+T+K_r$,这里,$C+S+T$ 的含义和三部门经济中一样,K_r 则代表本国居民对外国人的转移支付。例如,对外国遭受灾害

时的救济性捐款，这种转移支付也来自生产要素的收入。

于是，四部门经济中国民收入构成的基本公式就是：

$$C+I+G+(X-M)=Y=C+S+T+K_r$$

消去公式两边所含的C，则得到：

$$I+G+(X-M)=S+T+K_r$$

该等式也可以看成四部门经济中的储蓄—投资恒等式，因为这一等式可以转化：$I=S+(T-G)+(M-X+K_r)$。其中，S代表居民私人储蓄，$(T-G)$代表政府储蓄，而$(M-X+K_r)$则可代表外国对本国的储蓄，因为从本国的立场看，M（进口）代表其他国家出口商品，从而这些国家获得收入，X（出口）代表其他国家从本国购买商品和劳务，从而这些国家需要支出，K_r也代表其他国家从本国得到收入，可见，当$(M+K_r)>X$时，外国对本国的收入大于支出，于是就有了储蓄；相反，则有负储蓄。这样，$I=S+(T-G)+(M-X+K_r)$的公式就代表四部门经济中总储蓄（私人、政府和国外）和投资的恒等关系。

上面我们分别了解了二部门经济、三部门经济和四部门经济中国民收入构成的基本公式以及储蓄和投资的恒等关系。我们在分析时，把折旧和企业间接税暂时撇开了，实际上，即使把它们考虑进来，上述的收入构成公式及储蓄和投资的恒等关系也仍然成立。如果上面的Y指GDP，则上述所有等式两边的I和S分别表示把折旧包括在内的总投资和总储蓄。如果Y指NDP，则等式两边的I和S分别表示不含折旧的净投资和净储蓄，如果Y指NI，则C、I、G是按出厂价计量的，等式两边减少了一个相同的等于间接税的量值。所以，不管Y代表哪一种国民收入概念，只要其他变量的意义能和Y的概念相一致，储蓄—投资恒等式就是成立的。

以上我们介绍了衡量宏观经济活动的主要指标以及国民收入核算的基本方法。一般说来，当前绝大部分国家，或者说，市场经济国家采用的基本上都是这种指标体系与核算体系。当然，这种方法和体系有其方便之处，但是，我们也应该清楚其缺点和不足之处。这些缺点和不足之处主要表现在：

(1) GDP和GNP并不能反映社会上大量的非市场化经济活动。比如，一些家务劳动、自给自足的经济活动等，就无法反映到GDP和GNP之中。

(2) GDP和GNP并不能说明商品和服务在其中的比例和结构，从而无法反映社会产出的性质。这也就是说，仅仅依靠GDP和GNP，是无法看出一个国家或地区的经济性质究竟是以物质生产为主，还是以服务业为主，也看不出这方面的相应变化。

(3) GDP和GNP无法反映社会的收入分配状况和福利状况。

(4) GDP和GNP也无法反映社会经济活动中所产生的环境污染、人口增长等方面的问题。

(5) GDP和GNP也无法反映社会产品的品质和种类，比如，它无法反映一国或地区的经济活动中是否包含了一些非法的地下经济活动和不适当的经济活动在内。

(6) GDP和GNP也无法在世界各国之间对经济活动和水平做出真正准确的比较。因为在按照统一的美元计价标准去衡量和比较各国的GDP和GNP时，要涉及该体系所无法包括的汇率换算问题。

明确这些问题，我们就能够在宏观经济理论分析中更好地把握和运用有关的概念、指标和相关知识。也正是由于上述原因，各国经济学家已经越来越关注 GDP 和 GNP 指标所无法包含的内容。

本章小结

为了对宏观经济的形势和状况有明确的把握，为了更好地进行宏观经济分析，我们既需要有某种框架来建立宏观经济分析的体系，也需要有一些重要的经济变量指标和概念作为宏观经济数据分析的依据和基础。本章所介绍的 GDP 和 GNP 以及相关的几个重要经济指标和概念，就是满足上述需要的。GDP 和 GNP 可以衡量一国或一地区在一定时期内生产的全部最终产品市场价值的总和，因而，它也可以衡量一国或一地区的具体经济状况。以该基本指标为基础，也可以对各层次的情况进行衡量。更重要的是，借助于国民收入的恒等式，我们可以看到，在国民经济核算角度下，经济的均衡状态所表现出来的必然结果，以及从调节宏观经济角度看的达到一定水平经济均衡所要求的必要条件。事实上，西方宏观经济学各流派的理论都要借助于国民收入核算体系的框架和概念展开分析。理解了这部分内容，特别是理解了各种情况下的国民收入核算恒等式的原理，对以后的宏观经济分析尤其具有重要的意义。尽管 GDP 和 GNP 指标在反映经济活动方面还不能尽如人意，但目前说来，它们仍然是相对比较好的指标。

思考题

一、名词解释

国内生产总值(GDP)	国内生产净值(NDP)	国民生产总值(GNP)
固定资产投资	存货投资	重置投资
净投资	个人收入	国民收入
个人可支配收入	实际 GDP	名义 GDP
绿色 GDP	奥肯定律(Okun's Law)	消费价格指数(CPI)
生产者价格指数(PPI)	GDP 缩减指数	来自国外的要素所得净额
失业率		

二、选择题

1. 某一国的国内生产总值小于国民生产总值，说明该国公民从外国取得的收入(　　)外国公民从该国取得的收入。

A. 大于　　　　　　　　　　　　　　　　　B. 小于

C. 等于　　　　　　　　　　　　　　　　　D. 可能大于也可能小于

2. 下列哪一项应该计入国内生产总值：(　　)。

A. 购买一辆用过的旧自行车　　　　　　　　B. 购买普通股票

C. 汽车制造厂买进10吨钢板　　　　　　　　D. 银行向某企业收取一笔贷款利息

3. 假设鲁滨孙孤岛在2200年名义产出为500亿美元，如果在2201年物价指数(以2201年为基年)提高了一倍，而实际产出增加了50%，则2201年的名义产出等于(　　)。

A. 2000亿美元　　　　　　　　　　　　　B. 1500亿美元

C. 1000亿美元　　　　　　　　　　　　　D. 750亿美元

4. 下列等式错误的是(　　)。

A. $Y_D = Y - T$　　　　　　　　　　　　B. $BS = T - G$

C. $S = I + (G - T) + X - M - K_r$　　　D. $S + T = I + G + X - M$

5. 如果两国合并为一国，与合并前相比，国内生产总值将(假定两国产出合并前后均不变)(　　)。

A. 增加　　　　B. 减少　　　　C. 不变　　　　D. 不确定

三、判断题

1. 国内居民持有的国内金融资产是国民财富的一部分。　(　　)
2. 储蓄是当前收入减去对当前需求的支付。从宏观角度看，存在私人储蓄、政府储蓄和国民储蓄三个重要的储蓄量。　(　　)
3. 国民经济核算中使用的生产法是通过加总产品和服务的市场价值来计算的。　(　　)
4. “绿色GDP”是指把经济活动中的污染、自然资源被破坏、生态与环境保护所减少和增加的价值计算进去后所形成的GDP值。　(　　)
5. 按照收入法来计算，国内生产总值(GDP)的计算公式就是：GDP＝工资＋利息＋利润＋租金＋间接税和企业转移支付。　(　　)

四、简答题

1. 用国民生产总值GDP作为经济活动衡量标准的缺点何在？
2. 简述国民生产总值、国民生产净值、国民收入、个人收入以及个人可支配收入的关系？
3. 在四部门经济中，社会总支出由哪几部分组成？
4. 为什么计入国民生产总值(GNP)的是净出口而不是出口？
5. “奥肯定律”的含义是什么？它有什么重要意义？
6. 比较国民生产总值与国内生产总值两个概念的区别。

五、计算题

1. 假定国民生产总值为5000，个人可支配收入4100，政府预算盈余200，消费是3800，贸易赤字是100(单位都是万美元)，试求：(1)私人部门储蓄；(2)投资；(3)政府购买支出。
2. 假设鲁滨孙的孤岛社会只生产三种产品：咸鱼、面包和菜豆，它们在2000年和2001年的产量和价格如下表：

产　　品	2000 年产量	2000 年价格	2001 年产量	2001 年价格
咸鱼(千克)	20	1.5 美元	30	1.6 美元
面包(条)	30	2.0 美元	40	2.1 美元
菜豆(千克)	40	7.0 美元	45	7.2 美元

求：(1) 2000 年和 2001 年的名义国民生产总值。

(2) 以 2000 年为基年，则 2001 年实际国民生产总值为多少？

(3) 2001 年的通货膨胀率为多少？

3. 设某经济中只有三个厂商 A、B、C。在某年的经济活动中，厂商 A 从厂商 B 处购进价值 250 元的产品，从厂商 C 处购进价值 200 元的产品，并以此为原料生产出单位售价 5 元的产品 200 单位；厂商 B 从厂商 A 处购进价值 100 元的产品，从厂商 C 处购进价值 150 元的产品，并以此为原料生产出单位售价 7 元的产品 300 单位；厂商 C 从厂商 A 处购进价值 50 元的产品，并以此为原料生产出价值 1000 元的产品。三厂商的其余产品均售给最终消费者。试求：

(1) 当年的国民生产总值(GNP)是多少？

(2) 如政府开征税率 10%的增值税(一种对厂商的价值增值征收的税种)，政府当年的收入是多少？

(3) 如政府开征税率为 10%的收入税，政府当年的收入是多少？

(4) 如政府开征税率为 10%的销售税，政府当年的收入是多少？

4. 相传熬来国在 2019 年、2020 年的名义 GNP 分别为 52010、54650 亿美元，而 2019 年、2020 年的 GNP 物价指数分别为 126.3 和 131.5(以 2019 年为基期)，试求：

(1) 这两年按 2019 年不变价格计算的 GNP。

(2) 与上年相比，2020 年的名义 GNP、实际 GNP 的增长率及通货膨胀率。

第三章
宏观经济的目标

学习目的和要求

通过本章的学习：1.理解经济活动中基本的宏观经济政策的目标及其相关问题；2.了解有关宏观经济目标的不同看法。

在市场经济活动中，一般情况下，市场具有一种自动的或者说是自然而然的调节功能，将资源配置或调节到最有效率的地方。这一过程的作用原理就是市场的调节机制。但是，市场调节机制需要各种经济资源能够没有障碍地自由流动，各种经济活动也能够完全自由和不受限制地进行。当市场经济的自动调节机制由于各种原因难以发挥作用，或者经济在短期内无法较快恢复均衡时，政府将可以发挥积极的作用，帮助经济向均衡调节。在这方面，政府的作用主要是对总需求方面产生影响更大一些。所以，政府可以对总需求加以管理和适当的调节，以便使经济大致保持正常状态。这就是由凯恩斯首先倡导的、由美国凯恩斯主义者首先实行的宏观经济政策管理思想。

在宏观经济政策管理思想指导下，宏观经济政策是政府为增进社会经济福利水平而制定的解决经济问题的指导原则和措施。它是政府为了达到一定的经济目的而对经济活动进行的有意识的干预。因此，任何一项宏观经济政策的制定都是根据一定的经济目标进行的。一般说来，宏观经济政策的目标大体上有四类，即：充分就业、价格稳定、经济持续均衡增长和国际收支平衡。不过，合理地缩小收入分配差距，实际上也是重要的经济政策目标。宏观经济政策就是为了达到这些目标而制定的手段和措施。

第一节　宏观经济的四大目标

一、经济增长

宏观经济政策的一个重要目标是经济持续均衡增长。经济增长是指在一个特定时期内经济社会所生产的人均产量和人均收入的持续增长。通常用一定时期内实际国内生产总值年均增长率来衡量。经济增长是一个国家和民族能否很好地生存和发展的基础。因此,各个国家都十分重视经济增长问题。

第二次世界大战后,西方国家的经济增长经历了一个从高速增长到低速增长的变化过程。发展中国家也在努力想办法推动经济增长。经济增长涉及经济的供给和需求两个方面的增长。从供给来说,主要涉及生产要素的投入规模和生产技术水平的投入状况。在总需求不存在限制的情况下,总供给增长的情况决定整个宏观经济的增长状况。从总需求来说,如果总供给没有问题,总需求规模和数量的扩大,就决定着整个经济的增长状况。所以,决定经济增长的因素很多,对此,我们将在有关经济增长的那一章里加以说明。我们在这里主要是将经济增长作为宏观经济的目标来看待。

从宏观经济目标角度看,经济增长与其他目标之间存在着重要的联系。经济增长和失业、通货膨胀、国际收支状况常常是相互关联的。因而,如何维持适当的经济增长率,就是各个国家的基本宏观经济目标,也是宏观经济政策追求的重要目标之一。

二、充分就业

充分就业是宏观经济政策的另一个重要目标。它在广义上是指资源的充分利用,指一切生产要素(主要是劳动)都有机会在经济活动中以人们愿意得到的报酬水平上被充分使用。但由于测量各种经济资源的使用程度非常困难,西方经济学家通常就以失业率高低作为衡量充分就业(或者要素充分使用)程度的尺度。失业率指失业者人数对劳动力人数的比率。劳动力是指一定年龄范围内有劳动能力的人,老人、孩子以及由于各种原因放弃了找工作的念头的人,都不能算作劳动力,因此,劳动力和人口是两个概念。劳动力与人口的比率可称为劳动力参与率。失业者是劳动力中那些想工作但尚未找到工作的人。如果一个工人停止寻找工作,就被认为退出了劳动力队伍,就不再被看作失业者。社会上为什么会有失业呢?按照凯恩斯的解释,失业一般分为三类情况:摩擦性失业、自愿性失业和非自愿性失业。摩擦性失业是指在生产过程中由于难以避免的摩擦造成的短期、局部性失业,如劳动力流动性不足、工种转换的困难、停工待料等所引致的失业。自愿性失业是指工人不愿意接受现行工资水平或者由于其他原因不愿意去工作而形成的失业。非自愿性失业是指愿意接受现行工资水平但仍找不到工作而形成的失业。除了上述这几类失业外,西方学者还有所谓"结构性失业"、"周期性失业"等说法。结构性失业意思是指经济结构变化等原因造成的失业,特点是既有失业,又有职位空缺。失业者或者由于没有适当技术,或者由于居住地点不当,而无法填补现有的职位空缺。结构性失业也可以被看作是摩擦性失业的较极端的形式。周期性失业意思是指经济周期的衰退或萧条时期因为需求下降而造成的失业。需要说明的是,以上各类失业并不总能被清楚地区分开,通常是从不同角度加以分类。但不管如何分类,失业总被认为会给社会及失业者本人和家庭带来损失,在物质生活和精神生活上带来很大的痛苦,也使社会损失了本来应当得到的产量。无论如何,失业的成本都是巨大的。因此,降低失业率,实现充分就业,就常常成为西方国家宏观经济政策的首要目标或重要目标。

经济学家们经常用"奥肯定律"来描述GDP变化和失业之间稳定的关系。"奥肯定律"是由美国经济学家阿瑟·奥肯在 20 世纪 60 年代提出的一条经验性统计规律。该定律认为,在美国,失业率每下降 1%,实际 GDP 将增长 2.5%。不过,应当指出,第一,该定律表明了失业率和实际国民收入增长率之间具有反向变动的关系。第二,两者之间 1∶2.5 的数量关系只是一个平均数。在不同的时期,这一比率并不完全相同。20 世纪 60 年代最初的估算是 1∶3, 70 年代为 1∶2.5 到 1∶2.7,在 80 年代初为 1∶2.5 到 1∶2.9。第三,该定律适用于经济没有实现充分就业时的情况。在实现了充分就业的情况下,该定律所表现的自然失业率与实际国民收入增长率之间的关系要弱得多,一般估计是 1∶0.76。

但是,什么是充分就业呢?凯恩斯认为,如果经济中消除了非自愿性失业,失业仅限于摩擦性失业和自愿性失业的话,就是实现了充分就业。另外一些经济学家则认为,如果空缺职位总额恰好等于寻找工作的人数,就是充分就业。而现代货币主义者针对凯恩斯"非自愿性失业"的提法,提出了"自然失业率"的概念。自然失业率是指在没有货币因素干扰的情况下,让劳动市场和商品市场的供求力量自动起作用时,总需求和总供给处于均衡状态时的失业率。虽然经济学家们对充分就业存在着不同的看法,但他们都认为充分就业不是百分之百就业,充分就业并不排除摩擦性失业这类失业情况的存在。目前,大多数西方经济学家都认为,社会存在 4%—6% 的失业率是正常的和自然的,此时社会经济就可以被认为是处于充分就业状态。

三、价格稳定

价格稳定是宏观经济政策的又一个重要目标。价格稳定是指价格总水平的稳定,它是一个宏观经济概念。由于各种商品价格变化的繁杂和统计工作的困难,西方经济学家通常用价格指数来表达一般价格水平的变化。

价格指数是对若干种商品价格水平的综合衡量,可以用一个简单的百分数时间数列来表示不同时期一般价格水平的变化方向和变化程度。价格指数有消费物价指数(CPI)、生产者价格指数(PPI)和 GDP 折算指数(GDP deflator)三种。价格稳定成为宏观经济政策的目标,是由于通货膨胀对经济有不良影响。为了控制通货膨胀对经济的冲击,必须把价格稳定作为宏观经济政策的另一重要目标。应当注意,所谓价格稳定不是指每种商品的价格都固定不变,而是指价格指数的相对稳定,即,不出现通货膨胀。实践表明,在市场经济条件下,物价的绝对稳定既是不可能的,也是对市场资源配置功能的发挥不利的。由于按照西方国家通货膨胀的定义,大多数国家的通货膨胀已经无法完全消除,因此,大部分西方国家都已把一般的轻微的通货膨胀的存在,看作是基本正常的经济现象。

四、国际收支平衡

随着国际间经济交往的日益密切,如何平衡国际收支也成为一国宏观经济政策的重要目标之一。国际收支对现代开放性经济的国家是至关重要的。西方经济学家认为,一国的国际收支状况不仅反映了这个国家的对外经济交往情况,还反映出该国经济的稳定程度。当一国国际收支处于失衡状态时,必然会对国内经济形成冲击,从而影响该国国内就业水平、价格水平及经济增长。

第二节 关于宏观经济目标的争论

一、合理缩小收入分配差距问题

对于合理缩小收入分配差距是否能够成为市场经济条件下宏观经济的又一个目标，是存在争论的。我们知道，尽管在市场经济中机会公平的前提下，由于个人努力程度差异、偶然性、不可克服的条件和环境差异的原因，人们之间产生不相等的收入结果具有必然性，但是，如果一个国家的人群间收入严重不公平和收入差距悬殊，就会引起很多社会问题。一是收入差距悬殊有可能导致社会的总需求水平不足，从而影响经济的增长；二是收入差距悬殊将会影响大多数人从事经济活动的积极性；三是收入差距悬殊将会导致社会的不安定。所以，世界各国都在努力缩小收入分配的过大差距，保持社会和谐，同时也努力避免经济效率的降低，维持经济增长的动力。

但是，对于合理缩小收入分配差距是否能够成为市场经济条件下宏观经济的又一个目标，在经济学家中间却存在争议。赞成者认为，由于人们参加社会经济活动的客观条件有差异、获利的机遇有差异，人们的收入结果也会出现较大的差异。由于这种条件和机遇的差异是社会造成的，而不是人们自己造成的，所以，合理地缩小收入分配差距应该成为宏观经济政策目标，它既可保护人们的生产积极性，又能保持社会的和谐与安定。因此，需要政府在收入分配制度、财政政策和社会保障制度等多方面采取措施，为实现这一目标而努力。当然，在发挥政府指导作用的同时，也要配合其他的宏观经济政策（如充分就业的政策、推动经济增长的政策、稳定物价的政策和其他有关社会福利的政策等），通过不懈的努力来实现。

反对者认为，宏观经济政策目标不应该包括收入分配问题，因为宏观的收入分配政策只有追求收入分配均等化时，才有意义。而在市场经济条件下，收入分配均等化是没有效率的。收入分配均等化实际上是主张收入在结果上的平等，在努力程度不同的人们中间由政府强行造成基本相等的收入结果，事实上是一种平均主义，是打击人们经济活动积极性的。如果尊重人们的努力，收入在结果上就应该与人们的努力相一致。政府应该做的只是努力消除人们参与经济活动机会的不平等和普遍条件的人为差异。

我们的观点是公平和效率要兼顾，要在效率优先的条件下，兼顾公平。只讲效率、不讲公平，就可能忽略收入分配差距过大所引起的尖锐社会矛盾和问题，不利于经济社会的和谐与稳定发展。只讲公平，忽视效率，又会挫伤人们的经济活动积极性，使经济活力下降。但是，二者也绝非平均对待。效率优先将保证社会的发展动力和缩小收入差距的物质基础，而收入差距缩小又有利于经济的长期稳定增长。因此，在宏观经济政策目标上，要根据各国国情具体决定效率和公平的侧重点。

二、宏观经济目标之间的兼顾问题

要实现既定的经济政策目标，政府运用的各种政策手段必须相互配合，协调一致。如果财政当局与货币当局的政策手段和目标发生冲突，就达不到理想的经济效果，甚至可能偏离政策目标更远。此外，政府在制定经济政策目标时，不能片面追求单一目标，而应该综合考虑，否则，会带来经济上和政治上的副作用。因为经济政策目标相互之间不仅会存在互补性，也存在一定的相互矛盾和冲击，如充分就业与价格稳定的政策目标之间有时候就存在着两难选择。进一步说，政府还要考虑到经济政策本身的相互协调和对政策实施时机的恰当把握。上述这些问题都会影响到宏观经济政策的有效性，即关系到政府经济目标实现的可能性和实现的程度。因此，政府在制定宏观经济政策目标和经济政策时，应该作整体性的宏观战略考虑和安排。

本章小结

本章介绍了宏观经济政策的四大目标，说明各个经济目标之间是相互联系的，它们共同构成了宏观经济政策的整个目标体系，相互之间不能绝对分开。宏观经济政策目标决定了宏观经济政策的设计和运用方向，也决定了宏观经济政策的最终效果。

此外，本章也讨论了关于收入分配问题等是否应该列入宏观经济政策目标的争论。这也是围绕宏观经济学政策目标的当前最热门和前沿性问题。

思考题

一、名词解释

经济增长	充分就业	摩擦性失业
结构性失业	周期性失业	自然失业率
物价稳定	国际收支平衡	收入分配公平

二、简答题

1. 宏观经济政策的基本目标包含哪些内容？
2. 怎样理解宏观经济政策目标之间的关系？
3. 你认为对于公平分配，政府应该从哪些方面来努力？

第四章
宏观经济学的结构

学习目的和要求

通过本章内容的学习，主要应掌握：1. 总需求曲线的含义、推导及其移动；2. 各种类型的总需求曲线的形状及其特定含义；3. 总供给曲线的含义、推导和移动；4. 各种总供给曲线的形状及变动；5. 总供求模型的构成和类型；6. 总需求扰动和冲击下总供求模型的反应；7. 总供给扰动和冲击下总供求模型的反应。

所谓宏观经济的结构，是指宏观经济是由哪几个部分构成的，或者说，当我们认识宏观经济的时候，应该从哪几个方面着手。在第二章，我们介绍的宏观经济的主要衡量指标，是了解宏观经济总体状态的外部度量标志和特征。而本章则是要对宏观经济的结构加以说明。宏观经济的结构主要应该包括总供求、实物经济和货币经济、宏观市场结构（商品、服务市场、劳动市场、货币和资本市场）等方面。由于本教材后面的章节对于有关内容有具体介绍，这一章我们只着重说明总供求结构及其调整的问题。

第一节　总需求和总供给

总需求和总供给是从市场交易的角度看待的宏观经济的结构。凡是向市场提供产品（商品和服务）的方面，都属于供给方面，其总和就是总供给。凡是从市场购买产品（商品和服务）的方面，都属于需求方面，其总和就是总需求。从总供求分析宏观经济结构的方法，就是 *AS-AD* 模型（即总供求模型）。在总供求模型内或者说在总供求框架内，我们可以大略分析决定国民收入水平的基本力量和态势、价格水平的总体情况，以及相应的就业水平等宏观经济的几大重要问题。*AS-AD* 模型一般从总需求（*AD*）、总供给（*AS*）以及总供求的均衡来看问题。

一、总需求

根据第二章的内容，我们同样可以进一步将总需求的构成分为消费需求、投资需求、政府购买的需求，以及外国对本国商品和服务的需求(即出口需求)加以分析。在这里我们主要借助于总需求函数(总需求曲线)来了解一般价格水平对于总需求的影响。这里与微观经济学的相应原理相一致，在其他因素不变的条件下，总需求的数量与一般价格水平呈反向变动关系。这表现为一条向右下方倾斜的总需求曲线(见图 4.1)。

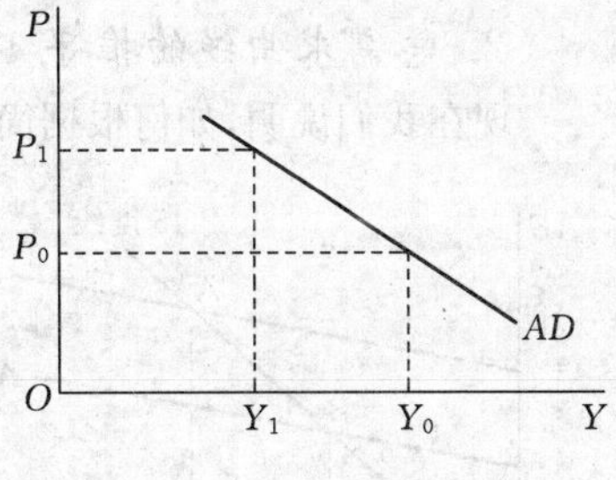

图 4.1　总需求曲线(函数)

凯恩斯理论由于仅仅强调的是总需求的理论，因而可以把它归结为一条总需求曲线，在必要时与总供给曲线放在一起进行分析。不过，总需求曲线在不同的经济条件下会有不同的形状和斜率。所以，本章也介绍了不同形状的总需求曲线，并分析了它们可能的变动情况。此外，本章重点说明了凯恩斯主义经济学家所主张的以政府对经济生活加以干预为特征的需求管理政策，即财政政策和货币政策，并且在 *IS-LM* 模型的框架下分析了这些政策产生不同效果的条件。

1. 总需求函数(曲线)的含义及相关效应

总需求是经济社会对产品和劳务的需求总量，通常以产出水平来表示。总需求由消费需求、投资需求、政府需求和国外需求构成。在不考虑国外需求的情况下，经济社会的总需求是指价格、收入和其他经济变量在既定条件下，居民、企业部门和政府将要支出的数量。因此，总需求衡量的是经济中各种行为主体的总支出：家户购买的电冰箱、企业购买的卡车、政府购买的办公设备，等等。西方学者认为，推动总需求的力量除了价格水平、人们的收入水平、对未来的预期等因素外，还包括税收、政府购买或货币供给等政策变量。

总需求曲线(函数)被定义为产量(收入)和价格水平之间的关系。它表示在某个特定的价格水平下，经济社会需要多高水平的收入。在以价格水平为纵坐标，产出水平为横坐标的坐标系中，总需求函数的几何图形表示被称为总需求曲线。总需求曲线描述了与每一价格水平相对应的均衡的支出或收入，因此，总需求曲线可以从简单的收入—支出模型中推导出来。

为了理解如何从简单收入决定理论中推导出总需求曲线，先来看一下价格水平的变化如何导致总支出水平的变化。这里以价格水平上升为例加以说明。

首先，价格水平上升，将导致利率上升，进而导致投资和总支出水平下降。价格水平上升时，人们需要更多的货币从事交易。假定价格水平为 1.0 时，社会需要 1000 亿元从事交易。那么当价格水平上升为 1.2 时，为了维持同样规模的交易量，则社会需要 1200 亿元的货币从事交易。从通常的意义上看，价格水平越高，商品和劳务就越昂贵，所需交易的现金就越多，支票的金额就越大。可见货币的名义需求是价格水平的增函数。如果货币供给没有变化，价格上升使货币需求增加时，利率就会上升。利率上升，使投资水平下降，因而总支出水平和收入水平下降。在宏观经济学中，将价格水平变动引起利率同方向变动，进而使投资和产出水平反方向变动的情况，称为利率效应。

其次，价格水平变动，会使人们所持有的货币及其他以货币固定价值的资产的实际价值提高或降低，人们会变得相对富有或贫穷，于是人们的消费水平就相应地增加或减少，这种效应称为实际余额效应。

再次，价格水平上升，会使人们的名义收入增加，名义收入增加会使人们进入更高的纳税档次，从而使人们的税负增加，可支配收入下降，进而使人们的消费水平下降。

2. 总需求曲线的推导

现在我们说明，如何根据简单收入决定模型推导总需求曲线。

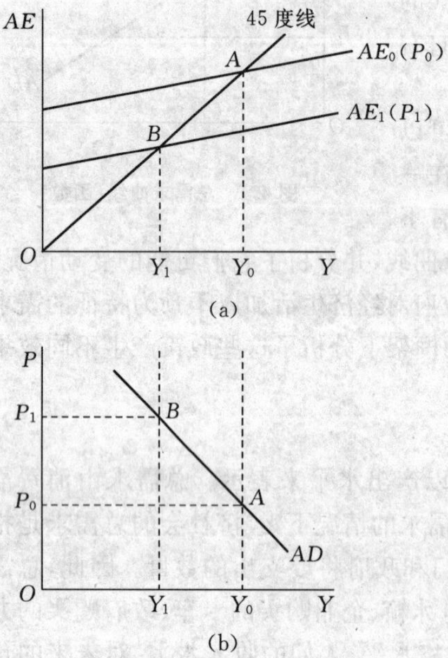

图 4.2 从简单收入决定模型导出总需求曲线

图 4.2 中，当价格水平为 P_0 时，均衡的总支出或收入为 Y_0，于是在(b)图中就得到与价格 P_0 相对应的 Y_0，即(b)图中的 A 点。A 点即为总需求曲线上的一点。当价格水平发生变动，例如从 P_0 上升到 P_1 时，根据上述说明，在构成总支出的其他因素不发生变动的情况下，价格上升将导致消费支出和投资支出下降，从而使总支出水平下降，表现在(a)图中，总支出从 AE_0 下降到 AE_1，从而使均衡的收入从 Y_0 下降为 Y_1，于是又得到了(b)图中的 B 点。B 点也是总需求曲线上的一点。将 A、B 这样得出的点用曲线连接起来，便得到(b)图中的总需求曲线 AD。

从(b)图中可以看出，总需求曲线是向右下方倾斜的，价格水平越高，总需求量或者说均衡总支出水平越低。

总需求函数一般同产品市场与货币市场有关。换句话说，总需求函数也可以从产品市场与货币市场的同时均衡中得到。以两部门的经济为例，这时 IS 曲线的方程为：

$$s(y) = i(r)$$

y 表示总收入，$s(y)$ 表示总储蓄，r 表示利率，$i(r)$ 表示总投资。

从以上对总需求曲线的推导中看到，总需求曲线表示社会的需求总量和价格水平之间的相反方向的关系。总需求曲线是向右下方倾斜的。向右下方倾斜的总需求曲线表示，价格水平越高，需求总量越小；价格水平越低，需求总量越大。

当价格水平变动时，考察产品市场和货币市场如何反应将有助于我们更好地理解产量和价格水平之间的反向关系。价格水平的提高使货币需求提高（即居民由于价格上涨而需要比原来持有更多的货币余额），但由于货币量保持不变，于是货币市场出现了非均衡，结果是利率提高。伴随着较高的利率，投资支出下降，从而导致产量下降。相反，较低的价格水平使货币需求下降，进而导致利率下降，较低的利率刺激了投资，从而导致产量的提高。

3. 总需求曲线的移动

一般说来，经济中除去价格因素之外，能够影响总需求的所有因素的变化，都有可能导致总需求曲线发生移动。当然，财政政策和货币政策的变化对总需求曲线的变动也会发生影响。其一般性结论为，影响总需求使之扩大的因素变动都会使总需求曲线向右上方移动，而影响总需求使之缩小的因素变动都会使总需求曲线向左下方移动。同理，扩张性财政政策和货币政策也都会使总需求曲线向右上方移动，而紧缩性财政政策和货币政策也都会使总需求曲线向左下方移动。

实际上，总需求方面任何因素的变动都会引起总需求曲线的移动，比如消费、投资、政府支出、出口、名义货币供给量、税收额、税率、进口、实际货币需求等因素的自发变动。其他因素不变时，消费、投资、政府支出、出口、名义货币供给量的自发增大，会使总需求曲线向右上方移动；反之，则总需求曲线向左下方移动。税收额、税率、进口、实际货币需求等因素的自发增加，会使总需求曲线向左下方移动；反之，则总需求曲线向右下方移动。

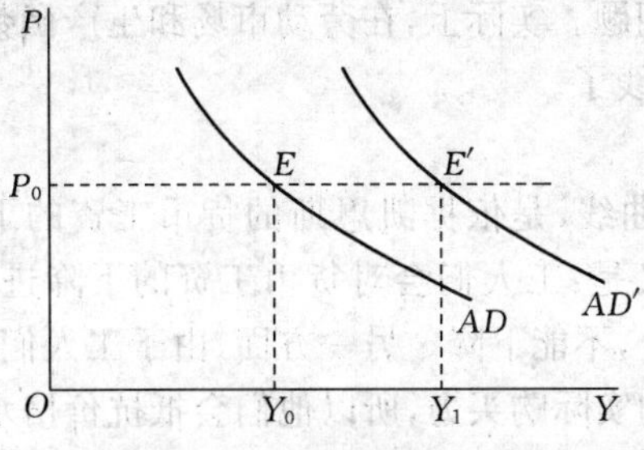

图 4.3　总需求曲线的移动

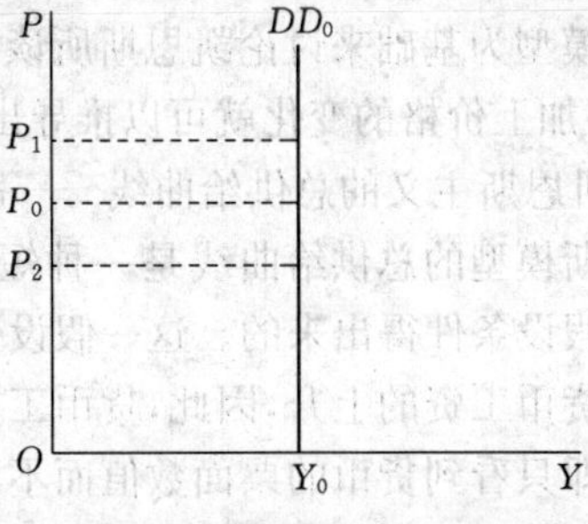

图 4.4　投资利率弹性为零和流动性陷阱情况下的总需求曲线

4. 特殊的总需求曲线

上面，我们推导和说明了向右下方倾斜的正常情况下的总需求曲线。但是，特殊情况下的总需求曲线在西方经济学中出于理论分析的需要，有时候也会涉及。

当投资的利率弹性（或者说，投资对利率的敏感程度）为零，也就是说，利率的任何变化都不会引起投资的变化时，总需求曲线就变成了垂直的形状。这就是凯恩斯所说的货币政策不起作用的流动性陷阱情况和其他原因造成的投资利率弹性为零的情况。

投资利率弹性为零和流动性陷阱情况下的总需求曲线形状可以用图 4.4 表示。

这里，我们需要注意的是，总需求曲线只是给出了价格水平和以收入水平来表达的总需求水平之间的关系，并不能决定价格水平和均衡的总需求水平。为了说明整个经济价格水平和总产出水平是如何决定的，宏观经济学还需要引出另一个分析工具，即总供给曲线。

二、总供给

1. 总供给曲线

总供给是经济社会的收入总量（或总产出），它描述了经济社会的基本资源用于生产时可能有的产量。一般而言，总供给主要是由总量的劳动力、生产性资本存量和技术决定的。在宏观经济学中，描述总产出与劳动、资本和技术之间关系的一个适合的工具与微观经济学的情况相类似，也是生产函数，更确切地说，是总量生产函数。凯恩斯主义的理论主要强调总需求方面，对于总供给方面并未加以讨论。当经济学家们感到必须引入总供给时，大多数人便把古典经济学关于劳动市场和生产函数的理论与价格变动对劳动市场的影响结合起来，去推导总供给曲线。

总供给曲线（函数）是指总产量与一般价格水平之间的关系。在以价格水平为纵坐标，总产量为横坐标的坐标系中，总供给函数的几何图形表示就是总供给曲线。

按照价格在不同时期变动的情况，宏观经济学将总产出与价格水平之间的关系分为两种情况，即长期总供给曲线和短期总供给曲线。

2. 短期总供给曲线的推导

鉴于20世纪30年代的具体情况，凯恩斯本人并没有在其著作中谈及总供给。后来的经济学家们感到在一般的情况下必须对总供给加以讨论。于是，他们便以古典经济学的劳动市场及生产函数模型为基础来讨论凯恩斯所谈到的相关问题。实际上，在劳动市场和生产函数模型基础上，只要加上价格的变化就可以推导出总供给曲线了。

(1) 凯恩斯主义的总供给曲线——一般形式。

凯恩斯模型的总供给曲线是一种短期总供给曲线，是依据凯恩斯的货币工资的下降具有"刚性"的假设条件得出来的。这一假设条件的含义是：工人们会对货币工资的下降进行抵抗，但却欢迎货币工资的上升，因此，货币工资只能上升，不能下降。另一方面，由于工人们具有"货币幻觉"，即只看到货币的票面数值而不注意货币的实际购买力，所以他们会抵抗价格水平不变的情况下的货币工资下降，但却不抵抗货币工资不变下价格水平的提高。尽管两种情况都会造成实际工资的下降，然而，由于工人们具有"货币幻觉"，所以工人们会对相同的后果，采取迥然不同的态度。总之，在工资的下降具有"刚性"的假设条件下，经济学家可以按照劳动市场的理论得出凯恩斯主义的总供给曲线。国外经济学教科书往往用图形转变的办法来推导出以上所说的凯恩斯主义总供给曲线。下面，我们简单转述一下这种推导的办法。

在下面的推导图4.5中，(a)图和"古典"模型的劳动供给和需求曲线图是完全一样的。N_s 和 N_d 相交于均衡点 E。充分就业的实际工资水平和就业量分别为 (W/P_0) 和 N_0。

(b)图是生产函数的图形，表示就业量和国民收入之间的关系。该图表明，当就业量为 N_0 时，相应的国民收入为 Y_0。

(c)图的斜线是一条45°线，可以把 Y_0 的数值从纵轴转换到横轴。

(d)图表示价格 P 与产出 Y 之间的对应关系。当 W 不变时，任何大于 P_0 的价格水平，都会使(a)图的实际工资下降到小于 (W/P_0) 的水平。在这种情况下，假如在相当于(a)图 (W/P_1) 的实际工资水平上，劳动的需求大于劳动的供给。这时，企业之间会争相雇用劳动者，从而会提高货币工资水平。按照假设条件，货币工资的上升不会受到阻挠，所以货币工资会很快上升到使实际工资水平[这是根据新价格水平 (P_1) 而计算出来的]等于原有的实际工资 (W/P_0) 的水平。图(a)告诉我们，相当于 (W/P_0) 水平的实际工资，就业量为 N_0。通过图(b)和图(c)转换，相当于 N_0 的国民收入为 Y_0，因此，在(d)图中得到了相当于 P_1 和 Y_0 之点。上述这种转换不但适用于 P_1，而且也适用于任何大于 P_0 的价格水平。这样，便可以得到图(d)中的垂直线段。

现在，假设价格水平下降到小于 P_0 的数值，比如说 P_2。在货币工资不变的情况下，实际工资 W/P_2 会处于图(a)所示的较高的位置。但企业为了取得最大利润只能雇用 N_2 数量的劳动者，因此，就业量通过图(b)和图(c)的转换，成为图(d)中的 Y_2。这样，得到图(d)中相当于 Y_2 和

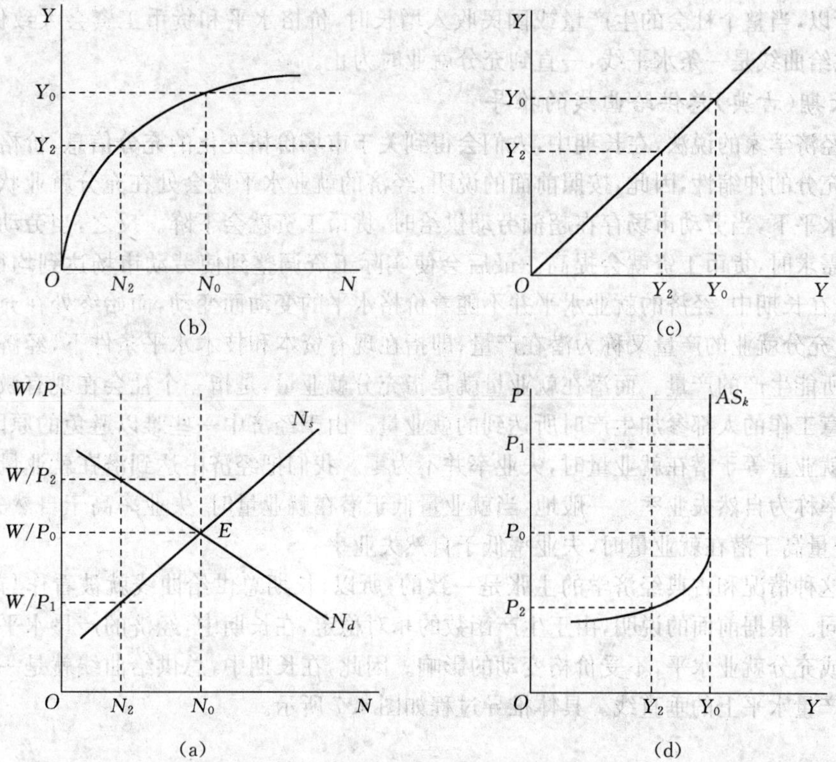

图 4.5　用图形转换的办法推导凯恩斯主义总供给曲线

P_2 之点。由于 Y_2 和 P_2 点代表的数值分别小于 Y_0 和 P_0 点所代表的数值，所以，这一点处于图(d)垂直线底端的左下方。上述这种情况不但适用于 P_2，而且也适用于任何小于 P_0 的价格水平，因此，我们得到图(d)中向左下方倾斜的线段。把倾斜线段和垂直线段连接在一起便是凯恩斯主义的总供给曲线。西方经济学家也把正斜率的总供给曲线看作一般的短期总供给曲线，而把凯恩斯本人理论中所涉及的情况归结为一种极端的或者说特殊的总供给曲线。

(2) 凯恩斯主义的总供给曲线——特殊形式。

为了分析的方便，经济学家往往对凯恩斯主义的总供给曲线作进一步简化，把该曲线向左下方倾斜的部分当作为一条水平线，即把水平线当作为向左下方倾斜部分的近似值，如图 4.6 所示。

经济学家把图 4.6 中由垂直和水平线段组成的曲线称为反 L 形的总供给曲线。它的意义是：在到达充分就业国民收入(Y_0)以前，经济社会大致能以不变的价格水平提供任何数量的国民收入，而在到达 Y_0 之后，不论价格水平被提高到何种程度，该社会的国民收入也不会增长，而有可能出现通货膨胀的现象。

该曲线也被称为凯恩斯萧条模型的总供给曲线，因为，在严重的萧条状态时，由于存在着大量闲置不用的劳动力和资

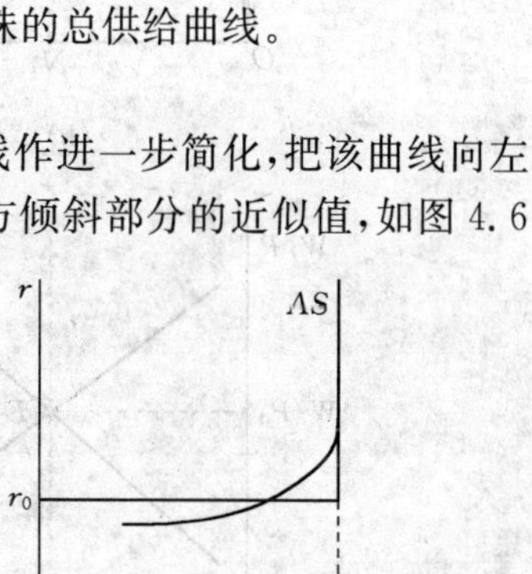

图 4.6　简化的凯恩斯主义总供给曲线

本设备，所以，当整个社会的生产量或国民收入增长时，价格水平和货币工资会大致保持不变。因此，总供给曲线是一条水平线，一直到充分就业时为止。

3. 长期（古典）总供给曲线的推导

按照经济学家的说法，在长期中，人们会得到关于市场价格变化的充分信息，价格和货币工资都具有充分的伸缩性，因此，按照前面的说明，经济的就业水平就会处在充分就业状态。在不同的价格水平下，当劳动市场存在超额劳动供给时，货币工资就会下降。反之，当劳动市场存在超额劳动需求时，货币工资就会提高。最后会使实际工资调整到使劳动市场达到均衡的水平。换句话说，在长期中，经济的就业水平并不随着价格水平的变动而变动，而始终处在充分就业状态。这里，充分就业的产量又称为潜在产量，即指在现有资本和技术水平条件下，经济社会的潜在就业量所能生产的产量。而潜在就业量就是指充分就业量，是指一个社会在现有激励条件下所有的愿意工作的人都参加生产时所达到的就业量。由于经济中一些难以避免的原因，我们可以理解当就业量等于潜在就业量时，失业率并不为零。我们把经济中达到潜在就业量时社会存在的失业率称为自然失业率。一般地，当就业量低于潜在就业量时，失业率高于自然失业率；反之，当就业量高于潜在就业量时，失业率低于自然失业率。

上述这种情况和古典经济学的主张是一致的，所以，长期总供给曲线就被看作与古典总供给曲线相同。根据前面的说明，由于生产函数的相对稳定，在长期中，经济的产量水平也将位于潜在产量或充分就业水平，不受价格变动的影响。因此，在长期中，总供给曲线就是一条位于经济的潜在产量水平上的垂直线。具体推导过程如图 4.7 所示。

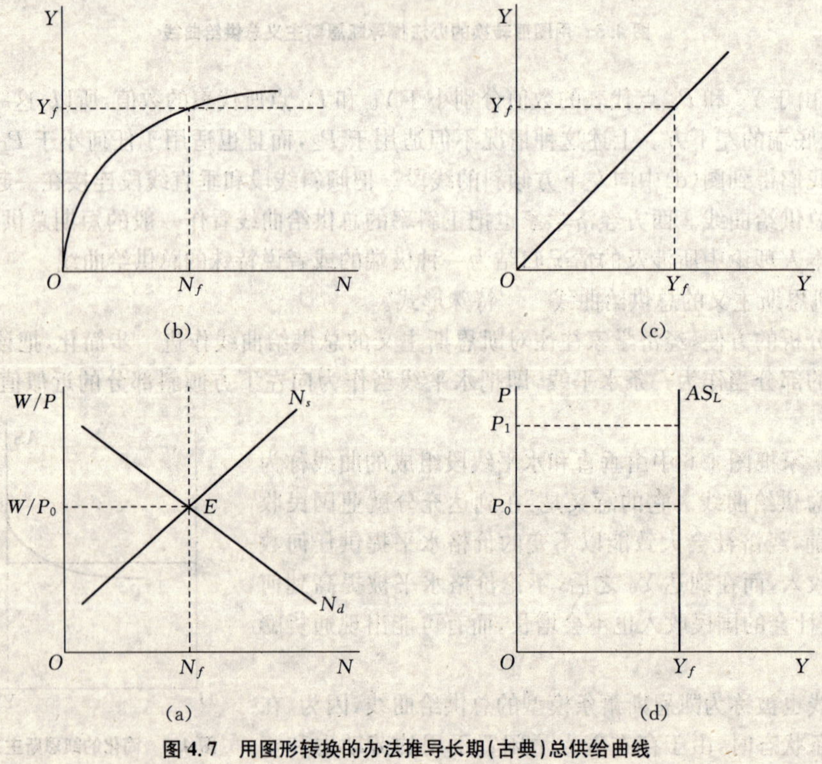

图 4.7　用图形转换的办法推导长期（古典）总供给曲线

如果价格水平上升大于 P_0 的数值，比如说 P_1，在货币工资作同样幅度变动的情况下，实际工资（W/P_1）仍然会处于图(a)所示的相同位置。劳动就业量仍然是 N_f，通过图(b)和图(c)的转换，成为图(d)中的 Y_f。如此变动价格可以得到相同的结果，最终在图(d)中得到一系列产出相同但价格不同的点，代表充分就业的（或者潜在的）产出水平。无数多个这样的点将会形成一条位于充分就业产出水平上的垂直线。这就是长期的（或古典的）总供给曲线。

4. 总供给曲线不同特征的经济含义

由于总供给既决定于供给方面也取决于价格状况，所以，对总供给曲线的了解，也应该从这两个方向入手加以分析。如果将前面所说的总供给曲线的情况加以总结，我们可以以图 4.8 来表示。

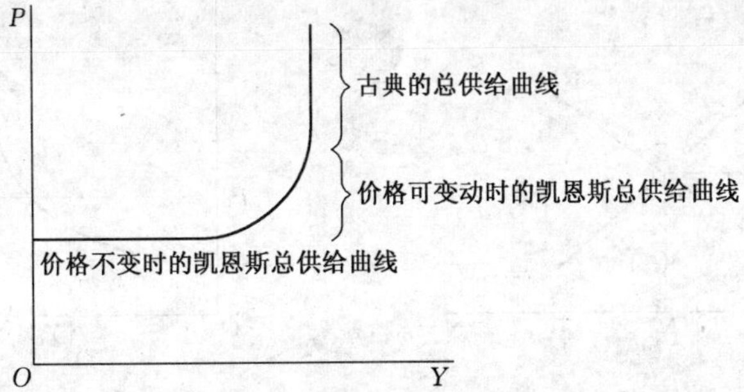

图 4.8　各种总供给曲线的综合

从图 4.8 中，我们可以看出，总供给曲线的特征取决于我们考虑问题的角度和条件。

当价格由于各种原因不能发生变动，即价格出现刚性时，经济中如果只能发生产量的变化，就会出现凯恩斯萧条模型的总供给曲线，即一条处于水平状态的总供给曲线。这也就是存在数量调节而不存在价格调节时的总供给曲线。这种情况意味着，经济对于总供给不存在任何限制，而且总供给也可以任意调节变动，即生产函数，特别是劳动就业可以随意增大。这时，实际总供给就完全取决于总需求的大小。

当价格可以发生变动时，即价格处于粘性或者弹性时，经济中总供给的变化又分为两种情况：第一种情况是，价格处于粘性或者弹性，总供给可以发生变化时，总供给曲线是一条斜率为正值、向右上方倾斜的曲线。这时，经济中既存在着数量调节，也存在着价格调节。这意味着经济基本上处于正常状态，一方面，当价格上升时，总供给会相应增加，另一方面，当总需求增大时，价格也会上升。这是因为，在短期内，总供给的增加也许没有总需求的增加速度快，或者总供给的增加幅度没有总需求的增加幅度来得大。这种情况就是一般短期的总供给曲线的含义。第二种情况是，价格处于弹性，但总供给无法增加时，总供给曲线是一条垂直线。这种情况意味着，经济已经处于充分就业的状态，技术水平也无法改变，所以，总供给不变。经济中只有价格调节，不存在数量调节。这也就是古典的总供给曲线的含义。

根据上述总供给曲线的特征和经济含义，我们可以很方便地在经济分析中依据总供给曲线的形状或斜率，来判定经济的情况和可能发生的变化，以及可能采取的宏观经济政策的有效性程度。同样，我们也可以依据经济情况大致给出总供给曲线，以利于迅速做出大致的判断。

5. 总供给曲线的变动

总供给曲线首先是由生产函数(技术水平、劳动生产率)和劳动市场的就业量共同决定的。当这些有关因素发生变动时,总供给曲线就会发生变动。这也就是说,不管由于什么原因引起的供给冲击或干扰发生时,总供给曲线都会发生相应的变动。

(1) 生产函数发生变动时,总供给曲线的移动。

假定其他情况不变,经济中出现中性技术进步,也就是说,这种技术进步只会影响到劳动的平均生产率,而不是影响其边际生产力,也没有发生劳动就业量的增加或减少。这时,总供给曲线的变动就如图 4.9 所表示的情况。

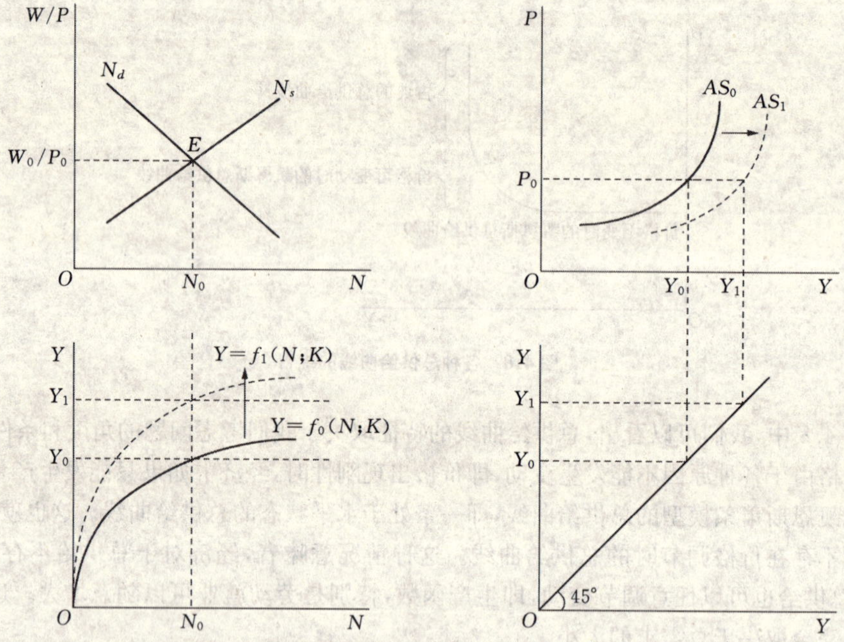

图 4.9 平均劳动生产力提高导致的总供给曲线的移动

(2) 当劳动需求曲线移动时,总供给曲线的变动。

如果其他条件都相同,只是技术进步会使平均劳动生产力和边际劳动生产力同时都得到提高,则劳动需求曲线与生产函数曲线都会发生向右上方的移动,从而使总供给曲线向右上方移动更大的距离。但曲线变动的图形与上面的情况大致相同,见图 4.10。

另外,我们知道,在其他情况不变时,如果资本的存量增加,就可能使劳动的边际生产力增加,同时,对劳动的需求也会增大。这也就是生产函数和总供给函数中都包含资本因素的原因。由此,我们说,在其他情况不变的情况下,资本存量的增加,会提高边际劳动生产力,从而增加对劳动的需求,使劳动需求曲线发生向右上方移动,最终使总供给曲线向右上方移动。

(3) 当劳动供给曲线移动时,总供给曲线的变动。

劳动的供给取决于劳动者的劳动意愿和偏好,也取决于人口和劳动力的多少。劳动者的劳动意愿和偏好越强烈,劳动力数量越多,劳动供给就越多,反之,劳动供给就越少。劳动供给的变化显然会影响总供给函数和总供给曲线。

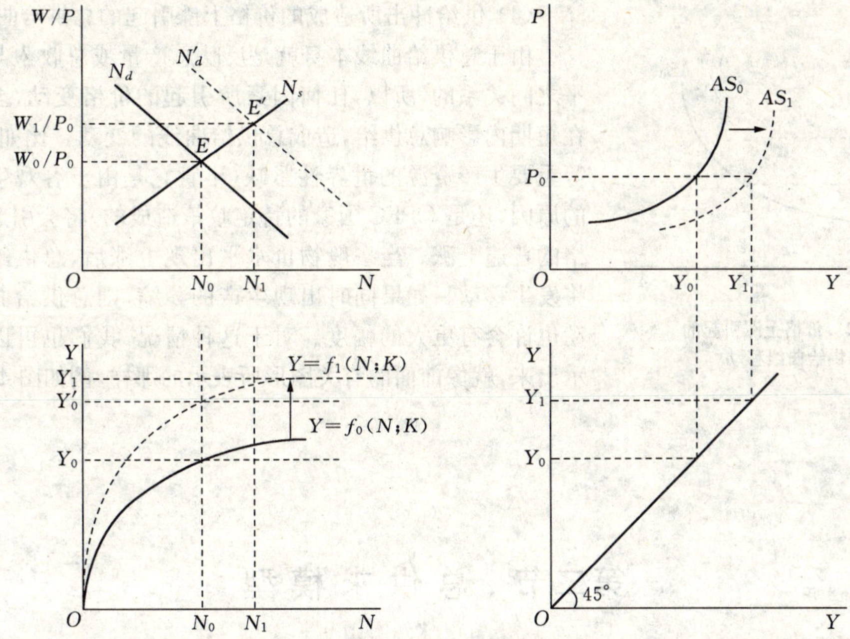

图 4.10　平均劳动生产力和边际劳动生产力同时提高导致的总供给曲线的移动

假定人们在收入增加之后，更加注重休闲，则劳动供给就会减少，劳动供给曲线就会向左上方移动，由此产生的一个影响便是产出的减少和总供给曲线的向左上方移动。这种情况可以用图 4.11 表示。

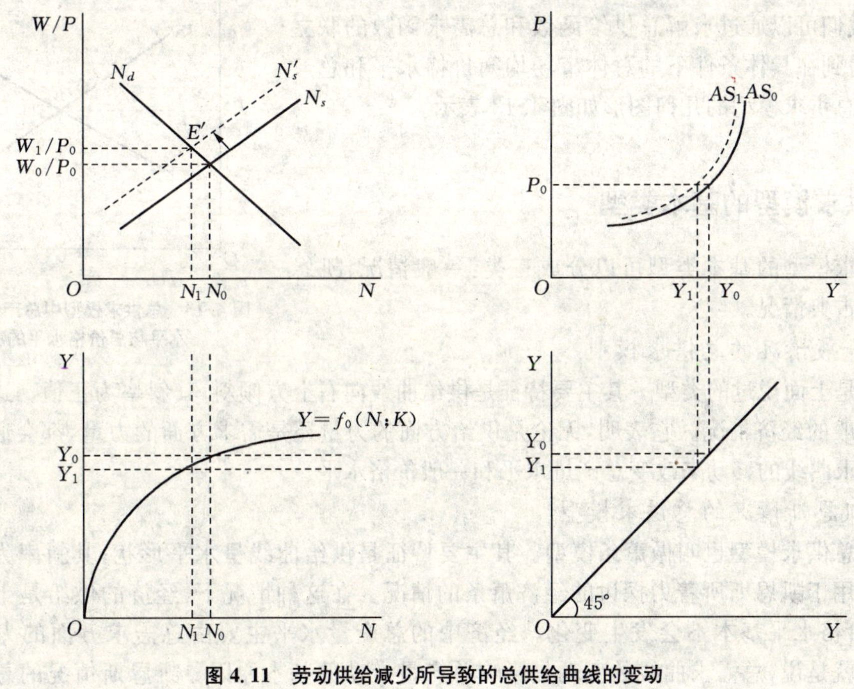

图 4.11　劳动供给减少所导致的总供给曲线的变动

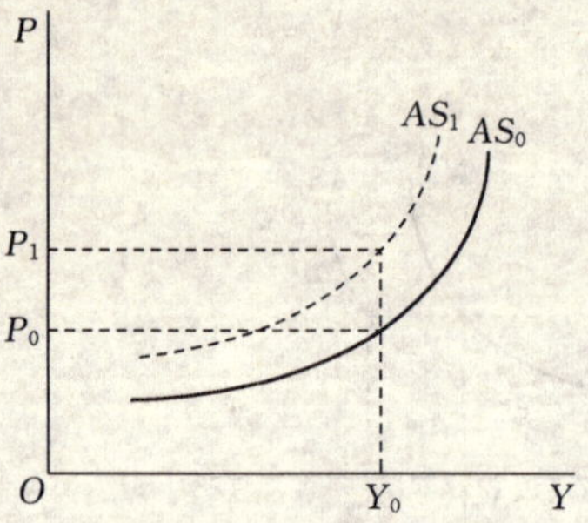

图 4.12　价格上涨引起的总供给曲线移动

(4) 供给冲击所造成的价格上涨引起的总供给曲线移动。

由于总供给曲线本身就是反映总产量或总收入与价格水平之间关系的，所以，任何因素所引起的价格变动，至少都会在短期内影响总供给，造成总供给曲线的变动。比如说，石油等重要生产资源的世界性紧缺（不管它是由于客观生产方面的原因，还是 OPEC 国家的特定政策造成的）将会引起石油价格的普遍上涨。当一般物价水平出现上涨后，总供给曲线也将发生移动。如果同时出现生产的萎缩，则总供给曲线的移动也许会有更大的幅度。对于这种情况，我们也可以画图表示出来，就像前面的有关图形所表示的那样，例如图 4.12。

第二节　总供求模型

一、总供求模型

在推导并了解了总需求函数（曲线）与总供给函数（曲线）之后，我们就可以将二者结合起来决定宏观经济中的总产量（总收入）水平与总价格水平。具体说来，我们可以通过求解总供给函数和总需求函数的联立方程，来得到在具体条件下的总体市场均衡价格水平和总产量水平。总供求模型的几何图形如图 4.13 表示。

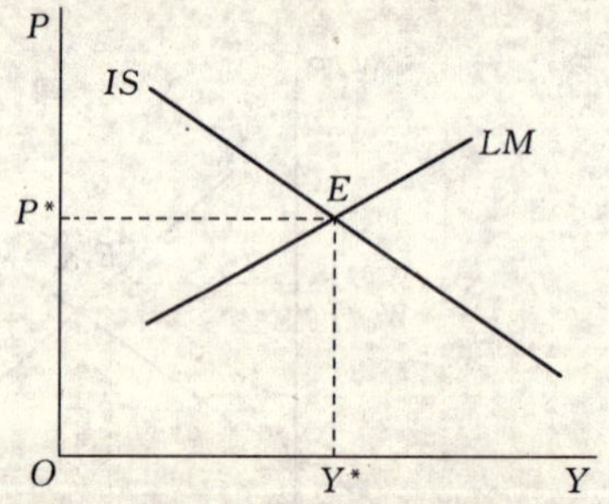

图 4.13　总供求模型中总产量（总收入）水平与总价格水平的决定

二、总供求模型的基本类型

总供求模型的基本类型可以分成三类：一般情况、凯恩斯情况和古典情况。

1. 一般情况的总供求模型

这就是上面说过的类型。其主要特征是供给曲线向右上方倾斜，其斜率为正值。这种类型适应于一般的经济情况。它表明，无论是供给方面的力量还是需求方面的力量，都会通过供给曲线或需求曲线的移动来改变总产量水平和一般价格水平。

2. 凯恩斯情况的总供求模型

该类总供求模型也叫做萧条模型。其主要特征是供给曲线呈水平形状，其斜率为零。这种类型适用于凯恩斯所着力探讨的经济萧条的情况。在这种情况下，经济的供给是十分充分的，而且价格水平基本不会发生变化。经济中的总产量水平主要由总需求方面的力量来决定。这也就是说，总需求曲线的变动是影响总产量变动的基本原因。凯恩斯情况的总供求模型可用图 4.14 表示。

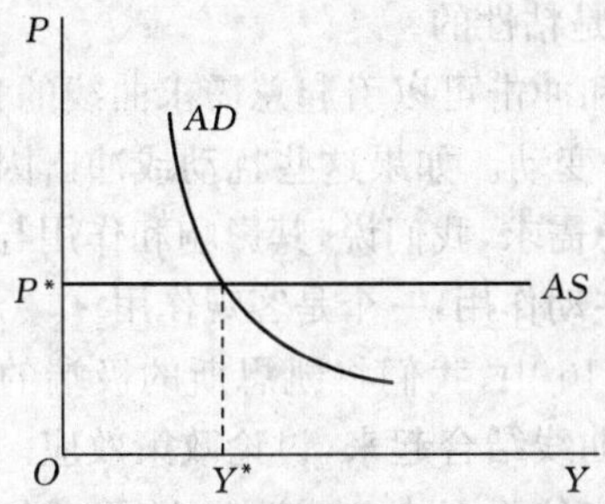

图 4.14　凯恩斯情况的总供求模型

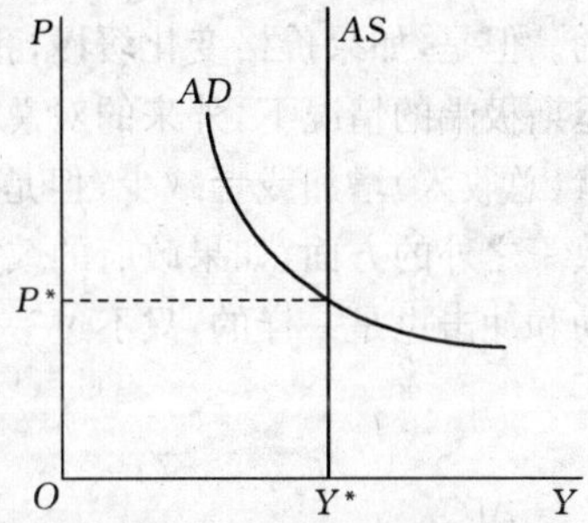

图 4.15　古典情况的总供求模型

3. 古典情况的总供求模型

这类模型又可以看作相对稳定的长期总供求模型，或者充分就业的总供求模型。其主要特征是总供给曲线呈垂直形状，其斜率值为 1。这种类型的总供求模型适合于经济达到充分就业的情况，也适合于在长期中经过调整之后所达到的理想经济状态。这时，经济已经达到了充分就业，供给方面无法再增大了。总需求水平的变动将只会影响到物价水平，而不会影响到总产量。这种情况下，总需求水平的变动是造成价格水平变动的主要因素。该模型可用图 4.15 表示。

通过总供求模型，我们知道总需求曲线和总供给曲线不仅可以从供求这两个方面来说明总产量（总收入）和一般价格水平的决定，而且可以更充分地说明宏观经济政策的有关问题。下面，我们将先分别说明总需求和总供给对总供求模型的扰动和冲击的效应，然后再进一步讨论在不同假定条件下和不同扰动因素作用情况下的财政政策和货币政策。

第三节　总供求模型的调整

一、总需求的扰动与冲击

1. 凯恩斯的极端情况

首先，我们应该知道，凯恩斯情况下的总供求模型在理论上可以被看作是一个极端的情况。但是，在现实当中，它仍然有其合理性的一面。这一方面是它可以解释经济的萧条情况，另一方面，它也可以解释价格刚性（或粘性）的情况。

在现实经济中，有时候，当需求发生变动时，厂商并不会迅速地调整价格，而是暂时将其价格保持在以前所决定的既有水平上。因为他们会观察一段时间，以便最终决定是否要在下一个时期调整价格。这种情况说明，在短期内，或者说，至少在当前一个有限的时期内，价格是不变的、刚性的，会保持在前定价格(即此前所决定的价格)水平上，尽管在更长时期内，价格还是会发生变化的。但是，如果价格变化缓慢，我们就说价格是粘性的。

在凯恩斯极端的情况下，外来的对总需求的扰动和冲击可以引起总需求曲线的移动，从而引起总产量(总收入)增加或者减少，但是，价格却不会变动。如果这些扰动或冲击因素不是来自政府的政策之外的方面，如果政府的政策会影响到总需求，我们说，其影响和作用与对总需求的外在扰动和冲击也是一样的，只不过一个是政府的主动作用，一个是客观作用。

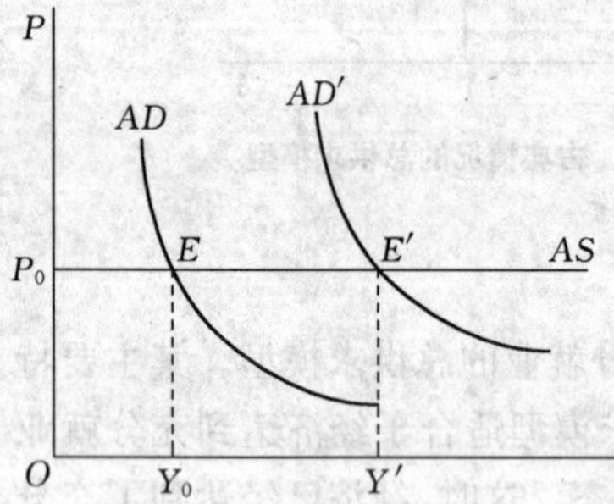

图 4.16　财政扩张：凯恩斯的极端情况

在图 4.16 中，我们将凯恩斯的极端的总供给曲线与总需求曲线结合起来，讨论政策效应。假定经济起始的均衡点位于 E 点，在该点，AS 和 AD 相交。假定政府进行一次性财政扩张政策，如同我们已经知道的，这样的政策将会使 AD 曲线向右移动，且从 AD 移动至 AD'。这时经济的新均衡点在 E' 点，总产量(总收入)增加。由于厂商在价格水平 P_0 愿意供给任意数量的产品，因而不存在对价格的影响。根据图 4.16，政府财政扩张政策的效果只是提高产量和就业，而不会影响价格。

我们同样也可以说明，在凯恩斯的极端情况下，名义货币量供给的增加会导致经济中均衡产量的增加，而且也不存在对价格的影响。

如果我们把经济中达到充分就业时的总产量(总收入)水平，叫做潜在的产出(收入)水平，那么，前定价格水平和总需求曲线的相互结合所决定的总产量(总收入)水平，就是当期(当年)的总产量(总收入)水平，它可能小于潜在的产出(收入)水平，也可能大于潜在的产出(收入)水平。

当厂商发现实际产量水平(总需求水平)高于或者低于潜在的均衡产量水平(总供给水平)时，即便他们不会立即调整价格，但是存在着一种激励因素会促使价格向均衡水平运动。这种激励动向是，当实际产量水平(总需求水平)低于潜在的均衡产量水平(总供给水平)时，会降低价格；当实际产量水平(总需求水平)高于潜在的均衡产量水平(总供给水平)时，会提高价格。因为在总需求水平决定均衡产出水平的情况下，降低价格将会增加总需求，从而增加均衡产量；提高价格将会减少总需求，从而减少均衡产量。所以，这种激励因素会产生一种潜在的压力，使经济重新回到均衡状态。

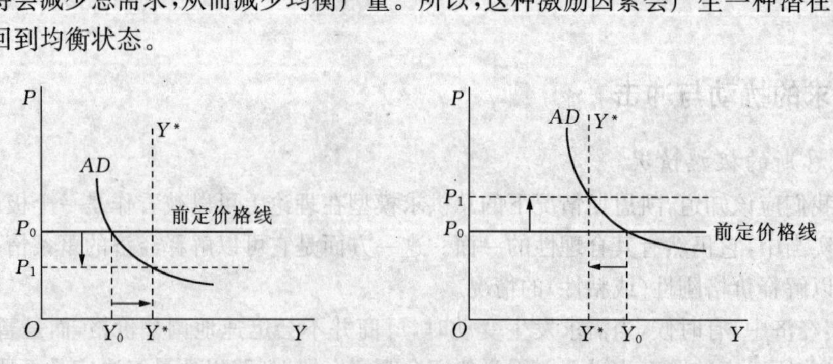

图 4.17　产量调整和价格调整

当这种调整过程实际发生时，下一时期的价格水平将发生变化。在总需求相应发生变化的情况下，总产出将会发生调整。如果一次不能调整达到均衡水平，就需要继续调整下去，直至达到均衡水平为止。价格和产量调整的互动过程就是总供求调整的动态过程。该过程也可以用图 4.18 表示。

图 4.18　动态分析和前定变量

注：左边表示价格调整过程，现期价格水平是由最近的前期产出水平决定的；右边表示给定价格水平，总需求曲线决定产出水平。

2. 古典的极端情况

在古典的极端情形下，总供给曲线在充分就业的产量水平上是垂直的。不论价格水平如何，经济中的全体厂商的总供给量总是 Y_f。在这样的供给假定之下，可以得出与上述凯恩斯极端情况的模型完全不同的结果。

图 4.19 表明了在古典的极端供给假定（充分就业假定）下，一次性财政扩张政策的效果。

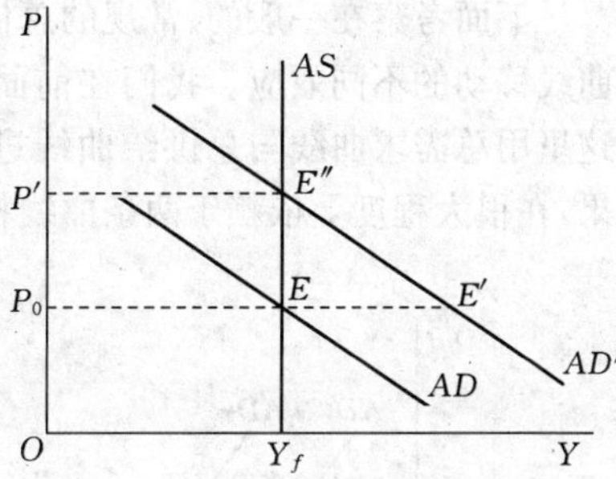

图 4.19　财政扩张：古典的极端情况

图 4.19 中，总供给曲线为 AS，经济初始均衡为 E 点。政府的财政扩张使总需求曲线从 AD 移动到 AD'。在初始价格水平 P_0，经济的均衡点在 E 点。如果在原有价格水平 P_0 上，产品需求上升了，需求量达到了 E' 点。但厂商在经济已经达到充分就业、且技术水平暂时没有变化的短期情况下，不可能获得更多的劳动力来生产更多的产量，也就是说，产品供给对新增的需求无法作出反应。由于厂商试图雇用更多的工人，他们只是抬高了工资和生产成本，因而必须为他们的产品索取更高的价格。于是，产品需求的增加只会导致更高的价格，而不能提高产量。

价格的上涨降低了实际货币存量并导致了利率的上涨和支出的减少。经济沿 AD' 曲线不断向上移动，直至价格的上升和货币实际余额的下降足以将利率提高和支出降低到与充分就业相一致的水平。这就是在价格 P' 的情形。在 E' 点，总需求在更高的价格水平上与总供给相等，达到了新的均衡点。

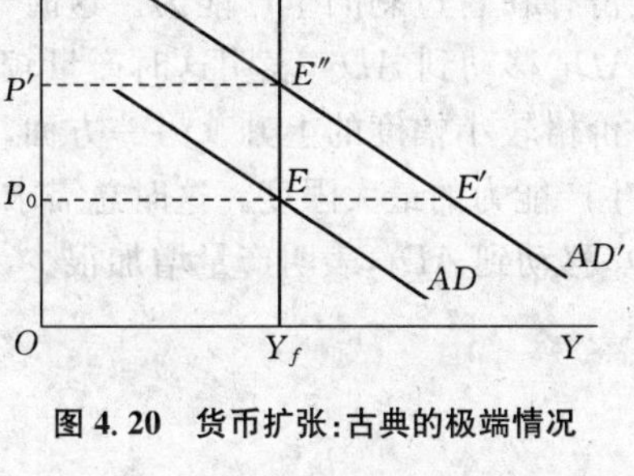

图 4.20　货币扩张：古典的极端情况

下面我们再来考察古典极端条件下货币扩张的效果。图 4.20 描述了在古典极端供给（充分就业）条件下名义货币扩张的情况。

图中的 E 点为初始的充分就业均衡点，AD 与 AS 在此点相交。现在假定名义货币存量增加了，相应地，总需求曲线向右方移动到 AD'。假如价格固定，经济会移动

至 E' 点，但是，现在产业在充分就业条件下无法真正增加供给，总需求的增加导致了对产品的超额需求。试图通过雇用更多劳动力来实现供给扩张的厂商推动了工资和成本的上涨。相应地，价格也随之上涨。这意味着实际货币存量将不断向其初始水平回落。事实上，价格将会持续上涨，直到产品的超额需求消失时为止。这样，价格必须上涨到经济达到 E'' 点的程度。这时总供给曲线 AS 与新的总需求曲线 AD' 相交于 E'' 点。只有在这点上，当总需求量再次与充分就业的供给量相等时，产品市场才会出清，价格上升的压力才会消失。

下面考虑经济从 E 点移动到 E'' 点的调整过程。这里没有产量的变化而只有价格水平的变化。应该注意到，价格上升与名义货币量的增加恰好是同一比例的。从图中可以看到，作为对名义货币供给量增加的反应，AD 曲线会向上移动一段与名义货币增加比例相同的距离。因此，在 E'' 点，实际货币存量 M/P 恢复到其初始水平。在 E'' 点，名义货币量和价格水平均变动了同一比例，使得经济的均衡产量维持不变。这样，可以得出古典极端模型的一个重要结论：在古典极端的供给条件下，名义货币量的增加将促使价格水平上升同一比例而利率和实际产出维持不变。在宏观经济学中，当货币存量的变动只导致价格水平的变化而实际变量（产量、就业）未发生变化的这种情况，被称为货币中性。

3. *一般总供给曲线情形下总需求曲线移动的不同效应*

下面考察在一般的、常规的总供给曲线情况下，当总需求被扰动和受到冲击的时候，总需求曲线移动的不同效应。我们在前面有关章节已经讨论了财政政策和货币政策的相对有效性。这里用总需求曲线与总供给曲线进一步加以说明，政府在刺激总需求的措施所希望产生的效果，在很大程度上依赖于两条曲线相交于何处。图 4.21 进一步说明了这一问题。

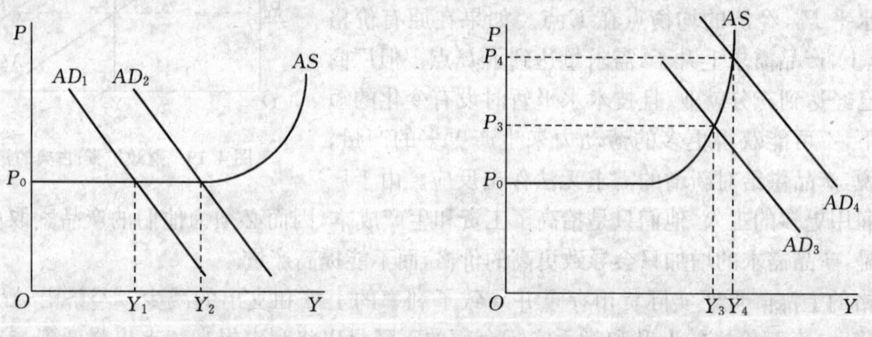

图 4.21　总需求曲线移动的不同效应

图 4.21 表明，在总供给曲线的平坦（有弹性的）部分，经济存在着过剩的生产能力。这时，不管什么原因所引起的总需求曲线的移动，比如(a)图中从 AD_1 移动到 AD_2，表明这时产量较大的增加在总供给曲线较平坦（弹性较大）的部分，只伴随着价格较小幅度的上升。另一方面，在总供给曲线的陡峭（弹性较小）的部分，经济接近于其现有生产能力的最大限度。这时总需求曲线不管由于什么原因所引起的移动，比如在(b)图中从 AD_3 移动到 AD_4，表明产量增加很少，而价格却显著上升。

二、总供给的扰动和冲击

总供求的 *AD*-*AS* 模型不仅能清楚地说明总需求曲线移动的效应，而且还能说明总供给曲线移动的效应。在这方面，前面阐述的 *IS*-*LM* 模型是无法与 *AD*-*AS* 模型相比的。

图 4.22 说明了当任何外在原因引起的总供给的扰动和冲击导致总供给曲线移动的效应。这里考虑的是由于经济中企业的设备投资增加而造成生产能力增大的情形。这时，总供给曲线将向右移动，从 AS_0 移动到 AS_1。如果经济最初运行在总供给曲线的陡峭部分而且总需求曲线是相当无弹性的，如图中的 AD_1，那么总供给的增加就意味着，新的均衡价格水平将明显低于初始价格水平。另一方面，如果经济最初运行在总供给曲线的平坦部分，如图中的 AD_0，则总供给曲线移动的效果不大。这是因为总供给曲线的平坦部分表示经济中存在着过剩的生产能力。新追加的生产能力对于生产的均衡数量和均衡价格水平的影响都很小。

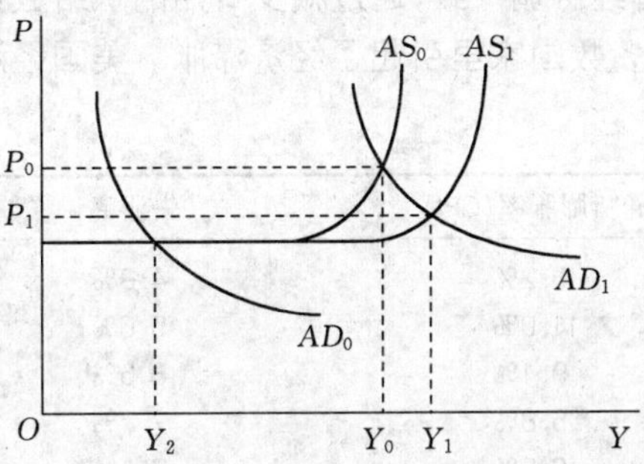

图 4.22　生产能力增加的效应

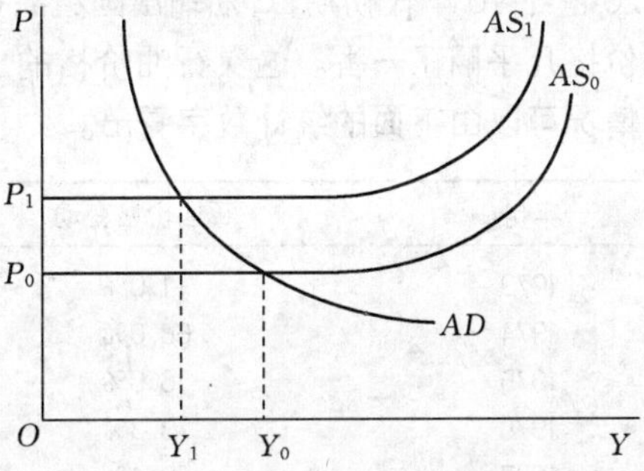

图 4.23　进口投入品价格上涨的效应

图 4.23 描述了从国外购买的投入品（比如石油）价格上涨对总供给产生冲击的效应。这时总供给曲线会向上移动。从微观角度来解释就是，为了使厂商愿意生产与以前相同的产量，它们必须能得到更高的产品价格。从图中可以看出，即使这时经济存在过剩的生产能力（即 *AD* 曲线与 *AS* 曲线的交点处于 *AS* 曲线的水平部分），价格水平也会上升。

20 世纪 70 年代初期，美国经济受到的石油供给冲击被认为是一个现实中的事例。那次冲击主要是由于，中东国家组成的石油输出国组织（OPEC）在 1973 年决定运用它们的市场力量，对输出到包括美国在内的某些西方国家的石油数量加以限制所造成的。最初的限制部分原因是出自政治上的考虑，因为许多 OPEC 成员国看到，美国在以色列与控制 OPEC 的阿拉伯国家双方之间持续不断的争端中始终支持以色列。然而，不久它们就认识到自己具有一种真正的经济力量（至少在短期内是这样）。它们对石油供应的限制很快造成了世界石油价格的迅速上升。

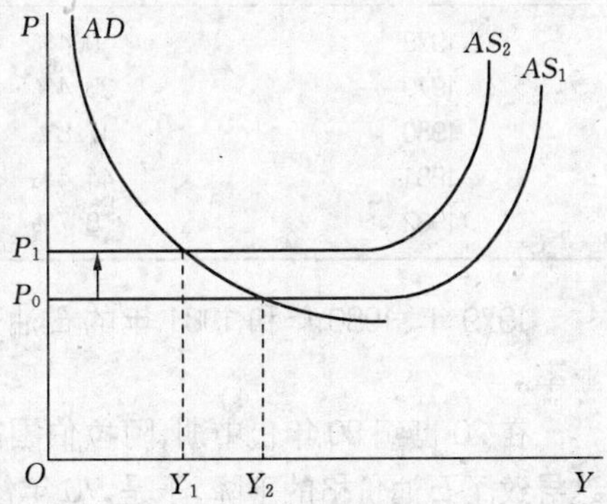

图 4.24　20 世纪 70 年代初期的石油价格冲击

就整个美国经济而言，石油价格的提高使许多高度依赖于石油的行业的生产成本提高。这个结果可以用总供给曲线的移动来加以说明。如图 4.24 所示，面对更高的石油价格，厂商在每一个价格水平上愿意生产的产量水平都比原来降低了。总供给曲线的向上移动使通货膨胀的压力增加了。

在图 4.23 中，OPEC 提高了石油价格，使得美国经济中的总供给曲线向上移动，从而导致了一个更高的均衡价格水平 P_1 与更低的产量水平。

学习参考

石油供给冲击对 20 世纪 70 年代经济滞胀和 80 年代经济加速的作用

世界经济的历史上最具影响的供给冲击应该是 20 世纪 70 年代和 80 年代的石油供给冲击。

20 世纪 70 年代初期，石油输出国组织（OPEC）曾经协调一致，通过减少石油的供给数量使石油价格几乎翻了一番。这次石油价格的上涨在大多数国家里引起了经济滞胀。美国经济滞胀的情况可以由下面的统计数字看出。

年份	石油价格变动	通货膨胀率（CPI）	失业率
1973	11.0%	6.2%	4.9%
1974	68.0%	11.0%	5.6%
1975	16.0%	9.1%	8.5%
1976	3.3%	5.8%	7.7%
1977	8.1%	6.5%	7.1%

1974 年石油价格上涨 68%显然是重大的不利供给冲击。它既引发了较高的通货膨胀率，也导致了较高的失业率。

几年过后，世界经济已经接近从第一次 OPEC 引起的经济衰退中复苏，但是，几乎同样的事情再一次发生了。OPEC 再一次提高了油价，结果再一次引起进一步的经济滞胀。美国经济这次衰退的统计数字如下：

年份	石油价格变动	通货膨胀率（CPI）	失业率
1978	9.4%	7.7%	6.1%
1979	25.4%	11.3%	5.8%
1980	47.8%	13.5%	7.0%
1981	44.4%	10.3%	7.5%
1982	−8.7%	6.1%	9.5%

1979 年、1980 年和 1981 年的石油价格上升再次引起了两位数的通货膨胀率和较高的失业率。

在 20 世纪 80 年代中期，阿拉伯国家之间的政治动乱削弱了 OPEC 限制石油供给的能力。这导致了石油价格的下降，于是，70 年代和 80 年代初发生了经济滞胀。美国经济在这一时期的情况如下：

年份	石油价格变动	通货膨胀率(CPI)	失业率
1983	-7.1%	3.2%	9.5%
1984	-1.7%	4.3%	7.4%
1985	-7.5%	3.6%	7.1%
1986	-44.5%	1.9%	6.9%
1987	18.3%	3.6%	6.1%

1986年,石油价格几乎下降了一半。这种有利的供给冲击,导致了美国经济史上最低的通货膨胀率和失业率。

以上情况说明,供给冲击对于经济总是会发生影响的:大的供给冲击产生较人的影响,小的供给冲击产生较小的影响;有利的供给冲击产生有利的影响,不利的供给冲击产生不利的影响。

资料来源:*N.* 格里高利・曼昆:《宏观经济学》第四版,中国人民大学出版社 2000 年版,第 229—230 页。

本章小结

古典学派的总供给曲线没有长短期之分,都是位于充分就业产量水平上的垂直线。如果想要让它移动的话,除去提高充分就业水平之外,只能靠技术进步或提高劳动生产力,使垂直的总供给曲线向右移动。对于一般短期的总供给曲线和凯恩斯的总供给曲线来说,情况则有所不同。凯恩斯极端的总供给曲线,在理论上,基本是一条无限延伸的水平线;在实际上,只有当产量水平接近充分就业,或者价格的适当上升与产量的增加同时发生时,才会变为一般的总供给曲线。而一般的总供给曲线会随着价格水平的上升而向上推移,在长期内,也会随着技术的变动和时间的变化而发生斜率的变化。

本章从总供求模型的角度探讨的经济波动问题,主要涉及总需求和总供给冲击对不同情况下经济的影响。分析表明,总供给和总需求对于一般情况下的总供求模型中的产量水平与价格水平都会产生影响。总需求冲击对于萧条模型具有实际产量的效应,而不具有价格效应;相反,对于古典模型却只具有价格效应,而不具有产量效应。总供给的冲击对于萧条模型不具有实际意义,而对于古典模型则具有产量方面的效应。此外,古典模型有助于说明货币中性的问题,萧条模型则有助于充分说明政府财政政策的效力。

思考题

一、名词解释

货币幻觉　总需求函数　总需求曲线
利率效应　实际余额效应　总供给函数
总供给曲线　凯恩斯极端的总供给曲线　古典极端的总供给曲线
一般短期总供给曲线　总量生产函数　潜在产出
潜在就业量　自然失业率　总供给曲线
前定价格

二、选择题

1. 当下列条件成立时，总供给曲线斜率变陡(　　)。
   A. 当工资变得更加有弹性
   B. 当工资变得更加粘性(或刚性)
   C. 当经济接近充分就业时
   D. A 和 C 都正确
2. 下列因素中，使得总需求曲线向右移的是(　　)。
   A. 货币供给量的增加
   B. 增加资本品获利能力和技术进步
   C. 废除一项投资税减免
   D. 价格水平下降
3. 在古典模型中，即价格—工资具有完全伸缩性的经济中，下列表述错误的是(　　)。
   A. 财政政策对实际变量没有影响
   B. 货币政策对实际变量没有影响
   C. 总需求变动不影响就业
   D. 总需求变动不影响实际工资
4. 假使经济初始处于均衡状态，这时意外的总需求的变动或冲击，引起经济衰退，则(　　)。
   A. 价格在短期内上升，长期将上升更多
   B. 价格在短期内上升，长期将下降到初始水平
   C. 价格在短期内下降，长期将下降更多
   D. 价格在短期内下降，长期将上升到初始水平
5. 关于总需求曲线的论述，错误的是(　　)。
   A. 给定货币供给量，货币数量方程式描述了物价和产出之间的负相关关系

B. 总需求曲线的斜率为负

C. 当央行增加货币供给量时，经济沿着固定的总需求曲线移动，实际产出增加，物价水平下降

D. 当经济沿着不变的总需求曲线移动时，货币供给量保持不变

6. 假使经济初始处于均衡状态，这时正向的意外总供给变动或冲击，则（　　）。

A. 在短期价格下降，产出增加，在长期将恢复到初始均衡状态

B. 在短期价格下降，产出增加，在长期价格将下降，产出将下降到初始水平

C. 在短期价格下降，产出下降，在长期价格和产出均将上升到初始水平

D. 在短期价格下降，产出增加，在长期价格将下降的更多，产出增加的更多

三、简答题

1. 说明总需求曲线为什么是向右下方倾斜的。
2. 列举总需求曲线和总供给曲线变动的因素并说明其过程。
3. 比较古典和凯恩斯模型中，货币供给量增加时，价格水平、总产出、名义 GNP、利率和就业量的变化情况。
4. 在古典总供求模型中，当政府支出增加时，价格水平、总产出、利率和就业量将如何变化？
5. 外来的对总需求的扰动和冲击在凯恩斯情况的总供求模型中会产生什么效应？
6. 货币政策和财政政策在凯恩斯情况的总供求模型中会产生什么效应？
7. 外来的对总供给的扰动和冲击在凯恩斯情况的总供求模型中会产生什么效应？
8. 外来的对总供给的扰动和冲击在古典情况的总供求模型中会产生什么效应？
9. 用总需求与总供给曲线的互动，分析说明宏观经济中的萧条、高涨（或过热）和滞胀的状态。

四、分析题

1. 石油是重要的工业原料，如果中东政治动荡引起石油产量减少，试用总需求—总供给模型说明它会给世界经济带来什么影响。
2. 试利用凯恩斯主义的总供给—总需求模型分析货币供给量增加对经济的短期影响和长期影响。

第二部分

宏观经济的基本理论和分析

第五章

商品(服务)市场的总供求分析

学习目的和要求

通过本章的学习,主要应掌握:1. 凯恩斯简单国民收入决定理论的必要前提和背景,均衡国民收入的概念和均衡条件;2. 消费函数和储蓄函数、边际消费倾向和边际储蓄倾向的含义,以及它们对于总需求水平所起的作用;3. 投资需求的决定原理,利率和资本边际效率对投资需求所起的作用,以及其他一些重要因素对投资水平的影响;4. 了解三个不同部门模型的均衡国民收入决定的条件;5. 了解乘数原理以及三个不同部门模型的乘数的差异;6. 商品(服务)市场各种总供给曲线的经济含义和区别;7. 商品(服务)各种总供给曲线的变动;8. 商品(服务)市场总供求模型的构成和类型;9. 各种扰动和冲击下总供求模型的反应。

现代西方宏观经济学的奠基人英国经济学家梅纳德·凯恩斯所提出的理论学说的中心内容就是国民收入决定理论。这种理论合理性的现实基础是像20世纪30年代的经济大萧条那样的经济环境和条件。以凯恩斯本人的经济理论为基础的凯恩斯主义的全部经济理论涉及四个市场:产品市场、货币市场、劳动市场和国际市场。仅包括产品市场的凯恩斯主义经济理论(一般以只包含消费者和企业的两部门经济情况为对象)称为简单的国民收入决定理论。凯恩斯所论述的经济学的基本内容,是宏观经济学的主要构成部分。凯恩斯的理论基本上是关于宏观经济总需求的理论,也是他关于国民收入决定的理论。在本章,我们将主要从凯恩斯的均衡国民收入决定原理入手,探讨总需求在宏观经济学中的地位和作用。在最后部分,我们也简要涉及商品(服务)市场总供给的有关问题。

第一节　均衡国民收入的决定原理

一、宏观经济各部分的循环流程

根据前面一章的内容,我们知道,要了解均衡国民收入(也就是实际GDP)的情况,就要了解其各个构成部分的情况，然后，再从总量上加以考察。在了解均衡国民收入的决定过程之前，我们也许会存在下面一些问题：

一国的总收入是由哪些因素决定的？企业生产了多少？谁会从生产中获得收入？工人的报酬是多少？资本所有者的报酬是多少？谁购买了产品和服务？家庭购买了多少消费品和服务？家庭和企业购买了多少投资品？政府购买了多少公共物品？究竟是什么因素使商品和服务的供给与需求相等，又是什么因素保证了生产的水平与意愿的消费、投资和政府购买的支出水平相等？

为要解决这些问题，我们应该了解一下经济中各部分的相互作用。下面，我们用一个封闭经济条件下经济各部分的循环流程图(图 5.1)加以说明。

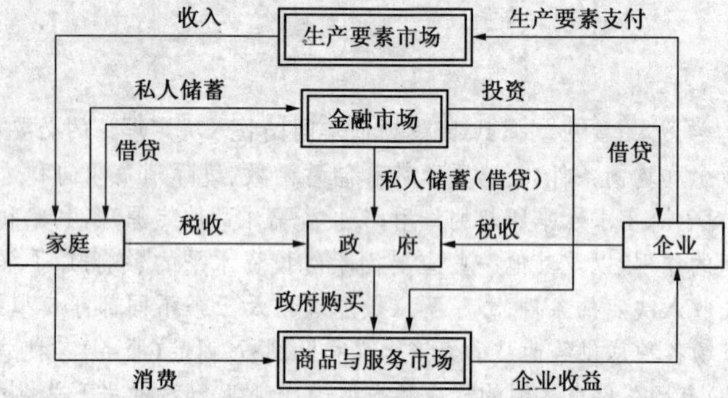

图 5.1　封闭经济中各部分的循环流程

注：箭头代表货币的流向，箭头的相反方向代表商品与服务、生产要素的流向(私人储蓄除外)。

图 5.1 表明了从经济活动参与者的不同角度来看的货币流动，以及同时发生的商品与服务、生产要素的流动。家庭通过向生产要素市场提供劳动得到收入，再以购买消费商品和服务、向政府缴税的形式支出其收入，并通过金融市场进行储蓄。企业通过出售商品与服务获得收益，再以购买生产要素的形式支出其收益。政府通过向企业和家庭征税获得收入，再以政府购买来支出其收入。有时，出于各自不同的需要，家庭、企业、政府都会通过金融市场向企业借贷。

在正常情况下，图 5.1 反映了收支两个方面的均衡。当循环流程的某个部分遇到障碍时，就会发生局部的失衡，如果其他部分的活动能够对其加以补救，则总体经济不会出现失衡；如果其他部分的活动不能够对其加以补救，则总体经济就会发生失衡。

二、均衡国民收入的含义和决定原理

均衡国民收入(即实际 GDP，有时也指均衡的产出)指总供给和总需求相一致的产出，从事后角度来看，国民收入核算账户所计算的就是实际的(或者说实现了的)均衡国民收入。从事前角度看，它是指计划达到的，或者说想要达到的，能使经济社会的收入正好等于全体居民和企业想要有的支出情况下的国民收入。

均衡国民收入包括了经济中总供求相等，或者储蓄等于投资的含义。对于事后的国民收入而言，其均衡的性质不言自明，就像前面提到的国民收入恒等式所表明的那样。

至于事前的均衡国民收入的决定，在原理上，取决于总供给和总需求两方面的力量共同起作用。本书后面的内容将会表明，在古典经济学模型中，市场的总需求被认为是无限的。换句话说，他们认为，经济中的不同供给品在交换时可以相互创造出各自的需求来。因此，在古典经济学模型(见图 5.2)里，均衡国民收入主要就由经济中的总供给水平决定。在凯恩斯经济学模型(见图 5.3)中，考察对象的背景和条件是经济萧条的情况。在经济萧条中，主要问题在于需求不足、供给过剩。所以，凯恩斯经济学认为，经济中的供给是毫无问题的，关键在于总需求水平，总需求水平能够达到多高，均衡国民收入就会达到多高。这样一来，在凯恩斯经济学中，均衡国民收入主要就由总需求水平决定。

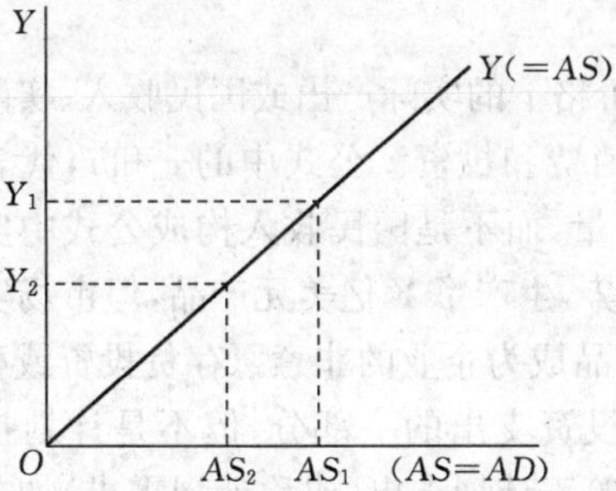

总需求是无限的，均衡国民收入的决定取决于总供给。

图 5.2 古典经济学中均衡国民收入的决定

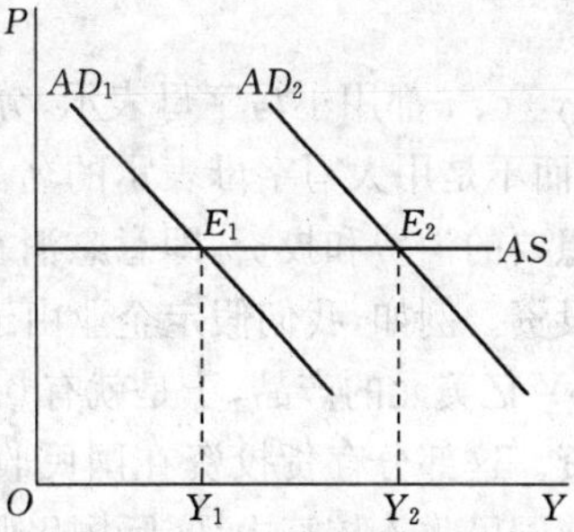

总供给是无限的，均衡国民收入的决定取决于总需求。

图 5.3 凯恩斯经济学中均衡国民收入的决定

在一般情况下，均衡国民收入决定于总供给和总需求两方面的共同作用(见图 5.4)。

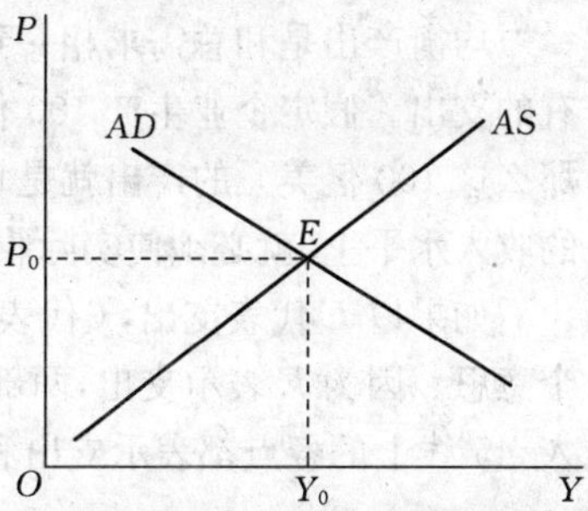

图 5.4 一般情况下均衡国民收入的决定

三、简化的经济关系

为了具体分析凯恩斯模型中均衡国民收入的决定，我们需要先作一些为分析方便所必需的假设，从而使经济关系得到简化：

第一，假设我们所分析的经济活动中不存在政府，也不存在对外贸易，只有居民户(或家庭)和企业。消费行为和储蓄行为都发生在居民户方面，生产和投资行为都发生在企业方面。我们还假定企业投资是外生既定的，即不随利率和产量而变动。

第二，假设不论需求量是多少，经济制度都能以不变的价格提供相应的供给量。也就是说，社会总需求变动时，只会引起产量变动，使供求相等，而不会引起价格变动。这一含义在西方经济学中有时被称为凯恩斯定律。这与凯恩斯写作《通论》时面对的经济大萧条状况是相一致的。在这种情况下，社会总需求增加就会使闲置的资源得到利用，使生产增加，而不会使资源的价格上涨，从而产品成本和价格大体上就能保持不变。"凯恩斯定律"被认为适用于短期分析，即它分析的是短期内收入和就业的决定问题。因为在短期中，价格不易变动，或者说具有刚性(或粘性)，当社会需求变动时，企业首先考虑的是调整产量，而不是改变价格。

另外，我们还假定折旧和公司未分配利润为零，或者说不考虑折旧和公司未分配利润。这样，GDP、NDP、NI 和 PI 就都可以相等地被当作均衡收入处理。

四、凯恩斯模型中均衡国民收入(或产出)的决定

在上述假定下，经济社会中的产量或者说国民收入就决定于总需求水平。与总需求相等的国民收入(或产出)就是均衡国民收入(产出)。由于这里考察的经济中没有政府和对外贸易，总需求就只由居民消费和企业投资两方面构成，于是，均衡国民收入(产出)就可以用公式表示为：

$$y = c + i$$

这里，y、c、i 都用小写字母表示，分别代表不变价格下的实际产出或国民收入、实际消费和实际投资，而不是用大写字母表示的名义产出、名义消费和投资。公式中的 c 和 i，代表居民和企业实际想要的消费和投资，即意愿消费和投资的数量，而不是国民收入构成公式中实际发生的消费和投资。例如，我们假定企业由于错误估计形势，生产了 Y 亿美元产品，但市场实际需要的只是 $0.5Y$ 亿美元的产品，于是就有 $0.5Y$ 亿美元产品成为企业的非意愿存货投资或称为非计划存货投资。这部分存货投资在国民收入核算中是投资支出的一部分，但不是计划投资的部分，所以，在国民收入核算中，实际国民收入(产出)就等于计划支出(或称计划需求)加非计划存货投资。但在国民收入决定理论中，均衡国民收入(产出)却是指与计划需求相一致的产出。因此，在均衡产出水平上，计划支出和实际产出正好相等。非计划存货投资就等于零，或者说，就不存在。

均衡产出是和总需求相一致的产出，也就是经济社会的收入正好等于全体居民和企业想要有的支出。假定企业生产 100 亿美元产品，居民和企业要购买的产品的支出也是 100 亿美元，那么这 100 亿美元的产出就是均衡产出，或者说均衡的国民收入。所以，社会经济要处于均衡的收入水平上，就必须使实际收入水平引起一个相等的计划(或者意愿)支出量。

如果以 E 代表支出，y 代表收入，则经济均衡的条件就是 $E = y$(这和 $y = c + i$ 其实是同一个意思。因为 E 表示支出，两部门的经济中 $E = c + i$)。图 5.5 中，纵轴表示支出，横轴表示收入，45°线上的各点都表示支出和收入相等。例如，A 点表示支出和收入分别都是 100 亿美元。

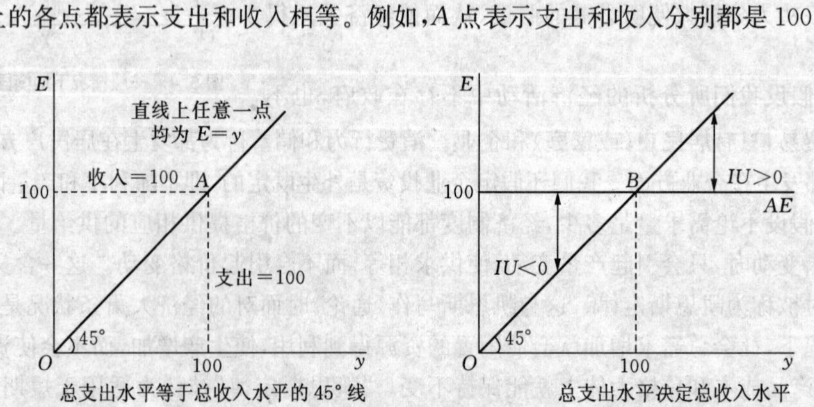

图 5.5　均衡产出

均衡产出是指与总需求相等的产出。这一点可在图 5.5 的右图中得到表现。在右图中，假定总支出(即总需求量)为 100 亿美元，则总产出(总收入)为 100 亿美元时就是均衡产出，B 点为均衡点。同 B 点相对应的支出和收入都是 100 亿美元。这说明生产的数量正好等于需要支出(消费加投资)的数量。假如产出大于 100 亿美元，非计划的(或者说非意愿的)存货投资(图中用 IU 表示)就大于零，企业就要削减生产。假如在相反的情况下，企业就会扩大生产。所以，经济总会趋于 100 亿美元的产出水平。再假如总需求为 80 亿美元，则均衡产出必定为 80 亿美元。如果总需求为 120 亿美元，则均衡产出必定为 120 亿美元。像图 5.5 那样的图形，叫做凯恩斯主义交叉图(见图 5.6)，其更为一般的形式是，以 45°线表示实际总支出等于计划总支出的所有的点，以另外一条线表示计划支出函数。计划总支出线与 45°线的交点代表具体的计划总支出等于实际总支出的均衡点。两线之间的差距表示非计划的存货量，这个量可以为正，也可以为负。只要非计划的存货量不为零，经济就不处在均衡的位置上。

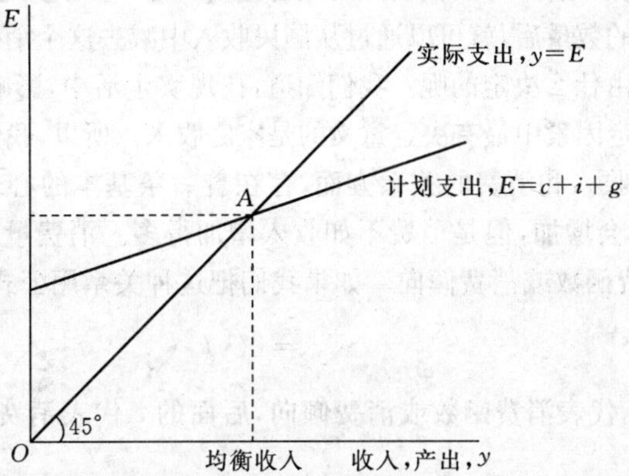

图 5.6　凯恩斯主义交叉图

五、投资等于储蓄

得到均衡产出或收入的条件 $E=y$，也可用 $i=s$ 表示，因为这里的计划支出等于计划消费加投资，也就是 $E=c+i$。而生产创造的收入等于计划消费加计划储蓄，即 $y=c+s$(这里，y、c、s 也都是剔除了价格变动后的实际收入、实际消费和实际储蓄)，所以，$E=y$，就是 $c+i=c+s$，从等式的两边去掉 c，就会得到：

$$i=s$$

我们仍然需要再次说明和强调，这里的投资等于储蓄，是指经济要达到均衡，计划投资必须等于计划储蓄。而国民收入核算中的 $i=s$，则是指实际发生了的投资(包括计划和非计划存货投资在内)始终等于储蓄。前者是均衡的条件，也就是说，要想让经济达到均衡，就必须让投资等于储蓄。但是，实际上，计划投资不一定等于计划储蓄，也就是说，设想的经济均衡，不一定就是实际已经实现了的均衡。只有投资和储蓄二者在计划上和实际上都相等时，收入才真正处于均衡状态。而国民收入核算中所指的实际投资和实际储蓄的相等，是根据定义而得到的事后的实际数字，所以，二者必然相等。

第二节　消费需求的分析

一、消费函数

我们首先分析消费的决定。消费需求是总需求中最主要的部分，因而也是总收入决定因素中的最主要部分。在美国，消费的总额大约占到GDP的2/3左右。此外，由于经济均衡的条件是计划的投资等于计划的储蓄，而要找出计划储蓄量的大小，又必须先找出计划消费量的大小。此外，我们知道了消费的数量后，就可以通过从国民收入中减去这个消费量的办法来求出储蓄量。

那么，消费量是由什么决定的呢？我们知道，在现实生活中，影响各个家庭消费的因素很多。凯恩斯认为，各种决定因素中最有决定意义的是家庭收入。所以，我们可以集中分析消费需求。

凯恩斯认为，在收入和消费的关系方面，存在着一条基本的心理规律，即：随着人们收入的增加，他们的消费也会增加，但是消费不如收入增加得多。消费量和收入量之间的这种关系就是凯恩斯所说的消费函数或消费倾向。如果我们把这种关系用公式表示出来，就是：

$$c = c(y)$$

公式中前面的 c 代表消费函数或消费倾向，后面的 c 代表消费函数符号，括号中的 y 代表收入。

消费增量和收入增量之间的这种比重关系，则是凯恩斯所说的边际消费函数或边际消费倾向（MPC）。边际消费倾向用公式可以表示为：

$$MPC = \Delta c/\Delta y \text{ 或者 } \beta = \Delta c/\Delta y$$

公式中 MPC 和 β 都可以代表边际消费倾向或边际消费函数，Δc 和 Δy 分别代表消费增量和收入增量。若收入增量为极小，上述公式也可以写成下面的形式，其含义不变：

$$MPC = \mathrm{d}c/\mathrm{d}y$$

对应着边际消费倾向的概念是平均消费倾向。平均消费倾向（APC）指任意一个收入水平上的消费支出在收入中所占的比率。平均消费倾向的公式是：

$$APC = c/y$$

根据消费倾向的数值，我们也可以大致画出一条消费曲线（见图 5.7）。

图 5.7 中，横轴表示收入 y，纵轴表示消费 c，45°线上任意一点到纵轴和横轴的垂直距离都相等，表示收入全部用于消费。$c = c(y)$ 曲线是消费曲线，表示消费和收入之间的函数关系。E 点是消费曲线和 45°线的交点，它表示，这时候消费支出和收入相等。E 点左边的点，表示消费大于收入，E 点右边的点，表示消费小于收入。随着消费曲线向右延伸，这条曲线和 45°线的距

离越来越大，表示消费随收入增加而增加，但增加的幅度越来越小于收入增加的幅度。消费曲线上任意一点的斜率，都是与这一点相对的边际消费倾向，而消费曲线上任意一点与原点相连而成的射线的斜率，则是与这一点相对应的平均消费倾向。

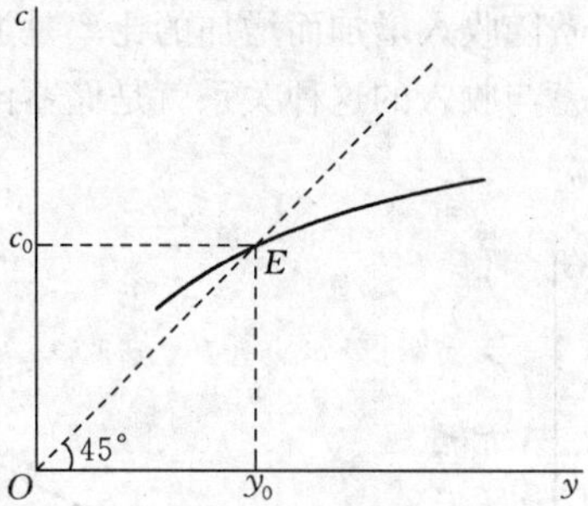

图 5.7　消费曲线

从图上消费曲线的形状可以知道，随着这条曲线向右延伸，曲线上各点的斜率越来越小，说明边际消费倾向递减，同时曲线上各点与原点的边线的斜率也越来越小，说明平均消费倾向也递减，但平均消费倾向始终大于边际消费倾向。由于消费增量只是收入增量的一部分，所以，边际消费倾向总是大于零和小于 1，但平均消费倾向则可能大于 1、等于 1，或小于 1，因为消费可能大于、等于或小于收入。

对于消费倾向递减的问题，凯恩斯曾经说过，“我们可以具有很大的信心来使用一条基本心理规律。该规律为：在一般情况下，平均说来，当人们收入增加时，他们的消费也会增加，但消费的增加不像收入增加得那样多”。①

如果消费和收入之间存在线性关系，则边际消费倾向就是一个常数，这时消费函数就可以用下面的方程式来表示：

$$c=\alpha+\beta y$$

式中的 α 为必不可少的自发消费部分，也就是说，即使收入为 0 时，消费者举债或使用其原先的储蓄也必须有的基本生活消费；β 为边际消费倾向；β 和 y 的乘积表示收入引起的消费，即引致消费。所以，$c=\alpha+\beta y$ 的经济含义就是：消费量等于自发消费量与引致消费量二者之和。例如，已知 $\alpha=300$，$\beta=0.75$，则 $c=300+0.75y$ 表示：当收入增加 1 单位时，其中就有 75%用于增加消费。所以，只要 y 为已知量，就可算出全部消费支出量。

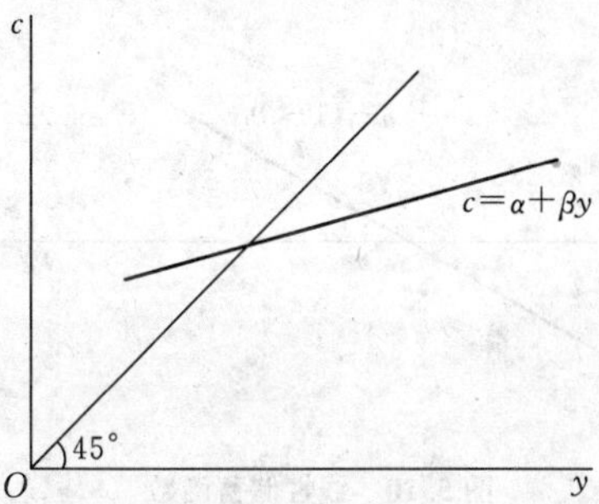

图 5.8　线性消费函数

当消费和收入之间呈线性关系时，消费函数就是一条向右上方倾斜的直线，消费函数上每一点的斜率都相等，并且大于 0 而小于 1(见图 5.8)。

当消费函数为线性时，$APC>MPC$ 更容易被看清，因为消费函数上任意一点与原点相连所形成的射线的斜率都大于消费曲线(这里是直线)的斜率。而且从公式看，$APC=c/y=(\alpha+\beta y)/y=\alpha/y+\beta$，这里的 β 就是 MPC，由于 c 和 y 都是正数，所以，$APC>MPC$。随着收入的增加，α/y 的值会越来越小。这说明 APC 逐渐趋近于 MPC。

二、储蓄函数

储蓄函数的概念是与消费函数概念相联系的。储蓄是收入中没有被消费的部分。由于消

① 凯恩斯著，徐毓南译：《就业、利息和货币通论》，商务印书馆 1999 年版，第 101—102 页。

费随收入增加而增加的比率是递减的，我们可以推论出储蓄随收入增加而增加的比率递增。储蓄与收入的这种关系就是储蓄函数，其公式是：

$$s = s(y)$$

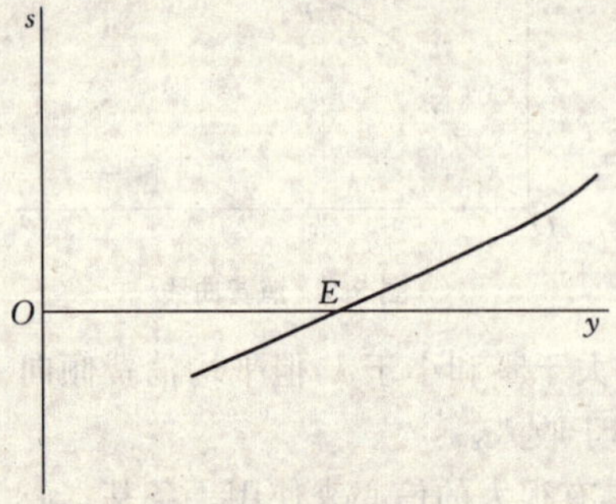

图 5.9　储蓄曲线

其中，s 代表储蓄倾向，y 代表收入水平，括号旁边的 s 是储蓄函数的符号。

储蓄曲线的形状如图 5.9 所示。E 点是储蓄曲线和横轴交点，表示这时消费和收入相等，即收支平衡，E 点右方有正储蓄，E 点左方有负储蓄。随着储蓄曲线向右延伸，它和横轴的距离越来越大，表示储蓄随收入而增加，且增加的幅度越来越大。

储蓄曲线上任意一点的斜率就是边际储蓄倾向，它是该点上的储蓄增量对收入增量的比率，其公式是：

$$MPS = \Delta s / \Delta y$$

如果收入与储蓄增量极小，上述公式就可写成：

$$MPS = \mathrm{d}s / \mathrm{d}y$$

这也就是储蓄曲线上任意一点的斜率。

储蓄曲线上任意一点与原点相连而形成的射线的斜率，则是平均储蓄倾向（APS）。平均储蓄倾向是指任意一个收入水平上的储蓄在收入中所占的比率，其公式是：

$$APS = s/y$$

上面所列的某个家庭的储蓄函数和储蓄曲线图所表示的储蓄和收入的关系是非线性的。如果二者呈线性关系，即消费曲线和储蓄曲线为一条直线的话，则由于 $s = y - c$，而且 $c = \alpha + \beta y$，于是：

$$s = y - c = y - (\alpha + \beta y) = -\alpha + (1 - \beta) y$$

该式就是线性储蓄函数的方程式。线性储蓄函数的图形如图 5.10 所示。

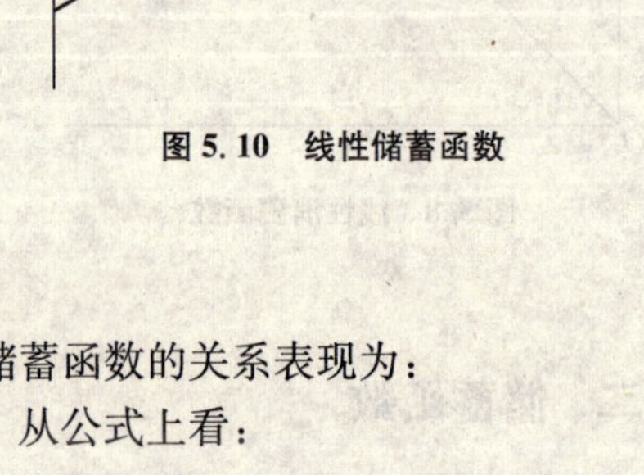

图 5.10　线性储蓄函数

三、消费函数和储蓄函数的关系

由于储蓄被定义为收入和消费之差，因此，消费函数和储蓄函数的关系表现为：

第一，消费函数和储蓄函数互补，二者之和总等于收入。从公式上看：

$$\because c = \alpha + \beta y$$

$$s = -\alpha + (1 - \beta) y$$

$$\therefore c + s = \alpha + \beta y - \alpha + y - \beta y = y$$

这种关系可以在图 5.11 中表示出来。图 5.11 中，当收入为 y_0 时，消费支出等于收入，储蓄为 0。在 A 点的左边，消费曲线 c 位于 45°线之上，表明消费大于收入，因此，储蓄曲线 s 位于横轴下方；在 A 点右方，消费曲线 c 位于 45°线之下，因此，储蓄曲线 s 位于横轴上方。

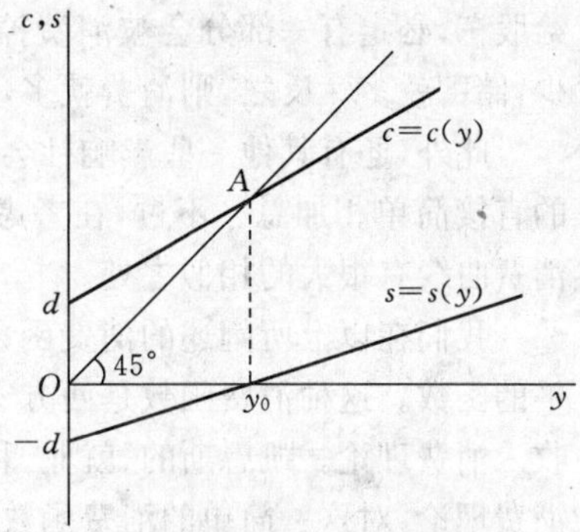

图 5.11　消费曲线和储蓄曲线的关系

第二，若 APC 和 MPC 都随收入增加而递减，但 $APC > MPC$；而 APS 和 MPS 都随收入增加而递增，但 $APS < MPS$。表现在图 5.11 上，在 y_0 的右方，储蓄曲线上任意一点与原点连成的射线的斜率总小于储蓄曲线上该点的斜率。

第三，APC 和 APS 之和恒等于 1，MPC 和 MPS 之和也恒等于 1。对此，可以证明如下：

$$\because\ y = c + s$$

$$\therefore\ y/y = c/y + s/y$$

即

$$APC + APS = 1$$

由此可见：$1 - APC = APS$，$1 - APS = APC$。

再看 MPC 和 MPS 的情况：

$$\because\ \Delta y = \Delta c + \Delta s$$

$$\therefore\ \Delta y/\Delta y = \Delta c/\Delta y + \Delta s/\Delta y$$

即

$$MPC + MPS = 1$$

由此可知：$1 - MPC = MPS$，$1 - MPS = MPC$。

根据以上性质，消费函数和储蓄函数只要有一个被确定，另一个就会随之被确定。当消费函数已知时，就可求得储蓄函数；当储蓄函数已知时，就可求得消费函数。

四、家庭消费函数和社会消费函数

宏观经济学关心的是整个社会的消费函数，即总消费和总收入之间的关系。社会消费函数是家庭消费函数的总和。不过，西方经济学家认为，社会消费函数并不是家庭消费函数直接的简单加总。从家庭消费函数去求社会消费函数时，还要考虑以下一系列限制条件：

首先，国民收入的分配。人们越是富有，就越有能力储蓄。因此，不同收入阶层的边际消费倾向不同。富有者边际消费倾向较低，贫穷者边际消费倾向较高。所以，国民收入分配越不均等，社会消费曲线就越是向下移动，反之亦然。

其次，政府税收政策。如果政府实行累进个人所得税，将富有者原来可能用于储蓄的一部分收入征收过来，以政府支出的形式花费掉，社会中消费数量就会增加，社会消费曲线就会向上移动。

再次，公司未分配利润在利润中所占比例。公司未分配利润等于是一种储蓄，如果将其分给股东，必定有一部分会被消费掉。因此，公司未分配利润在利润总额中所占比例大，消费就少，储蓄就多。反之，则消费就多，储蓄就少，社会消费曲线就会向上移动。

此外，还有其他一些影响社会消费函数的因素，所以，社会消费曲线并不等于家庭消费曲线的直接简单相加总。不过，在考虑到各种限制条件后，社会消费曲线的基本形状仍然会和家庭消费曲线有很大的相似之处。

我们在以上所阐述的消费函数，只是凯恩斯所提出的消费函数，它假定消费是人们收入水平的函数。这种消费函数是西方宏观经济学中消费函数的最简单的形式，被称为凯恩斯的绝对收入消费理论。凯恩斯的《就业、利息和货币通论》出版以后，其他经济学家还提出了其他一些消费理论，对这一简单的消费函数进行了补充和修改。比如杜森贝里(James S. Duesenberry)的相对收入假说、弗里德曼(Milton Friedman)的永久收入假说，以及莫迪格利安尼(Franco Modigliani)的生命周期假说等。

第三节　投资需求的分析

投资也是总需求中的重要部分。在美国，一般情况下，总投资大约会占到 GDP 的 15%左右。在其他国家，总投资也是总需求中最重要的部分。

在经济学中，投资是指资本的形成，即社会实际资本的增加，包括厂房、设备和存货的增加，新住宅的建筑等，其中主要是厂房、设备的增加。

决定投资的因素有很多，主要的因素有实际利率水平、预期收益率和投资风险的考虑。

一、实际利率与投资

凯恩斯认为，企业是否要对新的实物资本(如机器、设备、厂房、仓库等)进行投资，取决于这些新投资的预期利润率和为购买这些资产所需要借入的款项(借款筹资的方式可有多种多样)所要求的利率之间的比较。前者大于后者时，投资是有利的，前者小于后者时，投资就是不利的。所以，在决定投资的各种因素中，当预期利润率既定时，利率就是首要因素。

利率分为名义利率和实际利率。名义利率是借贷者所支付的利率。这里的利率，是指实际利率。实际利率大致上等于名义利率减去通货膨胀率。在投资的预期利润率既定时，企业是否进行投资，首先就决定于利率的高低，利率上升时，投资需求量就会减少，利率下降时，投资需求量就会增加。总之，投资是利率的减函数。这里的关键在于，企业用于投资的资金多半是借来的，利息是投资的成本。

即使企业投资的资金是自有的，它们也会把利息看成投资的机会成本，从而把利息当作投资的成本。所以，利率上升时，投资者自然就会减少对投资物品(如机器设备等)的购买。投资与利率之间的这种关系称为投资函数，可写为：

$$i = i(r)$$

比方说，我们可以假定 $i = i(r) = 1250 - 250r$(万美元)。1250 表示即便利率为零时仍然会有的投资量。这叫做自主投资，250 是系数，表示利率每上升或下降一个百分点，投资就会减少或增加的数量，这可以称为利率对投资需求的影响系数。如果把投资函数写成下面的式子 $i = i(r) = e - dr$，式中的 e 是自主投资，$-dr$ 是投资需求中与利率有关的部分，投资与利率之间的这种函数关系可用图 5.12 来表示。

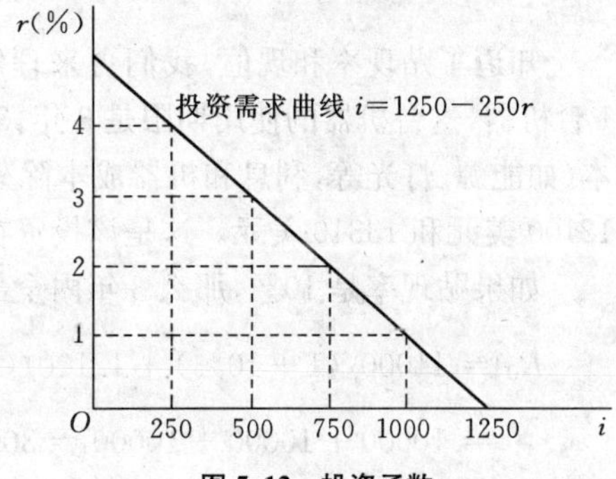

图 5.12 投资函数

图中的投资需求曲线，又称投资的边际效率曲线，投资的边际效率是从资本的边际效率这一概念引申而来的。

二、资本边际效率

资本边际效率是凯恩斯提出的一个概念，按照他的定义，资本边际效率(MPC)是一种贴现率，这种贴现率正好使一项资本物品的使用期内各预期收益的现值之和等于这项资本的供给价格或者重置成本。凯恩斯认为，资本边际效率也是一条心理规律，人们对未来收益前景的预期在很大程度上会受到他们心理因素和信心状态的影响。

关于贴现率和现值的关系，我们试举一例加以说明，以便更好地理解资本边际效率。

假定本金为 100 美元，年利率为 5%，则：

第 1 年的本利和为：$100 \times (1 + 5\%) = 105$(美元)

第 2 年的本利和为：$105 \times (1 + 5\%) = 100 \times (1 + 5\%) \times (1 + 5\%) = 110.25$(美元)

第 3 年的本利和为：$110.25 \times (1 + 5\%) = 100 \times (1 + 5\%) \times (1 + 5\%) \times (1 + 5\%)$

$$= 115.70\text{(美元)}$$

依此类推，我们现在以 r 表示利率，R_0 表示本金，R_1、R_2、R_3 分别表示第 1 年、第 2 年、第 3 年的本利和，则各年本利和为：

$$R_1 = R_0(1 + r)$$

$$R_2 = R_1(1 + r) = R_0(1 + r) \times (1 + r)$$

$$R_3 = R_2(1 + r) = R_0(1 + r) \times (1 + r) \times (1 + r)$$

$$\cdots$$

$$R_n = R_0(1 + r)^n$$

现在把问题倒过来，设利率和本利和为已知，利用公式求本金，假定利率为 5%，1 年后本利和为 105 美元，则利用公式 $R_n = R_0(1 + r)^n$ 或 $R_1 = R_0(1 + r)$ 就可求得本金：

$$R_0 = R_1/(1 + r) = 105/(1 + 5\%) = 100\text{(美元)}$$

这就是说，在利率为5%时，1年后105美元的现值是100美元，在同样利率下，2年后110.25美元以及3年后115.76美元的现值也是100美元。一般说来，几年后的R_n现值是：

$$R_0 = R_n/(1+r)^n$$

知道了贴现率和现值，我们再来理解资本边际效率。假定某个企业投资30000美元购买1台机器，这台机器的使用期限是3年，3年后全部耗损，再假定把人工、原材料以及其他所有成本（如能源、灯光等，利息和机器成本除外）扣除以后，三年内各年份的预期收益是11000美元、12100美元和13310美元。这是该投资在各年份内的预期毛收益，三年合计为36410美元。

如果贴现率是10%，那么3年内全部预期收益36410美元的现值正好是30000美元，即：

$$R_0 = 11000/(1+10\%) + 12100/(1+10\%)^2 + 13310/(1+10\%)^3$$

$$= 10000 + 10000 + 10000 = 30000(\text{美元})$$

由于这一贴现率（10%）使3年的全部预期收益（36410美元）的现值（30000美元）正好等于这项资本品（1台机器）的供给价格（30000美元），所以，这一贴现率就是资本边际效率。它表明一个投资项目的收益应该按照什么比例增长才能达到预期的收益，因此，它也代表了该投资项目的预期利润率。

假定资本物品（如上述机器）不是在3年中而是在几年中报废，并且在停止使用时还有残值，那么，资本边际效率的公式就是：

$$R = R_1/(1+r) + R_2/(1+r)^2 + R_3/(1+r)^3 + \cdots + R_n/(1+r)^n + J/(1+r)^n$$

该公式中，R为资本物品的供给价格；价格R_1，$R_2 \cdots R_n$为不同年份（或时期）的预期收益；J代表该资本品在n年年底的报废价值；r代表资本边际效率。

三、资本边际效率曲线

如果R_0、J和各年份预期收益都能估算出来，我们就能算出r的值，如果资本边际效率r大于市场利率i，该项投资就值得进行，否则，就不值得进行。

从资本边际效率的公式可以知道，r的数值取决于资本物品供给价格和预期收益，预期收益既定时，供给价格越大，r越小；而供给价格既定时，预期收益越大，r越大。在实际生活中，每一个投资项目的资本边际效率是不一样的。每个企业都会面临若干供选择的投资项目。为了看得更加清楚，我们在图5.13中列出这些项目的资本边际效率。

图5.13表示某企业可供选择的5个投资项目，项目A的投资量为100万美元，资本边际效率14%，项目B的投资量为60万美元，资本边际效率为11%，项目C的投资量为40万美元，资本边际效率为9%，项目D的投资量为100万美元，资本边际效率为7%，项目E的投资量为100万美元，资本边际效率为5%。显然，如果市场利率为14%，只有A项目值得投资，如果市场利率为11%或稍低些，则A和B都值得投资，投资总额可达160万美元，如果市场利率降到9%或9%以下，所有项目都值得投资，投资总额可达400万美元。可见，对这个企业来说，利率愈低，投资需求量会越大。图5.13中各个长方形顶端所形成的折线就是该企业的资本边际效率曲线。

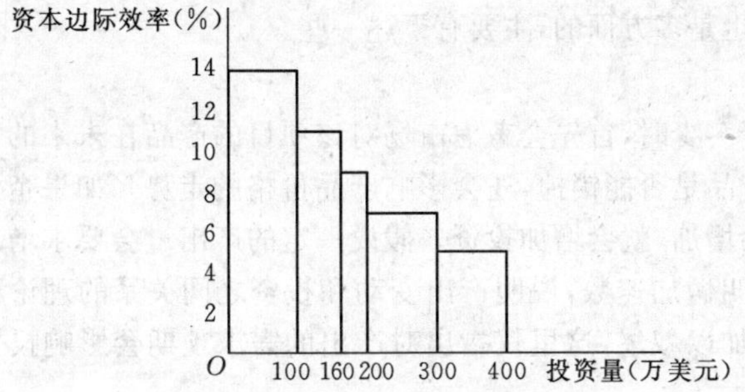

图 5.13　某企业可供选择的投资项目

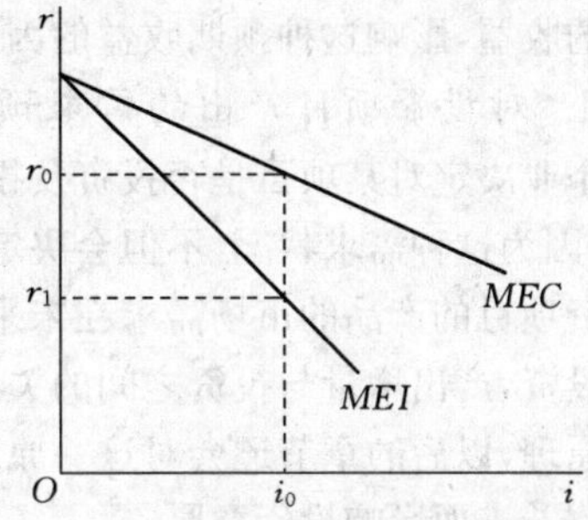

图 5.14　资本边际效率曲线(*MEC*)和投资边际效率曲线(*MEI*)

一个企业的资本边际效率曲线是阶梯形的。如果把经济社会中所有企业的资本边际效率曲线加在一起,阶梯形的折线就会逐渐变成一条连续的曲线。因为,在相加过程中,所有起伏不平的部分会彼此抵消而转为平滑,这条曲线就是凯恩斯所讲的资本边际效率曲线。这也就是图 5.14中的 *MEC* 曲线。

这条资本边际效率曲线表明,投资量(i)和利息率(r)之间存在反方向变动关系:利率越高,投资量越小;利率越低,投资量越大。

四、投资边际效率曲线

西方经济学家认为,*MEC* 曲线还不能准确代表企业的投资需求曲线,因为当利率下降时,如果每个企业都增加投资,资本品的价格就会上涨。这就是说,资本边际效率公式中的 R(资本品供给价格)如果要增加的话,在相同的预期收益情况下,r 必然缩小,否则,公式两边就无法相等,即,原来的这一贴现率(资本边际效率)无法使未来收益折合成等于资本供给价格的现值。这样,由于 R 上升而被缩小了的 r 的数值就被称为投资的边际效率(*MEI*)。所以,在相同的预期收益下,投资的边际效率小于资本的边际效率。例如,在图 5.13 中,一笔投资量 r 所带来的预期收益量,其资本边际效率为 r_0,但投资的边际效率只为 r_1,$r_1 < r_0$。因此,按资本的边际效率,市场利率为 r_0 时就可以有 i_0 的投资量,但按投资的边际效率,市场利率要降为 r_1 时才会有 r_1 的投资量。

由于投资的边际效率小于资本的边际效率,因此,投资边际效率曲线较资本边际效率曲线更为陡峭。尽管如此,*MEI* 曲线和 *MEC* 曲线同样都能表示利率和投资量之间存在的反方向变动关系,只是在使用投资的边际效率曲线情况下,利率变动对投资量变动的影响较小一些。西方学者认为,更精确地表示投资和利率之间关系的曲线,是投资的边际效率曲线。所以,西方经济学著作一般都用 *MEI* 曲线来表示利率与投资量的关系。投资需求曲线指的就是 *MEI* 曲线。这条曲线也就是前边所说的投资需求函数。

五、预期收益与投资

上述实际利率水平会影响投资需求,其实是从投资使用的资金成本角度探讨投资需求。影响投资需求的另一个重要方面就是上面公式中的预期收益,即一个投资项目在未来各个时期估计到的收益，影响这种预期收益的因素也是多方面的，主要有下述一些。

1. 对投资项目产出的需求预期

企业决定对某项目是否投资及投资多少时，首先会考虑市场对该项目的产品在未来的需求情况，因为这种需求状况，不但会决定产品是否能销掉，还会影响产品价格的走势。如果企业认为投资项目的产品的市场需求在未来会增加，就会增加投资。假设一定的产出量会要求增加一定的投资，产出增量与投资之间的关系叫做加速数，说明产出变动和投资之间关系的理论称为加速原理，以后的章节还会对这一原理加以叙述，这里仅指出对产出的需求预期会影响投资的预期收益进而影响投资意愿。

2. 产品成本

投资的预期收益在很大程度上也取决于投资项目的产品的生产成本，尤其是劳动者的工资成本。因为工资成本上升在其他条件不变时会降低企业利润，减少投资预期收益，尤其是对那些劳动密集型产品的投资项目而言，工资成本上升显然会降低投资需求。然而，对于那些可以用机器设备代替劳动力的投资项目，工资上升又意味着多用设备比多用劳动力更有利可图，因而实际工资的上升又等于意味着多用设备比多用劳动力更有利可图，于是，实际工资的上升又等于是投资的预期收益增加从而会增加投资需求。可见，工资成本的变动对投资需求的影响具有不确定性。但就多数情况来说，在劳动和资本完全可以互相替代的条件下，随着劳动成本的上升，企业会越来越多地考虑采用新机器设备，从而使投资需求增加，新古典经济学之所以认为投资需求会随工资的上升而上升，理由就在这里。

3. 投资税抵免

在一些国家，政府为鼓励企业投资，会采用一种叫做投资税抵免的政策，即政府规定，投资的厂商可以从它们的所得税中扣除其投资总值的一定百分比。例如，假定某企业在某一年投资1亿元，如果规定投资税抵免率是10%，则该企业就可少缴所得税1000万元，这1000万元等于是政府为企业支付的投资项目的成本。如果该企业在这一年的所得税不足1000万元，只有600万元，则所余的400万元还可以等到来年甚至第3年再进行抵扣，这种投资税抵免政策对投资的影响，在很大程度上取决于这种政策是临时的，还是长期的。如果是临时采取的，则此政策的效果也是临时的，过了政策期限，投资需求可能反而下降，比方说，政府为刺激经济，如果宣布在某一年实行投资税抵免，则该年的投资可能大幅度增加，甚至本来准备来年投资的项目也可能提前到该年进行投资，但来年投资需求则会明显下降，或在政策实行的前一年，企业会把一些项目推迟到有政策鼓励时进行投资。

六、风险与投资

投资需求还与企业对投资的风险考虑密切相关。这是因为，投资是现在的事，收益是未来的事，未来的结果究竟如何，总有不确定性。人们对未来的结局会有一个预测，企业正是根据这种预测进行投资决策的。然而，即使是最精明的企业家，也不可能完全准确无误地预测到将来的结果。因此，投资总有风险，并且高的投资收益往往伴随着高的投资风险，如果收益不足以补偿风险可能带来的损失，企业就不愿意投资。这里的所谓风险，包括未来的市场走势、产品价格变化、生产成本的变动、实际利率的变化、政府宏观经济政策变化等等，都具有不确定性。一般说来，整个经济趋于繁荣时，企业对未来会看好，从而会认为投资风险较小；而经济呈下降趋势时，企业对未来看法会悲观，从而会感觉投资风险较大。因而，凯恩斯认为，投资需求与投资者的乐观和悲观情绪有较大关系，实际上，这说明投资需求会随人们承担风险的意愿和能力变化而变动。

第四节　政府需求的分析

政府需求主要是指政府的活动所产生的直接的需求。政府需求由两个部分组成：其一是政府采购，或者叫政府购买；其二是政府投资。在一般情况下，政府需求通过政府支出来表现，但是政府支出并不完全等同于政府购买加政府投资之和。因为政府支出还包含对于政府雇员和相关国家工作人员（如军队、警察和其他雇员）发放的工资与薪金。财政上的政府支出是包括上述全部内容的。但是，从经济学理论角度进行分析的内容，只把政府采购（购买）和政府投资包括在内。而政府支付和发放的薪金、工资则从消费需求角度进行分析。

从总需求角度进行的分析，往往把政府支出当作一个既定量（或者说，外生变量）加以处理。这是因为政府支出的量并不会由于经济本身的变动而发生变化。它的数量大小只能由政府来决定。政府支出量的大小也会对社会的总需求产生影响，从而影响国民收入的水平。

正因为如此，凯恩斯才主张在经济变量依靠自身的变动无法使总需求达到适当的水平时，动用政府的力量，借助于政府支出的增加，就会弥补总需求水平的不足，从而使国民收入达到或者稳定在某一个水平上。

从理论分析上讲，政府支出的增加，会使总需求曲线向右移动一个距离；政府支出的减少会使总需求曲线向左移动一个距离。

由于政府支出的加入，凯恩斯理论的分析范围就从两个部门的分析变成了三个部门的分析。凯恩斯的总需求公式由于政府支出的加入，就成为了下面的形式：

$$y = c + i + g$$

其中，y 代表总需求，c 代表需求函数，i 代表投资函数，g 代表政府支出。

当然，政府的税收变动也会影响社会的总需求。但是，由于那是间接的对总需求产生影响，所以，我们把税收变动的因素放到财政政策的部分去谈，而不是直接放在政府需求这里进行分析。

第五节　净出口分析

在开放的经济条件下，外国对于本国商品和服务的需求，也会构成一国总需求的重要组成部分。由于经济的对外交流是双向的，所以，本国也会形成对外国商品和服务的需求。于是，在国际间相互贸易的条件下，真正对本国总需求水平形成影响的，其实是外国对本国的净需求水平，也就是本国向外国的净出口水平。

由于影响进出口的因素很多，我们将在后面的有关章节中加以具体阐述和说明。在这里，我们只是从总需求的构成角度来看待一国的净出口。如果将净出口因素也加入到凯恩斯主义的总需求公式中，总需求的构成形式就变为下面的形式：

$$y = c + i + g + (x - m)$$

其中，y 代表总需求，c 代表需求函数，i 代表投资函数，g 代表政府支出，x 代表出口，m 代表进口，$(x-m)$ 代表净出口。

第六节　乘 数 效 应

一、乘数及乘数原理

在凯恩斯的理论中，总需求对于增加均衡国民收入的作用是很大的，最终的国民收入增加额会远远大于最初的总需求增加额。这在投资的作用方面尤其明显。但是均衡国民收入的增加额并不是一下子就达到的，它有一个逐渐变动的过程。

假设本期生产由本期消费和投资决定，即 $y_t = c_t + i_t$（这里右下标 t 表示时期）。但本期的消费支出并不一定是本期收入的函数。因为居民进行消费时，手中必须先有收入，而这种收入被认为只能来自上一时期的生产。假设本期消费是上一期收入的函数，即：

$$c_t = \alpha + \beta y_{t-1}$$

t 代表某一特定时期，$t-1$ 则为该时期前的一个时期，$t+1$ 为其后的一个时期。这样，将 $c_t = \alpha + \beta y_{t-1}$ 代入 $y_t = c_t + i_t$，就得到如下差分方程：

$$y_t = \beta y_{t-1} + \alpha + i_t$$

该方程可以反映国民收入决定的变动过程。假定消费函数 $c = 1000 + 0.8y$，居民在任何时期的消费支出都是本期国民收入的函数。如果投资 $i = 600$ 亿美元，就可求出均衡的国民收入 $y = 8000$ 亿美元。这个例子中，任何一期的国民收入就可以表示为：

$$y_t = 0.8y_{t-1} + 1000 + 600$$

假定投资 i 从 600 亿美元增至 700 亿美元时，收入从原先的 8000 亿美元增加到 8500 亿美元的变动过程将是：

第一期收入：$y_1 = 0.8 \times 8000 + 1000 + 700 = 8100$ 亿美元

第二期收入：$y_2 = 0.8 \times 8100 + 1000 + 700 = 8180$ 亿美元

第三期收入：$y_3 = 0.8 \times 8180 + 1000 + 700 = 8244$ 亿美元

第四期收入：$y_4 = 0.8 \times 8244 + 1000 + 700 = 8327.2$ 亿美元

……

如此不断增加，最后达到 8500 亿美元。

如果要知道变动过程中某一期的国民收入，就得一期一期地顺次计算，如不这样一期一期地顺次计算，而想要直接算出某一期的国民收入，就需要运用差分方程来求解。这一差分方程的求解公式是①：

$$y_t = [y_0 - (\alpha + i_t)/(1-\beta)]\beta_t + (\alpha + i_t)/(1-\beta)$$

该式中 y_t 为任何一期的国民收入；y_0 为初始的国民收入或产量；i_t 为任意一期的投资；β 为边际消费倾向 *MPC*；α 表示自发消费部分。有了一般求解公式，我们就可以求出任意一期的国民收入。

从上面例子中可以知道，当 i 的数值改变后，国民收入能从一个均衡值 8000 亿美元逐渐变为另一个均衡值 8500 亿美元。事实上，从差分方程的解中也可以知道，由于假定边际消费倾向大于零而小于 1，即 $0 < \beta < 1$，所以，不管 y_t 和 $(\alpha + i_t)/(1-\beta)$ 之间有多大差距，随着时间 t 的推移，$[y_0 - (\alpha + i_t)/(1-\beta)]\beta_t$ 的值必然越来越小，最终必然趋于零，从而使 $y_t = (\alpha + i_t)/(1-\beta)$。

在上面的例子中，我们已经看到，投资增加了 100 亿美元，均衡国民收入增加了 500 亿美元，增加的国民收入是增加的投资的 5 倍。可见，当总投资量增加时，国民收入的增量将是投资增量的数倍。如果以 k 代表这个倍数，k 就被称为投资乘数。所以，投资乘数指均衡国民收入的变化量与带来这种变化量的投资支出变化量的比率。

在上述例子中，为什么投资增加 100 亿美元时，国民收入会增加 5 倍呢？因为，当增加 100 亿美元投资时，实际上是用来购买相关的生产要素。这 100 亿美元以工资、利息、利润和租金的形式流入生产要素所有者（即居民）手中，居民的收入便因此而增加了 100 亿美元。这 100 亿美元是投资使国民收入实现的第一轮增加。

人们也许会产生疑问：100 亿美元投资怎么都能转化为居民的收入呢？如果这 100 亿美元投资是购买机器设备，难道这些机器设备中不包含制造机器设备所需要的原材料价值吗？难道这些原材料价值也会转化为居民的收入吗？解释这一问题的关键，是要记住这 100 亿美元投资购买的机器设备被当作了最终产品，就像消费者购买的上衣是最终产品一样。最终产品的价值是要构成国民收入的，也就是说，这批机器设备的价值等于为生产这批机器设备所需要的全部生产要素（包括开采铁矿、炼钢铁、制造机器等整个生产序列中所需要的各种生产要素）所创造的价值。这些价值都可以被认为转化为工资、利息、利润和地租了。所以，投资买 100 亿美元机器设备，就会使国民收入增加 100 亿美元。

假定该社会的边际消费倾向是 0.8（这在消费函数 $c = 1000 + 0.8y$ 中为已知）。因此，增加的这 100 亿美元中会有 80 亿美元用于购买消费品。于是，这 80 亿美元又以工资、利息、利润和租金的形式流入生产消费品的生产要素所有者手中，从而使该社会居民收入又增加 80 亿美元，

① 这里，我们将差分方程求解公式的推导过程略去。

这是国民收入实现的第二轮增加。

同样道理，这些消费品生产者又会把这 80 亿美元收入中的 64 亿美元 $(100 \times 0.8 \times 0.8 = 64)$ 用于消费，使社会总需求提高 64 亿美元。这个过程不断继续下去，最后会使国民收入一共增加 500 亿美元。其具体过程就是：

$$
\begin{aligned}
&100 + 100 \times 0.8 + 100 \times 0.8 \times 0.8 + \cdots + 100 \times 0.8_{n-1} \\
&= 1/(1-0.8) \times 100 \\
&= 500(\text{亿美元})
\end{aligned}
$$

这就表明，当投资增加 100 亿美元时，收入最终会增加 500 亿美元。如以 Δy 代表增加的国民收入，Δi 代表增加的投资，则二者之比率 $k = \Delta y/\Delta i = 5$。因此，$\Delta y = k\Delta i$。

以上式子表明，乘数 $= 1/(1-$边际消费倾向$)$，或者 $k = 1/(1-MPC)$。

如果以 β 代表 MPC，上面的式子就变为：$k = 1/(1-\beta)$。由于 $MPS = 1-MPC$，所以，$k = 1/(1-MPC) = 1/MPS$。

可见，乘数大小和边际消费倾向有关，边际消费倾向越大，或边际储蓄倾向越小，则乘数就越大。

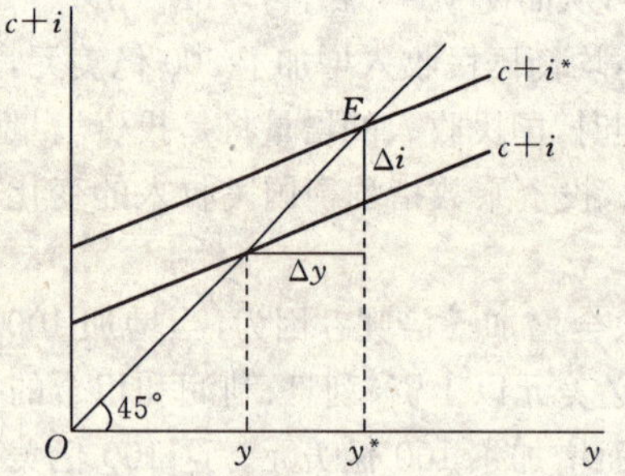

图 5.15　乘数效应

以上是从投资增加的方面来说明乘数效应或乘数原理的。实际上，投资减少也会引起国民收入若干倍减少。所以，乘数效应或乘数原理的作用是双向的。

乘数效应也可用图 5.15 来表示。图中的 $c+i$ 代表原来的总支出线，$c+i^*$ 代表新的总支出线，$i^* = i + \Delta i$，原来的均衡国民收入为 y，新的均衡国民收入为 y^*。

以上说明的是投资变动引起国民收入变动的乘数效应。实际上，总需求的任何变动，如消费的变动，政府支出的变动，税收的变动，净出口的变动等等，都同样会引起国民收入若干倍的变动。

二、三部门经济中的乘数

经济中加入政府部门以后，不仅投资支出变动具有乘数效应，政府购买、税收和政府转移支付的变动，同样都具有乘数效应，因为政府购买性支出、税收、转移支付都会影响消费。

在三部门经济中，总支出为：$y = c + i + g = \alpha + \beta(y - T) + i + g$，这里，$T$ 是定量税。在这种情况下，均衡的国民收入为：

$$y = (\alpha + i + g - \beta T)/(1-\beta)$$

我们用 T 和 $t(y)$ 表示定量税和比例税，用 t 表示边际税率。通过这个公式，我们就可以求出上述几个乘数。

1. *政府购买支出乘数*

政府购买支出乘数，是指国民收入变动对引起这种变动的政府购买支出变动的比率。如果

我们以 Δg 表示政府支出变动，以 Δy 表示国民收入变动，以 k_g 表示政府(购买)支出乘数，则政府购买支出乘数就可以表示为以下形式：

$$k_g = \Delta y/\Delta g = 1/(1-\beta)$$

这个式子中的 β 仍代表边际消费倾向。我们可以发现，政府购买支出乘数和投资乘数是相等的。这可以作如下理解：

在 $y=(\alpha+i+g-\beta T)/(1-\beta)$ 的公式中，如果其他条件不变，只有政府购买支出 g 发生变动，那么，政府购买支出从 g_0 变为 g_1 时的国民收入就分别是：

$$y_0 = (\alpha_0 + i_0 + g_0 - \beta T_0)/(1-\beta)$$

$$y_1 = (\alpha_0 + i_0 + g_1 - \beta T_0)/(1-\beta)$$

$$y_1 - y_0 = \Delta y = (g_1 - g_0)/(1-\beta) = \Delta g/(1-\beta)$$

故

$$\Delta y/\Delta g = k_g = 1/(1-\beta)$$

由此可见，k_g 为正值时，它等于 1 减边际消费倾向的倒数。

例如，边际消费倾向 $\beta = 0.8$，则 $k_g = 5$，因而，政府购买支出若增加 200 亿美元，国民收入就可以增加 1000 亿美元；政府购买支出减少 200 亿美元，国民收入也会减少 1000 亿美元。

2. 税收乘数

税收乘数指国民收入变动对税收变动的比率。税收乘数有两种：一种是税率变动对总国民收入的影响；另一种是税收绝对量变动对总国民收入的影响，即定量税对总国民收入的影响。现在我们首先讨论后一种税收乘数，即定量税对总国民收入的影响。

在 $y=(\alpha+i+g-\beta T)/(1-\beta)$ 的式子中，只有税收 T 发生变动。这样，当税收分别为 T_0 和 T_1 时的国民收入分别是：

$$y_0 = (\alpha_0 + i_0 + g_0 - \beta T_0)/(1-\beta)$$

$$y_1 = (\alpha_0 + i_0 + g_0 - \beta T_1)/(1-\beta)$$

$$y_1 - y_0 = \Delta y = (-\beta T_1 + \beta T_0)/(1-\beta) = -\beta\Delta T/(1-\beta)$$

故

$$\Delta y/\Delta T = k_t = -\beta/(1-\beta)$$

式中 k_t 为税收乘数。税收乘数为负值，表示国民收入随税收增加而减少，随税收减少而增加。因为税收增加时，人们的可支配收入会减少，从而使消费相应减少，于是，税收变动和总支出变动方向就是相反的。税收乘数等于边际消费倾向对 1 减边际消费倾向之比，或边际消费倾向对边际储蓄倾向之比。

例如，$\beta = 0.8$ 时，$k_t = -0.8/(1-0.8) = -4$。如果政府增税 200 亿美元，则国民收入将减少 800 亿美元；如果政府减税 200 亿美元，则国民收入将增加 800 亿美元。

3. 政府转移支付乘数

政府转移支付乘数指国民收入变动对政府转移支付变动的比率。政府转移支付增加会增加人们的可支配收入，因而消费会增加，最终会导致总支出增加和国民收入的增加。因而政府转移支付乘数为正值。如果我们用 k_{tr} 表示政府转移支付乘数，则政府转移支付乘数可以表示为下列形式：

$$k_{tr}=\beta/(1-\beta)$$

这是因为，有了政府转移支付后，$y_d=y-T+tr$，因此：

$$y=c+i+g=\alpha+\beta y_d+i+g=\alpha+\beta(y-T+tr)+i+g$$

故 $$y=(\alpha+i+g+\beta tr-\beta T)/(1-\beta)$$

在其他条件不变，只有 tr 变动时，转移支付为 tr_0 和 tr_1 时的国民收入分别为：

$$y_0=(\alpha_0+i_0+g_0+\beta tr_0-\beta T_0)/(1-\beta)$$

$$y_1=(\alpha_0+i_0+g_0+\beta tr_1-\beta T_0)/(1-\beta)$$

$$y_1-y_0=\Delta y=(\beta tr_1-\beta tr_0)/(1-\beta)=\beta\Delta tr/(1-\beta)$$

故 $$\Delta y/\Delta tr=k_{tr}=\beta/(1-\beta)$$

可见，政府转移支付乘数也等于边际消费倾向对 1 减边际消费倾向之比，或边际消费倾向对边际储蓄倾向之比，其绝对值和税收乘数相同，但符号相反。

例如，边际消费倾向 $\beta=0.8$，$k_{tr}=0.8/(1-0.8)=4$。如果政府增加转移支付 200 亿美元，国民收入就会增加 800 亿美元；转移支付减少 200 亿美元，则国民收入将会减少 800 亿美元。

我们比较一下政府支出乘数，税收乘数和转移支付乘数，就可以看到，$k_g>k_t$，$k_g>k_{tr}$。因为政府支出（这里专指政府购买，转移支付另有讨论）增加 1 美元时，一开始就会使总支出（即总需求）增加 1 美元，但是，减税 1 美元，却只能使居民的可支配收入增加 1 美元，这 1 美元中又只有一部分（在上面的例子中是 80 美分）用于增加消费，另一部分（20 美分）增加了储蓄。所以，减税 1 美元只使总需求增加了 80 美分，由于总产出（或者说总收入）由总支出（即总需求）决定，因而，减税 1 美元对国民收入变化的影响没有增加政府购买支出 1 美元对国民收入变化的影响大。关于 $k_g>k_{tr}$ 的原因，可以从同样的理由中得到理解。

由于政府购买支出乘数大于税收乘数，以及政府转移支付乘数，所以，改变政府购买水平的变化对宏观经济活动的效果要大于改变税收和转移支付的效果。因此，改变政府购买水平是财政政策中最有效的手段。

同时，由于政府购买乘数大于税收乘数，所以，当政府购买和税收各自增加相同的数量时，也会使国民收入增加，不过，其增加的幅度要小得多。这就是所谓平衡预算乘数的作用。

4. 平衡预算乘数

平衡预算乘数指政府收入和支出同时以相等的数量增加或减少时，国民收入变动对政府收支变动的比率。政府购买支出和税收同时增加 200 亿美元时，从政府预算来看是平衡的，但国民收入增加 200 亿美元，即收入增加了一个与政府支出和税收变动相等的数量。如果我们用 Δy 代表政府支出和税收各增加同一数量时国民收入的变动量，那么，它就可以表示为以下形式：

$$\Delta y = k_g \Delta g + k_t \Delta T = (\Delta g - \beta \Delta T)/(1-\beta)$$

由于假定了 $\Delta g = \Delta T$，所以：

$$\Delta y = (\Delta g - \beta \Delta g)/(1-\beta) = (1-\beta)\Delta g/(1-\beta) = \Delta g$$

或者 $$\Delta y = (\Delta T - \beta \Delta T)/(1-\beta) = (1-\beta)\Delta T/(1-\beta) = \Delta T$$

于是，$\Delta y/\Delta g = \Delta y/\Delta T = (1-\beta)/(1-\beta) = 1 = k_b$

这里的 k_b 就是平衡预算乘数，其值为 1。

5. 对以上四种乘数的进一步说明

应当指出，以上所讨论的四种乘数，都需要假定一个变量的变动不会引起另一些变量的变动。例如，讨论政府支出乘数时，假设 g 的改变不会引起利率或消费行为的变动。但是，实际上，政府购买增加时，如果通过发行或出售公债筹集经费（这在西方国家是常事），就会引起债券价格下降（也意味着市场利率上升）。这样就会抑制私人投资和消费（利率上升会刺激储蓄）从而使总支出水平下降，最终使政府购买支出乘数大打折扣。

此外，我们还应该指出，平衡预算乘数为 1，只限于采用定量税收的情况。如果税收是比例税，则平衡预算乘数就会小于 1。这是因为，当税收随收入而变动时，以上四个乘数的值都要变小。假定税收为收入的函数，表示为 $T = T_0 + ty$（这里，T_0 是常数，为定额税，t 是边际税率），那么，可支配收入就可以写成 $y_d = y - T + tr = y - T_0 - ty + tr = (1-t)y - T_0 + tr$，消费函数 $c = \alpha + \beta y_d$ 可写成 $c = \alpha + \beta(1-t)y - \beta T_0 + \beta_{tr}$。由于均衡时 $y = c + i + g$，即，$y = \alpha + \beta(1-t)y - \beta T_0 + \beta_{tr} + i + g$。

于是，均衡收入就是：$y = (\alpha + i + g - \beta T_0 + \beta_{tr})/[1-\beta(1-t)]$。

在这种情况下，政府购买乘数，税收乘数和政府转移支付乘数将分别等于 $1/[1-\beta(1-t)]$、$-\beta/[1-\beta(1-t)]$ 和 $\beta/[1-\beta(1-t)]$。因为当税收为收入的函数时，收入中要有一定比例作为税收上缴给政府，这造成了可支配收入的减少。由于消费是可支配收入的函数，现在的消费函数是 $c = \alpha + \beta(1-t)y - \beta T_0 + \beta_{tr}$，如果 $0 < t < 1$，该消费函数的斜率 $\beta(1-t)$ 将小于原消费函数（即税收不是收入的函数时的消费函数）的斜率 β。假定投资 i，政府购买 g 和政府转移支付 tr，仍然都是外生变量，不随收入而变化。那么，总支出曲线 $(c+i+g)$ 的斜率也就等于新的消费函数的斜率。这一斜率小于原消费函数的斜率，意味着由此决定的国民收入要相对小一些。这说明各种乘数的绝对值也都会比原来相对小一些。从投资乘数、政府购买支出乘数来说，$1/[1-\beta(1-t)] < 1/[1-\beta]$。从税收乘数来说，$|-\beta/[1-\beta(1-t)]| < |-\beta/[1-\beta]|$。从转移支付乘数来说，$\beta/[1-\beta(1-t)] < \beta/[1-\beta]$。

我们仍然以上面的例子来加以说明。假定边际消费倾向 $\beta = 0.8$，则投资乘数和政府购买乘数分别为 $k_i = k_g = 1/[1-\beta] = 1/(1-0.8) = 5$，税收乘数为 $k_t = -\beta/[1-\beta] = (-0.8)/(1-0.8) = -4$，转移支付乘数为 $k_{tr} = \beta/(1-\beta) = (0.8)/(1-0.8) = 4$，如果加进边际税率 $t = 0.25$，上面的乘数将分别变为：

$$k_i = k_g = 1/[1-\beta(1-t)] = 1/[1-0.8(1-0.25)] = 2.5$$

$$k_t = -\beta/[1-\beta(1-t)] = -0.8/[1-0.8(1-0.25)] = -2$$

$$k_{tr} = \beta/[1-\beta(1-t)] = 0.8/[1-0.8(1-0.25)] = 2$$

在税收随收入而变化的模型中，虽然各种乘数的值变小了，但是平衡预算乘数仍然等于1。这是因为，在这种情况下，国民收入的变化为政府购买支出变化 Δg 加消费支出的变化。而消费支出的变化为可支配收入的边际消费倾向 β 和可支配收入变动量 Δy_d 的乘积，即 $\Delta y = \Delta g + \beta\Delta y_d$。可支配收入会随税收增加而减少，其变动量是 $\Delta y_d = \Delta y - \Delta T$。于是，$\Delta y = \Delta g + \beta\Delta y_d = \Delta g + \beta(\Delta y - \Delta T)$。在平衡预算情况下，$\Delta g = \Delta T$，因此，

$$\begin{aligned}\Delta y &= \Delta g + \beta(\Delta y - \Delta T) \\ &= \Delta g + \beta(\Delta y - \Delta g) \\ &= \Delta g + \beta\Delta y - \beta\Delta g\end{aligned}$$

上面的式子也可以改写为下面的表达式：

$$(1-\beta)\Delta y = (1-\beta)\Delta g$$

故

$$\Delta y/\Delta g = (1-\beta)/(1-\beta) = 1$$

这种情况如果以实际例子的数据来检验的话，结果也是一样。

三、四部门经济中的乘数

由于净出口的变动也会影响总需求，从而影响国民收入水平，所以，这方面也会出现乘数效应。对此，经济学中一般以对外贸易乘数来表示。对外贸易乘数表示出口每增加1单位时，国民收入的变动量与此出口的变动量之比率。

我们从四部门经济中均衡国民收入决定的公式可以得到：

$$k_f = \Delta y/\Delta(x-m) = \mathrm{d}y/\mathrm{d}x^* = (\alpha + i^* + g^* - \beta T_0 + \beta t_r^* + x^* - m_0)/[1-\beta(1-t)+\gamma]$$

由于公式中 $1 > t > 0$，以及 $1 > \gamma > 0$，因此，$1/(1-\beta) > 1/[1-\beta(1-t)] > 1/[1-\beta(1-t)+\gamma]$。

由四部门经济中的均衡国民收入决定公式 $y = (a + i^* + g^* - \beta T_0 + \beta t_r^* + x^* - m_0)/[1-\beta(1-t)+\gamma]$ 可以发现，有了对外贸易之后，不仅出口的变动，而且投资、政府支出，税收的变动对国民收入变动的影响，与封闭经济相比，也都发生了变化。在封闭经济中，投资，政府支出增加，国民收入增加的倍数是 $1/[1-\beta(1-t)]$，而现在变成了 $1/[1-\beta(1-t)+\gamma]$，乘数变得更小了。这主要是由于增加的国民收入中的一部分现在被用到进口商品方面去了。

四、乘数理论发挥作用的条件

乘数理论在凯恩斯的经济理论中占有重要的地位。借助于乘数理论，凯恩斯说明了作为总需求中最重要部分的投资和政府支出，对于一国经济的增长和就业具有成倍增加的巨大作用。

不过，在现实中，乘数理论发挥作用要受到一些条件的限制。这包括：(1)社会过剩生产能力的大小。社会过剩生产能力越大，闲置资源越多，乘数的作用就越大；相反，乘数的作用就越

小。(2)投资和储蓄的决定是互相独立的。这就是说,投资需求的增加不会引起利率的上升,从而,也不会引起储蓄的增加和消费的减少。只有在这种情况下,乘数作用才会较大。否则,乘数的作用就较小。(3)货币供给量的增加能否适应支出增加的需要。如果不能的话,乘数作用就较小。(4)增加的收入不能用于购买进口物品和劳务,否则,也无法产生较大的乘数作用。(5)政府不能在乘数发挥作用期间同时向社会征税或借款,否则,也会因为产生"挤出效应"①而使乘数作用打折扣。

最后,我们还应该说明,乘数作用不仅体现在推动总需求更大的扩张方面,而且体现在总需求的更大收缩方面。乘数作用对于总需求来说,作用是双向的。

第七节　商品(服务)市场的总供给及其决定因素

商品(服务)市场的总供给实际上和我们一般所说的总供给大致上是一样的。商品(服务)市场的总供给是指一国经济中能够提供给市场的商品(服务)的产出总量,一般也以收入总量(或总产出)衡量,它描述了经济社会的基本资源用于生产时可能有的产量。一般而言,商品(服务)的总供给主要是由总量的劳动力、生产性资本存量、自然资源和技术状况决定的。在宏观经济学中,描述总产出与劳动、资本和技术之间关系的工具与微观经济学的情况相类似,也是生产函数,更确切地说,是总量生产函数。总量生产函数 $y=y(N;\ \bar{K})$ 表示总产量是总就业量和总资本存量的函数,其中公式左边的 y 代表商品(服务)的总产出量,公式右边的 y 代表生产函数,括号内的 N 代表生产中使用的劳动数量,它是由劳动市场的情况决定的,$\bar{K}$ 代表既定的资本存量,它是由一定的技术水平和投资流量的积累形成的。严格地说,这里的总量生产函数只是一种在一定条件下的简化。它假定影响产量的因素是唯一的,即劳动的投入量,或者说是生产中所实际使用的劳动量,而自然资源是既定的,资本、技术等因素在短期内不会发生变化,只有长期才会发生变动,但是,长期内这些因素的变化被放到经济增长理论部分去讨论了。

凯恩斯主义的理论首先主要强调商品(服务)总需求方面,而对于总供给方面并未展开加以讨论。由此,西方经济学家们认为,凯恩斯的经济理论是暗含着承认古典经济学关于供给的理论的。所以,在我们谈到凯恩斯主义的总供给的时候总是等同于古典经济学家对于总供给的理论,只不过将其作为特定条件下的总量来对待罢了。

一、商品(服务)市场的长期总供给和短期总供给

经济学家们大多数是把古典经济学关于劳动市场和生产函数的理论与价格变动对劳动市

① 我们将在本书后面的章节中讨论"挤出效应"问题。

场的影响结合起来，去推导总供给曲线，说明总供给。所以，一般所说的总供给基本上是指商品(服务)市场的总供给。

总供给曲线(函数)是指总产量与一般价格水平之间的关系。在以价格水平为纵坐标，总产量为横坐标的坐标系中，总供给函数的几何图形表示就是总供给曲线。

按照价格在不同时期变动的情况，宏观经济学将总产出与价格水平之间的关系分为两种情况，即长期总供给曲线和短期总供给曲线。短期总供给曲线主要指凯恩斯主义总供给曲线的一般形式和特殊形式。由于前面第四章已经推导过凯恩斯主义的两类总供给曲线和长期(古典)的总供给曲线以及它们的变动，这里就不再推导了。

二、商品(服务)市场总供求模型

在推导并了解了商品(服务)市场的总需求函数(曲线)与总供给函数(曲线)之后，我们同样可以将二者结合起来决定宏观经济中商品(服务)市场的总产量(总收入)水平与总价格水平。由于具体情况与第四章中的说明相同，这里不再赘述。

商品(服务)市场总供求模型的基本类型正像第四章所介绍的一样，同样也可以分成三类：一般情况、凯恩斯情况和古典情况三种类型。

一般情况的商品(服务)市场总供求模型：其主要特征是供给曲线向右上方倾斜，其斜率为正值。这种类型适应于一般的经济情况。它表明，无论是供给方面的力量还是需求方面的力量，都会通过供给曲线或需求曲线的移动来改变总产量水平和一般价格水平。

凯恩斯情况的商品(服务)市场总供求模型：也叫做萧条模型。其主要特征是供给曲线呈水平形状，其斜率为零。这种类型适用于凯恩斯着力探讨的经济萧条的情况。在这种情况下，经济的供给是十分充分的，而且价格水平基本不会发生变化。经济中的总产量水平主要由总需求方面的力量来决定。这种情况下，总需求曲线的变动是影响总产量变动的基本原因。凯恩斯情况的总供求模型可以参见第四章中的有关图示。

古典情况的商品(服务)市场总供求模型：这类模型又可以看作相对稳定的长期总供求模型，或者充分就业的总供求模型。其主要特征是总供给曲线呈垂直形状，其斜率值为1。这种类型的总供求模型适合于经济达到充分就业的情况，也适合于在长期中经过调整之后所达到的理想经济状态。这时，经济已经达到了充分就业，供给方面无法再增大了。总需求水平的变动将只会影响到物价水平，而不会影响到总产量。

与凯恩斯经济理论对立的经济理论是以"萨伊定律"为代表的观点。"萨伊定律"非常强调生产和供给的极端重要性，强调"供给总能创造自己的需求"。所以，古典学派认为，经济社会中最重要的问题不是需求而是供给。于是，古典宏观经济模型就把总供给或总产量的决定作为总供求模型的中心内容。

古典宏观经济学理论认为，总供给或总产量可以通过生产函数计算出来。而生产函数是指在一定技术水平下，不同数量生产要素的组合与它们所生产的最大产品数量之间的关系。

第八节　古典情况的商品(服务)市场总供求模型

一、储蓄、投资和利率

在“萨伊定律”下，供给会创造自己的需求。不存在储蓄时，消费者的总收入会全部用于消费，总收入恒等于总支出，总供给恒等于总需求。但是，实际上消费者总会节省一部分收入，形成储蓄。当储蓄存在时，意味着总支出的减少，也就是说，发生了总需求小于总供给的情况。于是，生产萎缩，失业增加，收入下降。不过，古典学派认为，只要通过有伸缩性的利率机制，就会使储蓄全部转化为投资，从而弥补总需求的不足。这就是说，在伸缩性利率机制下，储蓄会自动转化为投资，总供给会自动等于总需求。这样，供给会自动地创造自己的需求的“萨伊定律”就依然是有效的。

1. 储蓄函数

古典宏观经济模型关于储蓄和利率的关系可以表示为储蓄函数 $S = s(r)$（这里，等式左边的 S 表示储蓄，等式右边的 s 表明函数关系，r 表示利率）。这表明，储蓄是利率的函数，储蓄同利率成同方向变化。利率高，储蓄多；利率低，储蓄少。理性的人会更偏好于当前消费，而不是未来的消费。当人们进行储蓄时，就意味着他们放弃当前消费而选择了未来的消费。为了对他们放弃当前消费的损失加以补偿，就要对储蓄支付利息。当利率较高时，人们就会为得到更多的利息而倾向于多储蓄，减少当前消费，或者减少手持的超额货币余额。储蓄函数可以表示为图 5.16 中那样的储蓄曲线。图中纵轴为利率，横轴为储蓄量，储蓄曲线 $S = s(r)$ 由左下方向右上方倾斜。

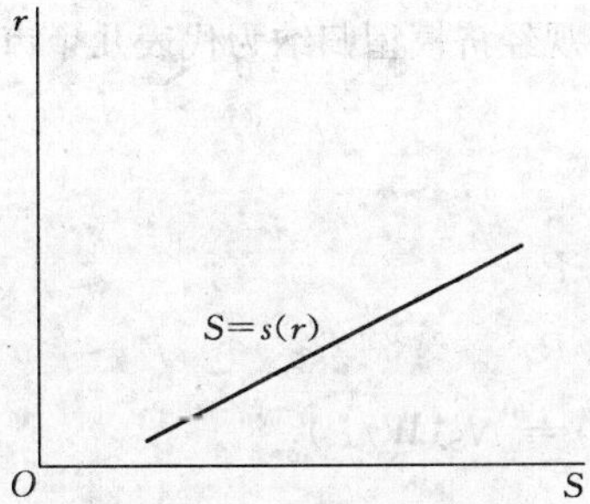

图 5.16　储蓄函数(曲线)

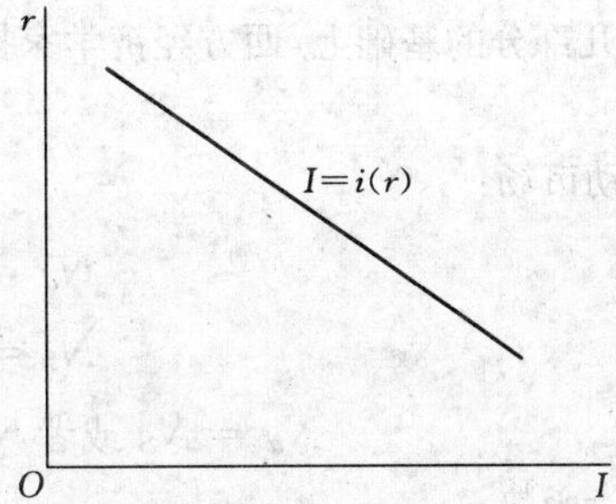

图 5.17　投资函数(曲线)

2. 投资函数

古典宏观经济模型将投资和利率的关系描述为：$I = i(r)$，就是说投资是利率的函数。I 为投资，括号前面的 i 为函数符号，r 为利率。投资是利率的减函数，即投资与利率成反方向变化。利率高，投资就少；利率低，投资就多。古典学派认为，投资取决于资本的边际生产力。投资函数也可以用投资曲线来表示，就像图 5.17 所表示的那样。在图中，纵轴表示利率，横轴表示投资。由于投资随利率作反方向变化，所以，$I=i(r)$ 曲线就由左上方向右下方倾斜。

3. 储蓄与投资的相等和利率的关系

在古典宏观经济模型中，利率是调节储蓄和投资并使二者相等的机制。这种储蓄等于投资的均衡情况可以表示为方程：$S=I$ 或 $s(r)=i(r)$。该学派认为，只要存在一个能使储蓄等于投资的均衡利率，该均衡利率也一定能使消费者的储蓄全部自动地转化为生产者的投资，从而使总需求等于总供给。如果将储蓄曲线和投资曲线放在一起，就可以得到使上面方程成立的图形。这可以表示如图 5.18。其中，纵轴表示利率，横轴表示储蓄和投资。投资曲线和储蓄曲线的交点表示均衡的利率与储蓄和投资相等的量。

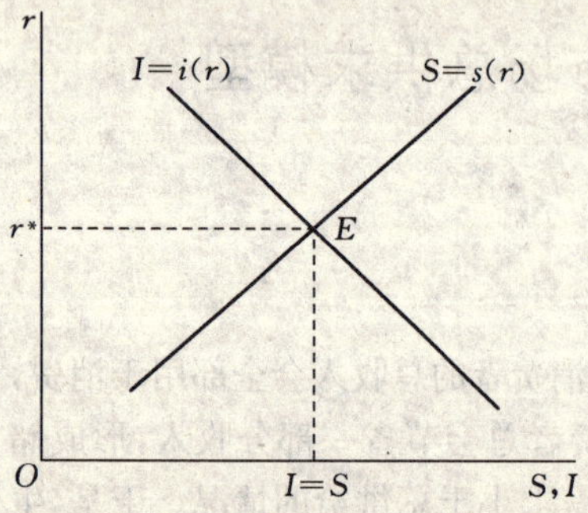

图 5.18　均衡利率与储蓄和投资的均衡

古典学派认为，利率富于弹性，可以上下调整。利率的任何变动都会引起储蓄和投资的变动。如果利率高于均衡水平储蓄就会增加，投资就会下降，结果会造成储蓄大于投资。这时，社会上没有被消费的资源没有被投资全部吸收，失业和存货就会增加。不过，这只是暂时的现象。社会上过多的储蓄将会引起放贷者之间的竞争，导致利率下降。反之，如果利率水平低于均衡利率水平，储蓄就会减少，投资就会增加，结果投资大于储蓄，或者说储蓄小于投资。这时，社会上没有被消费的资源就不能满足投资的需要，导致物价上涨。但这种情况也是暂时的。因为储蓄不足将会引起投资者之间的竞争，推动利率上升。最终，只有利率达到均衡水平时，储蓄和投资才会相等。只有这时的利率才是均衡利率。储蓄和投资的均衡意味着，社会上没有被消费的资源和没有被使用的劳动，正好被投资所吸收了。社会既实现了充分就业，也实现了其他资源的充分利用。

二、古典宏观经济学模型及总供求的均衡

在上述几部分的基础上，西方经济学家把古典宏观经济模型归纳为代表几个市场的方程组体系。

(1) 劳动市场：

$$N_d=N_d(W/P)$$

$$N_S=N_S(W/P)$$

$$N_d=N_S \text{ 或者 } N_d(W/P)=N_S(W/P)$$

(2) 生产函数：

$$y=y(N;\bar{K})$$

(3) 产品市场：

$$S=s(r)$$

$$I=i(r)$$

$$S=I \text{ 或者 } s(r)=i(r)$$

(4) 货币市场：

$$MV = Py \text{ 或者 } M = kY = kPy$$

在表示古典宏观经济模型的上述方程组中，生产函数 $y = y(N; \overline{K})$ 表示总产量是总就业量的函数；劳动市场中 $N_d(W/P) = N_S(W/P)$ 表示劳动的供给等于劳动的需求，而劳动的供求都是实际工资的函数；产品市场的 $s(r) = i(r)$ 表示投资等于储蓄，投资和储蓄都是利率的函数；货币市场的 $MV = Py$ 或者 $M = kY = kPy$ 表示货币的供给等于货币的需求，同时，货币的数量决定了价格水平。像以前一样，这些方程组都可以用图形表示（见图 5.19）。

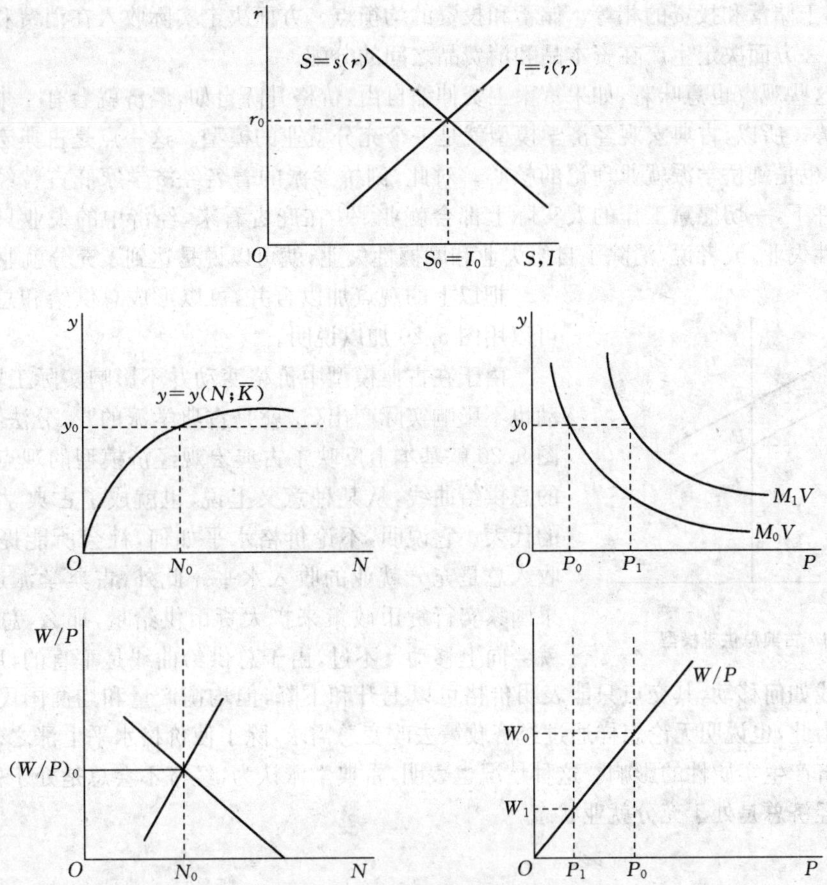

图 5.19　古典经济学模型构成

古典宏观经济模型的基本观点和结论可以归纳为以下几点：

(1) 劳动的供给和需求都是实际工资的函数。由于劳动的"负效应"是随着劳动的增加而递增的，劳动供给曲线向右上方倾斜。这就是说，只有实际工资较高，工人才愿意提供较多的劳动。由于边际实物产量递减，劳动需求曲线向右下方倾斜，这就是说，只有工资较低，企业才会雇用较多的劳动者。劳动供给曲线和劳动需求曲线的交点确定了均衡的实际工资水平和就业水平。该均衡的就业水平也是充分就业水平。

(2) 在各种要素既定、生产函数既定的情况下，产量或实际国民收入在短期内是劳动就业量的函数。

(3) 在产量既定时，如果像古典学派所说的那样，货币流通速度不变，则价格水平取决于货币存量(货币供给量)。价格水平与货币存量成正比。

(4) 货币工资取决于价格水平和实际工资水平。如果货币工资是均衡的工资水平，那么，它就是充分就业的货币工资水平。

(5) 储蓄和投资都是利率的函数。利息是储蓄的"报酬"，储蓄随利率呈正比例变化。利息是投资的"价格"，投资随利率成反比例变化。均衡利率决定于储蓄曲线和投资曲线的交点，或者说，决定于储蓄和投资的相等。储蓄和投资的均衡点一方面决定实际收入在消费和储蓄之间的分配，另一方面决定生产在资本品和消费品之间的分配。

以上这些观点也意味着，如果货币工资伸缩自由，价格升降自如，经济就会有一个自动达到均衡的趋势。所以，古典宏观经济学模型就是一个充分就业的模型。这一点是古典宏观经济模型的核心，也是剑桥学派就业理论的核心。对此，剑桥学派的著名经济学家庇古曾经说过："在稳定的条件下，一切愿意工作的人实际上都会就业。"[①]在庇古看来，经济中的失业只是自愿失业和摩擦性失业，或者说，消除了自愿失业和摩擦性失业，就可以说是达到了充分就业。

把以上的观点加以合并，可以形成总供给和总需求。这可以用图 5.20 加以说明。

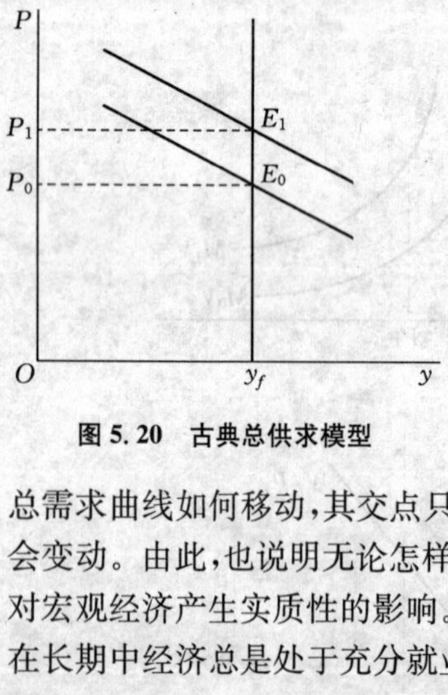

图 5.20　古典总供求模型

由于在古典模型中价格变动并不影响实际工资，价格变动也不影响实际产出(这就是古典学派的"二分法")。所以，图 5.20 就基本上反映了古典宏观经济模型的观点。而垂直的总供给曲线，从某种意义上说，也就成了古典学派的观点的代表。它说明，不论价格水平如何，社会所能提供的国民收入总是充分就业的收入水平。此外，古典学派还认为，如果国家实行货币政策来扩大货币供给量，那么，总需求曲线就会向上移动。不过，由于总供给曲线是垂直的，所以，不管总需求曲线如何移动，其交点只能表明价格可以上升和下降，但均衡产量和均衡国民收入却不会变动。由此，也说明无论怎样通过经济政策去改变总需求，除了使价格水平上涨之外，并不能对宏观经济产生实质性的影响。这种情况也表明，古典学派认为，经济不会总是处于失业状态，在长期中经济总是处于充分就业状态。

三、古典宏观经济学模型的基本倾向

凯恩斯所说的古典学派以及现代西方经济学家所说的古典宏观经济模型，其实指的是在凯恩斯理论出现以前的、以马歇尔和庇古为代表的剑桥学派的经济理论和模型。这种理论是在 19 世纪末 20 世纪初边际主义经济理论基础上发展起来的、集西方经济学理论之大成的理论体系。这种理论体系并不是以亚当·斯密、大卫·李嘉图为代表的古典经济学体系。凯恩斯对此曾经做过说明。他说："'古典学派经济学家'是马克思创造出来的一个名词，用来包括李嘉图和詹姆

① 庇古:《失业理论》，伦敦 1933 年英文版，第 252 页。

斯·穆勒以及他们的前辈即这个学派理论的奠基者，这一理论在李嘉图经济学中达到顶点。我习惯于把李嘉图的后继者即那些接受并完善李嘉图经济理论的人，例如约翰·穆勒、马歇尔、埃奇沃斯和庇古教授都包括在'古典学派'之内。这也许犯了文理不通的错误。"①其他人对于凯恩斯所说的古典学派也做出了类似的说明。比如，狄拉德就说过："凯恩斯在对'古典学派'经济学进行的一些批评中，是以庇古教授的著作为特殊目标的，因为庇古教授是这一学派学说体系的最后一个伟大的代表人物。"②

关于本章所介绍的"古典宏观经济模型"，其实并不是从马歇尔，或者瓦尔拉斯，或者庇古著作中直接阐述的。我们在上述那些经济学家的著作中根本找不到这种模型。"只是在凯恩斯的《通论》问世以后，经济学家们才着手工作，根据古典学派理论家的著作建立了这些可以与凯恩斯主义分庭抗礼的完备模型。"③

这种"古典宏观经济学模型"的前提是自由竞争的资本主义市场经济，或者说是完全竞争的市场经济。"萨伊定律"是该模型最主要的理论依据。"萨伊定律"所体现的一个最主要的思想之一就是后来经济学家们所说的"二分法"，即把货币看成是蒙在实物经济上面的面纱，和实物经济没有实际的联系的观点。"萨伊定律"所体现的另一个重要观点，就是凯恩斯所说的"供给可以创造出它自己的需求"。这种观点其实是把市场经济中的所有关系都归结为把商品作为产品来直接相互交换的关系，并且把货币仅仅看成是瞬间的交换媒介，最终谁也不会把货币留在手里。在这种思想支配下，经济总会自动地达到均衡，如果暂时出现失衡，只要解决好供给方面的问题，在市场中，弹性的价格最终会将供求调节到新的均衡点上去。

为了更具体地说明和体现"萨伊定律"的思想，赞成古典学派观点的经济学家分别以表示生产函数、劳动市场、货币市场和产品市场的方程组，借助于不变的技术和其他投入，弹性的实际工资、弹性的利率、弹性的价格，进一步论证了"萨伊定律"的合理性。

总之，以"萨伊定律"为基础与核心的古典宏观经济学模型，代表了赞成市场自动调节机制总是充分有效的观点和倾向。这一观点倾向在1929—1933年的大危机中遭到了破产。以凯恩斯为代表的经济学家对其产生了怀疑，最终与其分道扬镳。凯恩斯在1936年出版了《就业、利息和货币通论》一书，提出了与古典经济学派完全不同的理论体系。(在以后几章里，我们将对凯恩斯经济学的基本理论体系的内容加以介绍和说明。)不过，要真正理解凯恩斯的经济思想和理论体系，仍然有必要对于作为凯恩斯经济学产生的前提和批评对象的"古典经济学"体系有所了解。当然，到20世纪70年代以后，当凯恩斯主义经济理论体系因无法解释经济"滞胀"问题而濒于破产的时候。"新古典宏观经济学体系"便又改头换面，卷土重来了。此外，我们要了解后来的，即当代的宏观经济学理论体系，也必须对原"古典宏观经济学模型"及其倾向有一个基本的了解。

---

① 见凯恩斯：《就业、利息和货币通论》，商务印书馆高鸿业中译本，第一章首页脚注。也可参见同书、同出版社徐毓南中译本第一章首页脚注。后者将"古典学派"译为"经典学派"似乎也颇有可取之处。

② 狄拉德：《凯恩斯经济学》，上海人民出版社1963年版，第13页。

③ 科克兰：《凯恩斯以前的宏观经济学》，亚特兰大1970年英文版，第148页。

本章小结

凯恩斯关于国民收入决定的基本原理，即有效需求决定国民收入和就业的原理，重点说明了构成有效需求主要成分的消费需求和投资需求的作用。这一原理主要是从商品(服务)市场的角度来谈的。通过分析，可以看出，仅靠对商品(服务)的消费需求，在任何情况下都难以保证国民收入的稳定，更何况随着收入的增加，边际消费倾向的递减就更难保证国民收入的均衡增长。

在明白利率和资本边际效率对投资需求决定和变动的影响之后，我们可以知道投资并不仅仅取决于利率，而资本边际效率又具有很大的不确定性。因此，投资就成为决定有效需求大小的关键性因素。通过对各种乘数的推导，还可以知道，构成总需求的各种因素都可以在乘数机制作用下，对国民收入产生更大的影响。

本章对凯恩斯基本理论体系的框架所做出的概括性归纳和总结，以及对凯恩斯理论体系的基本倾向做出的说明，对于我们理解宏观经济学理论，显然具有重要的作用。

古典学派的总供给曲线没有长短期之分，都是位于充分就业产量水平上的垂直线。如果想要让它移动的话，除去提高充分就业水平之外，只能靠技术进步或提高劳动生产率，使垂直的总供给曲线向右移动。对于一般短期的总供给曲线和凯恩斯的总供给曲线来说，则情况有所不同。凯恩斯极端的总供给曲线，在理论上，基本是一条无限延伸的水平线；在实际上，只有当产量水平接近充分就业，或者价格的适当上升与产量的增加同时发生时，才会变为一般的总供给曲线。而一般的总供给曲线会随着价格水平的上升而向上推移，在长期内，也会随着技术的变动和时间的变化而发生斜率的变化。

思考题

一、名词解释

凯恩斯定律	均衡国民收入(产出)	消费函数
平均消费倾向	边际消费倾向	平均储蓄倾向
边际储蓄倾向	投资乘数	政府支出乘数
税收乘数	平衡预算乘数	边际进口倾向
政府转移支付乘数	总量生产函数	潜在产出
潜在就业量	自然失业率	总供给曲线
古典总供给曲线	凯恩斯萧条模型的总供给曲线	古典极端情况
凯恩斯极端情况		

二、选择题

1. 在两部门经济中，均衡发生于（　　）。

   A. 实际储蓄等于实际投资之时

   B. 实际的消费加实际的投资等于产出值之时

   C. 计划储蓄等于计划投资之时

   D. 总支出等于企业部门的收入之时

2. 假设某国目前的均衡国民收入为 5500 亿美元，若政府要把国民收入提高到 6000 亿美元，在边际消费倾向（*MPC*）为 0.9 的条件下，应该增加支出（　　）。

   A. 500 亿美元　　B. 50 亿美元　　C. 450 亿美元　　D. 540 亿美元

3. 相传《西游记》中的女儿国从来不与他国进行贸易往来，该国 GDP 为 200 亿美元。政府每年购买 30 亿美元的商品和服务，征税 30 亿美元，并向居民提供 20 亿美元的转移支付，并且女儿国的私人储蓄为 40 亿美元。那么请问女儿国的投资是（　　）。

   A. 40 亿美元　　B. 30 亿美元　　C. 20 亿美元　　D. 无法回答

4. 考虑一封闭经济，GDP 为 10000 亿美元，税收等于 2500 亿美元，消费等于 6500 亿美元，政府支出等于 2000 亿美元。试问私人储蓄、政府储蓄和国民储蓄分别为（　　）。

   A. 1500 亿美元，1000 亿美元，500 亿美元

   B. 1000 亿美元，500 亿美元，1500 亿美元

   C. 500 亿美元，1500 亿美元，1000 亿美元

   D. 以上都不正确

5. 在三部门模型中，国民储蓄为（　　）。

   A. $Y-I-G-(X-M)$　　B. $Y-C-G$

   C. $Y-I-C$　　D. $C+G-Y$

6. 假设其他条件保持不变，所得税率上升将使（　　）。

   A. 支出乘数和税收乘数都增大　　B. 支出乘数增大，税收乘数变小

   C. 支出乘数和税收乘数都变小　　D. 支出乘数变小，税收乘数增大

三、简答题

1. 决定总需求的重要因素有哪些？分别说出这些因素的变化对总需求会有什么影响？
2. 在均衡产出水平上，是否计划存货投资和非计划存货投资都必定为零？
3. 按照凯恩斯主义的观点，增加储蓄对于均衡收入有什么影响？
4. 投资是怎样决定的？怎样看待其决定因素的地位和作用？
5. 乘数发生作用的过程是怎么样的？需要哪些必要的条件？
6. 比较政府税收乘数、转移支付乘数与政府支出乘数有何不同？
7. 什么是充分就业预算盈余？与实际预算盈余有什么差异？
8. 利用图形分析古典宏观经济模型。
9. 中国从短缺经济迅速过渡到有效需求相对不足的原因是什么？采取什么战略能保持经济高速、稳定和持续发展？

四、计算题

1. 假定某三部门经济社会的消费函数为 $C = 100 + 0.8Y_D$（Y_D 为可支配收入），投资支出为 $I = 50$，政府购买支出 $G = 200$，政府转移支付 $TR = 62.5$，税收 $T = 250$（单位均为10亿美元），试求：

(1) 均衡的国民收入；

(2) 投资乘数，政府购买乘数，税收乘数，转移支付乘数和平衡预算乘数。

2. 假设某经济社会的消费函数为 $C = 100 + 0.8Y$，投资为50(单位:10亿美元)：

(1) 求均衡收入、消费和储蓄。

(2) 如果当时实际产出(即GNP或收入)为800，企业非意愿存货积累为多少？

(3) 若投资增至100，求收入增加多少。

(4) 若消费函数变为 $C = 100 + 0.9Y$，投资仍为50，收入和储蓄各为多少？投资增至100时收入增加多少？

(5) 消费函数变动后，乘数有何变化？

3. 假如一个社会的总收入是1000亿美元，其中的消费是600亿美元。如果收入增加到1200亿美元时，则消费增加到700亿美元。根据上述资料计算平均消费倾向、边际消费倾向、平均储蓄倾向、边际储蓄倾向。

4. 在三部门经济当中，假定政府部门转移支付不再是外生的，而是取决于国民收入，即 $TR = TR_0 + PY$，其中 P 表示国民收入增加1美元 TR 增加 P 美元。其他均不变，试计算均衡时的国民收入、投资乘数、政府购买支出乘数、税收乘数以及转移支付乘数。

5. 根据四部门的简单凯恩斯模型，若 $C = 1380 + 0.55Y_D$，$I = 200 - 0.14Y$，$G = 2200$，$T = -1000 + 0.2Y$，$M = 470 + 0.8Y$，$X = 1000$（单位:亿美元）。求：

(1) 均衡国民收入时的消费、投资、净出口和国内生产总值；

(2) 均衡国民收入时的投资乘数、政府购买支出乘数、政府税收乘数和净出口乘数。

第六章
劳动市场和就业理论

学习目的和要求

通过本章的学习主要掌握：1. 凯恩斯主义经济学的就业理论和相关的基本观点；2. 新古典经济学的就业理论和对劳动市场的分析；3. 凯恩斯主义经济学和新古典经济学对于劳动就业问题的基本观点和理论的合理性与局限性。

在生产函数（主要是技术水平和机器设备的基本投资水平）不变的情况下，总就业量是由总产量决定的。在凯恩斯主义经济学者看来，总产量在萧条时期并不取决于总供给，而是取决于总需求。所以，凯恩斯主义经济学把劳动就业问题仍然归结于总需求问题。因而，在凯恩斯主义经济学中就没有必要再讨论劳动市场，而只是讨论总需求问题。此外，尽管凯恩斯十分重视就业问题，但是由于凯恩斯认为，在萧条期间，工资水平基本不变，所以，投资需求的大小就决定了就业量。于是，凯恩斯便从总需求的角度去分析宏观总量，而不涉及劳动市场的具体分析。在宏观经济学中，为了弥补凯恩斯理论在这方面的不足，西方经济学家往往直接将新古典经济学家对于劳动市场的分析拿来，作为分析劳动就业问题的工具。古典经济学派则与凯恩斯主义经济学不同。他们认为，在工资总量既定的前提下，劳动就业量的差异取决于工资水平。由于古典学派只考虑充分就业的条件，所以，在古典学派看来，取决于工资水平高低的实际就业量的变动，其实只是后来经济学家所说的"自愿失业"量的变动。当然，从一般意义上说，总产量当然取决于总供给，而要想了解总供给的情况，就必须了解总就业量的决定。而要了解总就业量，就必须进一步了解劳动市场的供求情况。

第一节 劳动供给函数

新古典学派认为，社会上准备雇用工人的工资总量在一定的技术和设备条件下基本上总是既定的，因此，劳动就业人数的波动主要取决于工资水平。劳动的供给量决定于实际工资水平，也就是说，劳动供给量是实际工资水平的函数。此外，新古典学派的经济学家还认为，劳动过程会给劳动者带来不舒服或痛苦，这和商品消费与服务过程给人带来愉快和享乐的效用恰好相反。所以，他们有时也把劳动叫做“负效用”。新古典经济学家认为，工资就是对于人们在劳动中得到的“负效用”的一种补偿。从工资的标准来说，它应该基本上补偿了边际劳动量所带来的“边际负效用”。工资可以分为货币工资(也叫做名义工资)和实际工资。货币工资是劳动者提供一定量劳动所得到的以货币形式表示的工资量。实际工资是指货币工资所能购买到的商品和服务数量。一般说来，实际工资也可以表示为货币工资和价格水平之比。

新古典经济学家假定工人(劳动供给者)在劳动市场上具有完全的信息和行为的理性。如果工资提高一倍，价格也上涨了一倍，他们就会清楚地知道自己的实际收入境况并没有改善。如果这种情况下，工人认为其收入状况有所改进，那只能说明他们没有得到“完全的信息”而存在着“货币幻觉”。因为只有具有“货币幻觉”的人才只看到其所得到的货币量的变化，而不考虑货币的实际购买力；他们在货币工资和物价水平按照相同的比率上升时，会误认为自己的收入状况比以前改善了。新古典学派在谈到劳动供给是实际工资的函数时，是将货币幻觉排除在外的。因为具有“完全信息”的工人考虑的是实际工资水平，而不是货币工资。

劳动供给函数可以写作：

$$N_s = f(W/P)$$

N_s表示总劳动供给量，f 表示函数符号，W/P 表示实际工资。劳动供给是实际工资的增函数。实际工资水平低，劳动供给量就小，实际工资水平高，则劳动供给量就大。劳动供给函数也可以用图 6.1 中的劳动供给曲线表示。

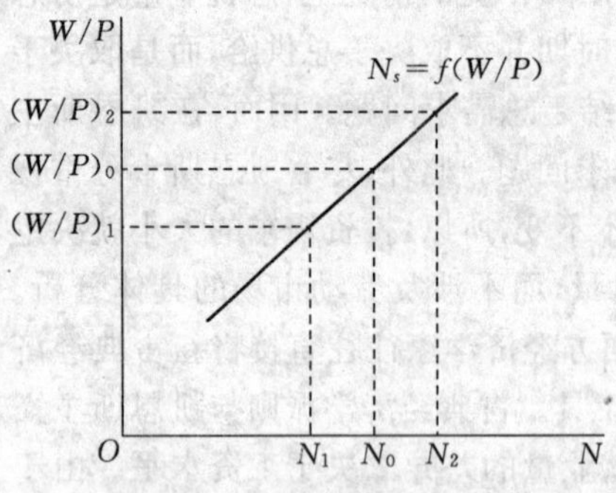

图 6.1 劳动供给曲线

该图中横轴表示劳动供给量，纵轴表示实际工资水平，曲线 $N_s = f(W/P)$ 为劳动供给曲线。当实际工资为$(W/P)_0$时，劳动供给量为 N_0。当实际工资下降为$(W/P)_1$时，劳动供给量下降到 N_1。当实际工资上升为$(W/P)_2$时，劳动供给量就上升为 N_2。

第二节　劳动需求函数

新古典学派认为，对劳动量的需求取决于劳动的边际产品状况，所以，劳动需求是劳动边际产品的函数。对劳动的需求来自厂商。厂商对劳动的需求量又取决于厂商获取最大利润的愿望。在完全竞争的市场中，厂商为了获取最大化的利润，一定会使生产一直进行到实际工资等于劳动的边际产品价值(或者说，劳动的边际产品收入)那一点上为止。由于整个社会的生产是由全体厂商共同组织的，所以，社会的劳动需求总量也就决定于实际工资等于边际产品那一点。

用公式表示就是：

$$W/P = MPL$$

这里的 W/P 表示实际工资，MPL 表示劳动的边际产品。由于劳动的边际产品又取决于劳动实际使用量的大小，而劳动实际使用量在每一个既定工资水平下则取决于劳动需求量的大小，所以，上面的式子就表明了和劳动边际产品价值相一致的实际工资水平和劳动需求量之间的函数关系。

由此，劳动需求函数就可以写为：

$$N_d = f(W/P)$$

其中，N_d 表示劳动需求总量，f 为函数符号，W/P 为实际工资。这说明劳动需求是实际工资的减函数：实际工资低时，劳动需求量大，实际工资高时，实际需求量小。劳动需求函数也可以用图 6.2 中的劳动需求曲线来表示。

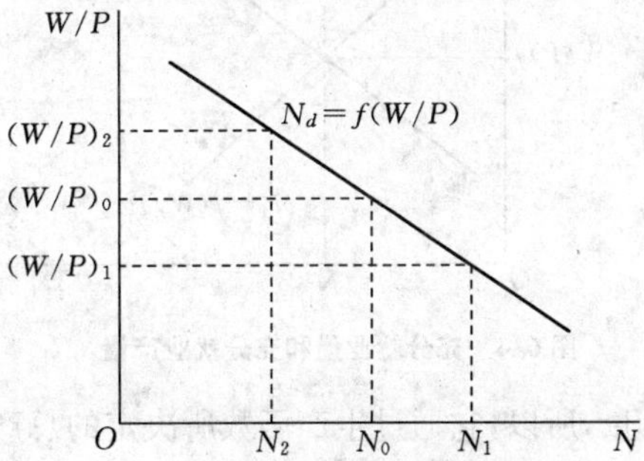

图 6.2　劳动需求曲线

图 6.2 中横轴表示劳动需求总量，纵轴表示实际工资水平，曲线 $N_d = f(W/P)$ 表示劳动需求函数。当实际工资为 $(W/P)_0$ 时，劳动需求总量为 N_0，当实际工资下降到 $(W/P)_1$ 时，劳动需求总量就上升为 N_1，而当实际工资上升为 $(W/P)_2$ 时，劳动需求总量就下降为 N_2。

第三节　劳动市场的均衡

新古典学派的经济学家认为，劳动供给和需求的相互作用决定经济中实际工资水平和劳动的就业水平。在劳动总供给量和劳动总需求量相等的那一点，也就是劳动供给曲线和劳动需求曲线的交点，就是均衡的实际工资水平和均衡的就业水平。该情况可用图 6.3 表示。

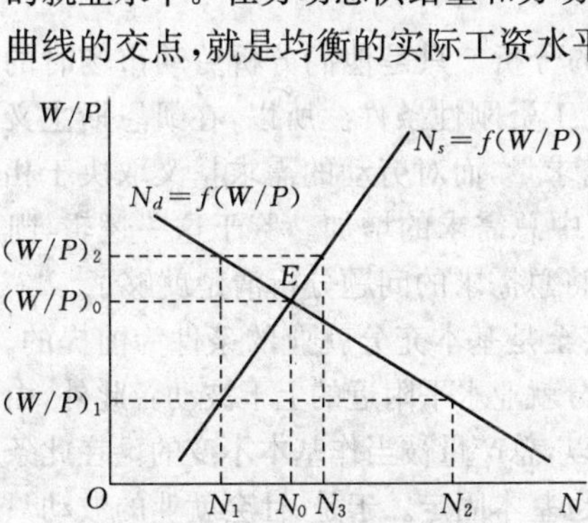

图 6.3　劳动市场的均衡

图 6.3 中，当实际工资为 $(W/P)_2$ 时，劳动总供给量就是 N_3，劳动的总需求量只是 N_1。$N_s > N_d$，劳动供过于求，过剩的数量是 N_1N_3。这说明社会上有失业存在。如果实际工资是 $(W/P)_1$，劳动的供给总量就是 N_1，而劳动的需求总量则是 N_2。$N_s > N_d$，劳动供不应求，短缺的数量是 N_1N_2。只有在劳动供给曲线和劳动需求曲线的交点 E 上，劳动市场才处于均衡状态。在交点上，劳动的总供给量和劳动的总需求量刚好相等，既无过剩，也无短缺。均衡点决定的实际工资

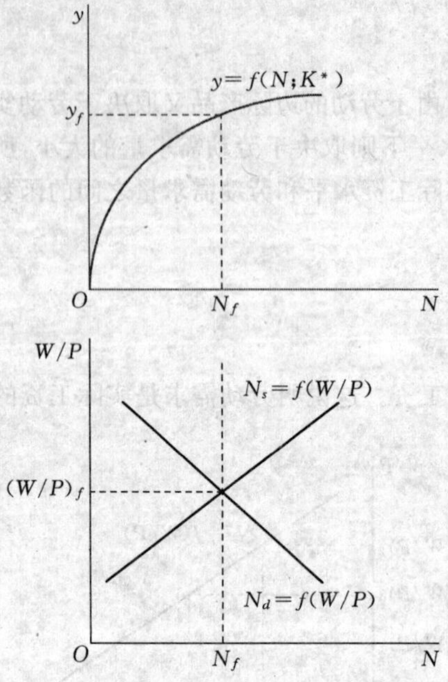

图 6.4　充分就业量和充分就业产量

就是均衡的实际工资。该均衡点所决定的劳动就业量就是均衡的就业量。由此可以知道，劳动市场的均衡条件就是：$N_s = N_d$，

即：

$$N_s(W/P) = N_d(W/P)$$

按照新古典学派的解释，首先，在新古典宏观经济模型中，劳动市场的均衡就业水平就是充分就业水平；其次，由于新古典宏观经济模型中工资具有充分的伸缩性，所以，在出现失业时，通过降低货币工资来降低实际工资就可以恢复充分就业；而出现劳动供不应求时，只要提高工资水平，也会达到劳动供求平衡的结果。

实际上，在新古典宏观经济模型中，劳动需求曲线和劳动供给曲线的交点不仅决定均衡就业量，而且决定充分就业的产量。生产函数 $y = f(N; K^*)$ 表示总产量是总就业量的函数，即劳动市场的就业量通过生产函数决定国民收入。由于均衡就业量就是充分就业量，所以，它通过生产函数所决定的总产量就是充分就业的总产量。

这些情况可以由图 6.4 表示。

第四节　工资对于劳动就业的影响

综合凯恩斯主义经济学和新古典经济学的观点，我们可以看出，他们对于劳动市场的分析是有一定道理的，但也有其相应的必要条件。

凯恩斯主义经济学并不排斥对于劳动市场供求情况的分析。只是他们分析劳动市场时的基本条件是经济的萧条，同时也包含由经济萧条所导致的工资刚性条件。所以，在凯恩斯主义经济学中，劳动就业问题的解决，关键在于增加对劳动的需求量，而对劳动的需求量又取决于相应投资总量的增大。最终，这一问题的解决被归结于经济中总需求的增加。鉴于这一逻辑，凯恩斯主义经济学便没有必要去具体分析劳动市场，而只要将总需求的问题分析清楚就够了。

新古典经济学对劳动市场的分析是以正常经济条件甚至是基本充分就业的条件为前提的。在这种情况下，如果劳动就业量存在波动，也只是在基本充分就业水平附近的上下波动。此外，由于新古典经济学排除了技术进步，假定了生产函数不变，所以，总产量被当作基本不变的。在此条件下，社会工资总额大致固定，具体到每家厂商的工资总额也基本固定。于是，社会就业的波动只取决于工资水平的高低。而实际工资水平的高低在供给方面来说，主要取决于物价水平；在需求

方面则取决于边际劳动产品的多少；综合供求两方面情况，则取决于双方力量的对比和均衡。

第五节　产业结构和经济周期对于劳动就业的影响

产业结构对于劳动就业也会产生重要的影响。当产业结构互相不协调和不适应的时候，各产业对于劳动的需求在数量上和技术性质及质量方面都会存在差异。于是，就会产生结构性失业的问题，也就是说，失业和劳动空位会并存，一些部门存在着劳动供给过剩，而另一些部门则存在着劳动需求得不到满足。在这种情况下，单纯增加总需求并不能真正改善劳动就业状况。只有既进行产业结构的调整，也进行劳动者技能的培训和提高，才能对问题有所帮助。不过，这种情况在短时间内无法解决。

从经济周期来说，对于劳动就业和失业显然具有重要的影响。经济处于周期的景气阶段时，由于总需求的量比较大，所以，各行业对于劳动的需求也都比较多，劳动就业量就比较大，而失业量就比较小。相反，经济处于萧条时期，由于总需求的量比较小，所以，各行业对于劳动的需求都比较少，劳动就业量就比较小，而失业量比较大。对于一般的经济周期而言，采取凯恩斯主义经济学的办法，增加总需求是可以在短时期内增加劳动就业量的。但是，如果伴随着经济结构和产业结构的调整，单纯使用凯恩斯主义方法也许是见效不大的。这时必须同时使用人力资本的调整，才可能使问题有所改善。

总之，劳动就业和失业问题是整个经济问题的一个侧面，当整体经济情况不佳时，劳动就业和失业问题是难以单独改善的。

本 章 小 结

对劳动市场的分析是分析就业问题的重要方面。凯恩斯主义经济学和新古典经济学对此在不同假定条件下采取了不同的态度。凯恩斯主义经济学基本上没有对劳动市场展开正面分析，而新古典经济学则在充分就业的基本假定下分析了劳动市场的情况。应该说，双方在各自的假定下的观点和分析都具有一定的合理性，但也都有一定的局限性，特别是双方都没有对劳动市场和就业问题的结构和制度问题进行讨论。这至少导致了西方传统的宏观经济学在解释和说明就业问题上，存在着很大的不足。

思考题

一、名词解释

劳动需求函数　劳动供给函数　劳动市场均衡　完全信息假定

二、简答题

1. 简述影响失业的主要原因。
2. 充分就业与一定的失业率并存是否矛盾?
3. 阐述自然失业率上升的原因。
4. 简述解决失业问题的主要措施。
5. 简述失业救济金对失业率的影响,其存在是否合理?
6. 凯恩斯主义经济学和新古典经济学对于劳动就业问题的基本假定是什么? 有何区别?

三、计算题

1. 假定短期总供给函数为$Y=14N-0.04N^2$,劳动力需求函数为$N_d=175-12.5W/P$,劳动力供给函数为$N_s=70+5W$。劳动者预期价格$P=1$不变。如果经济初始处于1000的充分就业产出水平,价格水平为1,名义工资为6,则实际工资为6,就业量为100。试问:

(1) 当政府扩大支出使得总需求增加,总产出增加,价格水平上升到1.10时,就业量、名义工资和实际工资如何变化?

(2) 当名义价格上升10%,工人要求增加10%的名义工资,总供给曲线会左移,总产出下降,价格水平上升到1.15时,就业量、名义工资和实际工资如何变化?

(3) 长期的实际产出、实际工资和就业量是多少?

(4) 为什么实际产出会超过1000的充分就业产出水平?

第七章 货币和金融市场的总供求分析

学习目的和要求

通过本章的学习，读者和学生应该掌握：1.货币需求函数；2.货币供给函数；3.货币创造乘数；4.利率的决定；5.*LM*曲线的含义；6.货币供求与一些主要影响变量之间的关系；7.*IS-LM*模型的含义和基本分析方法。

通过前面有关章节的分析，我们可以知道，投资需求和消费需求在很多时候都和利率有着密切的关系。但是，对于利率是如何决定的问题，前面章节尚未说明。本章就是从货币和金融市场的角度对利率的决定问题进行说明，同时也从机制上为后面说明货币政策和财政政策的作用提供必要的条件。

一般说来，经济中对于货币和金融的需求主要取决于经济活动的实际需要，而货币金融的供给则既取决于一国的货币金融制度、相关的市场结构和政策，也取决于人们的经济行为。本章侧重从供给和需求的角度对有关问题进行叙述和说明。

第一节 货币的需求

在利率形成问题上，宏观经济学同样存在着两种观点：凯恩斯主义经济学的观点和新古典经济学的观点。这两种观点是不同的。下面，我们将分别对其加以说明。首先是说明凯恩斯主义经济学的货币和利率观点。

一、货币需求动机

凯恩斯主义经济学认为，货币需求是决定利率水平的最主要方面。因此，凯恩斯主义经济学在这个问题上着重说明货币的需求方面。

货币的需求就是人们在不同条件下出于各种考虑而产生的对持有货币的需要或要求。

西方经济学家认为，人们在一定时期所拥有的财富的数量总是有限的，他们必须决定自己以何种形式来拥有财富。人们如果以货币形式拥有的财富的比例越大，则他们以其他资产形式拥有的财富就越少。虽然以货币形式拥有财富具有极大的灵活性和便利，但是拥有货币形式的财富不能使财富得到增加，而以其他资产形式（如证券、实物资本等）拥有财富，尽管在使用上不如货币方便，但是却能带来一定的收益。因此，在现实经济生活中，人们既不会全部以货币形式持有其财产，也不会全部以非货币的其他资产形式来持有其财富。由于持有货币的代价正是与其等值的其他资产在相同时间内所带来的收益，所以，出于实际需要和利益的考虑，人们必须仔细权衡其以货币形式保存财富所花费的成本，从而在货币形式和其他资产形式两者之间保持适当的比例。

同理，对于一个想借款的人来说，利息就是他为获得一定量货币所必须支付的价格。而对一个货币持有者来说，利息则表示他持有货币的机会成本，即持有货币就无法得到的利息收入。如果市场的年利率为 10%，则持有 1000 美元而未买债券的人每年就会失去 100 美元的利息收入。如果利率降为 3%，则他持有货币的机会成本就会降为 30 美元。

既然持有货币就会失去利息收入，人们为什么还要把不能生息的货币保持在手中呢？凯恩斯认为，人们持有货币或者说需要货币，是出于以下三类不同的动机。

第一，交易动机，指个人和企业需要货币是为了进行正常的交易活动。由于人们取得收入和消费支出在时间上不是同步的，因而个人和企业必须有足够的货币资金来支付日常需要的开支。个人或企业出于这种交易动机所需要的货币量，决定于收入水平以及交易惯例和商业制度。而交易惯例和商业制度在短期内一般可假定为固定不变。于是，按凯恩斯的说法，出于交易动机的货币需求量主要决定于收入，收入越高，交易数量越大。另外，交易数量越大，所交换的商品和劳务的价格越高，从而为应付日常开支所需要的货币量也就越大。

第二，谨慎动机（或预防性动机），指人们需要货币是为预防经济生活中预料不到的意外支出。如个人或企业为应付事故、失业、疾病等意外事件而需要事先持有一定数量货币。因此，如果说货币的交易需求产生于收入和支出间缺乏同步性，则货币的预防性需要则产生于未来收入和支出的不确定性。西方经济学家认为，个人对货币的预防性需求的数量主要决定于他对意外事件的看法。但从全社会来看，这一货币需求量大体上也和收入成正比，是收入的增函数。

因此，如果用 L_1 表示交易动机和谨慎动机所产生的全部实际货币需求量，用 y 表示实际收入，则这种货币需求量和收入的关系可表示为：

$$L_1 = L_1(y)$$

或者

$$L_1 = ky$$

上式中 k 为出于上述两种动机所需要的货币量同实际收入的比例关系。y 为具有不变购买力的实际收入，例如，当实际收入 $y = 1000$ 万美元时，交易动机和谨慎动机所需要的货币量占实际收入的 20%，则 $L_1 = 1000 \times 0.2 = 200$ 万美元。

第三，投机动机，指人们持有货币是为了在金融市场上抓住有利的购买有价证券的机会。假如人们一时不用的财富只能用货币形式或债券形式来保存。债券能带来收益，而闲置货币则没有收益，那么人们为什么不全部购买债券而要在二者间作选择呢？因为人们想利用利率水平或有价证券价格水平的变化进行投机获利。在实际生活中，债券价格高低以反比例关系表现利率的高低。假定一张债券一年可获利息10美元，而利率若为10%，则这张债券的市价就为100美元，若市场利率为5%，则这张债券的市价就为200美元。因为200美元在利率为5%时，若存放到银行也可得利息10美元。可见，债券价格一般随利率变化而变化。由于债券的市场价格是经常波动的，凡是预计债券价格将来会上涨(即预期利率将下降)的人，现在就会用货币买进债券以备日后以更高价格卖出。反之，凡是预计债券价格将来会下跌的人，现在就会卖掉债券，换成货币，以备日后债券价格下跌时再买进。这种预计债券价格将下跌(即利率上升)而需要把货币保留在手中的动机，就是对货币的投机需求动机。可见，有价证券价格的未来不确定性是对货币投机需求的必要前提。这一需求与利率成反方向变化。利率越高，即有价证券价格越低。人们若认为这一价格已降低到正常水平以下，预计很快会回升，就会抓住机会及时买进有价证券。于是，人们手中出于投机动机而持有的货币量就会减少。相反，利率越低，即有价证券价格越高。人们若认为这一价格已涨到正常水平以上，预计就要回跌，于是，他们就会抓住时机卖出有价证券。这样，人们手中出于投机动机而持有的货币量就会增加。

总之，对货币的投机需求取决于利率。如果用L_2表示货币的投机需求，用r表示利率，则这一货币需求量和利率的关系可表示为：

$$L_2 = L_2(r)$$

二、流动性陷阱与投机性货币需求

以上分析说明，对利率的预期是人们调节货币和债券配置比例的重要依据，利率越高，货币需求量就越小。当利率极高时，这一需求量等于零。因为人们认为，这时利率不大可能再上升，或者说有价证券价格不大可能再下降，因而，他们会将所持有的货币全部换成有价证券。反之，当利率极低，比方说2%，人们会认为这时利率不大可能再下降，或者说有价证券市场价格不大可能再上升而只会跌落，因而，会将所持有的有价证券全部换成货币。人们有了货币也决不肯再去买有价证券，以免证券价格下跌时遭受损失，不管有多少货币人们都愿意将其保持在手中的情况，被称为“凯恩斯陷阱”或“流动性陷阱”。一般地，“流动性陷阱”往往出现在利率水平处在社会公认的最低点的时候。流动偏好是凯恩斯提出的概念，是指人们持有货币的偏好。人们之所以产生对货币的偏好，是由于货币是流动性或者说灵活性最大的资产。货币随时可作交易之用，随时可应付不测之需，随时可用于投机活动，因而人们对货币的偏好就称作流动偏好。货币需求关于利率的系数也称作流动性偏好的利率系数(货币需求的利率弹性)。当利率极低时，人们手中无论增加多少货币，都不会再去购买有价证券，都要留在手中，因而流动性偏好趋向于无限大；这时候，即使银行增加货币供给，也不会再使利率下降。

三、货币需求函数

凯恩斯主义经济学认为，对货币的总需求是人们对货币的交易需求、预防需求和投机需求的总和。货币的交易需求和预防需求决定于收入，而货币的投机需求决定于利率，因此，对货币的总需求函数可描述为：

$$L = L_1 + L_2 = L_1(y) + L_2(r) = ky - hr$$

在上式中的 L、L_1 和 L_2 都是代表对货币的实际需求，即具有不变购买力的实际货币需求量。名义货币量和实际货币量是有区别的。名义货币量是不问货币购买力如何而仅计算其票面值的货币量。把名义货币量折算成具有不变购买力的实际货币量，必须用价格指数加以调整。如用 M、m 和 P 依次代表名义货币量、实际货币量和价格指数，则：

$$m = M/P$$

或者

$$M = Pm$$

例如，若实际货币余额 $m = 1000$ 美元，价格水平 $P = 1.1$，则名义货币余额为 $M = 1.1 \times 1000 = 1100$ 美元。

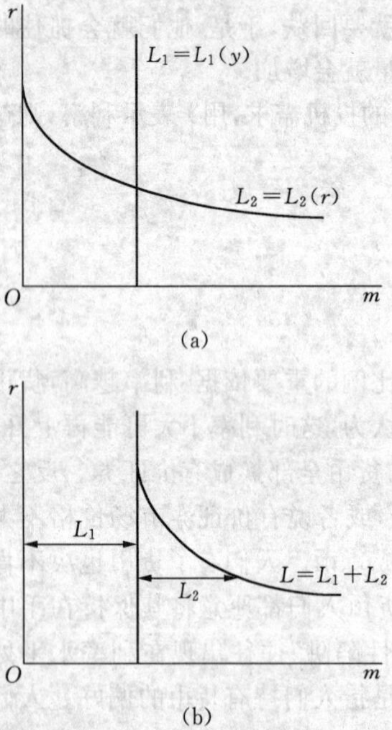

图 7.1　货币需求曲线

由于 $L = ky - hr$ 仅代表对货币的实际需求量或者说需要的实际货币量，因此，名义货币需求函数还应是实际货币需求函数乘以价格指数，即：

$$L = (ky - hr)P$$

该式代表名义货币需求函数，而公式 $L = L_1 + L_2 = L_1(y) + L_2(r) = ky - hr$ 则代表实际货币需求函数。式中 k 和 h 是常数。k 衡量收入增加时，货币需求增加多少。这是货币需求关于收入变动的系数（货币需求的收入弹性）。h 衡量利率提高时货币需求增加多少，这是货币需求关于利率变动的系数（货币需求的利率弹性）。如果知道了 k、h、y、r 和 P 之值，就不难求得货币需求量。

货币需求函数可用图 7.1 来表示。在该组图形中，(a)图中的垂线 L_1 表示为满足交易动机和谨慎动机的货币需求曲线，它和利率无关，因而垂直于横轴。L_2 线表示满足投机动机的货币需求曲线。它起初向右下方倾斜，表示货币的投机需求量随利率下降而增加，最后为水平状，表示"流动性陷阱"。(b)图中的 L 线，则包括 L_1 和 L_2 在内的全部货币需求，其纵轴表示利率，横轴表示货币需求量。由于具有不变购买力的实际货币一般用 m 表示，因此横轴也可用 m 表示。这条货币需求曲线表示在一定收入水平上货币需求量和利率的关系。利率上升时，货币需求量减少，利率下降时，货币需求量增加。

货币需求量和收入水平的正向关系可以通过在同一坐标图上画出若干条货币需求曲线来表示，如图 7.2 所示。

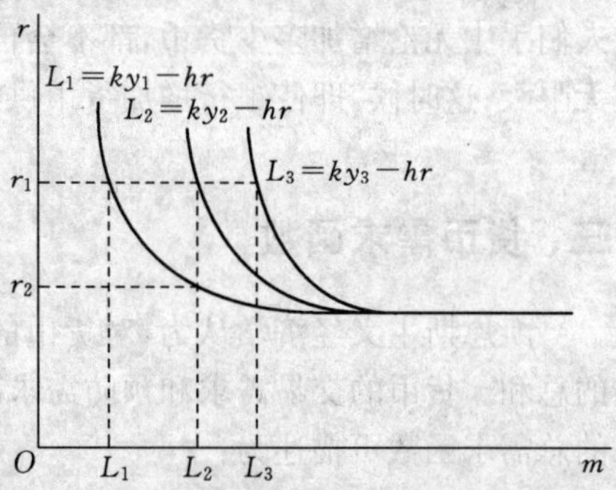

图 7.2　不同收入的货币需求曲线

图 7.2 中三条货币需求曲线分别代表收入水平为 y_1、y_2 和 y_3 时的三条货币需求曲线，可见，货币需求量与收入的正向变动关系是通过货币需求曲线向右上和

左下移动来表示的，而货币需求量与利率的反向变动关系则是通过每一条需求曲线都是向右下方倾斜来表示的。例如，当利率相同，即都为 r_1 时，由于收入水平不同，实际货币需求量分别为 L_1、L_2、L_3，即 $y=y_1$ 时，$L=L_1$；$y=y_2$ 时，$L=L_2$；$y=y_3$ 时，$L=L_3$。反之，当收入水平相同，例如，都为 y_1 时，由于利率水平不同，实际货币需求量也不同。$r=r_1$ 时，$L=L_1$；$r=r_2$ 时，$L=L_2$。

四、新古典学派的货币需求函数

新古典学派对于货币需求函数的看法与凯恩斯主义经济学不同。他们认为，货币需求主要是利率的函数。在新古典经济学看来，货币需求最大的变动来自投资的货币需求，所以，主要是投资需求引起的货币总需求，会随着市场利率的变化来调节。这就是说，货币需求是利率的减函数：利率上升时，货币需求下降，因为投资的成本上升了；利率下降时，货币需求上升，因为投资的成本降低了。新古典经济学的货币需求函数可以表示为下面的函数形式：

$$M_d = m(r)$$

其中，M_d 表示货币需求量，$m(\cdot)$ 代表函数，括号中的 r 代表利率。

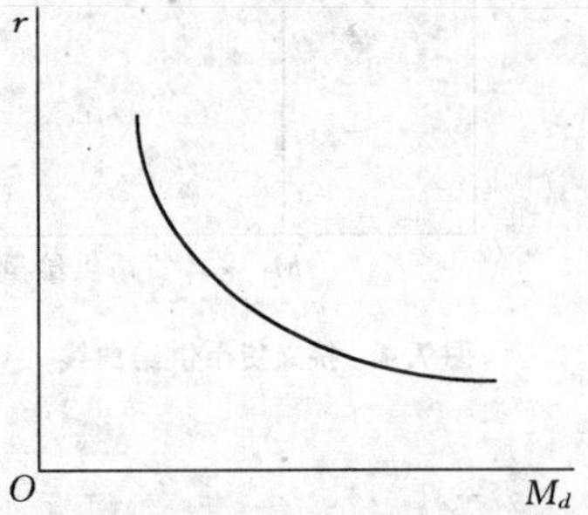

图 7.3　新古典经济学的货币需求函数

如果将其表示为图形的形式，则如图 7.3 所示。

第二节　货币的供给

凯恩斯主义经济学和新古典经济学涉及的货币供给既有相同之处，也有不同之点。凯恩斯主义经济学既把中央银行的货币供给看作外生变量，也把中央银行、商业银行和企业间的特定机制形成的货币供给看作内生变量。而新古典经济学则将货币供给基本上都看作内生变量。

一、狭义的货币供给

在西方经济学中，货币通常被定义为：在商品和劳务的交换及债务清偿中作为交换媒介或者支付工具而被法定为普遍接受的物品。最符合这个定义的就是硬币、纸币和活期存款。硬币和纸币被称为通货，而活期存款同通货一样随时可用来支付债务，因而也可看作是严格意义上的货币，而且是最重要的货币。货币供给量中的大部分是活期存款，同时通过活期存款的派生机制还会创造货币。

狭义的货币供给与一国的货币发行制度密切相关。一般来说，狭义的货币供给都是由一国的中央银行和中央银行授权的商业银行根据指令或经济运行的状况来独立发行。所以，狭义的货币供给可以看作一种外生于经济体系内部联系的外生变量。货币供给有狭义的货币供给和广义的货币供给之分。狭义的货币供给是指硬币、纸币和银行活期存款（含支票及信用卡）的总和（一般用M或M_1表示）。活期存款可随时提取，其支票和信用卡可当作货币在市面上流通，因而，它是货币的一个组成部分。狭义的货币供给再加上定期存款，便是广义的货币供给（一般用M_2表示）；再加上个人和企业所持有的政府债券等流动资产或“货币近似物”，便是意义更广泛的货币供给（一般用M_3表示）。下面所讲的货币供给主要指狭义货币供给量M_1。

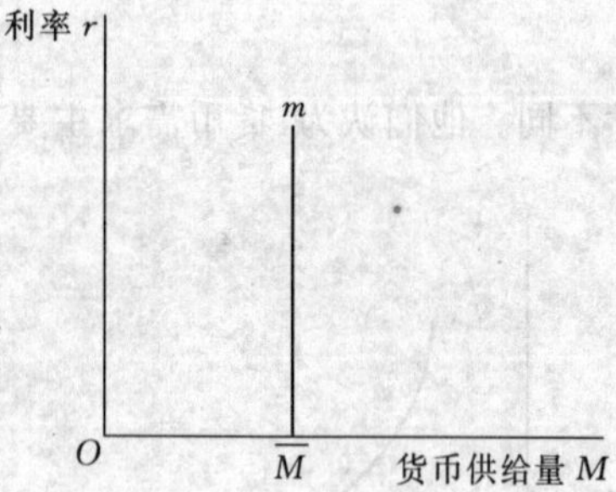

图 7.4　狭义货币供给曲线

货币供给是一个存量概念，它是一个国家在某一时点上所保持的不属政府和银行所有的硬币、纸币和银行存款的总和。绝大多数西方经济学家认为，狭义货币供给量是由国家用货币政策来调节的，因而是一个外生变量，其大小与利率高低无关。因此，狭义货币供给曲线是一条在$\overline{M}$点上垂直于横轴的直线，如图 7.4 中的m直线。

二、商业银行和中央银行

货币供给和货币政策都要通过银行制度来决定和实现。而在银行制度方面，西方主要国家的金融机构并不完全相同。但是，大致说来，它们的金融机构包括金融媒介机构和中央银行两类。金融媒介机构中最主要是商业银行，其他金融机构还有储蓄和贷款协会、信用协会、保险公司、私人养老基金等。

商业银行的得名是因为早先向银行借款的人都经营商业。后来，工业、农业、建筑业、消费者也都日益依赖商业银行融通资金，故其客户已经遍及经济各个部门，业务也多种多样，它之所以仍叫商业银行，只是按照习惯沿用以前的称呼。商业银行的主要业务是负债业务、资产业务和中间业务。负债业务主要是吸收存款，包括活期存款、定期存款和储蓄存款。资产业务主要包括放款和投资两类业务。放款业务是为企业提供短期贷款，包括票据贴现、抵押贷款等。投资业务就是购买有价证券以取得利息收入。中间业务是为顾客代办支付事项和其他委托事项，从中收取手续费的业务。

中央银行是一国最高的金融当局。它统筹管理全国金融活动，实施货币政策以影响经济。当今世界除了少数地区和国家，几乎所有已独立的国家和地区都设立了中央银行。美国的中央银行是联邦储备局，英国的中央银行是英格兰银行，法国的是法兰西银行，德国的是联邦银行，日本的是日本银行。我们中国的中央银行是中国人民银行。一般认为，中央银行具有三个职能：

（1）作为狭义货币发行的银行，发行国家的货币（基本为硬币和纸币）。

（2）作为商业银行的银行，既为商业银行提供贷款（用票据再贴现、抵押贷款等办法），又为商业银行集中保管存款准备金，还为商业银行集中办理全国的结算业务。

（3）作为国家财政的银行。第一，它代理国库的职能，一方面受国库委托代收各种税款和公债价款等收入作为国库的活期存款，另一方面代理国库拨付各项经费，代办各种付款与转账；第二，提供政府所需资金，既用贴现短期国库券等形式为政府提供短期资金，也用帮助政府发行公债或直接购买公债方式为政府提供长期资金；第三，代表政府与外国发生金融业务关系。

(4) 作为政策性银行，制定和执行货币政策监督和管理全国金融市场活动。

三、货币供给和货币创造乘数

狭义货币供给完全是由中央银行控制和决定的一个外生变量。但是，在实际经济活动中，影响经济活动的货币供给数量不仅仅直接取决于中央银行发行和控制的狭义货币量，而且还取决于中央银行、商业银行以及人们的行为共同决定的广义货币供应量。这里的广义货币供应量是指相对于狭义货币供应量而言的，它指通过银行系统和人们的经济行为共同创造的实际发生作用的信用货币量。

下面，我们将结合货币创造乘数来说明实际货币供给量(即上面所说的广义货币供应量)的确定。

实际货币供给量(广义货币供应量)依存于几个重要的因素：整个银行的存款准备制度、货币创造乘数、存款准备金比率、活期存款数量、经济活动中人们依赖活期存款的程度。

活期存款，指不用事先通知就可随时提取的银行存款。在经济活动中，尽管活期存款可随时提取，但很少会出现所有储户一下子同时取走全部存款的现象。因此，银行可以把绝大部分存款用来从事贷款或购买短期债券等营利活动，只需要留下一部分存款应付提款需要就可以了。这种由商业银行经常保留用于支付提取存款的一定金额，就是存款准备金。在现代银行制度中，存款准备金占存款的最低比率是由中央银行强制规定的。这一比率称为法定准备率。按法定准备率提留的准备金就是法定准备金。法定准备金的一部分是留在商业银行的库存现金，一部分则需存放在中央银行的存款账户上。由于商业银行都想赚取尽可能多的利润，它们会把法定准备金以上的那部分存款当作超额准备金贷放出去或用于短期债券投资。正是这种只用较小比率的准备金就可以支持活期存款的能力，使得银行体系得以创造更多的货币，造成更多的实际货币供给量。下面对此举例说明。

假定法定准备率为20%，再假定每个银行客户都会将其一切货币收入以活期存款形式存入银行。在这样的情况下，甲客户将100万美元存入有自己账户的银行A，银行系统就因此增加了100万美元的准备金。A银行可按法定准备率保留20万美元作为准备金，而将其余80万美元全部贷出。假定它贷给乙公司去购买机器。乙公司再把A银行开给它的支票全部存入自己的开户银行B。B银行得到这80万美元支票存款后，留下16万美元作为准备金，然后再贷放出64万美元。得到这64万美元贷款的丙厂商又会把它存入自己的开户银行C。C银行再留下其中12.8万美元作为准备金，然后再贷出51.2万美元……依此方式，不断存贷下去，各银行的存款总和将是：

$$
\begin{aligned}
&100+80+64+51.2+\cdots \\
&=100(1+0.8+0.8^2+0.8^3+\cdots+0.8^{n-1}) \\
&=\frac{100}{1-0.8}=500(\text{万美元})
\end{aligned}
$$

从这个例子可以看出，存款总和（用 D 表示）同这笔原始存款（用 R 表示）及法定准备率（用 r_d 表示）之间的关系为：

$$D=\frac{R}{r_d}$$

假定上面例子中，这笔原始存款来自中央银行增加的原始货币供给，则中央银行新增一笔原始货币供给将使活期存款总和（亦即货币供给量）扩大为这笔新增原始货币供给量的 $\frac{1}{r_d}$ 倍。在上例中就是 5 倍，$\frac{1}{r_d}$ 被称为货币创造乘数，用 k 表示的话，则 $k=\frac{1}{r_d}$。它是法定准备率的倒数。若法定准备率是 0.2，则 $k=5$。

由此可知，货币的供给不能只看中央银行起初投放了多少货币，而必须重视派生存款，或者说派生货币，即通过货币创造乘数作用而增加的货币供给量。货币创造乘数的大小和法定准备率有关，法定存款准备率越大，乘数就越小。这是因为，准备率越大，说明商业银行吸收的每一轮存款中可用于贷款的份额越小，由于贷款转化为存款，因而，下一轮存款就越少。

但应看到，以上所说货币创造乘数为法定准备率的倒数是有条件的。

第一，商业银行没有超额储备，即商业银行得到的存款扣除法定准备金后会全部贷放出去。但是，如果银行找不到可靠的贷款对象，或者厂商由于预期利润率太低不愿借款，或者银行认为给客户贷款的市场利率太低，而不愿贷款，等等，诸如此类原因都会使银行的实际贷款低于其本身的贷款能力。

这部分没有贷放出去的款额就形成了超额准备金，即超过法定准备金要求的准备金（可用 ER 表示）。超额准备金占存款的比率可称超额准备率（可用 r_e 来表示），法定准备金加超额准备金是银行的实际准备金。法定准备率加超额准备率是实际准备率。考虑到有超额准备金时，货币创造乘数就不再是 $\frac{1}{r_d}$，而应当是 $k=\frac{1}{r_d+r_e}$，即实际准备率的倒数。派生存款总额 $D=\frac{R}{r_d+r_e}$。例如，上面例子中这笔 100 万美元的原始存款，在法定准备率 $r_e=20\%$ 时，本来可派生出 500 万美元的存款。但如果超额准备率 $r_d=5\%$ 的话，则只能派生出 400 万美元的存款。因为本来银行应该有的 80 万美元贷款能力，现在实际只贷出 75 万美元，还有 5 万美元的超额准备金未能形成派生存款，是一种漏出。于是货币创造乘数从 5 变成了 4，有了漏出。货币创造乘数就变为 $k=\frac{1}{r_d+r_e}$。

可见，货币创造乘数不但和法定准备率（金）有关，也和超额准备率（金）有关。一般说来，市场贷款利率（用 r 表示）越高，银行越不愿多留超额准备金，因为准备金不能生利。因此，市场利率上升，超额准备率从而实际准备率会下降，货币乘数就会增大。货币乘数除了和法定准备率和市场利率有关，还和商业银行向中央银行借款的利率或者说再贴现率有关。再贴现率或者说贴现率上升，表示商业银行向中央银行借款的成本上升，这会促使商业银行自己多留准备金，从而会提高实际准备率。可见，当贴现率上升时，货币创造乘数就会变小。

第二，银行客户将一切货币收入存入银行，支付完全以支票形式进行。假若客户将得到的贷款不全部存入银行，而抽出一定比例的现金，也会形成一种漏出。例如，在上面例子中，假定银行客户(甲、乙、丙、丁等)在每一轮存款中抽出5%的现金,则A银行能贷出的款项将不再是75万美元(仍假定超额准备率 $r_e=5\%$)而是70万美元 $(70=100-20-5-5)$,B银行贷出的款项将是49万美元 $(49=70-0.2\times70-0.05\times70-0.05\times70)$,如此继续下去最后形成的派生存款将是 $\frac{100}{1-0.7}=333.3$(万美元)。现金和准备金一样不能形成派生存款。因此,若用 r_c 表示现金在存款中的比率,则有超额准备金和现金漏出时,货币创造乘数就为:

$$k=\frac{1}{r_d+r_e+r_c}$$

注意:这里仅把活期存款当作货币供给。

从上式中可以看到,货币创造乘数除了和法定准备率、超额准备率有关,还和现金—存款比率有关。这一比率上升时,货币创造乘数也会变小。

在上面的例子中,当客户甲把100万美元存入银行时,这笔原始存款成为以后一轮一轮派生存款的来源或者说基础。可见,如果非银行部门(个人或企业)缩减其持有的货币,并将它存入银行,商业银行的超额准备金就会增加。这就为存款扩张或者说为货币创造提供了基础。存款扩张的基础是商业银行的准备金总额(包括法定的和超额的)加上非银行部门持有的通货,这也可以称为基础货币或货币基础。由于它会派生出货币,因此是一种高能量的或者说活动力强大的货币,故又称高能货币或强力货币。如果用 C_u 表示非银行部门持有的通货,用 R_d 表示法定准备金,用 R_e 表示超额准备金,用 H 表示基础货币,则有 $H=C_u+R_d+R_e$。这是商业银行借以扩张货币供给的基础。考虑到货币供给(严格意义的货币供给 M) $M=C_u+D$,即为通货和活期存款的总和,则:

$$\frac{M}{H}=\frac{C_u+D}{C_u+R_d+R_e}$$

再将上式中等号右边的分子分母都除以 D,则得:

$$\frac{M}{H}=\frac{\frac{C_u}{D}+1}{\frac{C_u}{D}+\frac{R_d}{D}+\frac{R_e}{D}}=\frac{r_c+1}{r_c+r_d+r_e}$$

这里,$\frac{M}{H}$ 就是货币创造乘数,它等于 $\frac{r_c+1}{r_c+r_d+r_e}$。它之所以和上面例子说过的 $k=\frac{1}{r_c+r_d+r_e}$ 不同,是因为上面例子中仅把活期存款总和当成货币供给量,而这里已把活期存款和通货合在一起当成货币供给量。在这里,由于 $\frac{M}{H}=\frac{r_c+1}{r_c+r_d+r_e}$,即货币供给量 $M=\frac{r_c+1}{r_c+r_d+r_e}\cdot H$,而货币创造乘数 $\frac{r_c+1}{r_c+r_d+r_e}$ 又如上述,和法定准备率、中央银行贴现率、市场借款利率及现金对存款的比率有关。因此,整个说来,货币供给可看成是基础货币供给、法定准备率、贴现率、市场利率和现金—存款比率的函数。所有这些影响货币供给的因素,都可以归结到准备金变动对货币供给变动的作用上,因为准备金是银行创造货币的基础。中央银行正是通过控制准备金的供给来调节整个货币供给的。

这里必须强调指出：上述银行存款所产生的多倍扩大的连锁反应也会发生相反的作用。例如，当客户甲从自己的银行账户中取走100万元现金的存款时，他的银行A必须支付100万元的现款，其中的20万元可由原有的准备金抵消，但为了弥补其中的80万元，A银行必须收回已经贷放出去的80万元贷款。这样，客户乙为了偿付这80万元回收的贷款，又必须从B银行取出自己的存款80万元，依此类推。读者可以自行计算出整个银行体系缩小的存款总额为500万元。换言之，相反的连锁反应会使整个银行体系按乘数来缩小存款总额。此外还必须强调指出，这种多倍扩大或缩小，只有通过一国整个银行体系才能做到。

四、货币供给与主要经济变量的关系

借助于对货币创造乘数的分析，我们可以知道中央银行的行为、商业银行的行为和人们的行为都会对于社会上的实际货币供给量产生影响。

1. 中央银行的行为

中央银行为了执行货币政策，可以运用公开市场操作、存款准备率政策以及再贴现率这三个主要的政策工具，来影响高能货币（基础货币）和实际货币供给量。当公开市场买入时，会使银行准备金、高能货币以及实际货币供给增加。反之，在公开市场卖出时，会使银行准备金、高能货币以及实际货币供给减少。

另外，由于活期存款准备率及定期存款准备率对实际货币供给的影响都是负的，所以，中央银行如果想采取紧缩性货币政策，可以提高存款准备率，使实际货币供给随之减少。相反，如果中央银行想采取扩张性货币政策，可以降低存款准备率，以使实际货币供给因此增加。至于再贴现率的变动，主要在于通过资金成本来影响对银行的贷放。提高再贴现率，会使银行的资金成本上升、信用收缩、实际货币供给减少。反之，降低再贴现率，将使信用扩张，货币供给增加。

由此可见，中央银行的行为是影响实际货币供给的重要因素，但不是唯一因素。因为最终的结果还需要看民众与商业银行的行为才能决定。

2. 人们的行为

由前面的介绍可以知道，通货比率（即通货与活期存款之比）和定期存款比率（即定期存款与活期存款之比）是人们资产组合行为的结果。人们在选择资产组合时，受其所面临的经济因素的左右。这里将分别对影响通货比率和定期存款比率的因素加以说明。

(1) 影响通货比率的因素。

一般说来，影响通货比率的主要因素是收入、市场利率、信心、交易成本以及信用卡普及率等。因为收入或财富是影响持有资产规模的变量，收入高低会使通货与活期存款的持有额都随之增减。所以，表面上收入变动对通货比率的影响方向不容易确定。其实，因为收入变动对活期存款的影响幅度，大于对通货的影响幅度，所以，通货比率与收入的高低呈反方向变动。

在金融自由化条件下，银行已经对部分活期存款支付利息。所以，当市场利率上升时，持有通货的机会成本上升，因而，通货比率将随市场利率的上升或下降而降低或提高。于是，通货比率与市场利率呈反方向变动关系。

另外，人们对银行体系的信心也会影响通货比率。一般而言，如果人们对银行体系有信心，就愿意更多地使用支票作为支付工具。所以，人们对银行体系的信心越强，通货比率就越低。

相反,如果人们对银行体系的信心较弱,则他们就更愿意使用通货作为支付手段,通货比率就会随之上升。所以,通货比率与人们对银行体系的信心呈反方向变动。

人们持有活期存款的交易成本的高低,也是影响通货比率的一个因素。交易成本高,人们就不太愿意持有活期存款,以至于通货比率过高。相反,持有活期存款的交易成本较低时,人们就愿意较多地使用活期存款,从而使通货比率降低。

最后,信用卡的普及程度也是影响通货比率的一个重要因素。在一般情况下,信用卡的普及程度越高,使用现金的机会就越小,人们持有通货的比率就越低。因此,根据上述情况,我们可以将影响通货比率的主要因素与通货比率之间的关系以通货比率函数的形式表示出来:

$$c = c(y,\ r,\ cf,\ tc,\ cc)$$

该式表示,通货比率函数 c 会受到实际收入 y、市场利率 r、人们对银行体系的信心 cf 以及信用卡的普及程度 cc 的反向影响(减函数),同时还会受到人们持有活期存款的交易成本的正向影响(增函数)。

(2) 影响定期存款的因素。

定期存款也是人们所拥有的一种资产,它也会影响商业银行的货币供给量。影响定期存款的因素有收入、代表其他资产报酬率的市场利率以及代表本身报酬率的定期存款利率。收入增加,定期存款与活期存款都将增加。但是,定期存款属于储蓄性存款,收入弹性较大,所以,定期存款比率将随收入的增加而提高。按照资产选择理论,资产本身的报酬率提高,人们将会增加该资产的持有。所以,定期存款利率提高将使定期存款比率上升。反之,则会下降。不过,市场利率上升,代表其他资产报酬率提高,所以会使人们持有定期存款的金额减少。反之,如果市场利率下降,代表其他资产报酬率降低,人们持有定期存款的金额将会增加。所以,定期存款比率与市场利率成反方向变动。我们可以将定期存款比率表示为函数的形式:

$$t = t(y,\ r^t,\ r)$$

上式表示,定期存款比率函数会受到实际收入 y、定期存款利率 r^t 的正向影响(增函数关系),同时会受到市场利率 r 的反向影响(减函数关系)。

(3) 商业银行的行为。

商业银行的行为主要是通过改变超额准备率和借入准备率来影响货币的供给。具体说来,又有几个因素会产生影响:

第一,影响超额准备率的因素。

商业银行的经营活动涉及获利情况、安全性和流动性。超额准备金数量多,有助于商业银行提高安全性和流动性,但是却会削弱其获利程度。超额准备金数量少,尽管有利于获利程度的提高,但是却会降低安全性和流动性。所以,商业银行拥有超额准备金的多少和超额准备率的高低,主要决定于商业银行的经营态度、市场利率、再贴现率、客户提款的变化程度以及商业银行对经济景气的预期等因素。

一般说来,在整体上,商业银行的经营态度越是重视获利情况,超额准备率就越低。反过来,商业银行越是重视安全性和流动性,超额准备率就越高。其次,市场利率越高,商业银行创造信用获利越大,商业银行就越愿意增加放款,因而,会降低超额准备金。而且,当市场利率上升时,也会使活期存款增加,以至于对超额准备率的影响似乎不易确定。不过,实证研究表明,利率变动对超额准备金的影响大于对活期存款的影响，所以，超额准备率将和市场利率成反方向变动。

商业银行如果因为过度降低超额准备金，以至于资金不足，而需要向中央银行请求融通时，必须承担再贴现的利息成本。所以，再贴现率上升，会使商业银行增加超额准备金；反之，则会减少超额准备金。由此可见，超额准备率将和再贴现率呈同方向变动。

商业银行持有超额准备金是为了应付客户随时提款的需要。所以，当客户提款的情况越稳定，变动性越小，越容易预测时，超额准备率就越低。反之，当客户提款的情况越不稳定，变动性越大，越不容易预测时，超额准备率就越高。因此，超额准备率与客户提款的变动性程度成同方向变化。

再者，当商业银行预期经济景气状况不佳、战争、政治不安定的情况可能发生时，商业银行也需要增加其持有的超额准备金。因为在这些情况下，客户可能会增加提款。所以，对意外事件的这类预期会使超额准备率随之上升。

综合起来，我们可以将超额准备率表示为商业银行的经营态度、市场利率、再贴现率、提款的变动性以及预期发生意外的可能性等变量的函数。这就是：

$$e = e(a,\ r,\ r^d,\ v,\ z)$$

上面式子表明，商业银行积极的经营态度 a 和市场利率 r，都是超额准备率的减函数；而再贴现率 r^d、提款的变动性程度 v 以及预期发生意外的概率 z，都是超额准备率的增函数。

第二，影响借入准备率的因素。

商业银行是否要向中央银行借入准备金，取决于借入准备金的成本，以及利用借入准备金创造信用可得到的收益的情况。前者取决于再贴现率，后者取决于市场利率。所以，决定借入准备金的因素就是市场利率和再贴现率。

一般说来，再贴现率越高，借入准备金的成本就越高，商业银行就越不愿借入准备金。另一方面，如果市场利率越高，就意味着商业银行利用借入准备金创造信用所能获取的利润就越高，因而，商业银行就越有诱因去增加借入准备金。所以，借入准备率和再贴现率成反方向变动，与市场利率成正方向变动。

$$b = b(r^d,\ r)$$

上面的式子表示，借入准备率是再贴现率 r^d 的减函数，市场利率 r 的增函数。

总之，货币供给可以从两方面来看：第一，中央银行提供给社会的基础货币(高能货币)，这在某种角度上看，是一种外生变量。第二，借助于商业银行的信用制度系统，可以创造出更多的信用货币。这种信用货币和中央银行提供的基础货币一样，都可以服务于经济活动的需要。不过，信用货币具有一定程度的内生性质。在创造信用货币的过程中，也存在着一种类似于投资乘数的货币创造乘数，可以将最初的一笔存款，变成大得多的一笔信用货币。

另外，中央银行、商业银行和人们的行为都可以影响货币供给总量。所以，货币供给就是众多变量的函数。当我们分析货币问题时，就应该注意这些相关的变量和影响这些相关变量的因素。

五、货币供给函数

据前所述，我们可以得出货币供给函数的一般表达式：

$$M = M(r, r^t, r_d, r_t, r^d, y, a, cc, cf, tc, v, z, H)$$

该表达式中各符号含义同前所述。该式子表示，货币供给是市场利率、商业银行的积极经营态度、信用卡普及程度、人们对金融机构的信心以及高能货币等因素的增函数；是定期存款利率、活期存款准备率、定期存款准备率、活期存款交易成本、提款变动程度以及预期意外发生的概率等因素的减函数。

实际收入由于其对通货比率和定期存款比率的影响方向相反，所以，对货币供给的影响不确定。在宏观经济分析中，人们最关心的是货币供给与市场利率的正向关系，其他变量都可看作影响货币供给函数的外生变量。这样一来，在简化形式上，我们可以大致上得出和前面相同的结论，只不过对收入作用的强调不如对市场利率作用的强调像以前那样强烈。但是，在货币供给是市场利率的增函数的情况下，以前所讨论的货币供给曲线将不再是垂直的，而是正斜率的。

第三节　货币供求均衡和均衡利率的决定

一、利率决定于货币的需求和供给

我们在前面已经说明，利率可以决定投资，并进而影响国民收入，但是，利率本身又是怎样决定的呢？

凯恩斯以前的新古典经济学派认为，利率只与投资和储蓄相关。一方面，利率是调节储蓄和投资发生变动的主要因素和机制。投资是利率的减函数（即利率越低，同样情况下，人们就越愿意增加投资；相反，利率越高，人们就越会减少投资）。储蓄是利率的增函数（即利率越高，人们越愿意储蓄，从而储蓄越多；利率越低，人们就越不愿储蓄，从而储蓄越少）。另一方面，储蓄是对资金的供给，投资是对资金的需求。当资金的供求相等，即投资与储蓄相等时，均衡的利率就可以被决定。如果货币资金的供给和需求不相等，均衡利率就会发生变化。货币资金的需求大于货币资金的供给时，均衡利率就会上升；货币资金的需求小于货币资金的供给时，均衡利率就会下降。

凯恩斯否定了上述这种观点。他认为，储蓄不仅决定于利率，更重要的是受收入水平的影响；收入是消费和储蓄的源泉，只有收入增加了，消费和储蓄才会增加；收入不增加，即使利率提高，储蓄也无从增加。如果不知道收入水平高低，就无法建立储蓄与利率的函数关系。而如果不能确定储蓄函数，也就不能确定利率，从而也不能确定投资水平和国民收入水平。凯恩斯提出，如果利率不是由投资和储蓄的对比关系决定，而是由别的因素决定，则投资和收入的决定问题就有可能得以解决。他认为，利率不是由储蓄与投资决定的，而是由货币的供给量和对货币的需求量所决定的。货币的实际供给量（用 m 表示）一般由国家加以控制，是一个外生变量，而对货币的需求则由经济社会的内在因素所决定。因此，在讨论利率如何决定问题时，需要分析的主要应该是货币的需求。

西方经济学家认为，货币供给和货币需求共同确定了市场利率的水平。换句话说，就是货币供给曲线(M)和货币需求曲线(L)相交的点(E)决定了利率的均衡水平(r_0)。这表示，只有当货币供给等于货币需求时，货币市场才达到均衡状态。当市场利率低于均衡利率(r_0)时，货币的供求处于不均衡状态，对货币的需求大于货币的供给。这也说明经济处于均衡状态时所要求的货币需求，超过了市场上现有的货币需求。这时人们感到手中持有的货币太少，就会卖出有价证券。因此，证券价格就要下降，同时也就是利率要上升。这种超过市场现有利率水平所对应的货币供给量的货币需求量的消失，一直要到均衡利率对应的货币供求相等时为止。相反，当市场现有利率高于均衡利率(r_0)时，说明货币供给暂时超过了货币需求，这时人们感到手中持有的货币太多，就会以多余的货币买进有价证券。于是，证券价格要上升，亦即利率要下降。这种情况也一直要持续到均衡利率对应的货币供求相等时为止。当然，只有当货币供求相等时，利率才不再变动(见图 7.5)。

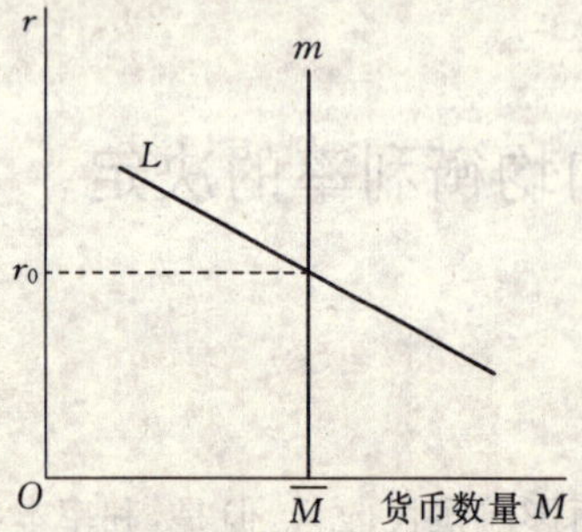

图 7.5　货币供求的均衡确定均衡利率水平

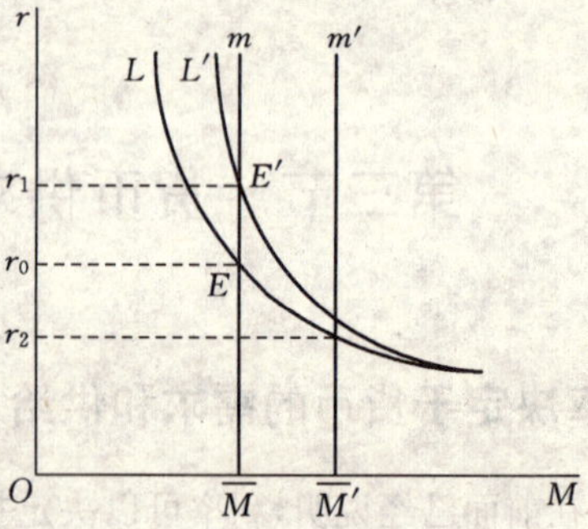

图 7.6　利率的确定和变动

实际上，货币需求曲线和货币供给曲线都会变动。例如，当人们对货币的交易需求或投机需求增加时，货币需求曲线就会向右上方移动；当政府增加货币供给，从而使需求曲线从 L 移动到 L'时，均衡利率就会从 r_0上升到 r_2，相反，如果货币需求不变，货币供给曲线从 m 右移到 m'时，均衡利率则会从 r_0下降到 r_1。如果货币需求和供给同时变动，利率就会受到二者的共同影响，在移动后的需求曲线和供给曲线的交点上达到均衡(见图 7.6)。

从图 7.6 可以看到，当利率降低到一定程度(例如 2%)时，货币需求曲线呈接近于水平状态。这就是凯恩斯所说的"流动性陷阱"。这时候，不管货币供给曲线向右移动多少，即不管政府增加多少货币供给，都不可能再使利率下降。

二、货币供求均衡和均衡利率的决定

货币供给有狭义的货币供给和广义的货币供给之分。狭义的货币供给是指硬币、纸币和银行活期存款支票及信用卡的总和(一般用 M 或 M_1 表示)。活期存款可随时提取，其支票和信用卡可当作货币在市面上流通，因而，它是货币的一个组成部分。狭义的货币供给再加上定期存款，便是广义的货币供给(一般用 M_2 表示)；再加上个人和企业所持有的政府债券等流动资产或“货币近似物”,便是意义更广泛的货币供给(一般用 M_3 表示)。下面所讲的货币供给指 M_1。

货币供给是一个存量概念,它是一个国家在某一时点上所保持的不属政府和银行所有的硬币、纸币和银行存款的总和。绝大多数西方经济学家认为,货币供给量是由国家用货币政策来调节的,因而是一个外生变量,其大小与利率高低无关。因此,货币供给曲线是一条垂直于横轴的直线,如图 7.7 中左图里的 m 直线。这条货币供给曲线和货币需求曲线(L)相交的点(E)决定了利率的均衡水平(r_0)。

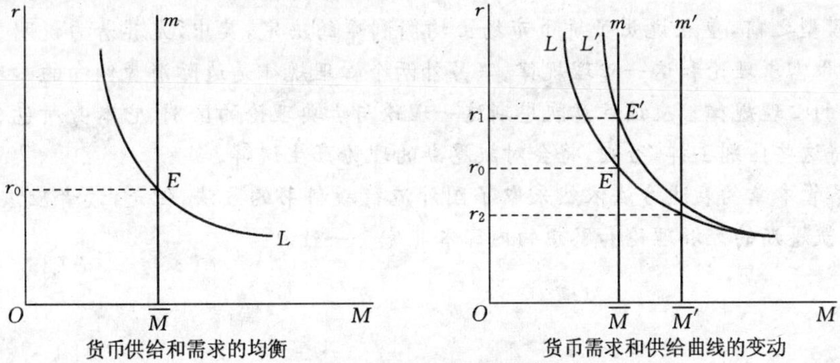

图 7.7 利率的决定和变动

这表示,只有当货币供给等于货币需求时,货币市场才达到均衡状态。当市场利率低于均衡利率(r_0)时,货币的供求处于不均衡状态,对货币的需求大于货币的供给。这也说明经济处于均衡状态时所要求的货币需求,超过了市场上现有的货币需求。这时人们感到手中持有的货币太少,就会卖出有价证券。因此,证券价格就要下降,同时也就是利率要上升。这种超过市场现有利率水平所对应的货币供给量的货币需求量的消失,一直要到均衡利率对应的货币供求相等时为止。相反,当市场现有利率高于均衡利率(r_0)时,说明货币供给暂时超过了货币需求,这时人们感到手中持有的货币太多,就会以多余的货币买进有价证券。于是,证券价格要上升,亦即利率要下降。这种情况也一直要持续到均衡利率对应的货币供求相等时为止。当然,只有当货币供求相等时,利率才不再变动。

实际上,货币需求曲线和货币供给曲线都会变动。例如,当人们对货币的交易需求或投机需求增加时,货币需求曲线就会向右上方移动;当政府增加货币供给,从而使货币需求曲线从 L 移动到 L' 时,均衡利率就会从 r_0 上升到 r_1,相反,如果货币需求不变,货币供给曲线从 m 右移到 m' 时,均衡利率则会从 r_0 下降到 r_1。如果货币需求和供给同时变动,利率就会受到二者的共同影响,在移动后的需求曲线和供给曲线的交点上达到均衡。

从图 7.7 右侧可以看到,当利率降低到一定程度(例如 2%)时,货币需求曲线呈接近于水平状态。这就是凯恩斯所说的“流动性陷阱”。这时候,不管货币供给曲线向右移动多少,即不管政府增加多少货币供给,都不可能再使利率下降。

本章小结

由于上一章着重阐述了产品市场上总需求水平对均衡国民收入水平的决定。本章便在阐述 *IS-LM* 模型之前，重点说明了货币市场上均衡利率的决定，其中，尤其着力说明了凯恩斯流动偏好的货币需求理论和这一心理规律。（另外两个心理规律是边际消费倾向的心理规律和资本边际效率的心理规律。）应该注意凯恩斯这一理论与古典理论的区别、它本身所包含的不确定性，切不可将这些区别丢掉，否则，将会对凯恩斯的理论产生误解。

此外，尽管本章的表述方法依然采取了国外流行教科书的方法，但是，读者应该注意：这种表述方法与凯恩斯的经济理论和思想的内容本非完全一致。

思考题

一、名词解释

狭义货币	广义货币	流动性偏好
货币的交易需求	货币的投机需求	货币需求的谨慎动机
货币供给	法定准备金	超额准备金
货币创造乘数	法定准备金率	再贴现率
公开市场操作	高能货币（基础货币）	

二、选择题

1. 公开市场业务是通过下列哪种方式来影响货币供给的：（　　）。
   A. 对商业银行向中央银行借款所要支付的利率的影响
   B. 商业银行法定准备金率的改变
   C. 短期国库券利率的改变
   D. 其对银行体系储备量的影响
2. 为了减少货币供给量，中央银行会使用下列方法：（　　）。
   A. 降低商业银行向中央银行借款所需支付的利率
   B. 降低法定准备金率规定
   C. 降低贴现率
   D. 购买政府债券

E. 以上都不是

3. 假设某国有下列货币数据：货币流通量 10178 亿美元，各项贷款 74914 亿美元，库存现金 827 亿美元，外汇存款 13467 亿美元，金融债券 30 亿美元，准备金 2280 亿美元，则当年基础货币为(　　)。

A. 10178 亿美元　　B. 11005 亿美元

C. 13315 亿美元　　D. 26782 亿美元

4. 在下列哪种情况下，中央银行购进政府债券不会引起货币供给量增加？(　　)。

A. 公众把央行的支票换成现金，保留在手中

B. 公众把央行支票存入商业银行

C. 公众用银行支票偿还银行债务

D. 公众用央行支票增加消费

5. 法定准备金率的减少是通过下列哪种方法来使货币供给增加：(　　)。

A. 基础货币数量增加　　B. 货币乘数变大

C. 现金—存款比例减少　　D. 贴现率下降

三、简答题

1. 解释说明货币需求与货币需求量？
2. 凯恩斯的货币需求理论是什么？
3. 为什么价格水平的上升会提高利率？
4. 在综合考虑各种因素的情况下，货币供给主要会受到哪些因素的影响？
5. 货币创造乘数的大小主要和哪些变量有关？
6. 中央银行的货币政策工具主要有哪些？
7. 货币与其他金融资产作为价值贮藏手段有何不同？
8. 用货币数量论来说明货币需求变化对价格的影响。
9. 怎样理解预防性货币需求是收入的增函数？
10. 解释说明什么是流动性陷阱。
11. 当货币流通速度变得极小时，对于货币需求会有什么样的影响？这种情况最有可能发生在什么时候？
12. 根据凯恩斯货币需求模型，预防货币需求主要受哪些因素的影响？预防货币需求怎样决定？
13. 货币需求曲线斜率的变化有什么经济意义？
14. 为什么会对货币产生投机需求，每人投机的原因是否都相同？
15. 为什么货币数量论认为货币供给与价格水平存在一定的比例关系？从长期来看这种比例关系是否成立？

五、计算题与分析题

1. 某经济总产出 $Y=4000$，货币需求 $L=0.8Y-2000r$，货币供给 $M=3000$（不考虑价格水平因素），在利率不变情况下，货币供给增加 200，Y 有何变化？

2. 假设名义货币存量为1000亿美元,问价格水平下降了20%和上升20%后,实际货币余额是多少?

3. 假设某国货币流通速度保持不变,实际GDP每年增长5%,货币存量每年增长14%,名义利率是11%,请计算实际利率。

4. 如果持有的债券数量为Z,利率r,交易成本为F,试问使获得的利息最大的交易次数N应该是多少?

5. 假定某国在1929—1933年期间货币供给的减少是因为通货—存款比率和准备金—存款比率都上升了。运用货币供给模型和下表数据回答以下有关这一时期的问题。

	1929年8月	1933年3月
货币供给	26.5亿美元	19.0亿美元
基础货币	7.1亿美元	8.4亿美元
货币乘数	3.7	2.3
准备金—存款比率	0.14	0.21
通货—存款比率	0.17	0.41

(1) 如果通货—存款比率上升,但准备金—存款比率保持不变,货币供给将如何变化?

(2) 如果准备金—存款比率上升,但通货存款比率保持不变,货币供给将如何变化?

(3) 比较上述两种结果,哪一种对货币供给的减少作用较大?

6. 假设经济中物价水平为1.5,实际国民生产总值为2400亿美元,货币供给量为600亿美元,求:

(1) 货币流通速度是多少?

(2) 根据货币数量论,货币量增加到800亿美元时会产生什么影响?

7. 假定货币供给为250亿美元,平均价格为4.25亿美元,$Q=400$。

(1) 计算货币的流通速度V和名义GNP;

(2) 若货币的流通速度V不变,产出增加15%,货币供给增长20%,计算此时的GNP、P与Q;

(3) 如果货币的流通速度增加到7,产出增加15%,货币供给增长20%,计算此时的GNP、P与Q;

(4) 在(2)与(3)的情况下,原来的物价水平如何能维持?

第八章

IS-LM 模型：产品市场和货币市场的一般均衡

学习目的和要求

通过本章的学习主要掌握：1. IS 曲线和产品市场均衡的关系、IS 曲线的形成和移动的原因，以及利率在产品市场中的地位和作用；2. 凯恩斯的利率决定理论、货币需求动机的分析、"流动性陷阱"的概念和货币需求函数的构成；3. LM 曲线和货币市场的关系、LM 曲线的形成和移动的原因、不同形状的 LM 曲线的经济含义，以及利率在货币市场中的地位和作用；4. IS 曲线和 LM 曲线相互连接的机制和它们能够构成一个理论模型的合理性；5. IS-LM 模型中均衡点的经济含义，以及均衡点的移动和调整。

在凯恩斯以后，西方经济学家们沿着凯恩斯的理论方向进一步扩展和充实了有关的理论。尽管这些理论并不完全与凯恩斯本人的理论相一致，但是，在基本理论重点和政策倾向上是大体一致的。

在这些理论方面，一些西方经济学家首先进一步把凯恩斯的理论从产品市场和货币市场两方面加以区分，并从不同的角度上对其加以研究与综合，从而在更为一般的层次上说明和解释国民收入的决定和变动。与此同时，凯恩斯反对"古典的二分法"，反对货币中性观点，提倡把货币问题和实际经济活动结合起来的主张也在这一过程中得到了体现。这就是本章所要重点说明的 IS-LM 模型。

通过对 IS-LM 模型的了解，我们将会更清楚地理解凯恩斯主义的经济政策主张及其效果。

第一节 IS 曲线及其含义：产品市场的均衡

一、IS 曲线及其推导

把投资当作利率的函数以后，西方学者进一步用 IS 曲线来说明产品市场均衡的条件。所谓产品市场的均衡，是指产品市场上总供给与总需求相等。前面已经说过，三部门经济中总需求等于总供给是指 $c+i+g=c+s+t$，经济均衡条件是 $i+g=s+t$，而两部门经济中总需求等于总供给是指 $c+i=c+s$，均衡的条件是 $i=s$，假定消费函数为 $c=\alpha+\beta y$，则无论从总需求等于总供给分析，还是从投资等于储蓄分析，两部门经济中均衡收入决定的公式都是 $y=\frac{\alpha+i}{1-\beta}$。在这里，投资($i$)是作为外生变量参与均衡收入决定的。现在把投资作为利率的函数，即 $i=e-dr$，则均衡收入的公式就要变为：

$$y=\frac{\alpha+e-dr}{1-\beta}$$

这一公式是从投资 ($i=e-dr$) 等于储蓄[$s=y-c=y-\alpha-\beta y=-\alpha+(1-\beta)y$] 的均衡条件中得来的。从上式可以看到，要使产品市场保持均衡，即储蓄等于投资，则均衡的国民收入与利率之间存在着反方向变化的关系。

现在举个例子来说明这一点，假设投资函数 $i=1250-250r$，消费函数 $c=500+0.5y$，即储蓄函数为 $s=y-c=-500+0.5y$。这样：

$$y=\frac{\alpha+e-dr}{1-\beta}=\frac{500+1250-250r}{1-0.5}=3500-500r$$

当 $r=1$ 时，$y=3000$

当 $r=2$ 时，$y=2500$

当 $r=3$ 时，$y=2000$

当 $r=4$ 时，$y=1500$

当 $r=5$ 时，$y=1000$

……

如果画一个坐标图形如图 8.1，以纵轴代表利率，以横轴代表收入，则可得到一条反映利率和收入间相互关系的曲线。这条曲线上任何一点都代表一定的利率和收入的组合，在这种组合下，投资和储蓄都是相等的，即 $i=s$，从而产品市场是均衡的，因此这条曲线称为 IS 曲线。

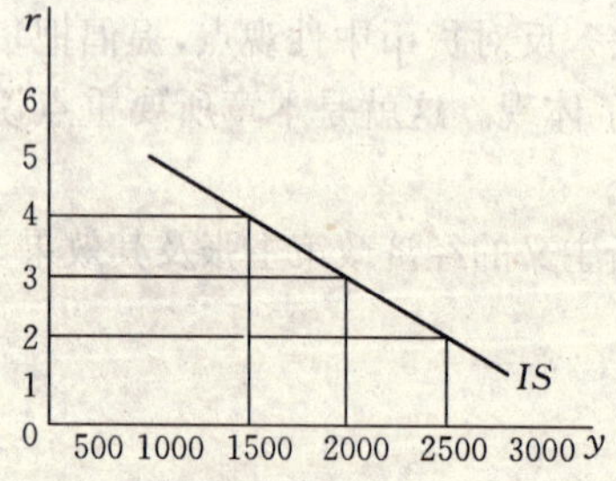

图 8.1 *IS* 曲线

从上面的例子可以看到，IS 曲线是从投资与利率的关系(投资函数)、储蓄与收入的关系(储蓄函数)以及储蓄与投资的关系(储蓄等于投资)中推导出来的。西方学者常常用含有四个象限的图形来描述这个推导过程。

图 8.2 中，象限(1)的曲线表示，投资需求是利率的减函数，纵轴表示利率 r，横轴表示投资量 i，该曲线就是根据上面例子中的投资需求函数 $i=1250-250r$ 画出来的。

象限(2)表示投资和储蓄的均衡状态，纵轴表示储蓄 s，横轴仍表示投资 i，那条起自原点的 45 度倾斜的直线，表示投资始终等于储蓄的组合点的集合，例如，利率 $r=3\%$ 时，投资 $i=500$ 亿美元，储蓄 s 也等于 500 亿美元，利率下降时，投资增加，储蓄也相应增加，才达到均衡。

象限(3)的曲线表示储蓄是国民收入的增函数，这条曲线就是根据上例中 $s=-500+0.5y$

画出的，例如象限(1)中，当 $r=3\%$ 时，$i=500$；在第(2)象限，由于 $i=s$，必然有 500 亿美元储蓄；在象限(3)，由储蓄函数算出，应有收入 2000 亿美元，才能有 500 亿美元储蓄($500=-500+0.5y$，所以 $y=2000$)。如果利率下降到 2%，投资上升到 750 亿美元，因此，均衡的储蓄也是 750 亿美元，从而均衡收入就是 2500 亿美元($750=-500+0.5y$ 所以 $y=2500$)。

最后，象限(4)，便得到了产品市场的均衡点，就是说，当利率 $r=3\%$，使储蓄与投资恰好相等的国民收入是 2000 亿美元；若利率上升到 4%，投资和相应的储蓄将下降到 250 亿美元，从而均衡收入必须是 1500 亿美元；同样，利率降到 2%时，投资和相应的储蓄将上升到 750 亿美元，从而均衡收入水平一定是 2500 亿美元。总之，当利率分别为 2%、3%、4%、5%时，只有国民收入分别为 2500、2000、1500、1000 亿美元时，才能满足这一产品市场均衡条件。将满足产品市场均衡条件的利率和收入的各个组合点联结起来，就得到了 *IS* 曲线。可见，*IS* 曲线是产品市场均衡状态的一幅简单图形，它表示的是：与任一给定的利率相对应的国民收入水平，在这样的水平上，投资恰好等于储蓄，因此这条曲线称 *IS* 曲线。

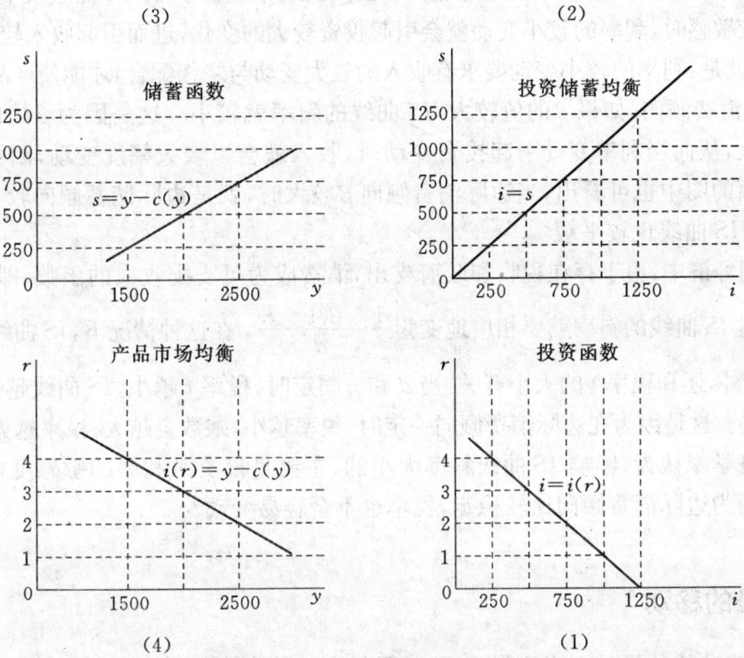

图 8.2 *IS* 曲线的推导

由于利率下降意味着一个较高的投资水平，从而也意味着一个较高的储蓄和收入水平，因此，*IS* 曲线的斜率是负值。

二、*IS* 曲线的斜率

从上可知，如果知道了一个经济体系的消费函数(从而储蓄函数)和投资函数，就不难求得 *IS* 曲线。从前面的图形中可以看到，*IS* 曲线的斜率的大小，或者说倾斜的程度，取决于投资函数的斜率，这从 IS 曲线的代数表达式中可以看出。

上面说过，在两部门的经济中，均衡收入的代数表达式为：

$$y=\frac{\alpha+e-dr}{1-\beta}$$

该式可以转化为：

$$r=\frac{\alpha+e}{d}-\frac{1-\beta}{d}y$$

转化后的表达式就是 IS 曲线的代数表达式，因为 IS 曲线图形上的纵轴代表利率，而横轴代表收入。IS 曲线的代数表达式 y 前面的系数 $\frac{1-\beta}{d}$ 就是 IS 曲线的斜率，显然，IS 曲线的斜率既取决于 β，也取决于 d。

d 是投资需求对于利率变动的反应程度，它表示利率变动一定幅度时投资变动的程度，如果 d 的值较大，即投资对于利率变化比较敏感，IS 曲线的斜率就较小，即 IS 曲线较平缓。这是因为，投资对利率较敏感时，利率的较小变动就会引起投资较大的变化，进而引起收入较大的变化，反映在 IS 曲线上就是：利率的较小变动要求有收入的较大变动与之相配合，才能使产品市场均衡。

β 是边际消费倾向，如果 β 的值较大，IS 曲线的斜率就较小。这是因为 β 的值较大，意味着支出乘数较大，从而当利率变动引起投资变动时，收入就会以较大幅度变动，因而 IS 曲线就较平缓。从前面的图中也可看出，当边际消费倾向 β 较大时，就是边际储蓄倾向较小，即储蓄曲线较平缓，因而 IS 曲线也较平缓。

在三部门经济中，由于存在税收和政府支出，消费成为可支配收入的函数，即 $c=\alpha+\beta(1-t)y$，于是上述 IS 曲线的斜率就要相应地变为 $\frac{1-\beta(1-t)}{d}$，在这种情况下，IS 曲线的斜率除了和 d 以及 β 有关外，还和税率 t 的大小有关：当 d 和 β 固定时，税率 t 越小，IS 曲线越平缓；t 越大，IS 曲线会越陡峭。这是因为在边际消费倾向一定时，税率越小，乘数会越大；税率越大，乘数会越小。

西方经济学家认为，影响 IS 曲线斜率大小的，主要是投资对利率的敏感度（也就是投资的利率弹性），因为边际消费倾向比较稳定，税率也不会轻易变动。

三、*IS* 曲线的移动

从前面 IS 曲线的推导图中可以看出，如果投资函数或储蓄函数变动，IS 曲线就会变动。

先看投资需求变动，如果由于种种原因（例如，投资边际效率提高，或出现了技术革新，或企业家对经济前景的预期比较乐观等），在同样利率水平上，投资需求增加了，比方说上例中的 $i=1250-250r$ 变成了 $i=1500-250r$，即投资需求曲线向右上移动，于是，IS 曲线就会向右上移动，其移动量等于投资需求曲线移动的数量乘以乘数。在上例中，投资需求线移动 250（亿美元），即 $1500-1250=250$，乘数 $k=1/(1-0.5)=2$。因此，IS 曲线右移 500（亿美元）。反之，要是投资需求下降，则 IS 曲线向左移动。

图 8.3 中，投资需求曲线从 i_1 提高到 i_2，IS_1 则相应右移到 IS_2，$\Delta y=k\Delta i$，IS 曲线左移的情况可以同样画出。

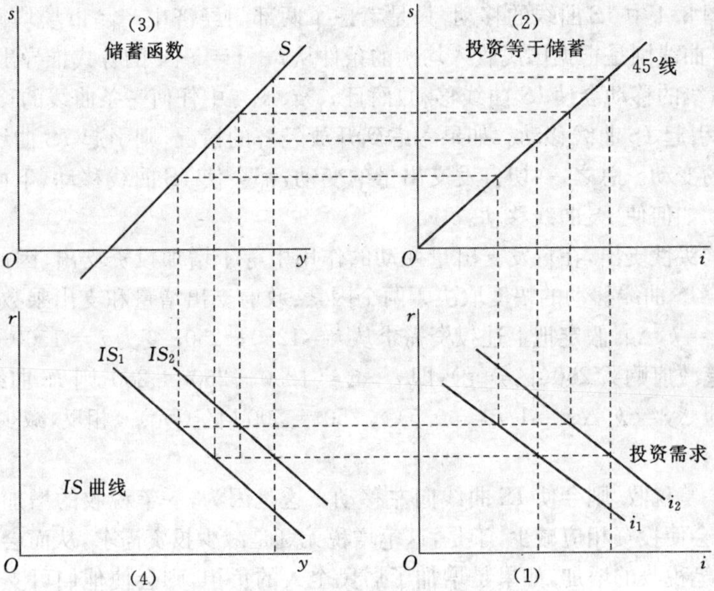

图 8.3　投资需求变动使 *IS* 曲线移动

再看储蓄函数变动，假定人们的储蓄意愿增加了，也就是说，人们更节俭了，比方说，上例中的储蓄函数从 $s=-500+0.5y$ 变成了 $s=-250+0.5y$（即消费函数从 $c=500+0.5y$ 变成 $c=250+0.5y$）。这样，储蓄曲线就要向左移动。如果投资需求不变，则同样的投资水平现在所要求的均衡收入水平就要下降。因为，同样的这一移动，其移动量等于储蓄增量乘以乘数，图 8.4 描述了这一情况：当储蓄意愿增加，s_1 左移到 s_2 时，IS_1 相应左移到 IS_2。

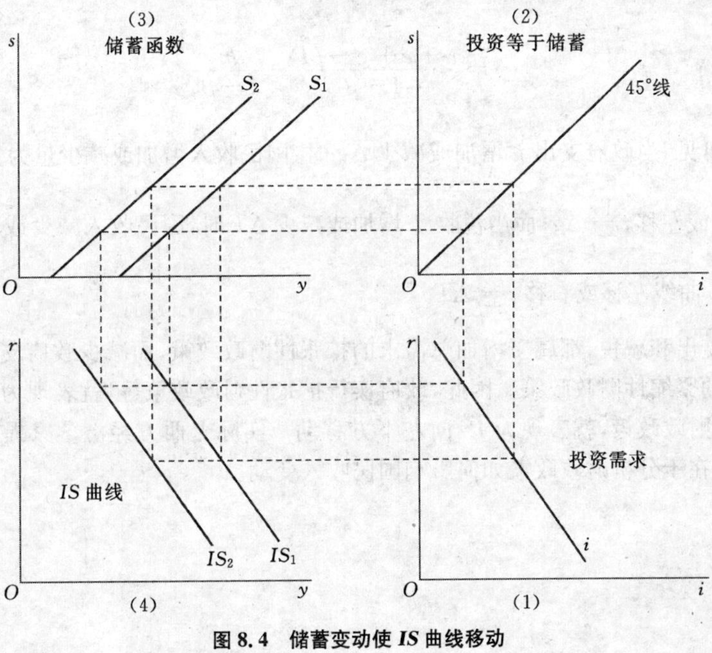

图 8.4　储蓄变动使 *IS* 曲线移动

图 8.3 和图 8.4 中 IS 曲线的移动，只是考虑了两部门经济中产品市场均衡的情况。在三部门经济中，IS 曲线则是根据国民收入均衡的条件从 $i+s=s+t$ 的等式推导出来的。因此，不仅 i 曲线和 s 曲线的移动会使 IS 曲线移动，而且 i、g、s、t 中任何一条曲线的移动，或几条曲线同时移动，都会引起 IS 曲线移动。如果考虑到开放经济的情况，则引起 IS 曲线移动的因素还要包括进出口的变动。总之，一切自发支出量的变动，都会使 IS 曲线移动，下面分析一下税收和政府支出变动如何使 IS 曲线移动。

增加政府购买性支出，在自发支出量变动的作用中等于增加投资支出，因此，会使 IS 曲线向右平行移动。IS 曲线移动的幅度取决于两个因素：政府支出增量和支出乘数的大小，即均衡收入增加量 $\Delta y=k_g\Delta g$，假定把上述投资需求从 $i=1250-250r$ 变为 $i=1500-250r$ 看成是原来的投资加一笔政府购买 250（亿美元），即 $i+g=1250-250r+250$，则 IS 曲线同样向右移动 500（亿美元），即 $\Delta y=k_g\Delta g=1/(1-0.5)\times 250=500$（亿美元）。相反，减少政府支出，则会使 IS 曲线左移。

政府增加一笔税收，则会使 IS 曲线向左移动。这是因为，一笔税收的增加，如果是增加了企业的负担，则会使投资相应减少，于是，这笔增税无疑是减少投资需求，从而会使 IS 曲线向左移动。同样，一笔税收的增加，如果是增加了居民个人的负担，则会使他们可支配收入减少，从而使他们消费支出相应减少，从而也会使 IS 曲线向左移动。相反，如果政府减税，则会使 IS 曲线右移，移动幅度为 $\Delta y=-k_t\Delta T$。

关于增加或减少税收及政府支出如何使 IS 曲线移动，也可以从下面公式中得到说明，假定 T 和 g 分别代表税收和政府支出额，则国民收入等于：

$$y=c+i+g=\alpha+\beta(y-T)+e-dr+g$$
$$=\alpha+e+g-\beta T+\beta y-dr$$

故

$$y=\frac{\alpha+e+g-\beta T}{1-\beta}-\frac{dr}{1-\beta}$$

从上式中可见，当政府支出 g 增加或减少 Δg 时，国民收入增加或减少量为 $\Delta y=\frac{1}{1-\beta}\Delta g$，即 IS 曲线右移或左移 $\frac{1}{1-\beta}\Delta g$；而当税收 T 增加或减少 ΔT 时，国民收入减少或增加量为 $\Delta y=\frac{\beta}{1-\beta}\Delta T$，即 IS 曲线左移或右移 $\frac{\beta}{1-\beta}\Delta T$。

增加政府支出和减税，都属于增加总需求的扩张性财政政策，而减少政府支出和增税，都属于降低总需求的紧缩性财政政策。因此，政府实行扩张性财政政策等，就表现为 IS 向右上方移动，实行紧缩性财政政策，就表现为 IS 向左下方移动。实际上西方经济学家提出 IS 曲线的重要目的之一，就在于分析财政政策如何影响国民收入变动。

第二节　LM 曲线及其含义：货币市场的均衡

LM 曲线是 IS-LM 模型的重要组成部分，它是构成凯恩斯主义经济学宏观经济分析和政策分析的重要工具。我们在前面已经介绍过了 IS 曲线，现在，我们就来介绍 LM 曲线。

一、LM 曲线及其推导

我们已经知道，利率是由货币市场上的供给和需求的均衡决定的。而货币的供给量是由货币当局所控制，即由代表政府的中央银行所控制，因而假定它是一个外生变量。在货币供给量既定情况下，货币市场的均衡只能通过调节对货币的需求来实现。

假定 m 代表实际货币供给量，则货币市场的均衡就是 $m = L = L_1(y) + L_2(r) = ky - hr$。从这个等式中可知，当 m 为一定量，L_1 增加时，L_2 必须减少，否则不能保持货币市场的均衡。L_1 是货币的交易需求（由交易动机和谨慎动机引起），它随收入增加而增加。L_2 是货币的投机需求，它随利率上升而减少。因此，国民收入增加使货币交易需求增加时，利率必须相应提高，从而使货币投机需求减少，才能维持货币市场的均衡。反之，收入减少时，利率必须相应下降，否则，货币市场就不能保持均衡。

总之，当 m 给定时，$m = ky - hr$ 的公式可表示为：满足货币市场的均衡条件下的收入 y 与利率 r 的关系，这一关系的图形就被称为 LM 曲线。在 LM 曲线中，L 代表"流动性"或"货币需求"，M 代表"货币供给"。LM 曲线代表所有在货币供给与货币需求相等时均衡利率水平与均衡收入水平组合点的集合。

由于货币市场均衡时 $m = ky - hr$，因此：

$$y = \frac{hr}{k} + \frac{m}{k}$$

或者：

$$r = \frac{ky}{h} - \frac{m}{h}$$

这两个公式都可以表示 LM 曲线的代数表达式。由于该曲线图形的纵坐标表示的是利率，横坐标表示的是收入，因此，上面的一般公式就代表 LM 曲线。

现在举个例子来说明 LM 曲线。假定对货币的交易需求函数 $m_1 = L_1(y) = 0.5Y$，对货币投机需求函数 $m_2 = L_2(r) = 1000 - 250r$，货币供给量 $m = 1250$（亿美元），并假定实际货币供给量就是名义货币供给量（M）（这暗含价格指数 $P = 1$），则货币市场均衡时，$1250 = 0.5y + 1000 - 250r$，得 $y = 500 + 500r$，或者 $r = 0.002y - 1$，因此：

$$当\ y = 1000\ 时, r = 1$$
$$当\ y = 1500\ 时, r = 2$$
$$当\ y = 2000\ 时, r = 3$$
$$当\ y = 2500\ 时, r = 4$$
……

根据这些数据，可作一个如图 8.5 的坐标图形。图中，向右上方倾斜的曲线(在这里，此曲线代表的是一个线性方程，所以是直线)之所以称为 LM 曲线，是因为此线上任一点都代表一定利率和收入的组合。在这样的组合下，货币需求与供给都是相等的，也就是说，货币市场是均衡的。

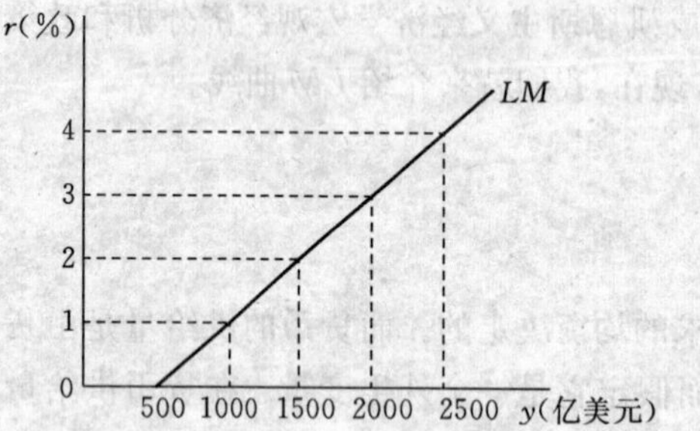

图 8.5 *LM* 曲线

从上例可看到，LM 曲线实际上是从货币的投机需求与利率的关系，货币的交易需求与收入的关系，以及货币需求与供给相等的关系中推导出来的。这个推导过程，西方经济学家也常用下面这样一个包含有四个象限的图形来表现如图 8.6。

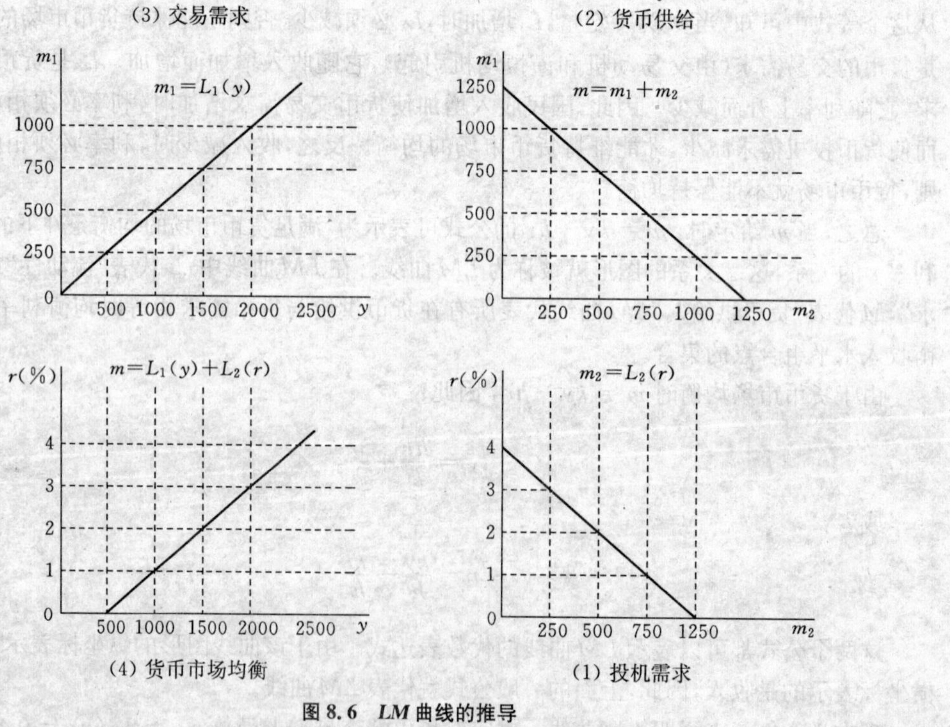

图 8.6 *LM* 曲线的推导

图 8.6 的象限(1)中向右下方倾斜的曲线是货币的投机需求函数 $m_2 = L_2(r) = 1000 - 250r$，利率($r$)从 4%向 3%、2%、1%逐渐下降时，货币的投机需求量从 0、250 亿美元、500 亿美元、750 亿美元逐渐增加。

象限(2)则表示当货币供给为一定量(1250亿美元)时，应该如何划分用于交易需求的货币和投机需求的货币。由于 $m = m_1 + m_2$，所以，$m - m_1 = m_2$，或 $m - m_2 = m_1$，那条和纵、横轴都成 45° 的直线就表示这种关系。例如，当投机需求为250亿美元(在横轴上表示)时，留作交易之用的货币就为1000亿美元(在纵轴上表示)。

象限(3)的曲线是货币的交易需求函数 $m_1 = L_1(y) = 0.5y$，当 $y = 2000$ 亿美元时，$m_1 = 1000$ 亿美元，当 $y = 1500$ 亿美元时，$m_1 = 750$ 亿美元。

象限(4)表示与货币市场均衡相一致的利息与收入的一系列组合，当 $r = 3\%$ 时，$m_2 = 250$ 亿美元；由于 $m = 1250$ 亿美元，因此，$m_1 = 1250 - 250 = 1000$ 亿美元；当 $m_1 = 1000$ 亿美元时，需要有收入2000亿美元相适应。这是(1)、(2)、(3)象限中说明的内容。象限(4)将以上三个象限的内容结合起来，说明当货币供给为1250亿美元时，只有当 $r = 3\%$，$y = 2000$ 亿美元时，货币总需求才是1250亿美元，从而达到货币市场均衡。同样，当利率在2%和1%，收入为1500亿美元和1000亿美元时，货币市场才达到均衡。将一系列使货币市场均衡的利率和收入组合点连结起来，就描绘出一条 *LM* 曲线。*LM* 曲线表示，这条曲线上任何一点所代表的利率与所相应的国民收入都会使货币供给(*M*)等于货币需求(*L*)。

为了更明确起见，我们也可以直接从货币市场推导出 *LM* 曲线，如同图8.7所示。

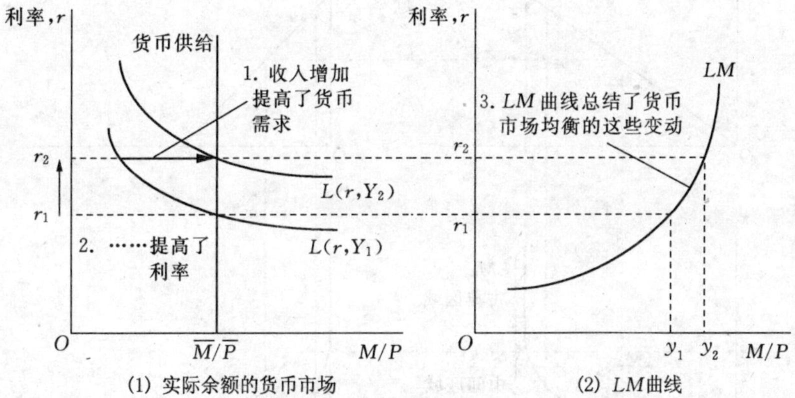

图8.7 *LM* 曲线的推导

二、*LM* 曲线的斜率

从 *LM* 曲线的推导图可以看到，*LM* 曲线的斜率取于货币的投机需求曲线和交易需求曲线的斜率，实际上也就是取决于 $r = \frac{ky}{h} - \frac{m}{h}$ 式中的 k 和 h 之值。这一公式就是 *LM* 曲线的代数表达式，而 k/h 是 *LM* 线的斜率。当 k 为定值时，h 越大，即货币需求对利率的敏感程度(货币需求的利率弹性)越高，则 k/h 就越小，因而，*LM* 曲线就越平缓。另一方面，当 h 为定值时，k 越大，即货币需求对收入变动的敏感程度(货币需求的收入弹性)越高，则 k/h 就越大，于是 *LM* 曲线就越陡峭。从 *LM* 曲线的推导图来看，h 越大，就是象限(1)中货币投机需求曲线越平缓，*LM* 曲线就越平缓；而 k 越大，就是象限(3)中货币交易需求曲线越陡峭，*LM* 曲线就陡峭。

西方经济学家认为，货币的交易需求函数一般比较稳定，因此，LM曲线的斜率主要取决于货币的投机需求函数。出于投机动机的货币需求是利率的减函数。

我们在前面说过，当利率降得很低时，货币的投机需求将成为无限的，这就是“凯恩斯陷阱”或“流动性陷阱”，由于在这一极低的利率水平上(比方说2%)货币投机需求量已变得无限大，因此，货币的投机需求曲线就成为一条水平线。这会使LM曲线也成为水平的。

在图8.8中，当利率降到r_1时，象限(1)中货币投机需求曲线就变成了一条水平线。因而，LM曲线上也相应有一段水平状态的区域。这一区域被称为“凯恩斯区域”，也称为“萧条区域”。因为，如果利率一旦降到这样低的水平，政府实行扩张性货币政策时，增加货币供给量，并不能进一步降低利率，从而也不能增加收入，推动经济复苏，因而，货币政策无效。相反，实行扩张性财政政策，使IS曲线向右移动，收入水平就会在利率不发生变化的情况下提高。因而，财政政策有很大效果。凯恩斯认为20世纪30年代经济大萧条时期，西方国家的经济就是这种情况。因而，LM曲线呈水平形状这个区域就被称为“凯恩斯区域”或“萧条区域”。

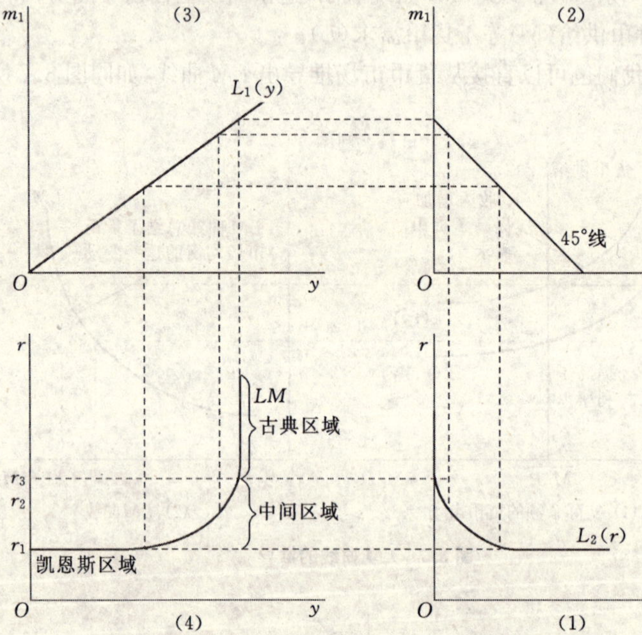

图8.8　LM曲线的三个区域

相反，如果利率上升到很高水平时，货币的投机需求量将等于零。这时候，人们除了为完成交易还必须持有一部分货币(即交易需求)，但再也不会为投机而持有货币。由于货币的投机需求等于零，因此，图8.8的(1)象限中的货币投机需求曲线表现为从利率为r_3以上是一条与纵轴相重合的垂直线，不管利率再上升到r_3以上多高，货币投机需求量都是零，人们的手持货币量都是交易需求量。这样，象限(4)中的LM曲线从利率为r_3开始，就成为一段垂直线。西方经济学家认为，这时候如实行扩张性财政政策使IS曲线向右上方移动，只会提高利率而不会使收入增加。但如果实行使LM曲线右移的扩张性货币政策，则不但会降低利率，还会提高收入水平。因此，这时候财政政策无效而货币政策有效。这符合“古典学派”以及基本上以“古典学派”经济理论为基础的现代货币主义者的观点。因而 LM 曲线呈垂直状态的这一区域被称为“古典区域”。

古典区域和凯恩斯区之间这段 LM 曲线是中间区域。LM 曲线的斜率在古典区域为无穷大，在凯恩斯区域为零，在中间区域则为正值。这从图 8.8 可以清楚地看出。从 LM 曲线的代数表达式 $r=\frac{ky}{h}-\frac{m}{h}$ 中也能得到说明。LM 曲线的斜率是 k/h，h 是货币需求的利率弹性系数，当 $h=0$ 时，k/h 为无穷大。因此，LM 曲线在古典区域是一条垂直线。当 h 为无穷大时，其斜率值 k/h 为零。因此，LM 曲线在凯恩斯区域是一条水平线，而当 h 介于零和无穷大之间的任何值时，由于 k 一般总是正值，因此 k/h 的值为正。

三、LM 曲线的移动

从 LM 曲线的推导图及 LM 曲线的三个区域图中可以见到，货币投机需求、交易需求和货币供给量的变化，都会使 LM 曲线发生相应的变动。

首先，货币投机需求曲线移动，在图 8.9 中会使 LM 曲线发生方向相反的移动，即，如果投机需求曲线右移(即投机需求增加)，而其他情况不变，则会使 LM 曲线左移。原因是，同样利率水平上现在投机需求量增加了，在满足社会全部货币需求的货币供给量不变时，如果社会同意货币的投机需求必须满足的话，交易需求量必减少，才能保证货币市场的均衡。这样，从货币市场均衡的角度出发，就必然要求社会的国民收入水平下降。

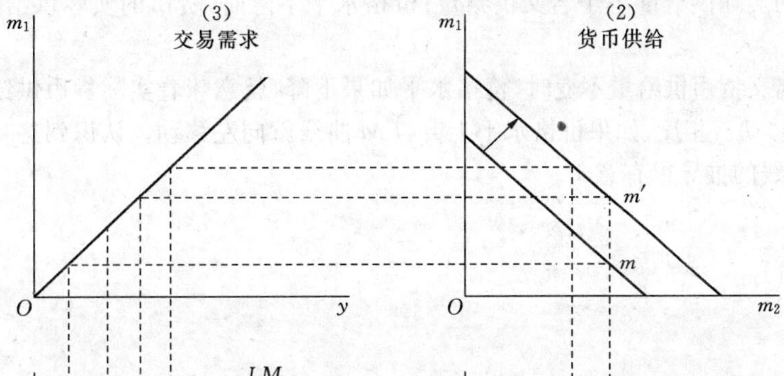

图 8.9　货币供给量变动使 LM 曲线移动

其次，货币交易需求曲线移动，在图 8.9 中会使 LM 曲线发生方向相同的移动，即，如果货币交易需求曲线右移（即交易需求减少）而其他情况不变，也会使 LM 曲线右移。原因是完成同样的交易量所需要的货币量减少了，也就是说，原来一笔货币现在能够完成更多国民收入的交易了。

应该注意，上述 LM 曲线移动的两种情况都是在货币的投机需求曲线和交易需求曲线斜率不变时发生的，即在 h 和 k 之值都不变时发生的。如果 h 和 k 的值发生变化，则会使 LM 曲线发生转动而不是移动。如果 h 之值由小变大，即货币需求对利率的敏感度（货币需求的利率弹性）逐渐增强，则会使 LM 曲线逐渐变得平缓，即发生顺时针方向转动；反之，则发生逆时针方向转动。如果 k 之值由小变大，即货币需求对收入的敏感度（货币需求的收入弹性）逐渐增强，则会使 LM 曲线逐渐变得陡直，发生逆时针方向转动；反之，则会发生顺时针方向转动。

第三，货币供给量变动将使 LM 曲线发生同方向变动，即货币供给量增加，LM 曲线右移。原因是，在货币需求不变时（包括投机需求和交易需求），货币供给增加必然会使利率下降。而利率下降又会刺激投资和消费，从而使国民收入增加。这种情况可以用图 8.9 来表示。在图 8.9 中，当货币供给量从 m 增加到 m' 时，LM 曲线从 LM 右移到 LM'。

在使 LM 曲线移动的三个因素中，特别要重视货币供给量变动的因素。因为货币供给量是国家（货币当局）可以根据经济形势的需要而加以调整的。通过这种调整来调节利率和国民收入，正是政府采用货币政策的内容。

还应指出，当价格水平不变时，名义货币供给量可以代表实际的货币供给量。因为 $m = M/P = M$。可是，如果价格水平变动，名义货币供给量就不能代表实际货币供给量。价格水平上升时，货币的实际供给量小于名义供给量；价格水平下降时，货币的实际供给量大于名义供给量。

因此，当名义货币供给量不变时，价格水平如果下降，就意味着实际货币供给增加，这会使 LM 曲线向右移动。相反，如果价格水平上升，LM 曲线就向左移动。认识到这一点，对于以后认识总需求曲线的推导很有意义。

第三节　*IS-LM* 模型的分析：总需求方面的均衡

一、两个市场同时均衡的利率和收入

凯恩斯在《就业、利息和货币通论》中说明了总收入决定于与总供给相等的总有效需求，而有效需求决定于消费支出和投资支出。由于消费倾向在短期是稳定的，因而有效需求主要决定于投资支出。投资量又决定于资本边际效率和利率的比较。当资本边际效率一定时，则投资决定于利率。利率决定于货币供给数量和流动性偏好（即货币需求）。货币需求由货币的交易需求（包括预防需求）和投机需求构成。货币的交易需求决定于收入水平，而投机需求则决定于利

率水平。可见，在商品市场上，要决定收入，必须先决定利率，否则投资水平就无法确定。而利率是在货币市场上决定的。在货币市场上，如果不先确定一个特定的收入水平，利率又无法确定。但收入水平又是在商品市场上决定的。因此，利率的决定又依赖于商品市场。这样，凯恩斯的理论就陷入了循环推论：利率通过投资影响收入，而收入通过货币需求又影响利率；或者反过来说，收入依赖于利率，而利率又依赖于收入。凯恩斯以后的经济学家发现了这一循环推论的问题。他们把商品市场和货币市场结合起来，建立了一个商品市场和货币市场的一般均衡模型，即 *IS-LM* 模型，以解决循环推论的问题。

从前面的分析中已经知道，在 *IS* 曲线上，有一系列利率与相应收入的组合可使产品市场均衡；在 *LM* 曲线上，又有一系列利率和相应收入的组合可使货币市场均衡。但能够使商品市场与货币市场同时达到均衡的利率和收入的组合点却只有一个。该组合点线就是 *IS* 曲线和 *LM* 曲线的交点，其数值可以通过求解 *IS* 和 *LM* 的联立方程来得到。

我们仍以前面推导 *IS* 曲线和 *LM* 曲线时相应图形中所对应的数字的例子来说明。在产品市场均衡的 *IS* 曲线的例子中：

$i = 1250 - 250r$，$s = -500 + 0.5y$

$i = s$ 时，$y = 3500 - 500r$ …………………………………………… *IS* 曲线（方程）

在货币市场均衡的 *IS* 曲线的例子中：

$M = m = 1250$，$L = 0.5y + 1000 - 250r$

$L = m$ 时，$y = 500 + 500r$ …………………………………………… *LM* 曲线（方程）

两个市场同时均衡时：

$y = 3500 - 500r$

$y = 500 + 500r$

得 $r = 0.03$，$y = 3500 - 500 \times 3 = 2000$（亿美元）

一般来说，

$i(r) = s(y)$ …………………………………………………………… *IS* 曲线（方程）

$M = L(y) + L(r)$ …………………………………………………… *LM* 曲线（方程）

由于货币供给量 M 被假定为不变的，因此，在这个二元方程组中，变量只有利率（r）和收入（y），解出这个方程组，就可得到 r 和 y 的一般解。这个一般解可在图 8.10 中 *IS* 曲线和 *LM* 曲线的交点 E 上获得。

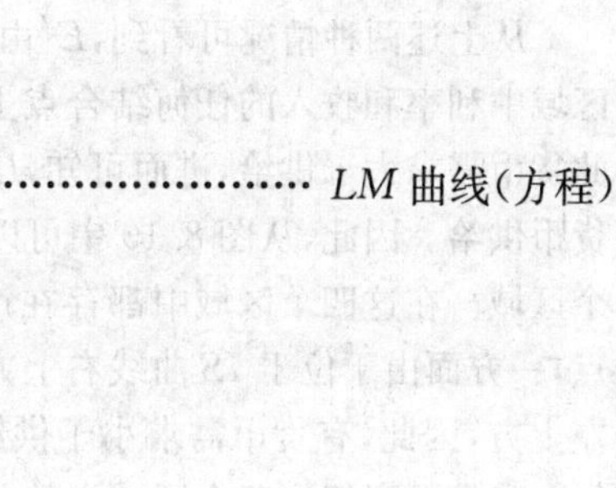

图 8.10　产品市场和货币市场的一般均衡

在图 8.10 中，由 E 点代表的 2000 亿美元和 3% 的利率是能使商品市场和货币市场同时实现均衡的收入和利率。这时候，投资 $i = 1250 - 250 \times 3 = 500$（亿美元），储蓄 $s = -500 + 0.5 \times 2000 = 500$（亿美元），因而实现了产品市场均衡。再说，货币的需求为 $L = 0.5 \times 2000 + 1000 - 250 \times 3 = 1250$（亿美元），正好等于货币供给量，因而实现了货币市场均衡。在 E 点上，由于同时实现了两个市场的均衡，只要投资、储蓄、货币需求和供给的关系不变，任何失衡情况的出现也都是不稳定的，最终会趋向均衡。

为了理解这一点，可考察两个失衡状况。一是在上图中的 E' 点上，$r = 2\%$，$y = 1500$（亿美元）。由于 E' 在 LM 线上，因此货币市场是均衡的，但投资和储蓄不相等。因为 $y = 1500$ 时，$s = -500 + 0.5 \times 1500 = 250$，而投资在利率为 2% 时，$i = 1250 - 250 \times 2 = 750$。因此，这时投资大于储蓄，即总需求大于总供给，生产和收入会增加。收入增加时，货币交易需求增加，在货币供给量不变时，货币投机需求量必须减少，才能保证货币市场的均衡。而货币的投机需求量只有在利率上升时才会减少。在实际生活中的情况是：人们为获得更多服务于交易的货币，只能出售有价证券，从而引起证券价格下降（即利率上升）。收入上升和利率上升二者结合起来，使 E' 点向 E 点靠近，这一靠近过程一直要到利率上升到 3%，而收入上升到 2000 亿美元时才会停止。

再考察一个 $r = 2\%$，而 $y = 2500$（亿美元）时的 E'' 点情况。由于 E'' 在 IS 线上，因此投资和储蓄是相等的，但货币市场不均衡。因为 $r = 2\%$ 和 $y = 2500$（亿美元）时，货币需求 $L = 0.5 \times 2500 + 1000 - 250 \times 2 = 1750$（亿美元），它大于货币供给量 1250 亿美元，这样，利率会上升。利率上升抑制了投资，进而使收入下降。利率上升和收入下降相结合，使 E'' 向 E 逐渐靠拢。这一过程同样一直要到 E 点才会停止。

从上述两种情况可看到，E' 由于在 IS 线下方，因此投资大于储蓄。进而可知，IS 曲线上方区域中利率和收入的任何结合点上，投资一定小于储蓄。再看 E'' 点，由于是在 LM 线右方，因此货币需求大于供给，进而可知，LM 线左边的利率和收入的任何结合点上，货币需求一定小于货币供给。因此，从图 8.10 中可以看到，IS 曲线和 LM 曲线把坐标平面分成Ⅰ、Ⅱ、Ⅲ、Ⅳ四个区域。在这四个区域中都存在产品市场和货币市场的非均衡状态。例如，区域Ⅰ中任何一点，一方面由于位于 IS 曲线右上方，因此有投资小于储蓄的非均衡；另一方面又位于 LM 曲线左上方，因此，有货币需求小于供给的非均衡。其余三个区域中的非均衡关系也可这样推论得知。我们可以把这四个区域中的非均衡关系用表 8.1 表示。

表 8.1　产品市场和货币市场的非均衡

区域	产品市场	货币市场
Ⅰ	$i < s$，有超额产品供给	$L < M$ 有超额货币供给
Ⅱ	$i < s$，有超额产品供给	$L > M$ 有超额货币需求
Ⅲ	$i > s$，有超额产品需求	$L > M$ 有超额货币需求
Ⅳ	$i > s$，有超额产品需求	$L < M$ 有超额货币供给

各个区域中存在的各种不同的组合的 IS 和 LM 非均衡状态，会得到调整，IS 不均衡会导致收入变动：投资大于储蓄会导致收入上升，投资小于储蓄会导致收入下降；LM 不均衡会导致利率变动：货币需求大于货币供给会导致利率上升，货币需求小于货币供给会导致利率下降。这种调整最终都会趋向于均衡利率和均衡收入。

例如，在图 8.10 中，经济处于 A 点所表示的收入和利率组合的不均衡状态。A 点在区域Ⅲ中，一方面有超额产品需求，从而收入会上升，收入从 A 点沿着平行于横轴的箭头方向向右移动；另一方面有超额货币需求，从而利率会上升，利率从 A 点沿平行于纵轴的箭头向上移动。这两方面的调整的共同结果是引起收入和利率的组合沿对角线箭头向右上方移到 E'' 点。在 E'' 点，产品市场均衡了，货币市场仍不均衡，于是，经济仍然会再调整，这种调整会直到 E 点才停下来。

二、均衡收入和利率的变动

经济在 IS 和 LM 曲线的交点上同时实现了产品市场和货币市场的均衡。然而，这一均衡不一定是充分就业的均衡。例如在图 8.11 中，IS 曲线和 LM 曲线的交点 E 所决定的均衡收入和利率是 $\bar{y}$ 和 $\bar{r}$，但充分就业的收入则是 y^*，均衡收入低于充分就业水平时的收入。在这种情况下，仅靠市场的自发调节，无法实现充分就业均衡。这就需要依靠国家用财政政策或货币政策进行调节。财政政策是政府变动支出和税收来调节国民收入。如政府增加支出，或降低税收，或二者双管齐下，IS 曲线就会向右上方移动。当 IS 曲线上移到 IS' 位置时，和 LM 曲线相交于 E' 点，就会达到充分就业的收入水平。货币政策是政府通过货币当局（中央银行）用变动货币供应量的办法来改变利率和收入。当中央银行增加货币供给量时，LM 曲线就向右下方移动。如果移动到 LM' 位置时和 IS 曲线相交于 E'' 点，也会达到充分就业时的收入水平。当然，国家也可以同时改变税收（t）、政府支出（g）和货币供给量（M）来同时改变 IS 曲线和 LM 曲线的位置，使二者相交于 y^* 的垂直线上，以实现充分就业。

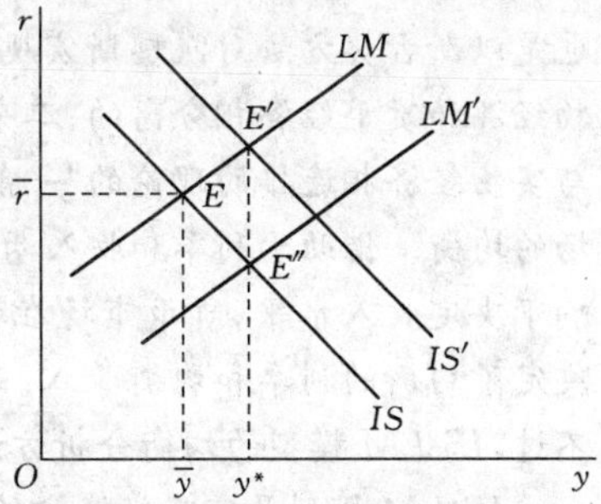

图 8.11　均衡收入和均衡利率的变动

从图 8.11 中可以看到，IS 曲线和 LM 曲线移动时，不仅收入会变动，利率也会变动。当 LM 曲线不变而 IS 曲线向右上方移动时，则不仅收入提高，利率也上升。这是因为，IS 曲线右移是由于投资、消费或政府支出的增加（上面分析的只是政府支出增加），即总支出的增加。总支出的增加使生产和收入增加。收入增加了，对货币交易需求也会增加。由于货币供给不变（假定 LM 不变），因此，人们只能通过出售有价证券来获取从事交易扩大所需要的货币。这就会使证券价格下降，利率上升。依据同样的道理，我们也可以说明，LM 曲线不变而 IS 曲线向左下方移动时，收入和利率都会下降。

当 IS 曲线不变而 LM 曲线向右下方移动时，收入会提高，利率会下降。这是因为，LM 曲线右移，或者是由于货币供给不变而货币需求下降，或者是由于货币需求不变，货币供给增加。在 IS 曲线不变，即产品供求情况没有变化的情况下，凡 LM 曲线的右移，都意味着货币市场上供过于求。这必然导致利率下降。利率下降将会刺激消费需求和投资需求，从而使收入增加。相反，当 LM 曲线向左上方移动时，则会使利率上升，收入下降。

如果 IS 曲线和 LM 曲线同时移动，收入和利率的变动情况则由 IS 曲线和 LM 曲线如何同时移动而定。如果 IS 向右上方移动，LM 同时向右下方移动，则可能出现收入增加而利率不变的情况。这就是所谓扩张性的财政政策和“适应性货币政策”相结合可能出现的情况。（有时为了预防可能出现的通货膨胀而采取的配合性货币政策，也叫“适应性货币政策”。）

本章小结

本章重点介绍了由英国经济学家约翰·希克斯最早提出，后经美国经济学家阿尔文·汉森修正并推广的IS-LM模型的理论。这一理论是在凯恩斯理论的基本框架基础上的一种扩展，也是以新古典方法对凯恩斯宏观经济学理论的一种阐释。凯恩斯曾经批判了古典经济学将实物经济和货币经济相分离的"二分法"。IS-LM模型恰好在这一点上反映了凯恩斯将货币经济与实物经济相连接的理论的"一般性"。IS曲线反映了产品市场的均衡，LM曲线反映了货币市场的均衡。借助于利率和收入两个变量的相互作用，将两个市场连接起来。产品市场在利率影响下决定收入水平；货币市场在收入影响下决定利率水平；两个市场相互连接，互相作用，同时决定了均衡的利率和均衡收入。每一个市场的变化都会影响均衡的利率和均衡的收入水平。不过，IS-LM模型的均衡分析方法却是凯恩斯所反对的。

IS-LM模型是宏观经济学的基本理论框架，基本上也可以看作是凯恩斯经济思想的体现。所以，在学习宏观经济学过程中，我们应当对IS-LM模型给以充分的重视。

思考题

一、名词解释

IS曲线　　凯恩斯陷阱（流动性陷阱）　　LM曲线

LM曲线的凯恩斯区域　　LM曲线的古典区域　　LM曲线的中间区域

IS-LM模型

二、选择题

1. 假定净税收增加10亿美元，会使IS曲线（　　）。

A. 右移税收乘数乘以10亿美元

B. 左移税收乘数乘以10亿美元

C. 右移支出乘数乘以10亿美元

D. 左移支出乘数乘以10亿美元

2. 在IS-LM模型中，如果利率和收入都能按照供求情况自动调整到均衡状态，则利率和收入的组合出现在IS曲线左下方、LM曲线的右下方的区域时，有可能（　　）。

A. 利率下降，收入增加　　B. 利率上升，收入增加

C. 利率上升,收入减少　　　　　　　　　　D. 利率下降,收入减少

3. “挤出效应”发生在(　　)。

A. 货币供给减少使利率提高,挤出了对利率敏感的私人部门支出

B. 私人部门增税,减少了私人部门的可支配收入和支出

C. 所得税的减少,提高了利率,挤出了对利率敏感的私人部门支出

D. 政府支出减少,引起消费支出下降

4. 下列说法正确的是(　　)。

A. 偏离 IS 曲线的点并不一定代表商品市场没有均衡

B. 处于 IS 曲线右边的点,表示投资规模小于储蓄规模

C. 处于 IS 曲线右边的点,表示投资规模大于储蓄规模

D. 处于 IS 曲线左边的点,表示现行的利率水平过高

5. 净税收和政府购买支出的等量增加,使得 IS 曲线(　　)。

A. 不变

B. 向右平移 $K_B\Delta G$ 单位(这里 K_B 指平衡预算乘数)

C. 向左平移 $K_B\Delta G$ 单位

D. 向右平移 ΔG 单位

三、判断题

1. 一项新技术的产生和应用,使资本的边际产出增加,而由于投资的增加而使实际利率上升,从而使总产出下降。(　　)

2. 资产市场均衡表示非货币资产的供给和需求相等,但是货币资产的供给和需求却不一定相等。(　　)

3. 如果 LM 曲线是完全垂直的,那么财政政策在增加就业方面就是无效的。(　　)

4. 在物价水平不变的情况下,中央银行决定提高要求的准备金率使 LM 曲线向右方移动。(　　)

5. 在 IS 曲线上只有一个点的利率与实际国民生产总值的结合实现了商品市场的均衡。(　　)

四、简答题

1. 为什么 IS 曲线向右下方倾斜?
2. 为什么 LM 曲线向右上方倾斜?
3. 为什么减少政府支出会降低利率?
4. 为什么增加货币供给会降低利率?
5. 怎样理解凯恩斯流动性陷阱区 LM 曲线的特性?
6. 所得税率降低会对产出和利息率有什么影响?
7. 假设人们对货币的需求突然增加,即在同样的收入和利率水平下,人们希望持有更多的货币,这时对货币需求有什么样的影响?
8. 极端的凯恩斯主义者如何说明财政政策的挤出效应为零?
9. 极端的货币主义者如何说明货币政策对实际国民生产总值的作用最大?

五、计算题与分析题

1. 以下是描述一个经济的系列方程式，其中 C、I、G 分别表示消费、投资和政府购买支出，均以10亿美元为计量单位，利率 r 以百分率计量，也就是如果5%的利率看为 $r=5$。

$$C = 0.8(1-t)Y$$

$$t = 0.25$$

$$I = 900 - 50r$$

$$\overline{G} = 800$$

$$L = 0.25Y - 62.5r$$

$$\overline{M}/\overline{P} = 500$$

(1) 描述 IS 曲线的方程有哪些？

(2) 描述 LM 曲线的方程有哪些？

(3) 什么是均衡的收入水平和利率水平？

2. 假设货币需求为 $L=0.20Y-62.5r$，货币供给为200元，$C=60+0.8Y_D$，$t=100$ 元，$I=150$ 元，$G=100$ 元。

(1) 求 IS 和 LM 方程；

(2) 求均衡的收入和利率水平；

(3) 政府支出从100元增加到120元时，均衡收入、利率和投资有何变化？

3. 用图形说明一国居民购买住房的增加对宏观经济的影响。

4. 用 IS-LM 模型分析扩张性货币政策对经济的影响。

5. 假设 LM 方程为 $Y=500+25r$，其中货币需求函数为 $L=0.2Y-5r$，货币供给为100亿美元：

(1) 当消费函数为 $C=40+0.8Y_D$，投资 $I=140-10r$，税收 $T=50$ 亿美元，政府支出 $G=50$ 亿美元，计算均衡收入、利率和投资。

(2) 当消费函数为 $C=40+0.8Y_D$，投资 $I=110-5r$，税收 $T=50$ 亿美元，政府支出 $G=50$ 亿美元，计算均衡收入、利率和投资。

(3) 当政府支出从50亿美元增加到80亿美元时，问题(1)和问题(2)中的均衡收入是多少？为什么问题(1)和问题(2)中的收入增加不同。

6. 试证明：

(1) 货币需求的利率敏感度越低，货币存量的变动对产出的影响就越大。

(2) 利率对货币存量变动的反应如何取决于货币需求的利率弹性？

7. 图8.12表明，通过货币扩张或财政扩张，经济均能趋向充分就业状态。什么政策可以使经济达到点 E_1，什么政策可使经济达到 E_2 点？

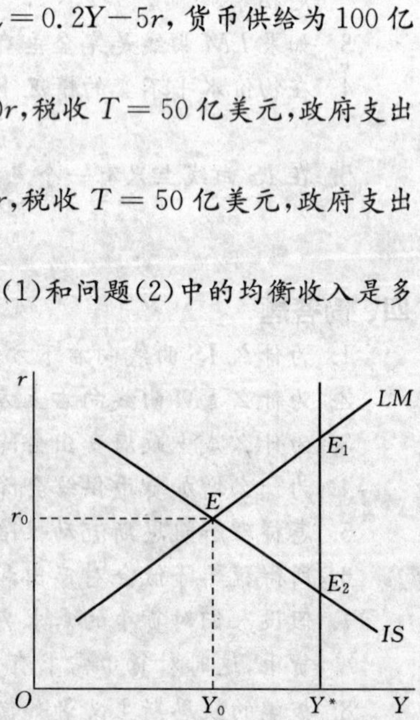

图8.12

第九章

总需求政策和总需求管理

学习目的和要求

通过本章的学习主要掌握:1. 财政政策和货币政策效果的理论分析;2. 财政政策的构成、基本工具、功能性财政政策的性质及其衡量方法;3. 自动稳定器和斟酌使用(相机抉择)的财政政策;4. 货币政策与货币政策工具的运用;5. 主要宏观经济政策理论的演变进程。

当市场经济自动调节机制难以发挥作用,或者经济在短期内无法较快恢复均衡时,政府将可以发挥积极的作用,帮助经济向均衡调节。在这方面,由于政府的作用主要是对总需求方面产生影响,所以,政府也可以设想在一般情况下对于总需求加以管理和适当的调节,以便使经济大致保持正常状态。这就是由凯恩斯首先倡导的、由美国凯恩斯主义者首先实行的宏观经济政策管理思想。

在宏观经济政策管理思想指导下,宏观经济政策是国家或政府为增进社会经济福利而制定的解决经济问题的指导原则和具体措施。它是政府为了达到一定的经济目的而对经济活动进行的有意识的干预。因此,任何一项经济政策的制定都是根据一定的经济目标而进行的。一般说来,宏观经济政策的目标大体上有四类,即:充分就业、价格稳定、经济持续均衡增长和国际收支平衡。宏观经济政策就是为了达到这些目标而制定的手段和措施。我们首先从理论上分析需求管理和需求政策的效果。

第一节　需求管理政策效果的理论分析

前面说到的 *IS* 曲线和 *LM* 曲线,是我们在后边进一步进行宏观经济政策分析的重要工具,而 *IS-LM* 分析也是西方宏观经济政策分析的基础。从政策方面来说,财政政策和货币政策则是西方国家进行总需求管理的两大基本经济政策。西方学者认为,这两大经济政策的作用和效

果都可以通过 *IS-LM* 模型进行分析得到清楚的说明。

一、财政政策和货币政策的影响

我们在说明均衡收入和利率的变动时曾经提到，*IS* 曲线和 *LM* 曲线相交所决定的均衡收入不一定就是充分就业的收入，当依靠市场的自发调节无法实现充分就业均衡时，就需要依靠国家运用财政政策和货币政策进行调节，具体地说，就需要运用财政和货币政策来改变 *IS* 曲线和 *LM* 曲线的位置，使它们相交于代表充分就业的国民收入的位置上。

财政政策是指政府变动税收和支出来影响总需求，进而影响就业水平和国民收入的政策。变动税收是指改变税率和税率结构。例如：当经济萧条时，政府采用减税政策，可以给个人和企业多留下一些可支配收入，来刺激消费需求，从而增加生产和就业。尽管这又会增加对货币的需求，使利率上升，使私人投资受到一些影响，削弱一些减税对增加总需求的作用，但总的说来，国民收入还是增加了。改变所得税结构，使高收入者增加些赋税负担，使低收入者减少些负担，同样可起到刺激社会总需求的作用。变动政府支出是指改变政府对商品与劳务的购买支出以及转移支付。例如，在经济萧条时，政府扩大对商品和劳务的购买，多搞些公共建设，就可以扩大私人企业的产品销路，还可以增加消费，刺激总需求。尽管这样做也会增加对货币的需求，从而使利率上升，影响一些私人投资，但总的说来，生产和就业还是会增加。政府还可以利用减税或加速折旧等办法给私人投资以津贴，直接刺激私人投资，增加生产和就业。以上所有这些措施，都是膨胀性的财政政策。

当然，在经济高涨、通货膨胀率上升太高时，政府也可以采用增税、减少政府支出等紧缩性财政的措施来控制物价上涨。

货币政策是政府的货币当局，即中央银行通过银行体系变动货币供给量来调节总需求的政策。例如，在经济萧条时增加货币供给，降低利息率，刺激私人投资，进而刺激消费，使生产和就业增加。反之，在经济过热通货膨胀率太高时，则可紧缩货币供给量以提高利率，抑制投资和消费，使生产和就业减少些，或增长慢一些。前者是膨胀性货币政策，后者是紧缩性货币政策。

可见，无论是财政政策还是货币政策，都是通过影响利率、消费、投资进而影响总需求，使就业和国民收入得到调节的。这些影响都可以在 *IS-LM* 图形中看出。如果 *LM* 曲线不变，政府实行膨胀性财政政策，就会使 *IS* 曲线向右上方移动，它和 *LM* 相交所形成的均衡利率和收入都高于原来的利率和收入。而实行紧缩性财政政策，则会使 *IS* 曲线向左下方移动，使利率和收入下降。相反，如果 *IS* 曲线不变，政府实行膨胀性的货币政策，会使 *LM* 曲线向右下方移动，它和 *IS* 曲线相交所形成的均衡利率低于原来的利率，而收入则高于原来的收入。而实行紧缩性货币政策，则会使 *LM* 曲线向左上方移动，使利率上升，收入减少。上述这些结果如表 9.1 所示。

表 9.1　财政政策和货币政策的影响

政策种类	对利率的影响	对消费的影响	对投资的影响	对 GDP 的影响
财政政策(减少所得税)	上升	增加	增加	增加
财政政策(增加政府开支，包括政府购买和转移支付)	上升	增加	增加	增加

（续表）

政策种类	对利率的影响	对消费的影响	对投资的影响	对 GDP 的影响
财政政策（投资津贴）	上升	增加	增加	增加
货币政策（扩大货币供给）	上升	增加	增加	增加

二、财政政策效果

尽管实行扩张性的财政政策和货币政策都能产生增加国民收入的效果，但是，政策效果的大小却会因为 *IS* 曲线和 *LM* 曲线的斜率不同而大有差别。

1. 财政政策效果的 *IS-LM* 图形分析

从 *IS-LM* 模型看，财政政策效果的大小是指政府收支变化（包括变动税收、政府购买和转移支付等）使 *IS* 曲线发生变动从而对国民收入变动产生的影响。显而易见，从 *IS-LM* 图形看，这种影响程度的大小，会随着 *IS* 曲线和 *LM* 曲线的斜率不同而有所区别。

在 *LM* 曲线不变时，*IS* 曲线斜率的绝对值越大，即 *IS* 曲线越陡峭，则移动 *IS* 曲线时，收入变化就越大，即财政政策效果越大。反之，*IS* 曲线越平坦，则 *IS* 曲线移动时，收入变化就越小，即财政政策效果越小。这种情况如图 9.1 中的(a)和(b)所示。

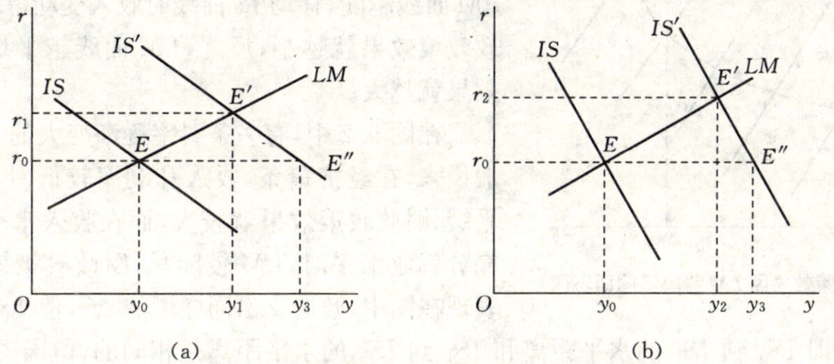

图 9.1　财政政策效果因 *IS* 斜率不同而不同

在图 9.1 的(a)和(b)中，假定 *LM* 曲线即货币市场均衡情况完全相同，并且起初的均衡收入 y 和利率 r 也完全相同。政府实行一项扩张性财政政策（增加政府支出，或者是减少税收），现在假定是增加同样一笔支出为 Δg，则会使 *IS* 曲线右移到 *IS′* 的位置，右移的距离都是 EE''，EE'' 为政府支出乘数和政府支出增加额的乘积，即，$EE''=k_g\cdot\Delta g$，就是说，一笔政府支出能带来若干倍国民收入的增加，这是前面所说过的乘数原理。在图形上，就是指收入应从 y_0 增加到 y_3，但实际上收入不可能增加到 y_3。因为，如果收入要增加到 y_3，就必须假定利率 r_0 不会上升。可是，利率不可能不上升。因为当 *IS* 线向右上方移动时，国民收入增加了，因而对货币的交易需求增加了，但货币供给未变（即 *LM* 未变），因而人们用于满足投机需求的货币必须减少，才能保证交易需求的增加。一般说来，在经济生活中，人们总是首先考虑以其货币收入或货币财产满足其交易需求，剩下的财产或货币收入才考虑其保值或增值的问题。在目前这种情况下，人们将其满足投机需求的货币移走一部分去满足交易需求，从而造成了在原利率水平上投机性货币需求大于投机性货币供给，这必然要求利率上升。

因此，无论是在图(a)还是图(b)中，均衡利率都上升了，利率的上升抑制了私人投资，这就是所谓"挤出效应"。由于存在政府支出"挤出"私人投资的问题，所以，新的均衡点只能处于E'，收入不可能从y_0增加到y_3，而只能分别增加到y_1和y_2。从图形(a)和(b)可以看出，$y_0y_1 < y_0y_2$，就是说图(a)表示的政策效果小于图(b)，原因在于图(a)中IS曲线比较平坦，而图(b)中IS曲线较陡峭。前面已说过，IS斜率的大小主要由投资的利率弹性系数所决定，IS曲线越平坦，表示投资的利率弹性系数越大，即利率变动一定幅度所引起的投资变动的幅度越大。如果投资对利率变动的反应较敏感，一项扩张性财政政策使利率上升时，就会使私人投资下降很多，也就是"挤出效应"较大。因此，IS曲线越平坦，实行扩张性财政政策时被挤出的私人投资就越多，从而使国民收入增加得就越少，即财政政策效果越小。上图(a)中的y_1y_3就是由于利率上升而被挤出的私人投资所减少的国民收入，只有y_0y_1才是这项扩张性财政政策带来的收入。图(b)中IS曲线较陡，说明政府支出的"挤出效应"较小，因而政策效果较大。所以，财政政策的效果会因IS曲线斜率而异的情况，也可以通过把图中(a)图和(b)图画在一张图形上表现出来。

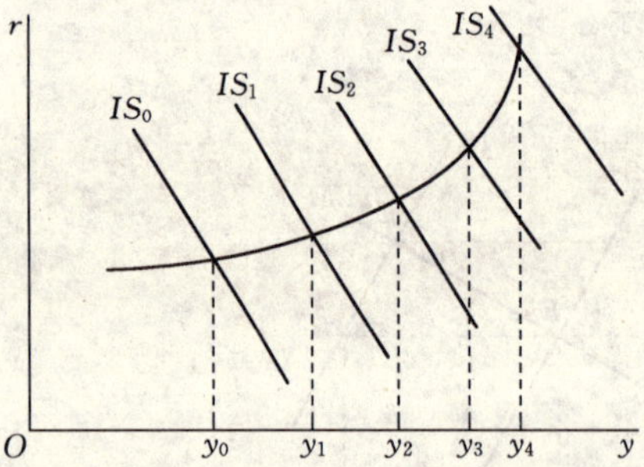

图 9.2　财政政策效果因 *LM* 斜率不同而不同

在图 9.2 中，IS曲线的斜率不变时，财政政策效果会随着LM曲线斜率的不同而不同。LM斜率越大，即LM曲线越陡，移动IS曲线时收入变动得就越小，即财政政策效果就越小，反之，LM曲线越平坦，财政政策效果就越大。

在图 9.2 中，有一条斜率逐渐变大的LM曲线，一般说来，在经济萧条，收入和利率较低时，LM曲线较平缓，财政政策效果就较大，而在收入水平较高，接近充分就业水平时，LM较陡峭，财政政策效果就较小。表现在图中，政府支出同样增加ΔG，使IS曲线向右移动同样距离，即IS_0到IS_1的水平距离和IS_1到IS_2的水平距离是相同的，但国民收入增加的情况y_0y_1明显大于y_1y_2。

为什么政府增加同样大一笔支出，在LM曲线斜率较大，即曲线较陡峭时，引起的国民收入增量较小，或者说政策效果较小；相反，在LM曲线较平坦时，引起的国民收入增量较大，或者说政策效果较大呢？这是因为，LM曲线斜率较大即曲线较陡，表示货币需求的利率弹性系数较小，或者说货币需求对利率的反应不太灵敏；这意味着，反过来看，一定的货币需求增加将使利率上升较多，从而对私人部门投资产生较大的挤出效应，结果使财政政策效果变小。相反，当货币需求的利率弹性系数较大(从而LM曲线较平坦)时，政府增加支出，即使向私人部门借了很多钱(通过出售公债券)，也不会使利率上升很多，从而不会对私人投资产生很大影响。这样，政府增加支出就会使国民收入增加较多，即财政政策效果较大。

至于财政政策的效果大小，也可用财政政策乘数来表示和计量。所谓财政政策乘数，是指在实际货币供给量不变时，政府财政收支的变化能使国民收入变动多少。比方说，增加一美元的政府购买能使国民收入增加多少，也可用公式表示财政政策乘数为：

$$\frac{\mathrm{d}y}{\mathrm{d}g}=\frac{1}{1-\beta(1-t)+\dfrac{dk}{h}}$$

式中，β 为边际消费倾向；t 为税收函数中的边际税率；d 为投资需求函数 $i=e-dr$ 中的投资的利率弹性(即投资对利率的敏感程度)；k 和 h 分别为货币需求函数中的货币需求的收入弹性和利率弹性(即货币需求对收入和利率的敏感程度)。

从上述财政政策乘数表达式可知，当 β、t、d、k 既定时，h 越大，即货币需求对利率变动越敏感，LM 曲线越平缓，财政政策乘数就越大，即财政政策效果越大。如果，LM 曲线成为一条水平线，财政政策效果就极大。相反，若 h 越小，财政政策乘数就越小，即财政政策效果就越小。

同样，若其他参数既定，d 越大，即投资对利率变动越敏感，IS 曲线越平缓，财政政策乘数就越小，即财政政策效果越小。

边际消费倾向 β，边际税率 t，以及货币需求对收入的敏感程度 k，这些参数的大小，也会影响上述乘数，从而影响财政政策效果。

我们应该注意，财政政策乘数和前面说过的政府购买支出乘数、政府转移支付乘数及税收乘数是不同的概念。比如，政府支出乘数可以用公式表示为 $k_g=\dfrac{1}{1-\beta}$ 或者 $\dfrac{1}{1-\beta(1-t)}$，这是一种简单的支出乘数，是指没有考虑政府支出对利率产生影响的前提下的情况。而财政政策乘数则是考虑加进货币市场均衡以后，政府支出对利率会有影响的情况下的情况。一般说来，由于存在挤出效应，财政政策乘数要小于简单的政府支出乘数。只有在流动性陷阱的特殊情况下，即 LM 曲线呈水平状态的情况下，财政政策乘数才等于政府支出乘数。

上面说明投资需求的利率弹性系数和货币需求的利率弹性系数对财政政策效果具有较大的影响。此外，政府支出乘数也会影响财政政策效果。这是因为，较大的政府支出乘数意味着一笔政府支出会带来较多的收入增加，从而有较大的政策效果。但是，如果经济处于投资对利率高度敏感而货币需求对利率不敏感的状态，那么，即便政府支出乘数很大，也无法使财政政策产生很大的效果。只有当一项扩张性财政政策不会使利率上升很多，或利率上升对投资影响相对较小时，它才会对总需求产生较大的效果。

2. 凯恩斯主义的极端情况

由前可知，如果 LM 曲线越平坦，或 IS 曲线越陡峭，财政政策效果就越大，货币政策效果就越小。如果出现一种 IS 曲线为垂直线而 LM 曲线为水平线的情况，显然，财政政策将十分有效，而货币政策将完全无效。这种情况被称为凯恩斯主义的极端情况。这种情况如图 9.3 所示。

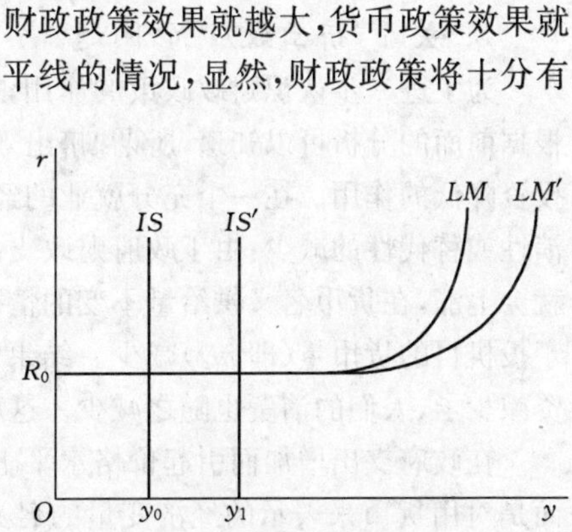

图 9.3　凯恩斯极端的情况

为什么出现了图中的情况，财政政策就十分有效而货币政策完全无效呢？原因在于：一方面，LM 为水平线，说明当利率降到像 r_0 这样低水平时，货币需求的利率弹性已成为无限大。这时候，人们持有货币而不买债券的利息损失将是极小的，可是，如果去买债券，则资本损失的风险极大(由于利率极低时债券价格极高，人们会认为这样高的债券价格只会下跌不会再涨，从而买债券的资本损失风险极大)。因此，这时人们不管有多少货币，都只想保持在手中。于是，如果货币当局想用增加货币供给来降低利率以刺激投资，是不可能有效果的。水平的 LM 曲线，即前面说过的"凯恩斯陷阱"的情况。这时候，政府用增加支出或减税的财政政策来增加总需求，效果会十分大，因为政府实行这类扩张性财政政策，向私人部门借钱(出售公债券)，并不会使利率上升，因而，它对私人投资不会产生"挤出效应"。这就是说，在凯恩斯陷阱中，即使 IS 曲线不垂直而向右下方倾斜，政府实行财政政策也会十分有效。这就如同图 9.4 所示。

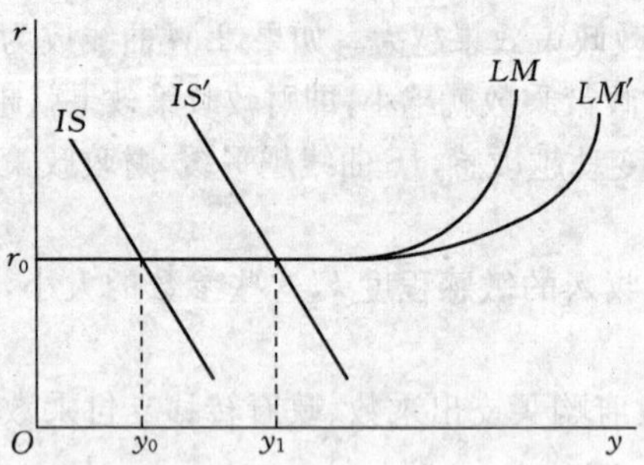

图 9.4　向右下方倾斜的 IS 曲线凯恩斯陷阱中的移动表明财政政策十分有效

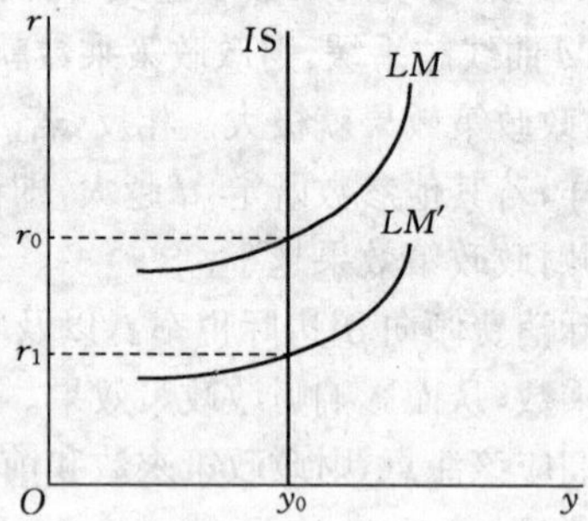

图 9.5　IS 曲线垂直时货币政策完全无效

另一方面，如果图形中的 IS 为垂直线，说明投资需求的利率弹性系数为零，说明不管利率如何变动，投资都不会变动。在投资需求呆滞时期，利率即使发生了变化，也不能对投资需求的利率弹性系数为零的投资发生明显的影响。对经济比较萧条的 20 世纪 30 年代前期英国商业行情的研究也说明，信贷成本对投资决策没有什么作用。可见，垂直的投资需求曲线产生垂直的 IS 曲线。不过，这时，即便货币政策能改变利率，但对国民收入的增加仍然不起作用。这种情况如图 9.5 所示。

如果 LM 曲线是水平的，IS 曲线是垂直的，则财政政策必定完全有效，而货币政策完全无效。这种情况之所以被称为凯恩斯极端情况，是因为凯恩斯认为，当利率较低，而投资对利率反应又不很灵敏时，货币政策效果很小，只有财政政策才能对克服萧条、增加就业和国民收入产生效果。水平的 LM 曲线和垂直的 IS 曲线的模型分析只是把凯恩斯这一看法推到了极端。

3. 关于"挤出效应"的问题

为了进一步认识财政政策的作用，有必要对前面曾一再提到的"挤出效应"作进一步说明。根据前面的分析可以知道，所谓"挤出效应"，就是指政府财政支出的增加所引起的私人消费或投资降低的作用。在一个充分就业的经济中，政府支出增加会以下面的方式使私人投资出现抵消性或替代性的减少：由于政府财政支出增加，商品市场上购买产品和劳务的竞争会加剧，物价就会上涨，在货币名义供给量不变的情况下，实际货币供给量会因价格上涨而减少，进而使可用于投机目的的货币量(即 m_2)减少。结果，利率上升，债券价格下跌，进而导致私人投资减少。投资减少了，人们的消费也随之减少。这就是说，政府财政支出的增加"挤占"了私人投资和消费。

在政府支出增加而引起价格水平上涨时，如果人们不是对经济变量的实际价值作出反应，而是对用货币来表示的经济变量的名义价值作出反应，例如，物价上涨了，名义工资虽未改变，但实际工资却下降了，而工人如果仍然像物价未变时一样提供相同的劳动量，就是只对用货币表示的价值作出了反应，这可被称为患有货币幻觉的毛病。在工人的货币幻觉下，或在工资合同约束等原因之下，未能与价格上涨同步调整工资，那么，在短期内，由于企业对劳动需求增加，因此，就业和产量将会增加。然而，在长期内，如果经济已经处于充分就业状态，增加政府支出就会完全地挤占私人的投资和消费支出。

在非充分就业的经济中，政府推行增加财政支出的扩张性财政政策，同样对私人投资有"挤出效应"。但一般说来，它不可能对私人投资支出产生完全的"挤出"，因而这种政策多少能使生产和就业增加一些。在非充分就业的经济中，政府支出增加会对私人投资有"挤出效应"，是因为政府支出增加使总需求水平提高，产出水平相应提高，从而使货币需求大于货币供给（货币交易需求增加了，但货币名义供给量未变），因而利率会上升，并导致投资水平下降。

政府支出会在多大程度上"挤占"私人支出，一般取决于以下几个因素：

第一，政府支出乘数的大小。乘数越大，政府支出所引起的产出增加固然越多，但利率提高使投资减少所引起的国民收入减少也越多，即"挤出效应"越大。

第二，货币需求的产出弹性，或者说对产出水平的敏感程度，也就是货币需求函数（$L = ky - hr$）中的 k 的大小。k 越大，产出变动引起的货币交易需求的变动也就越大。因而，政府支出增加所引起的一定量产出水平的增加，导致对货币的交易需求增加也会更大，因而使利率上升也就越多，最终产生的"挤出效应"也就越大。

第三，货币需求的利率弹性，或者说对利率变动的敏感程度，就是货币需求函数中 h 值的大小。如果这一弹性系数值越小，就说明利率变动较大但货币需求变动却不大，从反面看，就说明货币需求稍有变动，就会引起利率大幅度变动。因此，在这种情况下，当政府支出增加引起货币需求增加时，它所导致的利率上升就会越多，因而对投资的"挤占"也就越多。相反，如果 h 值越大，则"挤出效应"就越小。

第四，投资需求对利率变动的敏感程度，即投资的利率弹性系数的大小。投资的利率弹性系数值越大，则一定量利率水平的变动对投资水平的影响就越大，因而"挤出效应"就越大；反之，则"挤出效应"就越小。

这四个因素中，政府支出乘数主要决定于边际消费倾向。而边际消费倾向一般被认为是比较稳定的。货币需求对产出水平的敏感程度 k 主要取决于支付习惯和制度，一般也被认为是比较稳定的。因此，"挤出效应"大小的决定性因素就是货币需求及投资需求对利率的敏感程度，即货币需求的利率弹性系数及投资需求的利率弹性系数的大小。

在凯恩斯主义极端情况下，货币需求的利率弹性系数为无穷大，而投资需求的利率弹性系数等于零。因此，政府支出的"挤出效应"为零，财政政策效果极大。反之，在古典主义极端情况下，货币需求利率弹性系数为零，而投资需求的利率弹性系数极大。因此，"挤出效应"是完全的，即政府支出增加多少，私人投资支出就被挤多少，因而，财政政策完全无效。可见，在 *IS-LM* 模型中，政府支出增加时，*LM* 曲线越陡，*IS* 曲线越平坦，则"挤出效应"就越大，财政政策效果就越小。这是因为，第一，*LM* 曲线越陡，货币需求的利率弹性系数就越小。因此，同样一笔政府支出的增加，所引起的实际货币需求增加所造成的利率上升就越多，因而"挤出效应"就越大。第二，*IS* 曲线越平坦，表示投资的利率弹性系数就越大，从而利率上升所导致的投资减少就越多，最终使"挤出效应"也更大些。

三、货币政策的效果

1. 货币政策效果的 *IS-LM* 图形分析

货币政策的效果是指变动货币供给量的政策对总需求所产生的影响。假如增加货币供给能使国民收入有较大增加，则货币政策效果就大；反之，则货币政策效果就小。货币政策的效果同样也取决于 *IS* 曲线和 *LM* 曲线的斜率情况。

在 *LM* 曲线形状基本不变时，*IS* 曲线越平坦，*LM* 曲线移动（由于实行变动货币供给量的货币政策）对国民收入变动的影响就越大；反之，*IS* 曲线越陡峭，*LM* 曲线移动对国民收入变动的影响就越小，如图 9.6 所示。

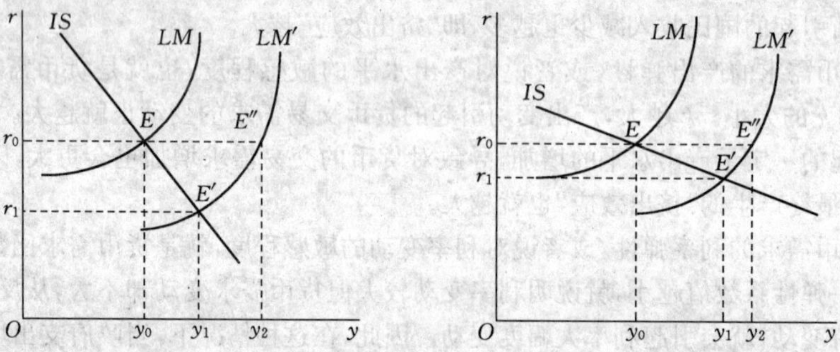

(a) 货币政策效果小　　(b) 货币政策效果大

图 9.6　货币政策的效果因 *IS* 曲线的斜率而不同

图 9.6 中有两条 *IS* 曲线，(a)图中的 *IS* 曲线较陡峭，(b)图中的 *IS* 曲线较平坦。当扩张性货币政策使货币供给增加时，*LM* 曲线右移到 *LM′* 时，如果 *IS* 曲线较陡，国民收入增加就较少，即货币政策效果较小；而 *IS* 曲线较平坦时，国民收入增加较多，即货币政策效果较大。这是因为，*IS* 曲线较陡，表示投资的利率弹性系数较小（当然，支出乘数较小时也会使 *IS* 曲线较陡，但 *IS* 曲线的斜率主要决定于投资的利率弹性系数），即投资对利率变动的敏感程度较差，因此，*LM* 曲线由于货币供给增加而向右移动使利率下降时，投资不会增加很多，从而国民收入也不会有较大增加；反之，当 *IS* 曲线较平坦时，表示投资利率弹性系数较大，因此，货币供给增加使利率下降时，投资和收入会增加较多。

当 *IS* 曲线斜率不变时，*LM* 曲线越平坦，货币政策效果就越小，反之，则货币政策效果就越大，如图 9.7 所示。

在图 9.7 中，*IS* 曲线的斜率相同，货币供给增加使 *LM* 曲线从原来的位置右移到 *LM′* 时，如果 *LM* 曲线较平坦，则收入增加不多，而 *LM* 曲线较陡峭时，收入增加较多。其原因是，*LM* 曲线较平坦，表示货币需求受利率的影响较大，即利率稍有变动就会使货币需求变动很多，因而货币供给量变动对利率变动的作用较小，从而，增加扩张性货币政策（增加货币供给量）就不会对投资和国民收入产生较大影响。反之，若 *LM* 曲线较陡峭，表示货币需求受利率的影响较小，即货币供给量稍有增加就会使利率下降较多，因而对投资和国民收入有较多影响，即货币政策的效果较大。

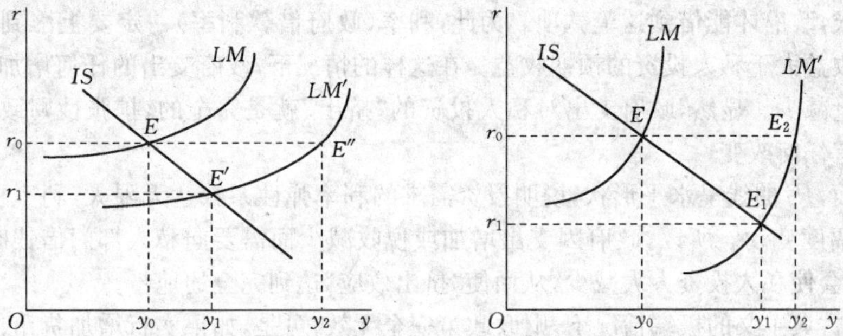

(a) 货币政策效果小　　　　(b) 货币政策效果大

图 9.7　货币政策的效果因 *LM* 曲线的效率不同而不同

总之,一项扩张的货币政策如果能使利率下降较多(*LM* 曲线较陡时就会这样),并且利率的下降能对投资有较大刺激作用(*IS* 曲线较平坦时就会这样),则这项货币政策的效果就较强。反之,货币政策的效果就较弱。

货币政策的效果也可用货币政策乘数来表示和计量。所谓货币政策乘数就是指,当 *IS* 曲线不变或者说产品市场均衡情况不变时,实际货币供给量的变化能使均衡的国民收入变动多少。用公式表示就是:

$$\frac{\mathrm{d}y}{\mathrm{d}m}=\frac{1}{[1-\beta(1-t)]\dfrac{h}{d}+k}$$

从上式可知,当 β、t、h、k 既定时,h 越大,即货币需求对利率越敏感,亦即 *LM* 曲线越平坦,货币政策的效果就越小;而当其他参数既定时,d 越大,即投资需求对利率越敏感,亦即 *IS* 曲线越平坦,则货币政策效果就越大。同样 β、t、k 的大小也会影响 $\mathrm{d}y/\mathrm{d}m$ 的大小,即货币政策效果的大小。

这里也需注意,货币政策乘数和后面将要论述的货币创造乘数是两个不同的概念。后者是指通过派生存款机制,一笔准备金(高能货币)的变动能带来若干倍存款的最终变动量的关系。

2. 古典主义的极端情况

与凯恩斯极端情况相反,如果水平的 *IS* 曲线和垂直的 *LM* 曲线相交,就出现了所谓古典主义的极端情况。古典主义的极端情况如图 9.8 所示。

当出现这种古典主义的极端情况时,财政政策就完全无效,而货币政策十分有效。其原因是:一方面,*LM* 曲线垂直,说明货币需求的利率弹性系数等于零,就是说,利率已高到极高的程度,一方面使人们持有货币的成本或者说损失极大;另一方面又使人们看到债券价格低到了只会上涨而不会再跌的程度。因此,人们再不愿为投机而持有货币。这时候,政府如果推行一项增加支出的扩张性财政政策而要向私人部门借钱的话,由于私人部门没有闲置货币,所以,只有在私人部门认为把投资支出减少到一个等于政府借款数目比

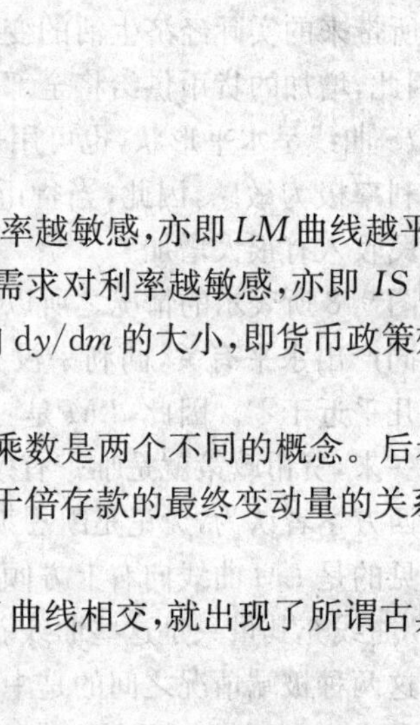

图 9.8　古典主义的极端情况

较合算的时候，政府才能借到这笔款项。为此，利率（政府借款利率）一定要上涨到足以使政府公债产生的收益大于私人投资的预期收益。在这样的情况下，政府支出的任何增加都将伴随私人投资的等量减少。显然，政府支出对私人投资的“挤出”就是完全的，扩张性财政政策并没有使收入水平有任何改变。

另一方面，*IS* 曲线呈水平形状，说明投资需求的利率弹性系数达无限大，利率稍有变动，就会使投资大幅度变动。所以，政府因支出增加或税收减少而需要向私人部门借钱时，利率只要稍有上升，就会使私人投资大大减少，从而使“挤出效应”达到完全的地步。

总之，在古典主义的极端情况下，财政政策完全无效，可是，如果实行增加货币供给的政策，则效果会很大。这是因为，当货币当局准备用购买公债的办法增加货币供给量时，公债价格必须上升到足够的高度，人们才肯卖出公债以换回货币。由于人们对货币没有投机需求，他们将用这些出卖公债而所得的货币来购买其他生息资产，这些其他生息资产可以是新的资本投资（新证券），也可以是购买现有的生息证券。新的资本投资将提高生产或者说收入水平，从而提高货币的交易需要量，人们手中只要还有超过交易所需的闲置货币，总会竞相争购生息资产，于是，公债价格将继续上升，利率继续下跌，直到新投资（购买生息资产）把收入水平提高到正好把所增加的货币额全部吸收到交易需求中。假定货币当局增加的货币供给量是 Δm，k 是交易所需货币占收入的比例，即 $k=m/y$，则均衡收入水平必定要增加到 $\Delta y=\Delta m/k$，上述货币供给量增加所带来的实际经济生活的变化其实只是说明，由于 *LM* 曲线垂直，人们对货币没有投机需求，因此，增加的货币供给将全部用来增加交易需求，为此，它要求国民收入增加 Δm 的 $1/k$ 倍。

IS 曲线呈水平形状，也可用来说明货币政策效果极大。因为 *IS* 曲线的斜率为零，说明投资对利率极为敏感，因此，当货币供给增加使利率哪怕稍有下降，就会使投资极大地增加，从而使国民收入有很大增加。

图 9.8 所表示的情况之所以称为古典主义的极端情况，是因为古典经济学派认为，货币需求只同产出水平有关，同利率没有多大关系。货币需求对利率极不敏感，货币需求的利率弹性系数几乎近于零。因此，*LM* 是一垂直线，因而货币供应量的任何变动都对产出有极大影响。这样一来，货币政策就是唯一有效的政策。

西方学者认为，无论是凯恩斯主义极端，还是古典主义极端，在现实生活中都极少见到。真正常见的是 *LM* 曲线向右上方倾斜而 *IS* 曲线向右下方倾斜的情况，水平的和垂直的 *LM* 曲线和 *IS* 曲线充其量只是这些曲线斜率变化过程中的一个极端的或者说是特殊的阶段或区域。而介于这两种极端情况之间的是中间状态或中间区域。在大多数情况下，*IS* 曲线和 *LM* 曲线的交点是在中间区域。现在许多西方经济学家都同意，无论是财政政策还是货币政策，都可以对经济起一定的稳定作用。在衰退时期，要多用些财政政策，而在通货膨胀严重时期，应多用些货币政策。

西方经济学家还认为，尽管凯恩斯主义极端和古典主义极端并不常见，但这两个模型也有一定的理论分析价值。它为分析财政政策和货币政策效果提供了有用的工具。有些经济学家着重财政政策，另一些经济学家则着重货币政策，就是同他们对 *LM* 曲线和 *IS* 曲线可能有的形状具有不同看法有关。

3. 货币政策的局限性

西方国家实行货币政策，一般是为了稳定经济，减少经济波动，但在实践中也存在一些局限性。

首先，在通货膨胀时期实行紧缩的货币政策，可能对降低通货膨胀率效果比较显著，但在经济衰退时期，实行扩张的货币政策，对于扩张经济活动的效果就不明显。因为在经济衰退时，厂商对经济前景普遍悲观，即使中央银行松动银根，降低利率，投资者也不肯增加贷款从事投资活动。银行为安全起见，也不愿意轻易贷款。特别是可能存在着流动性陷阱时，不论银根如何松动，利息率都不会降低。这样，货币政策作为反衰退的政策，其效果就相当微弱。有些西方学者把货币政策制止通货膨胀的效果比喻为马通过缰绳拉车前进，意思是说：效果很好；然而，他们却把货币政策促进繁荣的效果比喻为马通过缰绳使车后退，即政策很难发生作用。

再进一步说，即使从反通货膨胀角度看，货币政策的作用也主要表现在反对需求拉上的通货膨胀方面，而对成本推进的通货膨胀，货币政策的效果就很小。因为物价的上升若是由工资上涨超过劳动生产率上升幅度引起或由垄断厂商为获取高额利润引起，则中央银行想通过控制货币供给来抑制通货膨胀就比较困难了。

其次，从货币市场均衡的情况看，增加或减少货币供给要影响利率的话，必须以货币流通速度不变为前提。如果这一前提并不存在，货币供给变动对经济的影响就要打折扣。在经济繁荣时期，中央银行为抑制通货膨胀需要紧缩货币供给，或者说放慢货币供给的增长率，然而，那时公众的支出一般说来会增加，而且物价上升较快时，公众不愿把货币留在手上，而是希望尽快花费出去，这样会使货币流通速度加快，在一定时期内本来 1 美元也许可完成 2 美元交易的任务，这无异于在流通领域增加了一倍的货币供给量。这时，即使中央银行把货币供给减少一倍，也无法使通货膨胀率降下来。反过来说，当经济衰退时期，货币流通速度下降，这时中央银行增加货币供给对经济的影响也就可能被货币流通速度下降所抵消。货币流通速度加快，意味着货币需求增加，流通速度放慢，意味着货币需求减少，如果货币供给增加量和货币需求增加量相等，*LM* 曲线就不会移动，因而利率和收入也不会变动。

再次，货币政策作用的外部时滞也会影响政策效果。中央银行变动货币供给量，要通过影响利率，再影响投资，然后再影响就业和国民收入。因而，货币政策的作用要经过相当长一段时间才会充分得到发挥。尤其是，市场利率变动以后，投资规模并不会很快发生相应变动。利率下降以后，厂商扩大生产规模需要一个过程。利率上升以后，厂商缩小生产规模，更不是一件容易的事。已经开工在建的工程难以停下来，要解雇已经雇用的职工也不是轻而易举的事。总之，货币政策即使在开始采用时不要花费很长时间，但执行后到产生效果的过程却需要一个相当长的时间过程。在该过程中，经济活动有可能发生和人们原先预料的情况相反的变化。比方说，经济衰退时，中央银行扩大货币供给，但尚未达到这一政策效果完全发挥出来的时候，经济就已转入繁荣，物价已开始较快地上升，于是，原来实行的扩张性货币政策就不再是发挥反衰退的作用，而是为加剧通货膨胀起了火上浇油的作用。

第四，在开放经济中，货币政策的效果还会因为资金在国际上流动而受到影响，例如，在资本自由流动条件下，一国实行紧缩性货币政策时，利率上升，国外资金会流入，若汇率浮动，本币会升值，出口会受抑制，进口会受刺激，从而使本国总需求比在封闭经济情况下有更大的下降。若实行固定汇率制，中央银行为使本币币值稳定，势必抛出本币，按固定汇率收购外币，于是货币市场上本国货币供给增加，使原先实行的紧缩性货币政策的效果大打折扣。

当然，货币政策在实践中存在的问题远不止这些，但仅从这些方面看，货币政策作为平抑经济波动的手段，作用也是有限的。

四、两种政策的混合使用

根据以上有关分析可知，如果经济处于萧条状态，政府既可采用膨胀性财政政策，也可采用膨胀性货币政策，还可以将两种政策结合起来使用。如图 9.9 所示。

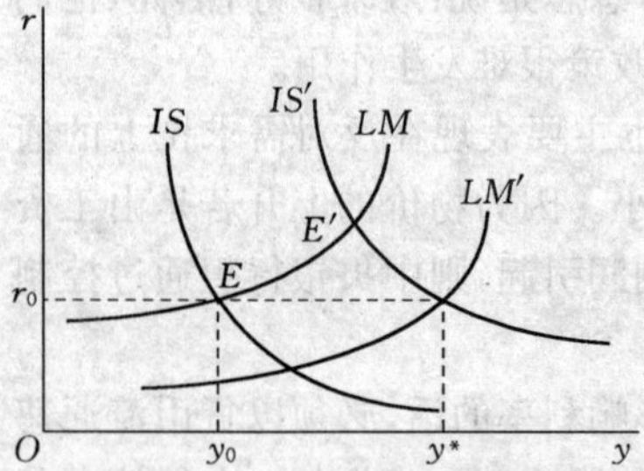

图9.9　财政政策和货币政策的混合使用

图中假定经济起初处于 E 点，收入为 y_0，利率为 r_0，而充分就业的收入为 y^*。为克服萧条，达到充分就业，政府可实行膨胀性财政政策将 IS 曲线右移，也可实行膨胀性货币政策将 LM 曲线右移。单独采用这两种政策虽都可以使收入达到 y^*，但会使利率大幅度上升或下降。如果既想使收入增加到 y^*，又不使利率变动，则可采用膨胀性财政政策和货币政策混合使用的办法。如图中所示，为了将收入从 y_0 提高到 y^*，可实行膨胀性财政政策，使产出水平上升，但为了使利率不由于产出上升而上升，可相应地实行膨胀性货币政策，增加货币供应量，使利率保持原有水平。从图中可见，如果仅实行膨胀性财政政策，将 IS 曲线移到 IS' 的位置，则均衡点为 E'，利率上升到 r_0 之上，发生"挤出效应"，产量不可能达到 y^*，如果采用"适应性的"货币政策，即按利率不上升的要求，增加货币供给，将 LM 曲线移到 LM'，则利率可保持不变，投资不被挤出，产量就可达到 y^*。

财政政策和货币政策可有多种混合。这些混合使用的政策的效应，有的是事先可以预计的，有的则必须根据财政政策和货币政策哪一个更强有力而定，因而政策效果是不确定的。例如，上图中 IS 曲线和 LM 曲线移动幅度相同，因而产出增加时利率也不变。若财政政策影响大于货币政策的影响，IS 曲线右移距离超过 LM 曲线右移距离，利率就会上升。反之，则会下降。可见，这两种政策混合使用时对利率的影响是不确定的。下表就给出了各种政策混合使用的效应。

表 9.2　财政政策和货币政策混合使用的政策效应

	政策混合	产出	利率
1	扩张性财政政策和紧缩性货币政策	不确定	上升
2	紧缩性财政政策和紧缩性货币政策	减少	不确定
3	紧缩性财政政策和扩张性货币政策	不确定	下降
4	扩张性财政政策和扩张性货币政策	增加	不确定

政府和中央银行可以根据具体情况及不同目标，选择不同的政策组合。例如，当经济萧条但又不太严重时，可采用第一种组合，用扩张性财政政策刺激总需求，又用紧缩性货币政策控制通货膨胀；当经济发生严重通货膨胀时，可采用第二种组合，用紧缩性货币政策来提高利率，降低总需求水平，又实行紧缩性财政政策，以防止利率过分提高；当经济中出现通货膨胀又不太严重时，可用第三种组合，用紧缩性财政政策压缩总需求，又用扩张性货币政策降低利率，以免财政过度紧缩而引起衰退；当经济严重萧条时，可用第四种组合，用扩张性财政增加总需求，用扩张性货币政策降低利率以克服"挤出效应"。例如，20 世纪 60 年代初美国经济萧条，为克服衰

退，政府一方面减税，同时采用“适应性的”货币政策，使产量增加时，利率基本上保持不变。到60年代末70年代初，美国经济生活中通货膨胀率过高而失业率较低，为控制通货膨胀，实行了紧缩性财政政策和紧缩性货币政策相结合的政策。70年代末80年代初，里根政府为克服通货膨胀和经济萧条并存的“滞胀”局面，采用了减税和紧缩通货相结合的政策，一方面刺激需求，增加供给，同时又抑制通货膨胀。

在考虑如何混合使用两种政策时，不仅要看当时的经济形势，还要考虑政治上的需要，这是因为，虽然扩张性财政政策和货币政策都可增加总需求，但不同政策的后果可以对不同的人群产生不同的影响，也使GDP的组成比例发生变化。例如，实行扩张性货币政策会使利率下降，投资增加，因而对投资部门尤其是住宅建设部门十分有利。可是，实行减税的扩张性财政政策，则有利于增加个人可支配收入，从而可增加消费支出。而同样是采用扩张性财政政策，如果是增加政府支出，如兴办教育、防止污染，培训职工等，则人们受益的情况又不相同。正因为不同政策措施会对GDP的组成比例（投资、消费和政府购买在GDP中的构成比例）产生不同影响，进而影响不同人群的利益，因此，政府在作出混合使用各种政策的决策时，必须考虑各行各业、各个阶层的人群的利益如何协调的问题。

第二节　总需求政策的内容和工具

要实现既定的经济政策目标，政府运用的各种政策手段必须相互配合，协调一致。如果财政当局与货币当局的政策手段和目标发生冲突，就达不到理想的经济效果，甚至可能偏离政策目标更远。此外，政府在制定经济政策目标时，不能片面追求单一目标，而应该综合考虑，否则会带来经济上和政治上的副作用。因为经济政策目标相互之间不仅会存在互补性，也存在一定的相互矛盾和冲击，如充分就业与价格稳定的政策目标之间有时候就存在着两难选择。进一步说，政府还要考虑到经济政策本身的相互协调和对政策实施时机的恰当把握。上述这些问题都会影响到宏观经济政策的有效性，即关系到政府经济目标实现的可能性和实现的程度。因此，政府在制定宏观经济政策目标和经济政策时，应该做出整体性的宏观战略考虑和安排。

一、财政政策

财政政策作为国家干预经济的主要政策之一，其一般含义是：为促进就业水平提高，减轻经济波动，防止通货膨胀，实现稳定增长而对政府支出、税收和借债水平所进行的选择，或对政府收入和支出水平所作的决策。要了解财政政策的内容，先必须对现代西方财政的基本构成做适当了解。

1. 财政的构成与财政政策工具

在市场经济条件下，政府参与并影响经济活动的作用与国家的财政制度直接相关。在西方国家中，近几十年来政府参与经济活动的规模有了显著增长。比如，在政府支出方面，以政府支出按其经济规模的比例来看在主要工业化国家中比较小的美国来说，当今的美国政府支出大约占其GDP的1/3。而在第一次世界大战之前的1913年，美国政府支出还不足其GDP的1/10。相比之下，法国和德国的政府支出已接近它们GDP的一半。

国家财政由政府收入和支出两个方面构成，其中政府支出包括政府购买和转移支付，而政府收入则包含税收和公债两个部分。

(1) 政府财政支出。

政府财政支出是指整个国家中各级政府财政支出的总和，由许多具体的支出项目构成，主要可分为政府购买和政府转移支付两类。政府购买是指政府对商品和劳务的购买。如购买军需品、机关公用品、政府雇员报酬、公共项目所需的支出等都属于政府购买。政府购买是一种实质性支出，有着商品和劳务的实际交易，因而直接形成社会需求和购买力，是国民收入的一个组成部分。因此，政府购买支出是决定国民收入大小的主要因素之一，其规模直接关系到社会总需求水平的增减。购买支出对整个社会总支出水平具有十分重要的调节作用。在社会总支出水平过低时，可以提高政府购买的支出水平，如举办公共工程，增加社会整体需求水平，以此同经济衰退作斗争。反之，当社会总支出水平过高时，可以采取减少政府购买支出的政策，降低社会总体需求水平，以此来抑制通货膨胀。因此，变动政府购买支出水平是财政政策的有力手段。

政府财政支出中另一部分是转移支付。政府转移支付是指政府在社会福利、保险、贫困救济和补助等方面的支出。这是一种货币性支出，政府在付出这些货币时并无相应的商务和劳务的交换发生，因而是一种不以取得本年生产出来的商品和劳务作为报偿的支出。因此，转移支付不能算作国民收入的组成部分。它所作的仅仅是通过政府将收入在不同社会成员之间进行转移和重新分配，全社会的总收入水平并没有变动。据此，政府对农业的补贴也被看作是政府转移支付。既然转移支付是政府支出的重要组成部分，因此，政府转移支付也是一项重要的财政政策工具。在前面的乘数分析中我们已经知道，政府的转移支付同样能够通过转移支付乘数作用于国民收入，但乘数效应要小于政府购买支出的乘数效应。一般来讲，在社会总支出水平不足时，失业会增加，这时政府应增加社会福利费用，提高转移支付水平，从而增加人们的可支配收入和消费支出水平，使社会有效需求因而增加。在社会总支出水平过高时，通货膨胀率上升，政府应减少社会福利支出，降低转移支付水平，从而降低人们的可支配收入和社会总需求水平。除了失业救济、养老金等福利费用外，其他转移支付项目如农产品价格补贴也应随经济风向而改变。

政府支出中各个构成部分在支出总额中的相对重要性是会变化的。拿美国来说，从20世纪的1950年到1970年再到1990年，随着冷战逐步结束，国防费用在联邦支出中的比重从51%降为45%再降到27%，但由于老年人的增加，包括为老年人支付在内的社会保障支出所占比重从11%增加到22%，再增加到33%。同时，由于公债利息支出所占比重逐渐增长，因而，在政府支出中政府购买部分相对变小而转移支付部分相对变大了。

(2) 政府的财政收入。

税收是政府财政收入中最主要部分。它是国家为了实现其职能按照法律领先规定的标准，强制地、无偿地取得财政收入的一种手段。因此，税收具有强制性、无偿性、固定性三个基本特征，正因为如此，税收可作为实行财政政策的有力手段之一。西方国家财政收入的增长，在很大程度上来源于税收收入的增长。税收依据不同标准可以作不同的分类。根据课税对象，税收可分为三类：财产税、所得税和流转税。这三种税通过税率的高低及其变动来反映赋税负担轻重和税收总量的关系。因此税率的大小及其变动方向对经济活动如个人收入和消费会直接产生很大影响。税收作为政府收入手段，既是西方国家财政收入的主要来源，也是国家实施财政政策的一个重要手段。与政府购买支出、转移支付一样，税收同样具有乘数效应，即税收的变动对国民收入的变动具有倍增作用。由于税收乘数有两种：一种是税率的变动对总收入的影响，另一种是税收绝对量的变动对总收入的影响，因此税收作为政策工具，它既可以通过改变税率来实现，也可以通过变动税收总量来实现，如一次性减税来达到刺激社会总需求增加的目的。对税率而言，由于所得税是税收的主要来源，因此，改变税率主要是变动所得税的税率，一般来说，降低税率，减少税收都会引致社会总需求增加和国民产出的增长。反之则结果相反。这样，在社会总需求不足时，可采取减税措施来抑制经济衰退；在社会总需求过多时，可采取增税措施抑制通货膨胀。

当政府税收不足以弥补政府支出时，就会发行公债，使公债成为政府财政收入的又一组成部分。公债是政府对公众的债务，或公众对政府的债权。它不同于税收，是政府运用信用形式筹集财政资金的特殊形式，包括中央政府的债务和地方政府的债务。中央政府的债务称为国债。政府借债一般有短期国债、中期国债和长期国债三种形式。短期国债一般通过出售国库券取得，主要进入短期资金市场(货币市场)，利息率较低，期限一般为 3 个月、6 个月和 1 年三种。中长期国债一般通过发行中长期债券取得，期限 1 年以上 5 年以下的为中期债券，5 年以上的为长期债券。美国长期债券最长的为 40 年。中长期债券利息率也因时间长风险大而较高。中长期债券是西方国家资本市场(长期资金市场)上最主要交易品种之一。因此，政府公债的发行，一方面能增加财政收入，影响财政收支，属于财政政策，另一方面又能对包括货币市场和资本市场在内的金融市场的扩张和紧缩起重要作用，影响货币的供求，从而调节社会的总需求水平。因此，公债也是实施宏观调控的经济政策工具。

(3) 经济的自动稳定器与斟酌使用(相机抉择)的财政政策。

第二次世界大战后，西方国家的经济虽然仍有周期性波动，但同 20 世纪 30 年代的经济大危机相比，波动幅度大为减小，衰退持续时间也大为缩短。究其原因是多方面的，其中与西方财政制度和财政政策对经济的自动调节与主动调节也有相当大的关系。自动调节指西方财政制度本身有着自动地抑制经济波动的作用，即经济的自动稳定器。主动调节指政府有意识地进行所谓反周期的相机抉择的积极的财政政策。

经济的自动稳定器，也叫做内在稳定器，是指经济系统本身存在的一种会减少各种干扰因素对国民收入冲击的机制，能够在经济繁荣时期自动抑制通货膨胀，在经济衰退时期自动减轻萧条，而无须政府采取任何行动。财政政策的这种内在地自动稳定经济的功能主要通过下述三项制度得到实现。

首先是政府税收的自动变化。当经济衰退时，国民产出水平下降，个人收入减少；在税率不变的情况下，政府税收会自动减少，留给人们的可支配收入也会自动地少减少一些，从而使消费和需求也自动地少下降一些。在实行累进税的情况下，经济衰退使纳税人的收入自动进入较低纳税档次，政府税收下降的幅度会超过收入下降的幅度，从而可起到抑制经济衰退的作用。反之，当经济繁荣时，失业率下降，人们收入自动增加，税收会随个人收入增加而自动增加，可支配收入也就会自动地少增加一些，从而使消费和总需求自动地少增加一些。在实行累进税的情况下，繁荣使纳税人的收入自动进入较高的纳税档次，政府税收上升的幅度会超过收入上升的幅度，从而起到抑制通货膨胀的作用。由此，西方经济学家认为，税收这种因经济变动而自动发生变化的内在机动性和伸缩性是一种有助于减轻经济波动的自动稳定因素。

其次是政府支出的自动变化。这里主要是指政府的转移支付，它包括政府的失业救济和其他社会福利支出。当经济出现衰退与萧条时，失业增加，符合救济条件的人数增多，失业救济和其他社会福利开支就会相应增加，这样就可以抑制人们收入特别是可支配收入的下降，进而抑制消费需求的下降。当经济繁荣时，失业人数减少，失业救济和其他社会福利费支出也会自然减少，从而抑制可支配收入和消费的增长。

最后是农产品价格维持制度。经济萧条时，国民收入下降，农产品价格下降，政府依照农产品价格维持制度，按支持价格收购农产品，可使农民收入和消费维持在一定水平上。经济繁荣时，国民收入水平上升，农产品价格上升，这时政府减少对农产品的收购并抛售农产品，限制农产品价格上升，也就抑制农民收入的增长，从而也就减少了总需求的增加量。总之，政府税收和转移支付的自动变化、农产品价格维持制度对宏观经济活动都能起到稳定作用。它们都是财政制度的内在稳定器和对经济波动的第一道防线。

由于政府支出中转移支付乘数和税收乘数所产生的效果都比自发性支出（如投资支出）和政府购买支出所能产生的效果要小，因此，尽管各种经济自动稳定器一直在起作用，但作用毕竟有限，特别是对于剧烈的经济波动，经济自动稳定器更是难以扭转局面。因此，西方经济学家认为，为确保经济稳定，政府要审时度势，主动采取一些财政措施，即变动支出水平或税收以稳定总需求水平，使之接近物价稳定的充分就业水平。这就是斟酌使用（相机抉择）的或权衡性的财政政策。当经济中总需求水平非常低，出现经济衰退时，政府应通过削减税收、降低税率、增加支出或双管齐下以刺激总需求增加。反之，当总需求水平非常高，出现通货膨胀时，政府应增加税收或削减开支以抑制总需求水平。前者称为扩张性（膨胀性）财政政策，后者称为紧缩性财政政策。这种交替使用的扩张性和紧缩性财政政策，也被称为补偿性财政政策。

究竟什么时候采取扩张性财政政策，什么时候采取紧缩性财政政策，由政府对经济发展的形势加以分析权衡，做出决策，斟酌使用。这样一套经济政策就是凯恩斯主义的相机抉择的“需求管理”。由于凯恩斯分析的是需求不足型的萧条经济，因此，他认为调节经济的重点要放在总需求的管理方面。凯恩斯主义者认为，在总需求水平过低，产生衰退和失业时，政府应采取刺激总需求的扩张性财政措施。在总需求水平过高，产生通货膨胀时，政府应采取抑制总需求的紧缩性财政措施。简言之，要“逆经济风向行事”。

从20世纪30年代初美国总统罗斯福的“新政”到60年代初肯尼迪的经济繁荣，在一定的限度内，都是运用这套财政政策来提高有效需求的结果。但是60年代后期以后，“滞胀”局面的出现使人们对这种政策提出了怀疑。这说明斟酌使用（相机抉择）的财政政策的作用同样具有局限性。因为在实际经济活动中存在的各种各样的限制因素，会影响这种财政政策作用的发挥。首先是经济活动的时滞，会影响这种财政政策作用的发挥。认识总需求的变化，变动财政政策以及乘数作用的发挥，都需要时间。其次是不确定性。实行财政政策时，政府主要面临两个方面的不确定性：第一，乘数的大小难以准确地确定；第二，政策必须预测出总需求水平通过财政政策作用达到预定目标究竟需要多少时间。而在这一时间内，总需求水平，特别是投资可能发生戏剧性的变化。这就可能导致决策失误。最后,外在的不可预测的随机因素的干扰,也可能导致财政政策达不到预期结果。

此外,还存在我们已经分析过的财政政策的"挤出效应"问题。政府增加支出,会使利息率提高,私人投资支出减少,即发生挤出效应。所以,实行积极的财政政策时,必须全面考虑这些因素的影响,尽量使其效果接近预期目标。

2. 功能性财政和预算盈余

根据权衡性财政政策,政府在财政方面的积极政策主要是为了实现无通货膨胀的充分就业水平。当实现这一目标时,预算可以是盈余,也可以是赤字。这样的财政就是功能性财政。预算赤字是政府财政支出大于收入的差额。实行扩张性财政政策,即减税和扩大政府支出就会造成预算赤字。预算盈余是政府收入超过支出的余额。实行紧缩性财政政策,即增税和减少政府支出,都会产生预算盈余。

功能财政思想是凯恩斯主义者的财政思想。凯恩斯主义者认为,不能机械地用财政预算收支平衡的观点来对待预算赤字和预算盈余,而应从反经济周期的需要来利用预算赤字和预算盈余。当国民收入低于充分就业的收入水平(即存在通货紧缩缺口)时,政府有义务实行扩张性财政政策,增加支出或减少税收,以实现充分就业。如果这时经济中存在财政盈余,政府有责任减少盈余甚至不惜出现更大赤字,坚定地实行扩张政策。反之,当存在通货膨胀缺口时,政府有责任减少支出,增加税收。如果这时经济中存在预算盈余,也不应担心出现更大盈余,甚至宁肯盈余增大也要实行紧缩性政策;如果起初存在预算赤字,就应通过紧缩减少赤字,甚至到出现盈余。总之,功能财政思想认为,政府为了实现充分就业和消除通货膨胀,需要赤字就赤字,需要盈余就盈余,而不应为实现财政收支平衡而妨碍政府财政政策的正确制定和实行。可见功能性财政思想是斟酌使用(相机抉择)的财政政策的指导思想,而斟酌使用(相机抉择)的财政政策是功能财政思想的实现和贯彻。功能性财政思想的提出,是对原有财政平衡预算思想的否定。西方经济学家认为原有财政预算平衡思想主要是年度平衡预算和周期平衡预算两种。

年度平衡预算,要求每个财政年度的收支平衡。这是西方国家在20世纪30年代经济大危机以前普遍采取的政策原则。后来这个原则遭到凯恩斯主义者的批评。他们认为,经济衰退时,税收必然会随收入的减少而减少。如果坚持年度平衡预算的观点,那么为了减少赤字,只有减少政府支出或提高税率,其结果会加深衰退;当经济过热,出现通货膨胀时,税收必然随收入的增加而增加,为了减少盈余,只有增加政府支出或降低税率,其结果反而会加剧通货膨胀。这样,坚持年度平衡预算只会使经济波动更加严重。

所谓周期平衡预算是指政府的收支在一个经济周期中保持平衡。在经济衰退时实行扩张政策,有意安排预算赤字,在繁荣时期实行紧缩政策,有意安排预算盈余,以繁荣时的盈余弥补衰退时的赤字,使整个经济周期的盈余和赤字相抵而实现预算平衡。这种思想在理论上似乎非常完整,但实行起来非常困难。这是因为在一个预算周期内,很难准确估计繁荣与衰退的时间与程度,两者更不会完全相等,因此连预算也难以事先确定,从而周期预算平衡也无法实现。

虽然功能财政思想否定了原有的预算观点,主张预算目标不应是追求政府收支平衡,而应是无通货膨胀的充分就业,这一思想与机械地追求政府收支平衡目标相比,是一大进步,然而这种政策的实施也存在一定的困难。这不仅是由于经济波动难以预测,经济形势难以估计,而且决策也需要时间,效果也滞后,因此这种预算也难以充分奏效。例如,为消除通货膨胀而采取紧缩政策，即增加税收或减少政府支出，但由于政策滞后，也许经济已转入衰退，但仍在实行紧缩，结果会使衰退更加严重。

3. 充分就业预算盈余与财政政策方向

按照功能财政的思想，实施扩张性财政政策，即增加政府支出或降低税率会使国民收入增加的同时也会减少政府的预算盈余或增加预算赤字。同样，实施紧缩性财政政策，减少政府支出或提高税率降低国民收入时，也会增加政府的预算盈余或减少预算赤字。这样，一般容易把预算盈余的减少或预算赤字的增加当作扩张性财政政策的结果，把预算盈余的增加或预算赤字的减少看成是紧缩性财政政策的结果。但事实并非如此。预算盈余或赤字变动有时并不是由财政政策主动变动引起的，而是由经济情况变动本身引起的。在经济衰退时期，由于收入水平下降，税收自动减少，政府转移支付自动增加，这就会引起预算盈余的减少或预算赤字的增加。而在经济高涨时期，由于收入水平上升，税收自动增加，政府转移支付自动减少，就会引起预算盈余增加或预算赤字减少。这种预算盈余或预算赤字的变动与财政政策本身无关，这就说明不能简单地把预算盈余或预算赤字的变动当作判断财政政策是扩张性还是紧缩性的标准。事实上，预算盈余或赤字的变动，可能有两方面原因，一是经济情况本身的变动，即经济趋向繁荣会使盈余增加或赤字减少，经济趋向衰退会使盈余减少或赤字增加；二是财政政策的变动，即扩张政策趋向增加赤字，减少盈余，紧缩政策趋向增加盈余，减少赤字。因而，单凭盈余或赤字的变动还难以看出财政政策的扩张或紧缩性质。要使预算盈余或赤字成为衡量财政政策扩张还是紧缩的标准，就必须消除经济周期波动本身的影响，于是美国经济学家 C. 布朗(Brown)在 1956 年提出了充分就业预算盈余的概念。

所谓充分就业预算盈余意思是指，既定的政府预算在充分就业的国民收入水平即潜在的国民收入水平上所产生的政府预算盈余。如果这种盈余为负值，就是充分就业预算赤字。它不同于实际的预算盈余，实际的预算盈余是以实际的国民收入水平来衡量预算状况的，因此二者的差别就在于充分就业的国民收入与实际的国民收入水平的差额。一般来讲，当实际国民收入水平高于充分就业国民收入水平时，则充分就业预算盈余小于实际预算盈余；若实际国民收入水平低于充分就业的国民收入水平，则充分就业预算盈余大于实际预算盈余。当然，也会出现实际国民收入和潜在的国民收入相等，因而充分就业预算盈余与实际预算盈余相等的情况。

如果用 t、$\overline{G}$、$\overline{TR}$分别表示边际税率、既定的政府购买支出和政府转移支付支出，用 y 和 y^* 分别表示实际收入和潜在收入，则充分就业预算盈余(用 BS^* 表示)和实际预算盈余(用 BS 表示)分别为 $BS^* = ty^* \overline{G} - \overline{TR}$ 和 $BS = ty - \overline{G} - \overline{TR}$，二者差额为 $BS^* - BS = t(y^* - y)$。

西方经济学家认为，充分就业预算盈余概念的提出具有两个十分重要的作用。第一，把收入水平固定在充分就业的水平上，消除经济中收入水平周期性波动对预算状况的影响，从而就能更准确地反映财政政策对预算状况的影响，并为判断财政政策是扩张性的，还是紧缩性的，提供了一个较为准确的依据。若充分就业预算盈余增加了或赤字减少了，财政政策就是紧缩的，反之，则政策是扩张的。第二，使政策制定者充分注重充分就业问题，以充分就业为目标确定预算规模，从而确定财政政策。因此，这一概念得到较为广泛的运用。但必须注意的是，这一概念同样存在一定的缺陷，因为充分就业的国民收入或潜在国民收入本身就是难以准确估算的。

4. 赤字与公债

按功能性财政的思想，第二次世界大战后，西方国家普遍实行了干预经济的积极的财政政策。这种政策从理论上说是逆经济风向行事的“相机抉择”,但事实上多数是搞扩张性财政,结果是财政赤字的上升和国家债务的积累。财政赤字是预算开支超过收入的结果。

弥补赤字的途径无非是借债和出售政府资产。政府借债又可分两类,一类是向中央银行借债,这实际上就是叫中央银行增发货币或者说增加高能货币,这可称为货币筹资,其结果是通货膨胀,因而它在本质上是用征收通货膨胀税的方式来解决赤字问题。在许多发展中国家,弥补赤字常常用这种方式,但发达国家较少采用这种方式。另一类借债是向国内公众(商业银行和其他金融机构、企业和居民)和外国举债,这可称为债务筹资。一般说来,向国内公众举债,不过是购买力向政府部门转移,并不立即直接引起通货膨胀,因为基础货币并没有增加,然而,当政府发行公债时往往会引起利率上升,中央银行如果想稳定利率,就必然要通过公开市场业务买进债券,从而增加货币供给。这样,预算赤字增加也会引起通货膨胀。

公债作为政府取得收入的一种形式可以为预算赤字融资,使赤字得到弥补。但是,政府发行了公债要还本付息,一年一年未清偿的债务会逐渐累积成巨大债务的净存量。这些债务净存量所要支付的利息又构成政府预算支出中一个十分可观的部分。在美国,政府的利息支出在GDP中的比重在1960—1969年即60年代为1.3%,而在90年代初已上升到3.5%,即政府利息支出占GDP的份额在过去30年中增长了将近3倍。利息支出已成为政府支出中重要组成部分。一国政府预算的总赤字等于非利息赤字(由不包括利息支付的全部政府开支减全部政府收入构成)和利息支出的总和,因此,即使非利息赤字为零或不变,只要利息支出增长,总赤字也会增加。赤字的增长如果仍是通过债务融资予以解决,则利息支出又会增加,使赤字进一步增加。可见,在其他条件不变时,赤字增长引起债务增长,债务增长引起利息负担增长,从而使赤字进一步增长。如此循环往复,使公债利息支出本身成为赤字和公债逐步增长的重要因素之一。在美国,1992年底政府债务总量达4万亿美元,平均每个美国人分摊到1.6万美元,看上去这简直是天文数字了,但由于美国的经济总量大,因而仍可以承受。一国债务与GDP之比率称为债务—收入比率,这一比率的变动主要取决于公债的实际利息率、实际GDP的增长率和非利息预算盈余的状况。

在非利息预算盈余不变时,如果公债利率越高,产出增长率越低,债务—收入比率就越有可能上升。如果非利息预算能不断有盈余,实际利率有所下降,实际GDP不断有所增长,则债务收入比就会逐步下降。

面对庞大的并且增长着的政府债务,西方经济学家对公债问题提出了各自的看法。一些经济学家认为,公债无论是内债还是外债,与税收一样,都是政府加在公民身上的一种负担。这是因为公债和私债一样都要还本付息,这样就必须用征税和多发行货币办法来解决,其结果必然是公众负担增加。他们还进一步认为,公债不仅是加在当代人身上的负担,而且还会造成下代人的负担。因为,旧的债务往往是用发行新债来偿还的,因此,公债的债务负担会一代一代传下去。然而,另一些经济学家认为,外债对一国公民来说是一种负担,因为这必须用本国的产品来偿还外债的利息;但内债则不同,因为内债是政府欠本国人的债,也就是“自己欠自己的债”,因而不构成负担。况且,政府是长期存在的,会用发新债的办法还旧债;即使用征税办法来偿还公债,也只是财富再分配而已,对整个国家而言,并未有财富损失。至于公债对子孙后代的影响,他们认为也不会构成负担。理由是,发行公债可以促使资本更多地形成,加快经济增长的速度,从而给子孙后代带来更多的财富和消费。当然,在充分就业时期增加公债且又没有相应的资本形成，或者，公债的增加引起私人投资下降，就会成为公民的一种负担。

二、货币政策

1. 商业银行和中央银行

货币政策要通过银行制度来实现，而在银行制度方面，西方主要国家的金融机构并不完全相同。但是，大致说来，它们的金融机构包括金融媒介机构和中央银行两类。金融媒介机构中最主要是商业银行，其他金融机构还有储蓄和贷款协会、信用协会、保险公司、私人养老基金等。

关于商业银行和中央银行的起源、涵义以及经营业务在前文中已有详细的描写，故不再赘述。

2. 货币政策及其工具

中央银行通过控制和调节货币供应量来调节利率，进而影响投资和整个经济，以达到一定经济目标的行为就是货币政策。当然，这主要是凯恩斯主义者的观点，大致上也是现代货币主义者的观点。凯恩斯主义者认为，货币政策和财政政策一样，都是调节国民收入以达到稳定物价、实现充分就业，或经济稳定增长的目标。二者的不同之处在于，财政政策会直接影响总需求的规模，这种直接作用是没有任何中间变量的；而货币政策则还要通过利率的变动来对总需求发生影响，因而是间接地发挥作用。

货币政策一般也分为扩张性的和紧缩性的。前者是通过增加货币供给来带动总需求的增长。货币供给增加时，利息率会降低，取得信贷更为容易。因此，经济萧条时多采用扩张性货币政策。反之，紧缩性货币政策是通过削减货币供给来降低总需求水平，在这种情况下。取得信贷比较困难，利率也随之提高。因此，在通货膨胀严重时，多采用紧缩性货币政策。

西方主要国家运用货币工具的具体方式并不完全相同，但是，在基本原则上却是大体一致的。这里，我们主要以美国的运作方式为例加以说明。

(1) 再贴现率政策。

再贴现率政策是美国中央银行最早运用的货币政策工具。再贴现是中央银行对商业银行及其他金融机构的放款利率。本来，这种贴现是指商业银行把商业票据出售给当地的联邦储备银行(美国中央银行)，联邦储备银行按贴现率扣除一定利息后再把所贷的款项加到商业银行的准备金账户上作为增加的准备金。但当前美国采用的主要办法已经是银行用自己持有的政府债券作担保向联邦储备银行借款。但是，现在仍然把中央银行给商业银行的借款称做"贴现"。在美国，中央银行作为最后贷款者，主要是为了协助商业银行及其他存款机构对存款备有足够的准备金。如果一家存款机构(主要指商业银行)的准备金临时感到不足，比方说某一银行客户出乎意料地要把一大笔存款转到其他银行时，就会出现临时的准备金不够的困难。这时该银行就可用它持有的政府债券或合格的客户票据向当地的联邦储备银行的贴现窗口(办理这类贴现业务的地点)办理再贴现或申请借款。当这种贴现或借款增加时，它意味着商业银行准备金增加，进而引起货币供给量的多倍增加。当这种贴现减少时，会引起货币供给量的多倍减少。贴现率政策是中央银行通过变动给商业银行及其他存款机构的贷款利率来调节货币供应量的政策。

贴现率提高，商业银行向中央银行借款就会减少，商业银行的准备金，从而社会的货币供给量就会减少；贴现率降低，商业银行向中央银行借款就会增加，商业银行的准备金，从而社会的货币供给量就会增加。但是，实际上，美国联储并不经常使用贴现率来控制货币供给，因为再贴现率方面的主要作用是允许商业银行和其他金融机构对其短期的现金压力作出反应，对临时发生的准备金不足作适当调整。根据联储的规定，银行不能依赖贴现行为进行超过一个较短时期的借款，通过贴现进行的借款多数期限很短，但它们确实需要时，可以续借。对于超过一个较短时期的借款，银行可以向有超额储备金的其他银行去拆借。正因为再贴现行为主要是为了满足银行临时准备金不足，所以，目前变动贴现率在货币政策中的重要性和早先相比已大大减弱。事实上，银行和其他存款机构也尽量避免去贴现窗口借款，只将它作为紧急求援手段，平时较少加以利用，以免被人误认为自己财务状况有问题。每个储备银行的贴现窗口也执行联储关于银行和存款机构可以借款的数量和次数的规定。还需指出，通过变动贴现率控制货币供给本身也存在一些问题，例如，当银行十分缺乏准备金时，即使贴现率很高，银行依然会从联储贴现窗口借款。可见，通过贴现率变动来控制银行准备金的效果是相当有限的。事实上，再贴现率政策往往作为补充手段和公开市场业务政策结合在一起执行。正如在下面将要说明的那样，当公开市场业务成功地把利息率提高或降低到某一水平时，中央银行也必须把贴现率提高或降低到与该水平相协调的数值。

此外，再贴现率政策不是一个主动性的政策。因为，中央银行只能等待商业银行向它借款，而不能要求商业银行这样做。如果商业银行不向中央银行借款，那么，贴现率政策便无法执行了。

(2) 公开市场业务。

这是目前中央银行控制货币供给量的最重要的、最常用的工具。公开市场业务是指中央银行在金融市场上公开买卖政府债券以控制货币供给和利率的政策行为。在美国，货币政策包括公开市场业务是由联邦储备系统中的公开市场委员会(FOMC)决定，由公开市场办公室具体实施的。政府证券是政府为筹措弥补财政赤字资金而发行支付利息的国库券或债券。这些被初次卖出的证券在普通居民、厂商、银行、养老基金等单位中反复不断被买卖。联储可以通过参加这种交易来扩大和收缩货币供给量。当联储在公开市场上购买政府证券时，商业银行和其他存款机构的准备金将会以两种方式增加：如果联储向个人或公司等非银行机构买进证券，则会开出支票，证券出售者将该支票存入自己的银行账户，该银行则将支票交联储系统作为自己在联储账户上增加的准备金存款；如果联储直接从各银行买进证券，则可直接按证券金额增加各银行在联储系统中的准备金存款。当联储售出政府证券时，情况则相反，准备金的变动就会引起货币供给量按乘数发生变动。准备金变动了，银行客户取得信贷就变得容易或困难了。这本身就会影响经济。同时，联储买卖政府债券的行为，也会引起证券市场上需求和供给的变动，因而影响到债券价格以及市场利率。有价证券的市场是一个竞争性的市场，其证券价格由供求关系决定。当中央银行要购买证券时，对有价证券的市场需求就增加，证券价格会上升，从而利率下降；反之亦然。显然，联储买进证券就是去创造货币，因为当它把比方说10万美元的证券卖给某银行时，它只要通知那家已买进证券的银行，说明准备金存款账户上已增加10万美元就行了。因此，联储有可能根据自己意愿增加或减少货币供应量。

公开市场业务之所以能成为中央银行控制货币供给量最主要的手段，是因为运用这种政策手段具有比用其他手段更多的优点。例如在公开市场业务中，中央银行可及时地按照一定规模买卖政府证券，从而比较易于准确地控制银行体系的准备金。如果联储希望大量变动货币供给量，只要大量买进或卖出政府证券就行了；如果联储只希望少量变动货币供给，就只要买进或卖出小量政府证券即可。由于公开市场操作很灵活，因而便于为中央银行及时用来改变货币供给量变动的方向，变买进为卖出证券，立即就有可能使增加货币供给量变为减少货币供给量。中央银行可以连续地、灵活地进行公开市场操作，自由决定有价证券的数量、时间和方向。而且中央银行即使有时会出现某些政策失误，也可以及时得到纠正。这是贴现率政策和下面即将论述的准备金比率政策所不可能有的长处。公开市场业务的优点还表现在这一业务对货币供给的影响可以比较准确地预测出来。例如，买进一定数量金额的证券，就可以大体上按货币乘数估计出货币供给量增加了多少。

(3) 变动法定准备率。

中央银行有权决定商业银行和其他存款机构的法定准备率。如果中央银行认为需要增加货币供给量，就可以降低法定准备率，使所有的存款机构对每一笔客户的存款只留出更少的准备金，或反过来说，让每一美元的准备金可支撑更多的存款。假定原来法定准备率为 20%，则 100 美元存款必须留出 20 美元准备金，可贷金额为 80 美元。这样，增加 1 万美元的准备金就可以派生出 5 万美元的存款。若中央银行把法定准备率降低到 10%，则 100 美元存款只需 10 美元准备金就行了，可贷金额为 90 美元，这样，增加 1 万美元的准备金就可以派生出 10 万美元的存款，货币供给量就因此增加了一倍。可见，降低法定准备率，实际上等于增加了银行准备金，而提高法定准备率，就等于减少了银行准备金。从理论上说，变动法定准备率是中央银行调整货币供给最简单的办法。不过，中央银行一般不愿轻易使用变动法定准备率这一手段。这是因为，商业银行向中央银行报告它们的准备金和存款状况时有一个时滞。今天变动的准备率要过一段日子以后(比方说两周以后)才会起作用。再说，变动法定准备率的作用十分猛烈，一旦法定准备率变动，所有银行的信用都必须扩张或收缩。因此，这一政策手段很少使用，一般几年才改变一次准备率。如果准备率变动频繁，会使商业银行和所有金融机构的正常信贷业务受到干扰而感到无所适从。

上述三大货币政策工具常常需要配合使用。例如，当中央银行在公开市场业务的操作中出售政府债券使市场利率上升(即债券价格下降)后，再贴现率必须相应提高，以防止商业银行增加贴现。于是，商业银行向其顾客贷款的利率也将提高，以免产生亏损。相反，当中央银行认为需要扩大信用时，在公开市场操作中买进债券的同时，也可同时降低再贴现率。贴现率政策和公开市场业务虽然都能使商业银行准备金变动，但变动方式和作用还是有区别的。当中央银行在市场出售证券时，一般能减少银行准备金，但究竟哪个银行会减少准备金以及减少多少准备金却无法事先知道，而且，这种公开市场业务究竟会给哪些银行造成严重影响也无法事先知道。原来超额准备金较多的银行可能没有什么影响，即使其客户提取不少存款去买证券时，也只会使超额准备金减少一些而已。但是，那些本来就没有什么超额准备金的银行马上就会感到准备金不足，因此，其客户提取存款后，准备金就会降到法定准备率以下。在这种情况下，中央银行可以大胆地进行公开市场业务，就是因为有再贴现政策作补充。当中央银行售卖证券使一些银行缺乏准备金时，这些银行就可向中央银行办理贴现以克服困难。

货币政策除了以上三种主要工具之外，还有一些其他工具。道义劝告就是其中之一。所谓道义劝告，是指中央银行运用自己在金融体系中的特殊地位和威望，通过对商业银行及其他金融机构的劝告，影响其贷款和投资方向，以达到控制信用的目的。如在经济衰退时期，鼓励商业银行扩大贷款；在通货膨胀时期，劝阻商业银行不要任意扩大信用，也往往会收到一定的效果。但由于道义劝告没有可靠的法律地位，因而并不是强有力的控制措施。

3. 货币政策起作用的其他途径

上面所叙述货币政策作用，是通过货币供给量影响利率，进而影响投资和产出的途径来实现的。这基本上是凯恩斯主义的观点。但一些经济学家认为，货币供给量对产出的影响是存在的，但这种影响并不一定通过利率的中介来实现。为此，经济学家们提出了货币政策起作用的其他一些途径的理论。

一种理论认为，货币政策影响产出，并不是因为改变了利率就改变了投资的成本，从而改变了投资的需求，而是因为利率的变动会影响人们的资产组合。较低的利率会使人们把他们的财产转移到股票上，因为他们感到投资于股票会比从银行储蓄获得更多的收益。于是股票价格会上升，根据托宾的"q理论"，当股票价格更高时，企业就会进行更多的投资。

第二种理论是上面第一种理论的扩展。它认为，扩张的货币政策造成的较低利率所带来的股票价格和长期债券价格上升，会使人们感觉更加富有了。于是，他们会消费得更多，从而使总需求增加了。

第三种理论认为，政府实行扩张的货币政策，比方说中央银行通过公开市场操作购买了一笔债券。债券出售者将从中央银行得到的支票存入自己的商业银行。商业银行的准备金增加了，超额准备金会被用来贷款给企业或购买债券（国库券）。银行要吸引企业借款，就会降低贷款利率，要购买国库券又会使国库券价格上升即利率下降，利率下降又会使股票价格和债券价格上升。这些都会使企业投资增加。

第四种理论认为，在开放经济中，货币政策还可通过汇率变动影响进出口，从而对总需求产生作用。尤其在实行浮动汇率情况下，当银行收紧银根时，利率上升，国外资金会流入，于是，本币会升值，净出口会下降，从而使本国总需求水平下降。但在固定汇率情况下，中央银行为维持本币币值稳定，势必抛出本币，购回外币。于是，本国货币市场上货币供给量将增加，使原本想达到的货币政策目标受到影响。

第五种理论注重可利用的信用规模，认为中央银行的行动可促使商业银行发放更多或更少的贷款，或者以更宽松或更严格的条件发放贷款。例如，当中央银行想促使银行更多地贷款或以更宽松的条件贷款时，可以通过公开市场业务买进国库券，或降低法定准备率，使银行有超额准备金，给企业更多的贷款。

西方宏观经济政策除了上述财政政策和货币政策之外，还有其他一些政策。例如，后面有关章节中将要谈到的收入政策。再比如，为降低失业率，政府除实行扩张性财政政策和货币政策以外，还常常实行一种所谓的人力政策，包括重新培训工人，提高工人技术等级和能力，帮助工人改变居住地点，加强劳动力的流动性，向寻找工作的工人和寻找工人的雇主提供信息等，使工人和工作机会之间得到更好的"配合"。据说这些政策措施有助于减少失业，尤其是结构性失业和摩擦性失业。为了减少和消除失业造成的社会不安定，西方国家还大力推行社会保障制度的政策措施，给失业人员和贫困人员发放救济金。

综上所述，从实践中看，西方国家总是将各种宏观经济政策相互结合或配合使用的，单一使用某种政策来达到既定目的的做法，比较少见。区别在于，不同时期和不同情况下，在相互配合使用的几种政策措施中，核心的政策也许有所不同。因此，我们在理解西方国家的宏观经济政策实践时，务必将其首先看作是特定的和具体的宏观经济政策。只有在这一基础上，我们才能从中引申出更为一般化的含义和启示，而且在运用到自己国家宏观经济实践中的时候，也务必清楚类似做法所要求的前提条件。

第三节　宏观经济政策及相关理论的演变

宏观经济政策的制定和实施总是和其理论的发展联系在一起的。从20世纪30年代“凯恩斯革命”起，到今天博弈理论在宏观经济政策中的运用，西方宏观经济政策和理论在近60年来经历了一系列演变。从这一演变中，我们可以看到，西方经济理论和政策并不是成熟的科学与不变的原则，而是西方学者结合不同时期的经济问题提出的具体解释和对策。随着时间的进展，新的问题不断出现，西方经济理论和政策就会不断地改变其原有说法和内容。过去被认为是错误的东西，今天也可能被认为是正确的说法而大为流行，到以后，今天流行的说法可能又会被抛弃。可见，西方宏观经济政策和理论是经常处于变动之中的。为使读者对此有所了解，本节将对这些变动加以概略的论述。

20世纪30年代，当时传统的西方经济学对大萧条束手无策。而世界大战中各国政府对经济的计划与指导却相对稳定了经济。两相比较，形成了明显的对照。这使许多经济学家开始相信政府对经济的计划与指导是一种稳定经济的力量，而几乎使资本主义经济和社会覆灭的大萧条则被认为是政府纵容自由放任的结果。这些情况都为凯恩斯的需求管理思想登上历史舞台提供了一个良好的历史机遇。为了拯救和改善资本主义经济，当时的经济计划者和政府都需要从理论上为国家干预经济的政策提供依据。这样，凯恩斯主义需求管理政策的理论就具备了得到认可的社会基础。

凯恩斯的理论认为，在资本主义自由放任的条件下，由消费需求和投资需求构成的有效需求，不足以实现充分就业，或者说资本主义的通常状态是有效需求不足，处在未充分就业的均衡状态。有效需求不足是由于边际消费倾向、资本边际效率和流动性偏好这三个基本心理因素的作用所造成的。所以，市场机制不能使总需求与总供给在充分就业水平上达到均衡，这就必然要出现萧条和失业，或者，当需求过度时出现通货膨胀。政府调节经济就是要维持经济的稳定，并达到充分就业，其政策手段就是调节总需求，即运用财政政策和货币政策进行总需求管理。在进行需求管理时，财政政策被认为是经济萧条情况下最有力、最直接的调节手段。

由于凯恩斯主义迎合了当时的西方国家干预经济的需要，所以，凯恩斯的经济思想在西方国家得到迅速传播。美国的凯恩斯主义者还将凯恩斯的学说和传统的古典经济学（即现在的微观经济学的前身）结合起来形成了“新古典综合派”，其在第二次世界大战后的20余年期间占据了西方经济学界的支配地位。

"新古典综合派"弥补和纠正了凯恩斯经济学的不足,在许多方面使凯恩斯经济学得到了补充和发展,其中主要有:希克斯(John Hicks)、汉森(Alvin Hansen)提出了 *IS-LM* 模型;杜森贝利提出了相对收入假说的消费函数理论;萨缪尔森(Paul A. Samuelson)提出了宏观与微观经济学的结合,以及总需求与总供给的结合;莫迪格利安尼提出了生命周期假说的消费函数理论;在投资理论方面,汉森、萨缪尔森和希克斯提出了乘数—加速数模型;在货币需求理论方面,鲍莫尔(William Baumol)、托宾(James Tobin)提出了货币交易需求的平方根法则,托宾提出了货币投机需求的资产组合理论;在经济增长理论方面,哈罗德和多马提出了哈罗德—多马模型(Harrod-Domar model),索洛(Robert Solow)提出了新古典增长模型;在失业与通货膨胀相互关系的理论方面,引进了菲利普斯曲线。此外,克莱因(Lawrence Klein)等人还把凯恩斯主义经济学数量化,形成一整套计量经济模型。所有这些理论的形成和发展,对西方国家第二次世界大战之后几十年的经济政策思想都有很大影响,尤其是 *IS-LM* 模型成为研究财政政策效果的重要分析工具,菲利普斯曲线则提供了对失业和通胀作选择的总需求管理的菜单,强调根据经济风向运用斟酌决定(相机抉择)的财政政策和货币政策对总需求加以调节,减少经济的波动。

20 世纪 50 年代以来,"新古典综合派"的理论和主张为西方政府日益重视,该学派的一些经济学家还成为政府制定经济政策的顾问或智囊。他们占有主流经济学的地位,自认为他们的理论和政策能够使经济实现充分就业的稳定增长。应当说,第二次世界大战以后的 20 余年中,尤其在 20 世纪 50 年代与 60 年代上半期,以美国为首的西方国家的经济发展虽有一定波动,但总的说来经济增长较快,通货膨胀率和失业率也不算高。这是该时期"新古典综合派"能够占上风的主要原因。然而,从 20 世纪 70 年代起,这些国家的通货膨胀率节节上升。西方国家既想用"斟酌使用的"或"微调"的办法来抑制通胀,同时又不想使经济陷入衰退。结果,经济衰退虽然得以减缓,但物价却继续猛涨。到了 20 世纪 70 年代中期,大多数西方国家出现了"滞胀"的局面,即失业和通货膨胀同时并存的局面。对于这种局面,"新古典综合派"在理论上无法加以解释。因为,按照凯恩斯的理论,当失业(经济萧条)存在时,产量或国民收入的增加不会带来物价上涨,即使上涨,那也是轻微的,不会出现通货膨胀。只有实现充分就业以后,即失业被消灭以后,通货膨胀才会出现。换言之,失业与通货膨胀是不可能同时并存的。但是,二者同时并存的"滞胀"现实使凯恩斯的说法受到了严重的打击。既然"新古典综合派"无法对滞胀加以理论上的解释,所以在政策上也就提不出消除"滞胀"的有效举措。

理论上的困难和政策上的无能使"新古典综合派"受到了以米尔顿·弗里德曼为首的现代货币主义学派的猛烈攻击。

现代货币主义主要在两个方面和凯恩斯主义展开论战:一是关于财政政策和货币政策的效果方面。凯恩斯主义者强调财政政策作用,认为由于 *IS* 曲线较陡,货币政策效果并不理想,从而只有财政政策才能对总需求和产出有直接的、较快的和可靠的作用。然而,货币主义者通过对美国 1867—1960 年近一个世纪来货币和产出的关系的历史考察,认为只有货币政策才对产出的波动起着最大的作用。例如,20 世纪 30 年代的大萧条是实行错误货币政策的结果。美联储如果能增加基础货币供给,本来可使危机免除,可是却没有那样做,这才使经济陷入大萧条的困境。

二是关于稳定性经济政策的作用。弗里德曼否定凯恩斯主义的"斟酌使用"政策或根据经济情况而进行“微调”的经济政策。他认为，凯恩斯主义为克服萧条而制定的这种扩张性财政政策不但无助于降低失业率，反而会引起通货膨胀，加剧经济波动，阻碍经济增长。按照现代货币主义者的说法，资本主义市场并不是凯恩斯所描写的那样不稳定。因此，如果听之任之，让经济真正自由地活动，减少政府干预，经济就可避免剧烈波动。于是，政府在自由竞争社会中的职能就是制定竞争规则并按规则裁决交易双方的行为，同时给经济提供一个稳定性的“单一规则”的货币政策和“自由汇率制度”。“单一规则”的货币政策排除利息率、信贷流量、自由准备金等因素，仅以一定货币存量作为控制经济的唯一因素。按照这一规则，货币供应量每年应按照固定的比例增加。该比例的大小大致上等于经济和人口的实际增长率之和。这样，市场上商品和劳务产量的增减就能与货币供应量的增减相适应，使物价稳定下来。而实行“自由汇率”(即浮动汇率)又可以防止通货膨胀的国际“传递”，使经济稳定在“自然失业率”水平上。总之，现代货币主义者反对凯恩斯主义的财政政策，反对通过“微调”来进行需求管理的政策。他们把反通货膨胀放在优先地位，认为货币在短期内是影响产量、就业和物价变化的最主要因素，因而政府应当并且能够实行的单一的控制货币供给的政策。由此看来，现代货币主义在本质上属于经济自由主义的思潮。

20世纪70年代，在西方国家出现经济“滞胀”局面时，除了现代货币主义成为时髦的理论观点之外，美国还一度出现另一股经济自由主义思潮。这就是当时美国总统里根所信奉的“供给方面的经济学”。供给学派在反对凯恩斯主义的需求管理理论和政策的同时，把经济分析的着眼点放到了刺激生产的供给方面。他们认为不是需求决定供给，而是供给会创造需求。刺激供给的主要手段是降低税率。因为累进税制的高税率政策严重挫伤了企业主的经营积极性，使储蓄率和投资率下降，劳动者工作热情低落，从而使生产和就业停滞，并造成经济“滞胀”。只有大幅度减税，才能增加个人收入和企业利润，进而促进储蓄和投资，刺激工作和生产经营积极性，才能使生产率提高。这样，最终会使政府课税基础扩大，税收总额随之增加，财政赤字得到控制，通货膨胀也会消失。

不过，这一“减税”方案实行以后，美国的经济“滞胀”不但没有减轻，反而加重了。因此，在短暂的执行“减税”方案以后，该方案很快被放弃。随着政策的失败，供给学派的思想和影响也就烟消云散了。不过，在21世纪初期，美国的小布什就任总统后，为了对付经济衰退，又重新拾起了当年里根未能奏效的长期减税计划。对此，美国经济学界众说纷纭，同样未能给予一致性的肯定性结论。

在西方宏观经济学理论体系中，除了上述反对凯恩斯主义需求管理政策和思想的现代货币主义和供给学派之外，还有一个在现代货币主义基础上发展起来，而又比现代货币主义更具经济自由主义色彩的理性预期学派，以及由此发展而来的新古典宏观经济学。理性预期学派强调“理性预期”对经济行为和经济政策的影响与作用，其代表人物有R.卢卡斯和T.萨金特等。理性预期是针对适应性预期而言的。后者指人们不掌握充分的信息，主要根据过去的经验来预测未来，并准备随时调整预期；而前者指人们会根据过去、现在和将来一切可能获得的信息做出的预期。理性预期学派认为，经济人是根据理性预期做出经济决策的，而市场运作的结果是使市场得以出清的供求平衡。这样，在理性预期和市场出清这两个前提条件下，该学派得出了政策无效性结论。换言之，在理性预期和市场出清的假设下，一切宏观经济政策都不会产生应有的效果。按照该学派的说法，具有理性预期的人会预料到政府的政策所造成的后果，从而会采取相应的对策加以防范，即“上有政策，下有对策”。这种“对策”会抵消政策的作用，使政策归于失效。

随着理性预期理论的兴起，西方经济学家开始普遍重视预期在经济政策制定中的作用，并由此导致重视博弈理论在宏观经济政策理论上的运用。根据博弈论，政府在制定政策时必须考虑到私人部门的反应，否则，政策效果会大打折扣。私人部门会努力发现政策制定者的偏好，而政策制定者也在努力使私人部门相信其偏好，或者说努力欺骗私人部门。在这种情况下，政府最好是不要为追求自己认定的最优目标而不断地戏弄公众。政府不应用不断变换政策的把戏去和公众“斗智”，而应当尽量减少对私人经济活动的干预，即放弃短期的政策变动，实施长期不变的政策规则。只要政府能够创造一个让市场机制充分发挥其自发调节作用的稳定环境，真心取信于民，经济就会逐渐地、自动地得到稳定发展。

在 20 世纪 70 年代经济“滞胀”局面中兴盛起来的经济自由主义思潮，使传统的凯恩斯主义失去了正统的经济地位。不过，凯恩斯理论和主张的追随者认为，不要国家对宏观经济的干预是行不通的。他们试图在新的形势下使主张政府干预经济的凯恩斯主义在更新颖的理论基础上以新面目出现，使之既能回答论敌的责难，也符合实践对经济政策的要求。在这样的背景下，在 20 世纪 80 年代前后，一个主张政府干预经济的新学派——新凯恩斯主义经济学在西方经济学界逐渐形成了。新凯恩斯主义经济学的出现使凯恩斯主义从困境中走了出来，重新获得了生机。但新凯恩斯主义不是对原凯恩斯主义的简单承袭，而是认真对待各反对学派的批评，对原凯恩斯主义理论进行深刻反省，同时吸纳了其他各学派有用观点后形成的。特别值得注意的是，新凯恩斯主义经济学引进了原凯恩斯主义所忽视的厂商利润最大化和消费者效用最大化的假设，部分地吸收了理性预期学派所强调的理性预期假设，使凯恩斯主义宏观经济学有了一个微观基础。不过，新凯恩斯主义仍然坚持了原凯恩斯主义的非市场出清假设，认为在出现需求冲击或供给冲击后，工资和价格不能迅速调整到使市场出清的状态，缓慢的工资和价格调整使经济回到正常产量的状态需要一个很长的过程。在这一过程中，经济处于持续的非均衡状态。这时，即便有理性预期的存在，国家干预经济的政策仍然会有积极作用。从西方国家目前执行的政策来看，凯恩斯主义尽管曾一度衰落，但并没有完全为经济自由主义所取代。

历史告诉我们，经济理论总是为经济政策实践服务的。尽管西方宏观经济政策和理论在过去发生过许多变化，出现过许多说法，但变来变去总不外乎国家干预主义和经济自由主义两大思潮的交替演进。可以预料，随着时间的进展，西方国家在将来还会出现各种不同的经济问题，从而西方宏观经济理论也会随之改变自己的说法，以适应解释这些不同问题的需要。

本章小结

按照凯恩斯主义的理论，总需求对于国民经济具有至关重要的意义，而且在一般情况下，自发的消费需求和投资需求难以保证达到理想的水平(即充分就业所要求的水平)。当然,政府就应该责无旁贷地担负起调节总需求,从而调节国民经济的任务。这样,政府的需求管理政策就成为宏观经济学所应该致力研究的对象。

本章所分析的政府实行财政政策和货币政策的效果,取决于产品市场和货币市场的相互配合情况,以及政策乘数的大小。其中,投资对利率的敏感程度(即投资的利率弹性)与货币需求对利率和收入的敏感程度(即货币需求的利率弹性和货币需求的收入弹性),*IS* 曲线和 *LM* 曲线的形状,都会直接关系到政策效果的大小。因此,采用财政政策和货币政策来调节总需求时,一定要注意具体条件和政策之间的相互配合。在一般情况下,不考虑总需求的具体状况(即总需求曲线的形状),单独依靠任何一种政策都难以达到令人满意的效果。

从根本上来说,学习宏观经济学应该达到两大目的:其一是,掌握一套理解宏观经济活动的方法和分析工具;其二是,学会理解和运用宏观经济政策对宏观经济加以调节和控制。我们在探讨了宏观经济政策的四大目标之后,着重讨论了总需求方面的宏观经济政策,即财政政策和货币政策的作用。我们具体分析的财政政策的构成和财政政策工具、财政自动调节的自动稳定器和主动财政调节的相机抉择(斟酌使用)的财政政策、功能性财政政策的特点及衡量问题、财政赤字和公债的问题、与货币政策运行相关的银行体系、实行货币政策的工具和手段等,在市场经济条件下,既有一定的特殊性,也有一定的普遍性。这对于我们建立和完善社会主义市场经济具有一定的启发和借鉴意义。最后,我们对于现代西方国家所采用的宏观经济政策理论的发展演变的适当说明,可以使读者对凯恩斯主义色彩的宏观经济政策以及西方国家宏观经济政策的变化有个更加全面的了解。

思考题

一、名词解释

财政政策	货币政策	挤出效应
财政政策乘数	货币政策乘数	功能性财政
经济的自动稳定器	周期平衡预算	年度平衡预算
充分就业预算盈余	相机抉择	充分就业预算赤字

二、选择题

1. 下列哪种情况下"挤出效应"可能最大:(　　)。
   A. *LM* 陡峭而 *IS* 平缓　　B. *LM* 垂直而 *IS* 陡峭
   C. *LM* 平缓而 *IS* 垂直　　D. *LM* 和 *IS* 一样平缓
2. 扩张性的财政政策和扩张性的货币政策对经济的影响是:(　　)。
   A. 国民收入增加,利率不确定　　B. 国民收入不确定,利率增加
   C. 国民收入增加,利率下降　　D. 国民收入不确定,利率上升

3. 当一国采用扩张性财政政策，而不采用紧缩性的货币政策时，一定会使：(　　)。

A. 产出上升、利率上升　　B. 产出上升、利率不确定

C. 产出不确定、利率上升　　D. 产出不确定、利率下降

E. 产出下降、利率不确定

4. 反对使用积极的稳定政策的理由不包括：(　　)。

A. 存在较长的内部时滞和外部时滞

B. 经济预测者能够准确预测未来经济形势的能力非常有限

C. 劳动力参与率对国民产出会做出反应

D. 历史的观点认为错误的政策选择导致了大萧条

5. 下述经济政策都是有规则的，除了：(　　)。

A. 央行每年增加货币供给量3%

B. 依据宪法，美国联邦政府必须每年平衡预算

C. 央行采取下列货币政策：货币增长率=3%+2*(实际失业率-5.5%)

D. 在私人支出下降后，政府决定通过减税来刺激总需求

6. 货币主义认为稳定的货币供给增长率能够消除绝大部分产出和失业的波动。最能反驳货币主义观点的是：(　　)。

A. 只有当总价格水平不变时，稳定的货币增长率才能消除产出波动

B. 稳定的货币增长并不能稳定总需求，因为货币流通速度常常是不稳定的

C. 因为经济中的货币数量是有限的，因此根本不可能出现较大的货币供给波动

D. 财政政策能更好地应对产出和失业波动，因为政府可以通过税收体系来更加直接地控制经济

三、简答题

1. 货币政策效果较好的条件是什么？
2. 为什么削减政府支出会使利率下降？
3. 货币政策的局限性和副作用是什么？
4. 财政政策的主要工具有哪些？
5. 试解释货币创造的机制。
6. 货币政策的工具主要有哪些？
7. 银行是怎样通过公开市场业务来调节货币供给的？
8. 简述现代货币主义的货币政策传导机制。
9. 在1997—1998年期间，我国连续降低金融机构存贷款利率的原因是什么？它对宏观经济会产生哪些影响？在我国经济市场化的过程中如何更好地发挥利率的调节作用？

四、计算题与分析题

1. 已知消费函数 $C=50+0.75Y_D$，投资 $I=200$，税收函数 $T=40+0.2Y$，政府转移支付 $TR=24$，政府支出 $G=180$(单位：亿美元)。试求：

(1) 均衡收入是多少？预算是盈余还是赤字？

(2) 为实现预算平衡，若税收不变，政府应增加还是减少支出，该支出变化是多少？

2. 假定某国政府有预算赤字75亿美元，边际消费倾向$c=0.8$，边际税率$t=0.25$，现在政府为降低通货膨胀率需要减少政府购买支出200亿美元，试计算这一措施能否消灭预算的赤字？

3. 假定某经济社会的消费函数$C=40+0.8Y_D$，投资$I=140$，税收$T=20+0.25Y$，政府支出$G=60$，政府转移支付$TR=30$(单位：亿美元)，试求：

(1) 均衡国民收入。

(2) 投资乘数、政府支出乘数、税收乘数、转移支付乘数、平衡预算乘数。

(3) 假定该经济社会达到充分就业所需国民收入为700亿美元，若分别用增加政府购买、减少税收、增加政府购买和同时增加税收相同数额来实现充分就业，各需要多少数额？

4. 已知高能货币H，非银行部门持有的通货C_u，法定准备金R_d，超额准备金R_e，货币供给M和活期存款D，推导出货币创造乘数。

5. 假定法定准备金率是0.12，没有超额准备金，对现金的需求是1000亿美元。

(1) 假定总准备金是400亿美元，货币供给是多少？

(2) 如果中央银行购进10亿美元债券，货币供给变动是多少？

(3) 假定总准备金是400亿美元，若中央银行把准备金率提高到0.2，货币供给变动多少？

6. 假定政府考虑采用两种紧缩性政策：(1)取消投资津贴；(2)增加所得税。用*IS-LM*模型以及投资需求曲线分析上述两种政策分别对收入、利率和投资的影响。

7. 如果中央银行的最终目标是使产出波动最小，那么在什么情况下，中央银行应该采取利率目标，在什么情况下应该采取货币存量目标？

第十章 总供给政策和经济增长

学习目的和要求

通过本章的学习应当掌握：1. 西方经济学中“经济发展”和“经济增长”之间的区别；2. 对经济增长状况的衡量、经济增长的动力和源泉，经济增长的研究方法；3. 经济增长因素分析：“索洛剩余方法”、丹尼森的经济增长因素分析要点、库兹涅茨的经济增长因素分析要点；4. 哈罗德—多马经济增长模型的基本内容；5. 索洛的新古典经济增长模型的基本内容；6. 经济增长的黄金分割规则、最优经济增长的途径问题；7. 内生经济增长理论和模型，外部性条件下的内生经济增长模型、凸性经济增长模型；8. 关于经济增长的趋同问题；9. 关于经济增长问题的争论，如经济增长极限论、经济增长怀疑论；10. 推动经济增长的各类经济政策。

第一节 总供给政策及其目标

大多数新经济增长模型都强调了增长模型的政策含义。罗默、卢卡斯等人认为，如果政府不对科学技术的发展加以倡导，那么分散经营的经济的增长率就会过低。因此，政府可以通过对研究和开发提供补贴而达到促进经济增长的目的。琼斯、雷贝洛等人认为，各国政府实施不同的税收政策和贸易政策是导致各国经济增长率存在差异的重要因素，政府应采用降低资本税、关税等政策措施鼓励资本积累和国际贸易，以促进经济增长。

一般说来，政府对决定经济增长的技术进步、资本形成和劳动投入这三个因素都可以产生影响。特别是当存在市场失灵，而经济增长又比较缓慢的时候，政府往往会提出许多刺激经济增长的政策。但是，总的说来，在长期中，财政政策对总产出具有影响，而货币政策却几乎没有什么影响。具体而言，就是说财政政策会影响经济增长的三个因素。作为财政政策的重要组成部分的政府支出、税收和转移支付，都会对潜在 GDP 产生影响。当然，政府支出不会对劳动、资本和技术立即产生重大影响，但是，以后，其影响则可能会逐渐增强。下面，我们就分别从几个方面对政府刺激经济增长的经济政策加以说明。

一、改善技术增长和生产率的政策

一般说来，政府推动和改善经济增长的最好政策就是推动和促进教育的发展，推动提高人力资本的培训工作。因为，一支高度熟练的劳动大军显然是成功地提高生产率的一个关键性因素。

正如我们在技术生产函数中可以看到的那样，技术增长的一个重要来源就是对技术研究和创新开发的投资。

此外，教育和技术的研究与开发都具有溢出效应，它们都可以带来超过其研发者私人收益之外的社会收益。如果通过自发的机制，个人和厂商在教育和研究上选择的支出水平，将低于社会最优水平，政府就可以考虑通过拨款或提供补贴，来刺激这些活动。在美国，对研究和实验的税收抵免，为研究和开发支出提供了税收方面的激励。这一特殊的税收抵免，对厂商而言，相当于减免了它们的研究和开发支出的20%的税收额。如果研究和开发计划是技术增长的一个重要来源的话，这样的税收激励应该能够提高技术增长。如果研究和开发计划的资助者不能获得它的全部收益，那么，通过税收系统为此目的使用公共资金是合理的。

二、刺激资本形成的政策

长期以来，刺激经济增长的政策几乎完全集中在资本形成上，因为资本存量的增加将会促进经济增长。经验和研究已经证明，在数量上，每一个额外百分点的资本增长将大约增加0.3个百分点的产出增长。而为了将产出每年提高一个百分点，资本存量每年就必须提高3.3个百分点。当然，新工厂和机器的增加，可能会带来促进生产率提高的额外的技术创新。

在经济条件的恰当组合下，投资的大量增长是有可能的。例如，美国在1962年的时候，投资处于衰退的水平上。当时的美国总统肯尼迪实行了第一个投资税抵免政策，以刺激社会的投资。这一刺激资本形成的政策，加上当时普遍的扩张条件，使美国的投资额从1962年的3060亿美元增加到1966年的4010亿美元，增长了大约30%。但是，这种增长率的趋势并不能就此保持下去。几年后，资本增长率就降了下来。为达到同原来一样的资本增长率，投资税抵免政策不得不加强力度。

三、增加劳动供给的政策

根据经验性分析，就业增长对经济增长的影响是资本增长的两倍多。就业量每多增长一个百分点，将使产量增长提高0.7个百分点。也就是说，为使产出增长率每年增加1%，就业量每年需要增加1.4%。个人收入所得税的减免是加强对就业的激励，促使人们努力工作的一个途径。因为，个人收入所得税的提高会减少工人的工作所得，从而降低工人的工作积极性。所以，个人收入所得税的减免能够改善激励，促进工作的积极性。比如，美国在1981年和1986年通过并生效的税收减免政策，就正是以这一观点为基础的。

不过，所得税的减免政策也会产生反向的作用和效果。这就是说，当所得税的减免使人们的收入增加，从而使他们的经济状况得到改善时，他们也许会减少劳动供给。这样一来，减轻税收政策的净效应也可能会很小。图 10.1 表明，当劳动供给曲线很陡峭时，供给与需求也许会相交于几乎相同的就业水平上。在这种情况下，减轻税收的政策就将无法较大幅度地刺激就业和经济增长。

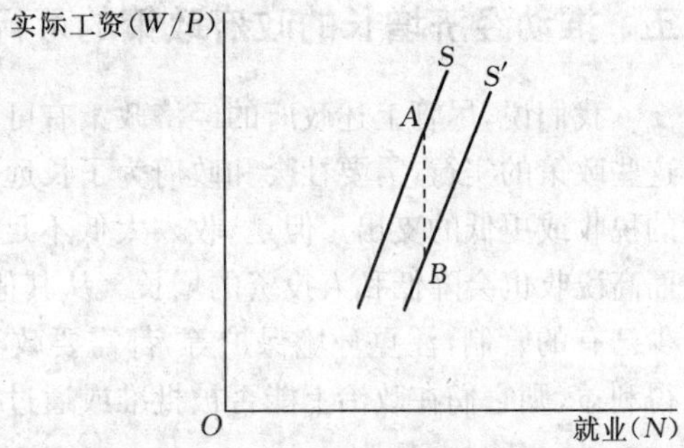

图 10.1　减税造成的劳动供给的变化

在图 10.1 中，减税使劳动供给函数成比例地向下移动。S 为降低税率之前的劳动供给曲线；A 为该劳动供给曲线上的任意一点。S' 为降低税率后的劳动供给曲线。S' 上的 B 点所代表的实际工资，与 S 曲线上的 A 点的工资减税后的实际工资值相等。B 点在 A 点的下面，两点之间的距离等于减税的量。B 点的劳动供给量与 A 点的劳动供给量相同。因为在这两个点上工人得到的实际工资是相同的。这样，一条几乎垂直的劳动供给曲线的下移，对就业几乎没有什么实质性影响。

刺激经济增长的政策并不一定要采取减税的方式。当一国的政府对收入需求增大的情况下，通过减税政策来大力改善工作激励机制将变得不太可能。这时，可以考虑的另外一种形式的政策就是税制改革。税制改革可以降低税率而保持税收收入不变。这可以通过减少税收扣除和降低工作收入的税率而做到。因为税收收入不变，平均纳税人缴纳的税收数额不变，也就没有收入效应。因为税率降低所导致的税收收入的减少被减少税收扣除带来的税收收入的增加所抵消掉了。这种形式的税制改革必然包含着所得税累进程度的降低。真正对工作激励起作用的是边际税率，即对收入的最后一单位货币起作用的税率。例如，一个对最初几千美元以上的收入征收大致相同税率的固定统一的税收系统，可以在较低的边际税率下征得相同的数量的税收收入。这种税制改革不会降低工作努力的收入效应，劳动供给曲线将以替代效应的全部数量移动。

四、赤字预算下的扩张性政府支出政策对经济增长的影响

政府扩张性的支出政策一般地会投向公共设施和基础设施。而公共设施和基础设施将会在长期里为私人投资的增长创造条件。所以，扩大政府开支的政策会在长期里间接地有利于经济增长。

但是，这种增加基础设施的政府公共投资政策也有副作用。在以前的分析中，我们知道，当政府采用赤字财政来扩大政府支出的财政政策时，如果货币供给量没有发生变化的话，经济中通常会由于利息率的上升而对私人投资产生一种"挤出效应"。这就是说，如果从长期考虑的话，这种情况造成的私人投资的减少将会影响经济增长。

现在我们反过来考虑，如果政府减少预算赤字，也就是说政府缩减开支，将会减轻对私人投资的挤出效应，从而对长期经济增长产生积极作用的话，那么，缩减政府开支的政策也可以被看作激励私人投资增加和减少排挤私人投资的政策。

五、推动经济增长的政府政策的可行性

我们说，尽管上述政府的经济政策有可能推动经济的增长，但是，问题并不如此简单。因为这些政策的实行，需要社会和政府为了长远的利益而牺牲当前利益。削减预算赤字会要求更高的税收或更低的支出。但是，收入太低不足以应付长期以来形成的已经很高的政府其他支出。而高税收也会降低私人投资的增长。从其他推动经济增长的政策来说，比如，调整产业政策，减少已有的管制，注重环境保护等，都需要政治上的支持。如果这些政策会触及一些人眼前的既得利益，则它们在政治上能否被批准或通过，也是成问题的。

第二节　经济增长概论

经济增长应该是一个可以感觉得到的现象。从普通人的观点来看，他们最关心的问题是：自己的生活水平和生活质量能不能提高？可以提高到什么状况和程度？如何提高？这种提高所需的时间有多长？而这些问题正是经济发展和经济增长研究所要解决和给予回答的。

以世界上经济最发达国家之一的美国为例，经济增长的结果也在相应的一段历史时期内表现出了生活水平的巨大差距。与今天美国普通人的生活水平相比，美国经济史学家斯坦利·莱伯格特曾经描绘了美国普通人的家庭在1783年时的生活水平状况：没有暖气，只有一个壁炉，没有自来水，没有热水；厕所只是在外面盖的一间小木屋，屋内的地上有一个坑。直到19世纪，一个普通美国农民每周只能洗一次澡，房间里也没有电和天然气，晚上只能点一支蜡烛照明，当然也没有电冰箱、电烤炉和其他设备；除了一只硬板床外，卧室内没有任何家具；由于不存在社会的相关产业，家庭里必须自己动手解决一切生活必需品的供给。①为什么在18世纪到19世纪中期，美国人的生活水平并没有多大变化，而在19世纪中期以后到今天，却出现了过去几乎无法想象的巨大变化呢？事实上，造成18—19世纪美国普通人的生活水平与今天美国普通人生活水平巨大差距的原因，正是经济的发展和经济增长。

当然，各个国家经济增长的速度有快有慢。表10.1给出了12个国家经过40多年时间的发展后人均GDP的状况。我们从中可以看出经济增长对于人们收入水平和生活水平的巨大影响。如果我们进一步将美国、日本、挪威和孟加拉国四个国家在1820—1990年的一个半世纪多的人均GDP增长状况进行对比，更可以发现四个惊人的特点：第一，美国的长期增长记录是相当可观的，在19世纪与20世纪，平均人均收入增长了16倍多。第二，日本已从第二次世界大战之前的中度贫穷国家变成了一个生活水平与美国不相上下的富裕国家。第三，挪威的人均收入在近25年以来取得了突飞猛进的增长。第四，孟加拉国在150年前就极为贫穷并且增长乏

① 参见阿瑟·奥沙利文和史蒂芬·M.谢菲林：《经济学》（下册），北京大学出版社2001年版，第514页。

力,至今仍然如此。①

表 10.1 人均 GDP

	1990 年美元		累计增长(%)
	1950	1992	
美 国	9573	21558	125.20
孟加拉国	551	720	30.67
中 国	614	3098	404.36
埃 及	517	927	272.73
印 度	597	1348	125.80
印度尼西亚	874	2749	214.53
墨西哥	2085	5112	145.18
韩 国	876	10010	1042.69
坦桑尼亚	427	604	41.45
泰 国	848	4694	453.54
扎伊尔	636	407	−36.01

资料来源:多恩布什、费希尔、斯塔兹:《宏观经济学》第 8 版,中国财政经济出版社 2003 年版,第 67 页。

一、经济增长与经济发展

考察国民经济长期发展问题常涉及两个既紧密相联又有区别的概念,即经济增长和经济发展。

在宏观经济学中,经济增长通常被规定为一国 GDP(或者 GNP)的增加。在理论分析中往往进一步以产量来代表 GDP(或者 GNP)。这里,产量既可以表示为经济的总产量,也可以表示为人均产量。经济增长的程度或者速度则用增长率来描述。

若用 Y_t 表示 t 时期的总产量,Y_{t-1} 表示$(t-1)$时期的总产量,则 t 期对$(t-1)$时期而言,总产量的增长率 G_t 就可表示为:

$$G_t = \frac{Y_t - Y_{t-1}}{Y_{t-1}}$$

如果用 y_t 表示 t 时期的人均产量,y_{t-1} 表示$(t-1)$时期的人均产量,则人均产量的增长率 g_t 为:

$$g_t = \frac{y_t - y_{t-1}}{y_{t-1}}$$

如果说经济增长是一个“量”的概念,那么经济发展就是一个比较复杂的“质”的概念。经济发展通常指一个国家或经济社会从不发达状态转变为发达状态的过程。从广泛的意义上说,经济发展不仅包括经济增长,而且包括国民的生活质量,以及整个社会经济结构和制度结构的总体进步。总之,经济发展是反映一个经济社会总体发展水平的综合性概念。在现代经济学中,经济增长主要涉及经济发达国家,而经济发展主要涉及经济不发达国家或经济欠发达国家。一

① 参见多恩布什、费希尔、斯塔兹:《宏观经济学》第 8 版,中国财政经济出版社 2003 年版,第 45 页。

般而言，在经济学范围里，经济发展理论和问题由"发展经济学"的学科分支进行专门研究，而经济增长理论和问题，则重点在"宏观经济学"中加以研究。

二、经济增长的源泉

宏观经济学通常借助于生产函数来研究经济增长的源泉。经济学家们认为，推动经济增长的源泉主要是四个方面，即：人力资源、自然资源、资本投入和技术进步。美国经济学家保罗·A. 萨缪尔森(Paul A. Samuelson)和威廉·D. 诺德豪斯(William D. Nordhaus)将这四个方面称为"经济增长的四个轮子"。①由于自然资源的相对稳定性，多数经济学家涉及的宏观生产函数在一般情况下并不考虑自然资源的投入，而只把经济中的产出与生产要素的投入和技术状况联系在一起。所以，宏观生产函数通常可以表示为：

$$Y_t = A_t f(L_t, K_t)$$

式中，Y_t、L_t 和 K_t 顺次为 t 时期的总产出、投入的劳动量和投入的资本量，A_t 代表 t 时期的技术状况。依据上述关系，我们可以得到一个描述投入要素增长率、产出增长率与技术进步增长率之间关系的方程，称其为增长率的分解式，即：

$$G_y = G_A + \alpha G_L + \beta G_K$$

式中，G_y 为产出的增长率，G_A 为技术进步增长率，G_L 和 G_K 分别为劳动和资本的增长率。α 和 β 为参数，它们分别是劳动和资本的产出弹性。

从增长率分解式可知，产出的增加可以由三种力量(或因素)来解释，即劳动、资本和技术进步。换句话说，经济增长的源泉可被归结为劳动和资本的增长以及技术进步。

有时，为了强调教育和培训对经济增长的潜在贡献，还把人力资本作为一种单独的投入写进生产函数。所谓人力资本就是体现在经济活动参与者个人身上获取收入的潜在能力的价值，它包括天生的能力和才华，以及通过后天教育和训练而获得的技能。究竟是把人力资本与劳动力结合起来以劳动投入(或者人力资源)来代表，还是把人力资本分开来作为单独的一种投入处理，经济学家们的意见是不一致的。当我们把人力资本作为一种单独投入要素对待时，生产函数则可以被写为下面的形式：

$$Y_t = A_t F(L_t, K_t, H_t)$$

式中，H_t 为人力资本。

三、研究经济增长问题的方法

经济增长问题实际上是经济社会潜在生产能力及其现实表现的长期变化趋势问题。这种趋势可以用一条长期产出增长的趋势线来表示。

图 10.2 中，横轴表示时间，纵轴表示产出。向上倾斜的产出增长趋势线表示潜在生产水平

① 参见保罗·A. 萨缪尔森、威廉·D. 诺德豪斯合著，萧琛译：《经济学》第 16 版，华夏出版社 1999 年版，第 419—420 页。

不断增加的过程。研究经济增长问题的本质就在于说明，是什么因素决定了长期中产量的增长率？或者说，产出增长的长期趋势是受什么因素影响，并按照什么规律变化，可以达到什么样的理想状态？

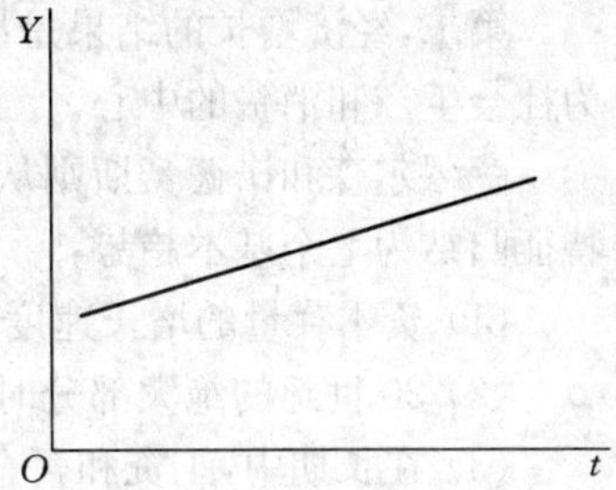

图 10.2　产出的增长趋势

宏观经济学对这类问题的解答有两种互相补充的分析方法。一种是经济增长理论的数理模型分析，它通过把增长过程中要素供给、技术进步、生产率增长、储蓄和投资之间的互动关系模型化，加以分析。另一种是经济增长的核算，也叫做经济增长因素分析。它是把决定经济中产量增长的不同因素的贡献程度数量化，进行分析。大致说来，这两种方法构成了宏观经济学中分析和研究经济增长问题的基本框架和方法。

四、经济增长概况及现代经济增长的特征

从历史上来看，经济增长实际上只是近现代社会出现的现象。美国经济史学家和研究经济增长问题的专家安格斯·麦迪逊（Angus Maddison）将由 1980 年倒推 15 个世纪期间的人口增长和人均产量增长的情况进行了研究分析后提出，人类社会的经济增长可以分为四个阶段（见表 10.2）。只有从 16 世纪的第 2 个阶段开始，经济才有了低水平的缓慢增长，而只是到了资本主义阶段，才出现了经济的较快增长。①

表 10.2　过去 15 个世纪的人口增长和人均产量增长

（平均年增长率）

	人口	人均产量
农业（500—1500 年）	0.1	0.0
高级农业（1500—1700 年）	0.2	0.1
商人资本主义（1700—1820 年）	0.4	0.2
资本主义（1820—1980）	0.9	1.6

诺贝尔经济学奖获得者、美国经济学家西蒙·库兹涅茨（Simon Kuznets）认为，现代经济增长是十分重要的，它对整个人类社会的历史和经济结构的变化都具有重要的影响。所以，应该认真研究现代经济增长，注意其相关特征。

美国经济学家杰弗里·萨克斯（Jeffrey Sachs）和费利普·拉雷恩（Felipe Larrain）认为现代经济增长具有如下两大特征：②

第一，经济增长使农业部门在整个经济中的产量和就业份额方面的重要性下降，而制造业和服务业的重要性则日益增强。美国农业劳动力数量占全部劳动力数量的比率，由 1820 年的 70%，变为 1987 年的 3%；日本农业劳动力数量占全部劳动力数量的比率，由 1870 年的 72%，下降为 20 世纪 80 年代后期的 8%。目前，在工业化国家，这一比率平均大约为 5%。

① 杰弗里·萨克斯和费利普·拉雷恩：《全球视角的宏观经济学》，上海三联书店、上海人民出版社 1997 年版，第 792—793 页。

② 同上书，第 794—797 页。

第二，经济增长的结果是出现了城市化的趋势。大量的人口、企业集聚于城市地区，城市成为社会生产和消费的中心。

萨缪尔森和诺德豪斯则从经济发达国家在20世纪的经济发展历史情况中，将经济增长的特征归结为七个基本趋势：①

(1) 资本存量的增长速度远比人口和就业量的增长速度要快，这导致了资本深化的趋势。

(2) 20世纪的绝大部分时间里，实际工资水平呈现出强劲上升的趋势。

(3) 在长期中，工资和薪金收入在国民收入中所占的比例略有上升。但是，在20世纪最后20年中却几乎没有变化。

(4) 过去实际利率和利润率呈现出较大的波动，特别是在经济周期中表现出有较大的波动，但是，在20世纪中，波动和变化却不大。

(5) 20世纪中，资本—产出比率是下降的，没有表现出收益递减规律。

(6) 20世纪的绝大部分时间里，国民储蓄占GDP的比重和投资占GDP的比重一直是稳定的，只是20世纪最后20年里，美国的国民储蓄率发生了急剧下降。

(7) 在不考虑经济周期的影响时，国民产值的平均增长率大约是3%。产出增长速度大大高于加权平均后的资本、劳动和资源投入的增长，表明技术进步在经济增长中具有十分重要的作用。

不过，萨缪尔森和诺德豪斯提醒人们，他们所归纳的经济增长特征的七个趋势，只具有一定的必然性，并非所有的国家或者在所有的经济增长过程中都必然出现。

五、经济增长理论研究的历史概况

从经济思想史方面来看，如果不拘泥于"经济增长"的专用术语的话，经济增长问题在相当长的时期里都一直是经济学研究的重大理论问题。

早期英国古典经济学家理查德·坎梯隆(Richard Contillon)最早从社会总资本流通角度探讨了经济增长问题。其后，法国重农学派经济学家弗朗斯瓦·魁奈(Francois Quesnay)对坎梯隆的"流通图"加以发展，提出了"经济表"。

英国古典经济学的奠基人亚当·斯密(Adam Smith)在《国富论》中将劳动分工、资本积累和技术进步所导致的效率提高等看作经济增长的基本因素。大卫·李嘉图(David Ricardo)则进一步提出在土地和其他资源既定的情况下，资本的不断积累和劳动投入的持续增加，会造成生产要素的边际报酬递减现象，所以，技术进步就成为十分必要的条件。

19世纪中后期，卡尔·马克思在《资本论》第2卷中系统地论述了经济增长的理论。这对后来人们对经济增长理论的研究也产生了重要的影响。

20世纪20年代末，英国经济学家阿林·扬(Allyn Young)从亚当·斯密的《国富论》中关于分工、专业化和市场发展的论述中发现了收益递增的思想，并且在艾尔弗雷德·马歇尔(Alfred Marshall)关于完全竞争与收益递增可以相容，以及经济外部性问题的思想启发下，提出了最早的内生经济增长思想，为当代新经济增长理论提供了最早的思想基础。由于其论文发表于经济

① 参见保罗·A.萨缪尔森、威廉·D.诺德豪斯：《经济学》第16版，华夏出版社1999年版，第728页。

大萧条期间，所以，他的思想在当时并未引起充分的重视。

20世纪30年代，奥地利经济学家约瑟夫·熊彼特(Joseph A. Schumpeter)提出了极具影响的创新理论，并以之解释和说明经济周期波动和经济增长过程。

20世纪30—40年代，英国经济学家罗伊·哈罗德(Roy F. Harrod)和美国经济学家埃弗赛·多马(Evsey D. Domar)出于补充与完善凯恩斯经济理论体系的需要，提出了资本系数不变的具有凯恩斯主义色彩的经济增长理论模型。不过，哈罗德—多马经济增长模型只能从凯恩斯主义经济理论的角度部分解释经济增长问题，而且它本身还存在着不确定和不稳定的问题(“刃锋现象”)。

20世纪50年代美国经济学家罗伯特·索洛(Robert Solow)和澳大利亚经济学家特雷沃·斯旺(Trevor W. Swan)从新古典经济学派的生产函数角度，对哈罗德—多马模型进行了适当的修正。他们加入了外生的劳动增长率和技术进步率，建立了资本系数可变的索洛—斯旺模型，避免了“刃锋现象”，说明了经济稳定增长的可能性。但是，索洛和斯旺的模型却未能说明劳动增长率和技术进步率的决定，也未能很好地解决最优经济增长途径问题。

与索洛和斯旺大致同时，由英国经济学家琼·罗宾逊(Joan Robinson)和尼古拉斯·卡尔多(Nicholas Kaldor)分别提出了带有强调收入分配问题的经济增长模型。到20世纪60年代，卡尔多还依据各国经济增长的情况，提出了经济增长的六个标准化事实，作为指导和评判经济增长理论模型的依据。这对于后来经济增长理论的发展起到了重要的作用。

20世纪60年代中期，美国经济学家埃德蒙·费尔普斯(Edmund S. Phelps)在索洛—斯旺模型基础上提出了资本增长的黄金律。戴维·凯斯(David Cass)和嘉灵·库普曼斯(Tjalling C. Koopmans)则以20年代弗兰克·拉姆赛(Frank Ramsey)的最优储蓄理论为基础，提出了与费尔普斯的静态范畴的资本积累黄金律相对应的、以完全竞争为背景的拉姆赛—凯斯—库普曼斯最优经济增长理论最优经济增长理论框架。这样，20世纪中传统的新古典经济增长理论的核心内容就确立起来了。同一时代，宇泽弘文(Hirofumi Uzawa)还通过区分资本财物和消费财物的不同生产技术，提出了两部门的经济增长模型。

由于传统的新古典经济增长理论主要是通过劳动增长和技术进步来解释长期经济增长机制，所以，说明技术进步就成为经济增长理论的主要研究内容之一。对此，在20世纪60年代，肯尼斯·阿罗(Kenneth J. Arrow)和谢辛斯基(Sheshinski)分别建立了技术进步与学习效果相联系的经济增长模型，宇泽弘文则研究了教育部门的投入和最优技术进步问题。

到20世纪80年代，保罗·罗默(Paul M. Romer)、罗伯特·小卢卡斯(Robert E. Lucas Jr.)和瑟吉奥·莱贝洛(Sergio Rebelo)运用广义资本概念研究了缓解资本边际收益递减，使资本的持续积累成为可能性的问题。由此开始，出现了新经济增长理论的研究热潮。

20世纪80年代以来直至当前的新经济增长理论研究的一个共同特点是更多地运用数理分析方法。其主流方面的研究主要有如下几个方面：

(1) 通过拉姆赛—凯斯—库普曼斯最优经济增长模型来讨论集权经济和分权经济的最优经济增长途径的异同点，说明技术进步在经济增长中的重要作用。

(2) 在罗默、卢卡斯和莱贝洛研究的基础上说明通过人力资本投资取得的技术进步与“帕累托最优”的相互关系，讨论公共政策对技术进步和长期经济增长途径的影响。

(3) 在明确技术进步的具体表现形式基础上，运用杰恩·格罗斯曼(Gene M. Grossman)和埃尔哈南·赫尔普曼(Elhanan Helpman)的产品种类扩展模型和产品质量改进模型,来说明技术进步与经济增长的相互关系。

(4) 借助罗伯特·巴罗(Robert Barro)和加里·贝克尔(Gary S. Becker)、凯文·默菲(Kevin M. Murphy)和罗伯特·田村(Robert Tamura)的内生人口增长模型,来分析人口增长与经济增长的相互关系。

(5) 在卢卡斯强调教育部门的人力资本投资模型的基础上,讨论两部门内生经济增长模型的均衡经济增长途径和它的动态性质。

(6) 在罗伯特·巴罗和格里高利·曼丘(Gregory N. Mankiw)、保罗·罗默(Paul Romer)和戴维·韦尔(David N. Weil)等人研究的基础上,具体讨论趋同假说的具体含义及验证方法,并对 20 世纪 60 年代以来的各国经济增长问题作出解释。

(7) 在米切尔·博尔德林(Michele Boldrin)和麦克尔·伍德福特(Michael Woodford)、西村和雄(Kazuo Nishmura)和矢野诚(Makoto Yano)等人研究的基础上,探讨包含经济增长和混沌现象的内生经济增长模型。

(8) 讨论不完全竞争、经济制度和环境保护等因素与长期经济增长途径的相互关系。

实际上,在 20 世纪占主流的新古典经济增长理论研究之外,也还存在着一些从其他方面探讨经济增长的理论研究,其中包括:

20 世纪初德国的思想家马克斯·韦伯(Marx Weber)提出的,基督教新教对于资本主义经济发展和资本积累具有重要意义的观点。20 世纪 60 年代末期,英国经济学家戴沃德·兰姆德斯(Davod Lamdes)提出的,技术进步对于经济增长有重要作用的观点。

美国新经济史学家道格拉斯·诺斯(Douglass C. North)和罗伯特·保罗·托马斯(Robert Paul Thomas)则从包含产权、交易费用和意识形态在内的制度出发,提出"有效率的经济组织是增长的关键;有效率的经济组织在西欧的发展是西方兴起的原因"①。新经济史学家的这种研究已经开创了一种研究经济增长问题的全新思路和研究方法。它也在很大程度上启发了经济转型国家推动经济增长的改革。

与新经济史学派经济学家对经济增长问题研究的见解相类似,美国经济学家斯卡利(G. Scully)利用一个数理化的分析框架来检验影响产出的政治和制度因素。他比较了 115 个市场经济在 1960—1980 年间的经济增长率后发现,经济增长会受到政治制度的重要影响,经济增长最快的国家都是政治开放和保护私有产权的国家。他说:"制度框架对经济效率和增长率有重大影响。政治开放、尊重法律规则,私有财产和资源市场配置的社会同没有这类自由的社会相比,增长率要高出两倍,效率要高出一倍半。"②

此外,美国经济学家西蒙·库兹涅茨(Simon Kuznets)、霍利斯·钱纳里(Hollis Chenery)、W. 阿瑟·刘易斯(W. Arthur Lewis)则从更广泛的角度分析了各国的经济增长,提出了从经济结构角度分析经济增长的理论。

总之,到目前为止,经济学家们仍然在致力于对经济增长理论的发展与完善,同时,也在对各国经济增长的事实进行验证和比较的基础上,发现新的问题。

① 道格拉斯·诺斯、罗伯特·保罗·托马斯:《西方世界的崛起》,剑桥大学出版社 1973 年英文版,第 1 页。

② G. 斯卡利:《制度框架和经济发展》,载《政治经济学杂志》1988 年第 6 期,第 652 页。

第三节　经济增长因素的分析

经济增长是一个复杂的经济和社会现象。影响经济增长的因素很多，正确地认识和估计这些因素对经济增长的贡献，对理解和认识现实的经济增长和制定促进经济增长的政策都至关重要。因此，经济增长因素分析就成为现代经济增长理论的重要组成部分。很多西方经济学家都投入了这方面的研究，作出了重要的贡献。

一、库兹涅茨对经济增长因素的分析

诺贝尔经济学奖获得者、美国经济学家西蒙·库兹涅茨是对经济增长因素进行数量分析的最早开拓者，其分析方法是独具特色的。库兹涅茨对经济增长因素的分析是运用统计分析方法，通过对国民产值及其组成部分的长期估量、分析与研究，进行各国经济增长的比较，从各国经济增长的差异中探索影响经济增长的因素。库兹涅茨认为，现代经济增长的源头可以上溯到工业革命时期，基本上与资本主义经济制度的出现相一致。这在英国是从 1780—1820 年开始，在美国是从 1810—1860 年开始，在德国是从 1820—1870 年开始。在那个时期，总收入的加速增长，人口增长率的提高和技术进步交织在一起。

库兹涅茨经过大量的考察、分析和对比，指出了比起我们在前面所提到的更为细致和具体一些的现代经济增长的 15 个特征：①

(1) 伴随人口增长而来的人均产值的高增长率。

(2) 人均产值每 10 年增长 15%，这会造成难以解释的人均产量增长现象。

(3) 效率的高速增长是发达经济中所有主要部门的一个极为普遍的特征。

(4) 随着现代经济增长的进行，总产量中的部门产量份额会发生如下变化：农业及有关产业部门的份额下降；制造业和公共事业所占的比重上升；制造业内部由非耐用品向耐用品转变，一定程度上的消费品向生产资料转变；一些服务业的比重上升，而另一些服务业的比重则下降。

(5) 伴随经济增长的需求结构的变动，以及这种变动(或人均产值的提高，或对不同最终产品的不同影响)所导致的技术变动。

(6) 总产值和劳动力在不同规模和类型的经济组织间的配置发生了迅速变化。

(7) 产值结构，特别是劳动力的行业、阶层和职业结构显著而急剧的变动。

(8) 与现代经济增长有关的经济结构在某些方面的变动趋势却极不明显，尤其是分配方面。

(9) 趋势不太明显的经济结构的另一个方面是产品使用状况，尤其是资本形成和消费之间

① 参见西蒙·库兹涅茨：《现代经济增长》，北京经济学院出版社 1989 年版，第 432—441 页。

的分配状况。

(10) 国际经济增长方面有三种极为显著的趋势:第一,交通与通讯系统的科技革命使世界各地可以直接接触。第二,经济增长会继续不断地在不同的国家间转换。第三,经济增长导致了一种经济发达国家与经济发展不充分国家相互联系的国际性趋势。

(11) 移民情况造成了各国经济增长特征的不同。

(12) 对外贸易对经济增长的作用明显增加。

(13) 资本国际流动的增长。

(14) 人口、物品、资金的国际流动的变化对于经济增长率或发达国家经济的内部结构改变的趋势作用不明显。

(15) 现代经济增长中的有关趋势明显是经济连续扩张、总产值增长的高水平和内部结构迅速改变的结果。

在一系列关于经济增长的著作中,库兹涅茨认为推动经济增长的因素,主要是知识存量的增加、劳动生产率的提高和结构方面的变化。

第一,知识存量的增长。库兹涅茨认为,随着社会的发展和进步,人类社会迅速增加了技术知识和社会知识的存量。当这种知识存量为社会所利用的时候,它就成为现代经济高比率的总量增长和迅速的结构变化的源泉。但知识本身不是直接生产力,由知识转化为现实的生产力要经过科学发现、发明、革新、改良等一系列中间环节。在知识的转化过程中需要有一系列中介因素,这些中介因素是,对物质资本和劳动力的训练进行大量的投资;企业家要有能力克服一系列从未遇到的障碍;知识的使用者要对技术是否适宜运用做出准确的判断等。在这些中介因素作用下,经过一系列知识的转化过程,知识最终会变为现实的生产力。

第二,生产率的提高。库兹涅茨认为,现代经济增长的特点是人均产值的高增长率。为了弄清什么是导致人均产值高增长率的主要因素,库兹涅茨对劳动投入和资本投入对经济增长的贡献进行了长期分析。他得出的结论是,以人均产值高增长率为特征的现代经济增长的主要原因是劳动生产率的提高。

第三,经济结构的变化。库兹涅茨认为,发达的资本主义国家在它们经济增长的历史过程中,经济结构转变迅速。从部门来看,先从农业活动转向非农业活动,后又从工业活动转移到服务性行业。从生产单位的平均规模来看,是从家庭企业或独资企业发展到全国性,甚至跨国性的大公司。从劳动力在农业和非农业生产部门的分配来看,在美国,1870 年全部劳动力的 53.5%在农业部门,到 1960 年则降低到 7%以下。在比利时,农业劳动力从 1846 年占全部劳动力的 51%减少到 1961 年的 7.5%。以前要把农业劳动力降低 50 个百分点,需要经历许多世纪的时间,现在,在一个世纪中,农业劳动占全部劳动力的百分比就减少了 30 个到 40 个百分点,主要是由于迅速的经济结构变化所引起的。库兹涅茨强调,发达国家经济增长时期的总体增长率和生产结构的转变速度都比它们在现代化以前高得多。库兹涅茨把知识力量因素和生产因素与结构因素相联系起来,以强调结构因素对经济增长的影响。不难看出,库兹涅茨对经济增长因素的分析与丹尼森的分析相比,有一个不同之处,就是他重视结构因素对经济增长的贡献。库兹涅茨认为,不发达国家经济结构变动缓慢,结构因素对经济增长的影响比较小,主要表现在,不发达国家传统结构束缚着被聚集在传统农业部门中的 60%以上的劳动力,而传统的生产技术和生产组织方式阻碍着经济增长;同时,制造业结构不能满足现代经济增长对它提出的要求，需求结构变化缓慢，消费水平低，不能形成对经济增长的强有力刺激。

关于经济增长与收入分配的关系，库兹涅茨提出了所谓的“倒U字形曲线假说”。他在1954年美国经济学会的年会上所作的演说中，首次论述了如下一种观点，即随着经济发展而来的“创造”与“破坏”改变着社会、经济结构，并影响着收入分配。库兹涅茨利用各国的资料进行比较研究，得出的下述结论流传较广：“在经济未充分发展的阶段，收入分配将随同经济发展而趋于不平等。其后，经历收入分配暂时无大变化的时期，到达经济充分发展的阶段，收入分配将趋于平等。”

如果用横轴表示经济发展的某些指标（通常为人均产值），纵轴表示收入分配不平等程度的指标，则这一假说揭示的关系呈现一条倒U字形曲线，因而被命名为“库兹涅茨的倒U字形曲线假说”，又称“库兹涅茨曲线”。

库兹涅茨在说明这一倒U字形曲线时，设想了一个将收入分配部门划分为农业、非农业两个部门的模型。在此情况下，各部门收入分配不平等程度的变化可以用如下三个因素的变化来说明。这三个因素是：按部门划分的个体数的比率；部门之间收入的差别；部门内部各方收入分配不平等的程度。库兹涅茨推断，这三个要素将随同经济发展而起下述作用：(1)在经济发展的初期，由于不平等程度较高的非农业部门的比率加大，整个分配趋于不平等；(2)一旦经济发展达到较高水平，由于非农业部门的比率居于支配地位，比率变化所起的作用将缩小；(3)部门之间的收入差别将缩小；(4)使不平等程度提高的重要因素——财产收入所占的比率将降低，以及以收入再分配为主旨的各项政策将被采用等等，各部门内部的分配将趋于平等，总的来说分配将趋于平等。

库兹涅茨假说提出后，一些西方经济学家曾经就有关倒U字形曲线形成的过程、导致倒U字形曲线的原因，以及经济平等化过程，进行过较多的讨论。经济发展的资料表明：库兹涅茨曲线不符合第三世界国家的实际情况。换言之，随着经济发展的进程，第三世界国家的收入不平等越来越悬殊，并没有向平等方向转变。

二、索洛对经济增长因素的分析

诺贝尔经济学奖获得者、美国麻省理工学院的经济学家罗伯特·索洛，在20世纪50年代曾经根据美国1909—1949年间的数据对经济增长的源泉和因素进行了分析。他得出了令人惊奇的结论：该阶段，每工作小时产品的增长中，超过88%的部分是由技术进步引起的。

索洛采用了下面的方程式，来分析影响经济增长的各因素各自的贡献。

$$\frac{\Delta Y}{Y}=\left[(1-\theta)\cdot\frac{\Delta N}{N}\right]+\left(\theta\cdot\frac{\Delta K}{K}\right)+\frac{\Delta A}{A}$$

该方程式的含义为：

产量增长 =（劳动力份额 × 劳动力增长）+（资本份额 × 资本增长）+ 技术进步

式中，$(1-\theta)$和θ分别代表产品中劳动力和资本的收入份额，Y代表产出量，N代表就业的劳动力，K代表所使用的资本量，A代表技术水平。劳动或资本的贡献等于它们各自的增长率乘以该投入在收入中所占的份额。技术进步或者全要素生产率的增长由该方程的右边第三项代表。全要素生产率的增长率是在所有的投入不变的情况下，作为生产方法改进的结果而导致产量增加的幅度。或者说，它是从相同的生产要素中获得更多产量时全要素生产率的增长。

索洛认为，产量增长的源泉就在于资本和劳动力的增长，以及技术进步。他认为，在1909—1949年期间，美国GNP的年平均增长率为2.9%，其中0.32%归于资本积累的贡献，1.09%归于劳动力投入增长的贡献，剩余的1.49%归于技术进步的贡献。此外，在人均产量增长的1.81%中，1.49%也来自于技术进步。

索洛衡量和计算技术进步所作贡献的方法，被叫做“剩余法”或者“索洛剩余”。这对于分析经济增长问题是一个重要的贡献。不过，这种方法显然存在着不足，即，它有可能将资本、劳动、技术进步之外的因素都当作技术进步来处理。

三、丹尼森对经济增长因素的分析

美国经济学家爱德华·丹尼森(Edward F. Denison)是继索洛之后最全面分析经济增长因素的经济学家。在经济增长因素分析中首先遇到的问题，是经济增长因素的分类。丹尼森借助于索洛的分析框架，分析了1929—1982年间美国的经济增长，得出了自己的分析结果(见表10.3)。

表10.3 美国人均潜在产出的增长(1929—1982年)

(每一时期内的年平均增长率)

	1929—1948	1948—1973	1973—1982	1929—1982
人均国民收入	1.24	2.26	0.23	1.55
总要素投入	0.23	0.61	0.15	0.38
劳动	0.40	0.18	−0.04	0.20
教育	0.38	0.40	0.44	0.40
工作时间	−0.21	−0.24	−0.33	0.25
年龄—性别构成	0.00	−0.15	−0.24	−0.11
其他	0.23	0.17	2.09	0.16
资本	−0.12	0.48	0.26	0.23
土地	−0.05	−0.05	−0.07	−0.05
单位投入的产出	1.01	1.65	0.08	1.17
知识进步(剩余)	0.49	1.08	−0.05	0.68
规模经济	0.22	0.32	0.21	0.27
资源配置改善	0.29	0.30	0.07	0.25
法律和人文环境	0.00	−0.04	−0.17	−0.04
其他	0.01	−0.01	0.02	0.01

资料来源：爱德华·丹尼森：《1925—1982年美国经济增长趋势》(华盛顿特区，布鲁金斯研究所，1985年)，表18.4。

为使分析准确，首先，丹尼森把考察期间进一步划分为三个时期区别对待。然后，他把经济增长因素分为两大类：生产要素投入量和生产要素生产率。关于生产要素投入量，丹尼森把经济增长看成是劳动、资本和土地投入的结果，其中土地可以看成是不变的，其余两个则是可变的。关于要素生产率，丹尼森则把它看成是产量与投入量之比，即单位投入量的产出量。要素生产率主要取决于资源配置状况、规模经济和知识进展。具体而言，丹尼森把影响经济增长的因素归结为六个，即：(1)劳动；(2)资本存量的规模；(3)资源配置状况；(4)规模经济；(5)知识进展；(6)影响单位投入产出量的其他因素。

丹尼森进行经济增长因素分析的目的，就是通过具体数量的测定，把产量增长率按照各个增长因素所作的贡献，分配到各个增长因素上去，再把分配的结果用来比较长期经济增长中各个因素的相对重要性。

在1985年出版的《1925—1982年美国经济增长趋势》一书中，丹尼森根据美国国民收入的历史统计数字，对上述各个增长因素进行了考察和分析，其结果被总结在表10.4中。

表10.4 总国民收入增长的源泉(1929—1982)

增长因素	增长率(%)
总要素投入	1.90
劳动：1.34	
资本：0.56	
单位投入的产量	1.02
知识：0.66	
资源配置：0.23	
规模经济：0.26	
其他：－0.03	
国民收入	2.92

资料来源：转引自多恩布什、费希尔：《宏观经济学》第6版，中国人民大学出版社1997年版，第226页，表10.2。

运用1929—1982年间的数据，丹尼森计算出，2.9%的年实际产量增长率中的1.9%应归功于要素投入的增加。每工作小时产品的增长率为1.58%，其中1.02%应该归功于技术进步。

从表中可以看出劳动力增加对经济增长的贡献相当大。其原因可以部分地从经济增长的分解式中得到解释，即劳动的产出弹性相对较大，所以劳动的增长率就有相对大的权重。

下面来看要素生产率增加或每单位要素投入产量的源泉。令人震惊的事实是，知识的进步解释了技术进步对经济增长约2/3的贡献。此外，资源配置这一因素对要素生产率增加的贡献也不可忽视。例如，人们从薪水少的工作"跳槽"到更好的工作，从而导致产量的增加或收入的增长。另一个重要情形是劳动力从农村转到城市就业而引起的生产要素的再配置。

另一个重要因素是规模经济。从表中可以看到收入平均增长中超过10%的部分要归功于经济中运作规模的扩大。当经济运作的规模扩大时，每单位产量要求的投入更少，这主要是因为，在小规模水平上使用技术，在经济上可能效率不高，但在更大的生产规模上则会产生节约，带来规模经济效应。

据此，丹尼森的结论是，知识进展是发达资本主义国家最重要的经济增长因素。丹尼森所说的知识进展包括的范围很广。它包括技术知识、管理知识的进步和由于采用新的知识而产生的结构和设备的更有效的设计在内，还包括从国内的和国外的有组织的研究、个别研究人员和发明家，或者简单的观察和经验中得来的知识。丹尼森所谓的技术知识是，关于物品的具体性质和如何具体地制造、组合以及使用它们的知识。他认为，技术进步对经济增长的贡献是明显的，但是只把生产率的增长看成大部分是采用新技术知识的结果是错误的。他强调管理知识的重要性。管理知识就是，广义的管理技术和企业组织方面的知识。在丹尼森看来，管理和组织知识的进步更可能降低生产成本，增加国民收入，因此它对国民收入的贡献比对改善产品物理特性的影响更大。

总之，丹尼森认为，技术知识和管理知识进步的重要性是相同的，不能只重视前者而忽视后者。

学习参考

如何理解世界性经济增长速度的放慢

经济决策者在最近几十年来所面临的一个最为困惑的难题是，20 世纪 70 年代以来所出现的世界性经济增长速度的放慢（见下表）。

七个经济大国经济增长速度的放慢

人均产出增长率（每年百分比）

国　别	1948—1972 年	1972—1995 年
加拿大	2.9	1.8
法　国	4.3	1.6
联邦德国	5.7	2.0
意大利	469	2.3
日　本	8.2	2.6
英　国	2.4	1.8
美　国	2.2	1.5

资料来源：N.格里高利·曼昆：《宏观经济学》第 4 版，中国人民大学出版社 2000 年版，第 107—109 页。

研究表明，经济增长速度放慢是由于生产函数的改善比率一直在放慢。实际上，这意味着索洛模型中的全要素生产率的变动，也就是劳动效率的变动。在有大量积累之后，生产率增长即便只有微小的变动也会对经济福利产生重大的影响。表列中美国后一时期的实际收入比它如果将生产率的增长一直保持在原先的水平时要低 20%。

对此，许多经济学家提出了不同的解释：

(1) 衡量问题：持这种观点的经济学家认为，经济增长率实际上并没有放慢，也许只是因为衡量数据存在缺陷，才产生了数据上表现出的增长放慢。无法衡量的质量改进实际上意味着这些国家的人们生活水平的提高要比官方数据所表示的更快。当然，持这种观点的经济学家也并不认为，衡量问题就是全部的解释。

(2) 石油价格：持这种观点的经济学家认为，生产增长放慢在时间上与石油价格的猛烈上涨几乎一致，因而，可以考虑将石油价格上涨作为解释经济增长放慢的原因。不过，明显的是，随着时间的推移，当 20 世纪 80 年代中期石油价格下降时，这种观点就失去了解释力。

(3) 工人的素质：还有一些经济学家认为，经济增长率的放慢可能是由于大批新劳动力和妇女加入劳动大军所造成的劳动力平均经验水平的下降。也有人认为，劳动力素质的下降是由于教育程度提高的速度比较慢，而且教育质量一直在下降。

(4) 思想枯竭：另外有些经济学家认为，世界上关于生产的原有思想被耗尽，而新的思想并未大量出现，所以关于生产的思想发生了枯竭，结果导致技术进步放慢。

总之，关于经济增长世界性放慢的原因，至今在经济学家当中仍然无法获得真正合理的解释和共识。

第四节　经济增长理论

一、哈罗德—多马模型

西方经济增长理论经历了研究成果较为密集的两大阶段：第一阶段是20世纪50年代末到60年代。第二阶段是20世纪80—90年代。作为第一阶段经济增长模型先导和发展契机的是哈罗德模型和多马模型，而第一阶段中最重要的经济增长模型则是索洛模型和斯旺模型。第二阶段最重要的经济增长模型，以在总体上有别于第一阶段有关模型的内生经济增长模型为特征。其中最有名的代表是诺贝尔经济学奖获得者、美国芝加哥大学经济学教授罗伯特·卢卡斯和美国加利福尼亚州伯克利大学的经济学教授保罗·罗默的内生经济增长模型。

从开辟一个经济增长理论的发展方向角度来看，哈罗德—多马模型的开创性作用和强调总需求在经济增长中的重要性是显而易见的。由于哈罗德模型和多马模型相比，具有更为丰富的内容，所以，经济学中通常将哈罗德模型作为二者的代表。我们在这里主要介绍哈罗德经济增长模型的情况。

哈罗德模型的假设前提是：(1)全社会只生产一种产品；(2)储蓄 S 是国民收入 Y 的函数①，即 $S=sY$，这里的 s 代表这个社会的储蓄比例，即储蓄在国民收入中所占有的份额；(3)生产过程中只用两种生产要素，即劳动 L 和资本 K；(4)劳动力按照一个固定不变的比率增长；(5)不存在技术进步，也不存在资本折旧问题；(6)生产规模报酬不变，也就是说，生产一单位产品所需要的资本和劳动的数量都是固定不变的。

哈罗德认为，一个社会的资本(存量)和该社会的总产量或实际国民收入之间，存在着一定的比例，这一比例被称为资本—产量比，现在，我们以 v 来表示它。若以 K 和 Y 依次代表资本和产量(国民收入)，则有：

$$K=vY$$

随着社会资本的增长，该社会的产量也会增长，假设二者的增长量依次为 ΔK 和 ΔY。二者之比被称为边际资本—产量比。如果原有的资本产量比等于边际的资本—产量比，那么就有：

① 为了特定的需要，我们在这里暂时以大写字母表示实际变量。

$$\Delta K = v\Delta Y$$

由于(假设)不存在折旧，资本增量 ΔK 就全部来自于新的投资，也就是说，$\Delta K = I$，因此，上面的式子就可以写成：

$$I = v\Delta Y$$

另一方面，从假设(2)可以得到：$S = sY$。

按照凯恩斯的理论，只有当 $I = S$ 时，也就是只有当投资等于储蓄，或者说储蓄全部用于投资时，经济活动才能达到均衡状态。哈罗德以凯恩斯提出的这个均衡条件为基础，进一步提出，在经济增长过程中，同样只有实现了 $I = S$ 这一条件，经济才能实现均衡增长。根据 $I = v\Delta Y$ 和 $S = sY$，可以得到：

$$v\Delta Y = sY$$

或者

$$\frac{\Delta Y}{Y} = \frac{s}{v}$$

该方程式即哈罗德模型的基本方程。它表明，要实现均衡的经济增长，国民收入增长率就必须等于社会储蓄倾向与资本—产量比二者之比。如果上述基本方程中的 v 是资本的实际变化量与国民收入的实际变化量的比率，那么在一定储蓄比例之下，由此而导致的国民收入增长率被称为实际增长率，用 G_A 表示。于是，$\frac{\Delta Y}{Y} = \frac{s}{v}$ 的式子就可写为：

$$G_A = s/v$$

根据哈罗德的说法，要进行动态理论探讨，重要的是考虑企业家的预期和企业家是否合乎意愿等心理因素。如果考虑到这些因素，情况就会有所不同。若把资本—产量比 v 理解为企业家意愿中所需要有的资本—产量比，用 v_r 表示它，那么基本方程就可以写为：

$$G_W = s/v_r$$

这里的收入增长率是与企业家所需要的资本—产量比 v_r 相适合的收入增长率，它也是企业家感到满意的收入增长率。哈罗德把它称为“有保证的增长率”，用 G_W 表示。

根据 $G_A = s/v$ 式，有：

$$G_A v = s$$

根据 $G_W = s/v_r$ 式，有：

$$G_W v_r = s$$

于是得到：

$$G_A v = s = G_W v_r$$

该方程式表明，如果现实经济活动的实际增长率 G_A 等于企业家感到满意的增长率，即有保证的增长率 G_W，那么实际资本—产量比 v 就必然等于企业家所需要的(或者说，希望保持的)资本—产量比 v_r。或者说，如果国民收入按照 G_W 比率增长，那么与实际产量或实际收入的增长相联系的实际资本增量就会等于企业家感到满意的资本增量。由于积累或资本增量取决于企业家和投资者的意愿，所以只要国民收入按照 G_W 这个增长率增长，就会使企业家保持愿意进一步实现类似增长的心理状态，从而国民收入就会年复一年地按照 G_W 增长下去。正是由于这个原因，哈罗德才把 G_W 称为“有保证的增长率”。这里的“有保证”是指由于企业家的满意而使投资（从而经济增长）得到了保证。

但是，哈罗德的经济增长模型遇到了两个不容易解决的问题。第一是经济沿着均衡途径增长的可能性是否存在，或者说，在实际经济活动中，是否存在着一条像哈罗德所描述的均衡增长途径。这个问题又被称为“存在性问题”。

由于经济的实际增长率是许多各不相同的决策者的预期、决策和外部环境等多种因素共同作用的结果，因此，人们没有理由期望经济活动实际上一定会长期持久按照“有保证的增长率”增长下去。同时，还应该考虑就业水平这一因素，还要说明经济的实际增长率与劳动力增长率二者之间的关系。要实现劳动力的充分就业，国民收入的增长率就必须等于劳动力的增长率。按照哈罗德的说法，首先，国民收入要实现均衡增长，其增长率就必须等于 G_W。其次，要实现充分就业的均衡增长，就必须满足下面的条件，即：

$$G_A = G_W = s/v = s/v_r = n = G_N$$

这里的 n 为一国的人口增长率。这一等式表明了一国经济要实现充分就业均衡增长的必要条件。哈罗德又把符合上述条件的增长率称为“自然增长率”，用 G_N 来表示。显然，$G_N = n$。据说，这是社会所能达到的最大的、“最适宜的”增长率。如果上面的式子所表明的条件得到满足，那么经济活动就会按照 $s/v = s/v_r = n$ 这一比率增长。在现实经济活动中，$s/v = s/v_r = n$ 这种情况毕竟是有可能出现的，因此，哈罗德认为，在资本主义条件下，实现充分就业均衡增长的可能性是存在的。但另一方面，由于储蓄比例，实际资本—产量比和劳动力增长率分别是由各不相同的若干因素独立地决定的，因此，除非偶然的巧合，这种充分就业的均衡增长是不会出现的。于是，哈罗德认为，虽然 $G_A = G_W = G_N$ 这种理想的充分就业均衡增长途径是存在的，但是，一般说来，实现充分就业均衡增长的可能性是极小的，也就是说，在一般情况下，经济很难按照均衡增长途径增长。

第二个问题是，经济活动一旦偏离了均衡增长途径，其本身是否能够自动地趋向于均衡增长途径，这个问题又被称为“稳定性问题”。现在进一步考察一下 $G_A v = s = G_W v_r$ 可以看到，只有当实际的资本—产量比 v 等于合意的资本—产量比 v_r 时，经济的实际增长率 G_A 才会等于有保证的增长率 G_W。如果 G_A 大于（或小于）G_W，那么，要保持均衡条件的成立，或者说要保持等式 $G_A v = G_W v_r$，v 就会小于（或大于）v_r。也就是说，一旦实际增长率大于（或小于）有保证的增长率，企业的固定资产和存货就会少于（或多于）企业家所需的数量。这种情况促使企业家增加（或减少）订货，增加（或减少）投资，从而使实际产量水平进一步提高（或降低），而这又反而使实际增长率 G_A 与有保证的增长率 G_W 之间出现更大的缺口。现有的实际经济增长就会在市场上的企业中产生相应的反应，使得 G_A 进一步大于（或小于）G_W。因此，哈罗德得出结论，实际增长率与有保证的增长率之间一旦发生了偏差，经济活动不仅不能自我纠正，而且还会产生更大的偏离。这个结论被称为哈罗德的“不稳定原理”（有时也称为“刃锋现象”）。它意味着，在上述情况下，经济增长很难稳定在一个不变的增长速度上，不是连续上升，便是连续下降，呈现出剧烈波动的状态。

二、新古典经济增长模型

一些经济学家认为哈罗德经济增长模型得出的结论过于悲观，而且也不符合战后经济发达国家经济增长的事实。第二次世界大战后西方各国的经济增长经验表明，各国的国民收入虽然经常处于波动之中，却没有出现过哈罗德经济增长模型所指出的那种大起大落的状态。为了改变这一情况，一些经济学家在 20 世纪 50 年代提出了与哈罗德—多马模型不同的经济增长模型。其中以美国经济学家罗伯特·索洛提出的新古典经济增长理论最为有名。本节将对于索洛提出的这一理论及相关内容进行介绍。

索洛提出的新古典经济增长理论模型可以用前面提到过的两个方程加以表示：

$$Y = AF(K, N)$$

$$\frac{\Delta Y}{Y} = \left[(1-\theta)\cdot\frac{\Delta N}{N}\right] + \left(\theta\cdot\frac{\Delta K}{K}\right) + \frac{\Delta A}{A}$$

索洛的新古典经济增长理论的基本前提假定包括：(1)社会储蓄函数为 $S = sY$；式中，s 是作为参数的储蓄率；(2)劳动力按一个不变的比率 n 增长，即 $\Delta N/N = n$；(3)生产的规模报酬不变。这里，暂时不考虑技术进步，即，令 $\Delta A/A = 0$。索洛将经济中的生产函数表示为人均形式：

$$y = f(k)$$

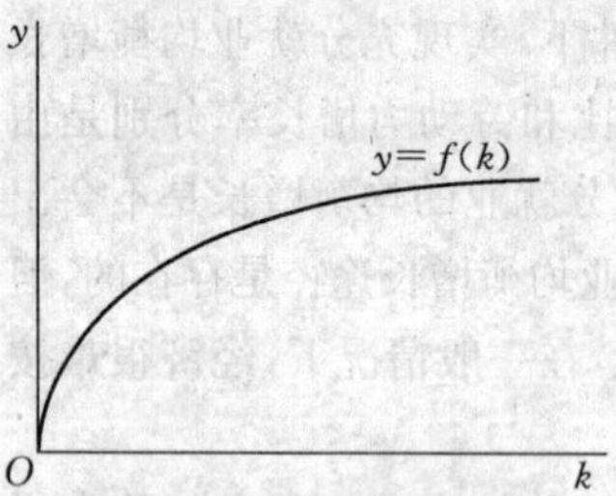

图 10.3　人均生产函数曲线

式中，y 为人均产量；k 为人均资本（也可以说是资本—劳动比率）。图 10.3 表示了该生产函数的图形。从图中可以看出，随着每个人拥有的资本量的上升，即 k 值的增加，每个工人的产量也增加，但由于资本边际报酬递减规律，人均产量增加的速度是递减的。

根据经济增长率分解式，在前提假定(2)和不考虑技术进步条件下，产出增长率就唯一地由资本增长率来解释。下面，我们就较细致地考察一下资本与产量的关系。

一般地，资本增长量大小由储蓄（或投资）量决定，或者说，受储蓄（或投资）量大小的限制；而储蓄量又依赖于收入量，收入或产量又要受资本大小的影响。于是，资本、产量和储蓄（投资）之间就存在着一个相互依赖的体系。见图 10.4。

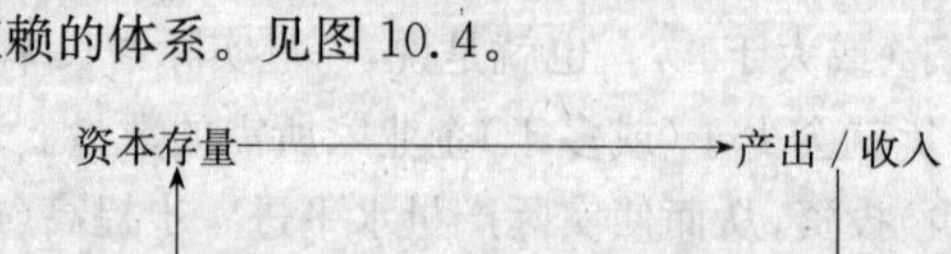

图 10.4　资本、产量和储蓄(投资)之间的相互依赖

在上述体系中，资本对产出的影响可由人均生产函数 $y = f(k)$ 或图 10.4 来描述。资本存量变化对资本存量大小的影响是明显和直观的，无需进一步说明。产出对储蓄的影响可以用储蓄函数来描述。因此，在上述体系中，需着重说明的是储蓄对资本存量变化的影响。

1. 新古典增长模型的基本方程

在一个只包括家庭部门和企业部门的简单经济中，经济的均衡条件为：

$$I = S$$

即投资或资本存量的总增加量等于储蓄量。资本存量的变化等于投资减去折旧。当资本存量为 K 时，假定折旧是资本存量 K 的一个固定比率 $\delta K(0 < \delta < 1)$，则资本存量的变化 ΔK 为：

$$\Delta K = I - \delta K$$

根据 $I = S = sY$，上面的式子可以写成：

$$\Delta K = sY - \delta K$$

对该方程式两边同时除以劳动数量 N，可得：

$$\Delta K/N = sy - \delta k$$

另一方面，注意到 $k = K/N$，于是 k 的增长率可写为：

$$\frac{\Delta k}{k} = \frac{\Delta K}{K} - \frac{\Delta N}{N} = \frac{\Delta K}{K} - n$$

最后一个等式用到了 $\frac{\Delta N}{N} = n$。于是，就有：

$$\Delta K = (\Delta k/k)K + nK$$

再对等式两边同除以 N，可得：

$$\Delta K/N = \Delta k + nk$$

将 $\Delta K/N = sy - \delta k$ 式和上式合并，消去 $\Delta K/N$，则可得到：

$$\Delta k = sy - (n + \delta)k$$

该表达式就是新古典增长模型的基本方程。这一关系式表明，人均资本的增加等于人均储蓄 sy 减去 $(n+\delta)k$ 项。$(n+\delta)k$ 项可以这样来理解：劳动力的增长率为 n，一定量的人均储蓄必须用于装备新工人，每个工人占有的资本为 k，这一用途的储蓄为 nk。另一方面，一定量的储蓄必须用于替换折旧资本，这一用途的储蓄为 δk。总计为 $(n+\delta)k$ 的人均储蓄被称为资本的广化。人均储蓄超过 $(n+\delta)k$ 的部分则导致了人均资本 k 的上升，即 $\Delta k > 0$，这被称为资本的深化。因此，新古典增长模型的基本方程可以表述为：

资本深化 = 人均储蓄 − 资本广化

2. 经济增长的稳态分析

在新古典增长模型中，所谓稳态是指一种长期均衡状态。在稳态时，人均资本达到均衡值并维持在均衡水平不变，在忽略了技术变化的条件下，人均产量也达到稳定状态。因此，在稳定之下，k 和 y 达到一个持久性的水平。

根据上述的定义，要实现稳态，即 $\Delta k = 0$，则人均储蓄必须正好等于资本的广化。换句话说，新古典增长理论中的稳态条件是：

$$sy = (n + \delta)k$$

需要注意,稳态虽然意味着 y 和 k 的值固定,但总产量和资本存量都在增长。实际上,在稳态中,总产量和总的资本存量的增长率,均与劳动力的增长率相等,即均为 n。理解这一点,只须注意到劳动人口以速度 n 增长,因此,由于 $k = K/N$ 固定,所以总资本存量 K 必须与劳动力按同比率 n 增长。又由于 $y = Y/N$,且在稳态时 y 亦固定,因此,总产量 Y 也必须按比率 n 增长。总之,在新古典增长理论的框架内,稳态意味着:

$$\frac{\Delta Y}{Y} = \frac{\Delta N}{N} = \frac{\Delta K}{K} = n$$

新古典增长模型的稳态可以用图 10.5 来分析。

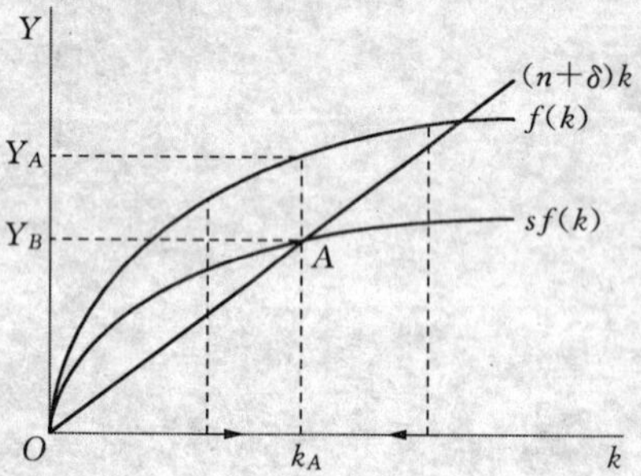

图 10.5　经济增长的稳态

图中的 $sf(k)$ 线为人均储蓄曲线。由于储蓄率 s 介于 0 和 1 之间,故人均储蓄曲线与人均生产函数曲线具有同样形状,但位于生产函数的下方。在这一坐标系下,通过原点,且斜率为$(n+\delta)$的直线表示资本的广化,即$(n+\delta)k$ 项。

根据以上的分析,在稳态时,有 $sy = (n+\delta)k$,因此,在图中,$(n+\delta)k$ 线和 sy 曲线必定相交。交点 A 所对应的人均资本为 k_A,人均产量为 Y_A,这时人均储蓄恰好等于资本广化的需要,即 $Y_A = (n+\delta)k_A$,或者说,人均储蓄恰好足够为不断增长的人口提供资本(设备)和替换折旧资本而不会引起人均资本的变化。

在 A 点的左边,sy 曲线比$(n+\delta)k$ 线高,这表明储蓄高于资本广化的需要。结果,当经济运行在 A 点左侧时,就存在着资本深化。资本深化意味着每个工人占有的资本存量上升,即 $\Delta k > 0$。因此,在 A 点的左边,经济中的人均资本 k 有上升的趋势,如横轴上的箭头所示。随着时间推移,k 向 k_A 逼近,最终用于资本广化所需的资本数量增加到这样一点,即 k_A 点,在这一点上,所有的储蓄都仅用于保持人均资本 k 不变,经济达到稳定状态。在 A 点右方,情况正好相反,人均储蓄不能满足资本广化的需要,这时有 $\Delta k < 0$。所以,在 A 点右方,人均资本 k 有下降的趋势,如图中横轴上的箭头所示。

下面考虑一下经济在向稳态过渡的时期里,经济增长的情况。当经济处于资本深化的阶段时,y 和 k 会逐步上升。就是说 Y/N 和 K/N 向其稳态值接近。如果 Y/N 上升,则 Y 就会增长得比 N 快。因而,$\Delta Y/Y > \Delta N/N = n$。这表明,在资本深化阶段,产量增长率高于其稳态值。这意味着,在其他条件相同的情况下,资本贫乏的国家的经济增长快于资本富裕的国家。随着资本存量的深化,即 k 接近于 k_A,增长率会慢下来。同样道理,如果资本富裕国家的人均资本下降时(即 k 大于 k_A 且向 k_A 逼近时),产量的增长率就会降低到 n 以下。

以上的论述表明,当经济偏离稳定状态时,无论人均资本过多还是过少,都存在着某种力量使其恢复到长期的均衡。这表明,新古典经济增长理论展示了一个稳定的动态增长过程。

3. 储蓄率增加对经济增长的影响

图 10.6 显示了储蓄率的增加是如何影响产量增长的。

图中，经济最初是位于 C 点的稳态均衡。现在假定人们想增加储蓄。这使储蓄曲线上移至 $s'f(k)$ 的位置。这时新的稳态为 C'，比较 C 点和 C' 点，可以知道，储蓄率的增加提高了稳态的人均资本和人均产量。

对于从 C 点到 C' 点的转变，这里要指出两点。第一，从短期看，更高的储蓄率也导致了总产量和人均产量增长率的增加，这可以由人均资本从初始稳态的 k_0 上升到新的稳态中的 k' 这一事实中看出。因为增加人均资本的唯一途径是资本存量比劳动力更快地增长，进而又引起产量的更快增长。第二，由于 C 点和 C' 点都是稳态，按照前面关于稳态的分析，稳态中的产量增长率是独立于储蓄率的，从长期看，随着资本积累，增长率逐渐降低，最终又回落到人口增长的水平。

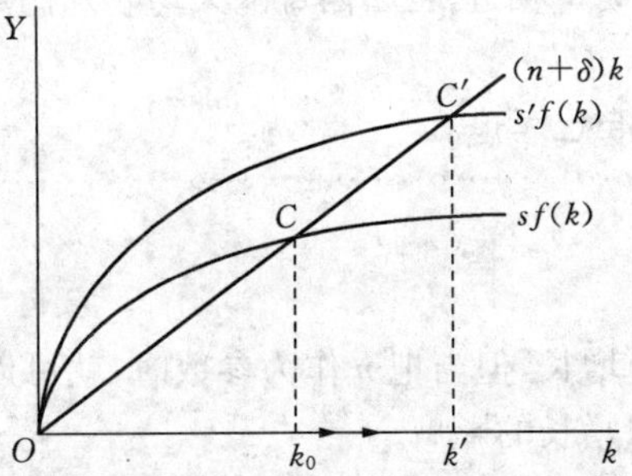

图 10.6　储蓄率增加对经济增长的影响

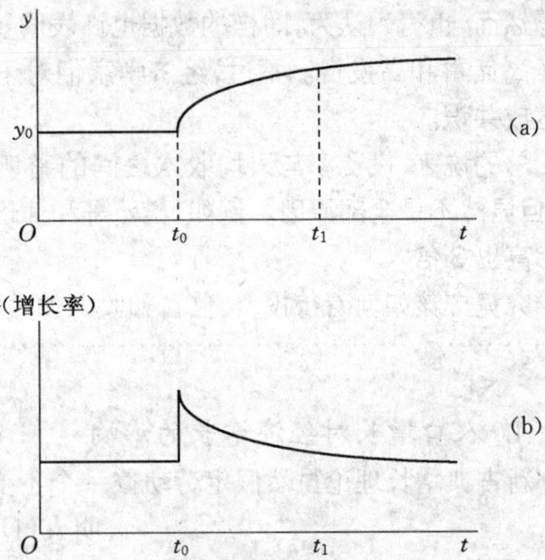

图 10.7　人均产出和增长率随时间变化的轨迹

图 10.7 则概括了以上分析。其中(a)图显示了人均收入的时间路径。储蓄率的上升导致人均资本上升，从而增加人均产量，直至达到新的稳态为止。(b)图则显示了产量增长率的时间路径。储蓄率的增加导致资本积累，从而带动了产量的一个暂时性的较高增长。但随着资本积累，产量的增长最终会回落到人口增长率的水平上。

总之，新古典增长理论在这里得到的结论是，储蓄率的增加不能影响到稳态增长率，但确实能提高收入的稳态水平。

学习参考

收入、储蓄与投资的关系

众所周知，各国之间的贫富差距有些是很大的。那么，是什么原因造成了这样的差距呢？根据索洛模型，如果一国把其大部分收入用于储蓄和投资，它将有一个高稳定状态的资本存量和高水平收入。相反，如果一国只把其收入中的一小部分用来储蓄和投资，其稳定状态的资本存量和收入水平就低。

但是,上述结论是否在经验上也可以成立呢? 根据一些经济学家的研究数据①,大多数国家用于投资的产出比例和人均收入水平之间存在着正相关关系。这也就是说,具有高投资率的国家(像美国和日本),通常有高的收入;而具有低投资率的国家(像乌干达和乍得),通常有低的收入。所以,这些经济学家认为,经验数据与索洛模型的预言是一致的,即投资率是一国贫富的关键因素。

当然,这也就进一步引出了另外的问题:为什么各国之间的储蓄率和投资率会有这么大的差距呢? 毫无疑问,它们的税收政策、退休形式、金融市场的发达程度,以及文化差别与此都有关系。政治的清廉与腐败、社会的安全与稳定也有关系。

然而,也有人认为,同样的数据也许表明了反向的因果关系:高水平的收入在一定程度上促进了高储蓄和高投资。不过,经济学家们对于上述各种可能的解释中哪一种最为重要,却还没有达成共识。

总的说来,投资率与人均收入之间的密切关系尽管是说明国家间贫富差距的一个重要因素,但显然不是全部原因。例如,墨西哥和津巴布韦的投资率相近,但墨西哥的人均收入比津巴布韦高出3倍以上。

究竟应该如何看待投资、储蓄和收入的关系,请大家自己考虑。

4. 人口增长对经济增长的影响

新古典增长理论虽然假定劳动按一个不变的比率 n 增长,但当把 n 作为参数时,就可以说明人口增长对产量增长的影响。

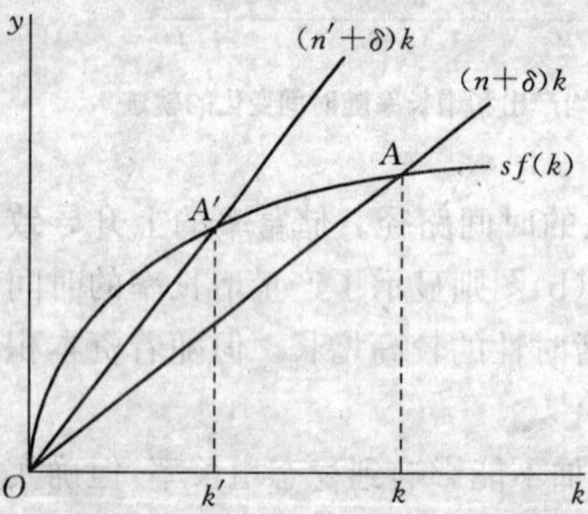

图 10.8 人口增长对经济增长的影响

图 10.8 中,经济最初位于 A 点的稳态均衡。现在假定人口增长率从 n 增加到 n',则图中的 $(n+\delta)k$ 线便移动到 $(n'+\delta)k$ 线,这时,新的稳态均衡为 A' 点。比较 A' 点与 A 点,可知,人口增长率的增加降低了人均资本的稳态水平(从原来的 k 减少到 k'),进而降低了人均产量的稳态水平。这是从新古典增长理论得出的又一重要结论。西方经济学家进一步指出,人口增长率上升所产生的人均产量下降,正是许多发展中国家面临的问题。两个有着相同储蓄率的国家仅仅由于其中一个国家比另一个国家的人口增长率高,就可以有非常不同的人均收入水平。

对人口增长进行比较静态分析的另一个重要结论是,人口增长率的上升增加了总产量的稳态增长率。理解这一结论的重点在于懂得稳态的真正含义,并且注意到 A' 点和 A 点都是稳态均衡点。

① 参见 Robert Summers and Alan Heston, Supplement(Mark 5.6) to "The Penn World Table(Mark 5): An Expanded Set of International Comparisons 1950—1988", *Quarterly Journal of Economics*(May 1991): pp. 327—368。

学习参考

日本和德国经济增长的“奇迹”

日本和德国成功的经济增长被认为是第二次世界大战之后所出现的经济“奇迹”。因为今天的这两个经济上的超级大国，在1945年战争刚刚结束时的经济却是满目苍凉。战争极大地摧毁了它们的资本存量。但是，在战后几十年里，它们经历了最迅速的经济增长。在1948年到1972年间日本的年人均增长率为8.2%，德国的年人均增长率为5.7%，相比之下，美国的同期年人均增长率才是2.2%。

从索洛增长模型的角度如何看待日本和德国的经济增长“奇迹”呢？假定它们的经济增长存在一个稳定状态。当战争摧毁了一些资本存量后，产出水平就下降了。如果这些国家的储蓄率不变，而且，经济中的储蓄会全部转化为投资，那么，经济就会在战后出现一个高增长的时期。因为在资本存量低的时期投资所增加的资本大于折旧所消耗的资本。这种高增长将一直持续到经济以前的稳定状态。于是，部分资本存量的被摧毁，一方面减少了产出，但是随后在另一方面却使经济的增长率高于正常情况下的经济增长率。正因为如此，一些报刊的文章认为，日本和德国经济增长的“奇迹”无非是索洛模型对那些战争大大减少了资本存量国家的预期。

这种观点有没有道理呢？请大家想一想。

资料来源：N. 格里高利·曼昆：《宏观经济学》第4版，中国人民大学出版社2000年版，第80页。

学习参考

亚洲“四小虎”的经济增长

第二次世界大战以后，在20世纪经济增长的另一个“奇迹”也许就是亚洲“四小虎”了。亚洲“四小虎”是指中国香港、中国台湾以及新加坡和韩国。从1966年到1990年的25年时间内，这些国家和地区的实际人均收入增长每年达到了7%以上，而美国同期的实际人均收入每年才增长2%左右。这些国家和地区在一代人的时间里，实际人均收入增长了5倍，使自己从世界上最贫穷的国家与地区进入了世界最富有的国家和地区之列。

人们不仅要问，是什么原因引起了亚洲“四小虎”的经济增长“奇迹”呢？有人认为，亚洲“四小虎”的经济增长“奇迹”很难与索洛增长模型的基本理论相一致，因为在索洛增长模型中技术是按照一个外生的、不变比率增长的。他们认为，亚洲“四小虎”的经济增长“奇迹”是由于它们模仿先进技术的能力。其理由是，这些国家和地区通过采用其他国家或地区发展起来的技术，在相当短的时间内极大地改善了它们的生产函数。如果这观点是正确的，亚洲“四小虎”的经济增长就意味着全要素生产率空前迅速的提高。

后来的一项研究通过详细考察亚洲“四小虎”经济增长的数据解释了其经济“奇迹”的内在原因。该项研究发现，亚洲“四小虎”的经济增长“奇迹”可以追溯到可衡量的投入的大量增加：

劳动力参与率的提高，资本存量的增加，以及教育程度的提高。以韩国为例，其投资占GDP的比率从20世纪50年代的5%提高到了20世纪80年代的30%左右；受过高中以上教育的劳动人口的百分比从1966年的26%上升到了1991年的75%。

这样一来，我们就可以明白，除去劳动、资本和人力资本的增长之外，全要素生产率的增长并不明显。这四个国家和地区中没有一个是全要素生产率空前提高的。这也就是说，亚洲"四小虎"的全要素生产率的平均增长速度几乎与美国相同。所以，尽管亚洲"四小虎"的经济增长"奇迹"看起来十分惊人，但是，也很容易用基本的经济增长理论工具加以解释。

资料来源：N.格里高利·曼昆：《宏观经济学》第4版，中国人民大学出版社2000年版，第118—119页。

5. 资本积累的黄金规则

从上面的分析可以知道，储蓄率可以影响稳态的人均资本水平，而人均资本水平又决定了人均产量水平。从全社会的角度看，产出可用在消费和积累两个方面。产出一定时，消费多了，积累就少了，反之亦然。因此，这里存在着一个如何处理积累与消费的比例关系问题。显然，对这个问题的回答取决于人们对经济发展目标的认识。

很多西方学者认为，经济增长是一个长期的动态过程，因此，提高一个国家的人均消费水平是一个国家经济发展的根本目的。在这一认识下，美国经济学家埃德蒙·费尔普斯于1961年找到了与最大化人均消费量相联系的人均资本量应该满足的关系式。这一关系式被称为资本积累的黄金规则。

在新古典经济增长理论的框架中，可以较容易地推导出黄金规则。

借助于图10.9，可以知道，人均消费量在图形上可以表示为曲线$f(k)$与直线nk之间的距离。（为了简化问题，我们在这里假定不考虑折旧，即假定参数$\delta=0$。）

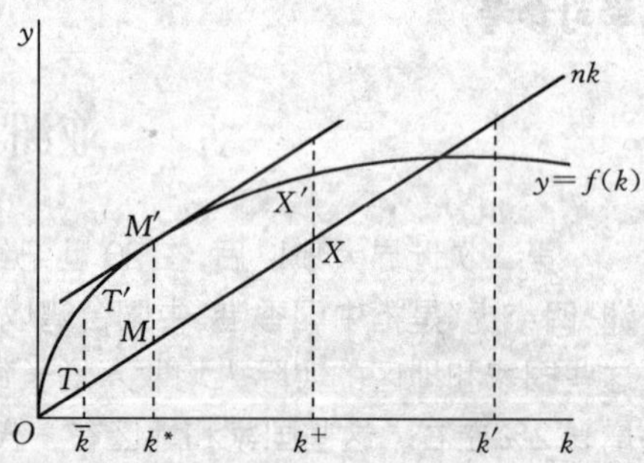

图10.9　经济积累的黄金规则

从图中可以看到，如果一个经济中选定一个较低的人均资本水平，例如$\bar{k}$，这时人均消费量等于较小的距离TT'。另一方面，如果一个经济选择较高的人均资本水平，例如k^+，人均消费量仍然等于较小的距离$X'X$，这时，虽然人均产出较高，但人均储蓄（或投资）的需要量也很大，因而人均消费仍然不高。最后，要是该经济选择很高的人均资本水平，如k'，则上图表明，在这种情况下，社会上根本就没有任何产出可以用之于消费了。

上面的分析暗含着这样一个有意义的问题，即，如果一个经济的发展目标是使人均消费达到最大化，那么在技术和劳动增长率固定不变时，如何选择人均资本量水平呢？对此，费尔普斯给出了明确的回答。费尔普斯的结论被称为黄金规则，其基本内容是：为达到社会上人均消费量的最大化，就要使人均资本量的选择达到这样的程度，即，应该使人均资本的边际产品等于劳动增长率。用方程来表示，就是：

$$f'(k^*) = n$$

黄金规则可以用图形的方式加以论证。借助于上面的图形，问题可转化为在图中如何选择 k 使曲线 $f(k)$ 和直线之间的正向距离最大。从图中可知，应选择 k^*，这时人均消费量等于线段 MM' 的长度。从图中可以看出，在 k^* 处，曲线 $f(k)$ 的切线的斜率与直线 nk 的斜率应相等，由于直线 nk 的斜率为 n，而曲线 $f(k)$ 在 k^* 处的斜率为 $f'(k^*)$，故 $f'(k^*) = n$ 成立。

从黄金规则可知，如果一个经济中，人均资本量多于黄金规则的水平，则可通过消费掉一部分资本使平均每个人的资本下降到黄金规则的水平，就能够提高人均消费水平。另一方面，如果一个经济拥有的人均资本少于黄金规则的数量，则该经济能够提高人均消费的途径是在目前缩减消费，增加储蓄，直到人均资本达到黄金规则的水平。

应该指出，上面关于黄金规则的阐述包含着某种意义上的最优性的思想，从而暗示了最优化思想和方法被应用于经济增长问题的可能性。我们将在本章第五节再涉及这个问题。

6. 最优经济增长途径简述

我们在论述关于经济增长的资本积累的黄金规则时，提到了最优化思想和方法被应用于经济增长问题的可能性。

在经济增长问题的研究中，最优经济增长问题是宏观经济学中最近这些年来发展较为迅速的领域，而且最优经济增长的一些原理和思想已被当作基础知识写进了高级宏观经济学的教科书中。尽管最优经济增长的一般思想和基本问题本身并不难懂，但大多数论述最优增长的文献都采用较复杂的数学工具，从而增加了阅读文献的难度。有鉴于此，我们在此仅以一个简单的最优增长问题来说明最优经济增长理论的基本含义。

现在，我们考虑一个经济计划的制定问题。假定经济的总产出仅仅依赖于所使用的资本数量，总产出或总收入是消费与投资之和。又假定这一计划问题的目标是，使整个计划期内的总效用最大化。这里，总效用被设定为某个由消费决定的已知函数。

以 Y、C、I 和 K 分别表示产出、消费、投资和资本存量。从动态的观点出发，它们都是时间的函数。在任何时点上，投资被定义为资本存量的变化，即 $I = \mathrm{d}K/\mathrm{d}t$。令 t_0 和 t_1 表示计划期的初始时刻和终止时刻。以 $U(C)$ 和 $Y = f(K)$ 分别表示效用函数和生产函数。

由总产出的定义：$Y = C + I$，可以得到：

$$f(K) = C(t) + \mathrm{d}K/\mathrm{d}t$$

或者，

$$\mathrm{d}K/\mathrm{d}t = f(K) - C(t)$$

假定在时点 t_0 和 t_1 的资本存量分别为 K_0 和 K_1，即 $K(t_0) = K_0$，$K(t_1) = K_1$。根据上面的叙述，在连续变化的时间内，这一计划问题的数学表达式为：

$$\max\int_{t_0}^{t_1} U[C(t)]\mathrm{d}t \quad (1)$$

$$\text{s. t.}\ \frac{\mathrm{d}K}{\mathrm{d}t} = f(K) - C(t) \quad (2)$$

$$K(t_0) = K_0, \quad K(t_1) = K_1 \quad (3)$$

(1)式表示目标函数的最大化。积分 $\max\int_{t_0}^{t_1}U[C(t)]\mathrm{d}t$ 表示在整个计划期内的总效用。方程式(2)和(3)表示这一计划问题的约束条件。

简言之,这一计划问题实际上就是,如何选择(或安排)消费 $C(t)$,使得经济在满足约束条件(2)和(3)的计划期内达到总效用的最大化。这个简单例子基本上概括了最优经济增长的特点和结构。一般地说,解决最优经济增长问题就是,当社会目标确定时,从各种可行的增长路径中挑选出一条路径,使得社会目标函数达到最大化。

在最优经济增长问题研究中,通常把变量分成"状态变量"和"控制变量"(或政策工具)。所谓"控制变量",就是能为人们所控制的变量。而"状态变量"则是表达所考察事物的特征,而且随"控制变量"的变化而变化的变量。在上面所考察的例子中,"状态变量"是资本 K,"控制变量"是消费 C。描述"状态变量"如何随"控制变量"的变化而变化的方程称为"状态方程"。"状态方程"通常是一种动态方程,它记述了所考察的事物是如何随着时间的推移而演变的。(在最优经济增长问题中,"状态方程"通常由反映连续变量情况下的微分方程和反映离散变量情况下的差分方程来描述。)例如,一国的经济在 2004 年的状态可以认为是取决于 2003 年的经济状态、2003 年生效的各种政策,以及这些政策对有关状态变量的影响。在前面所考察的例子中,"状态方程"是由约束条件(2)给出的。另外,在最优增长问题中,通常要给定"状态变量"的初始值并对有关变量施加一定的约束。其实际含义在于,反映所要考察的经济社会所面临的资源积累情况和限制条件。

最优经济增长问题或模型主要由以下三个要素构成,即:用来评价经济增长路径选择的目标函数、用来描述所考察的经济社会是如何随着时间的推移而运行的"状态方程"和有关变量的初始约束条件以及最终的约束条件。在前面所考察的例子中,这三个要素分别由上面的方程(1)、方程(2)和方程(3)给出。如果用最优控制理论的术语来表述这一最优增长问题就是,求在满足微分方程(2)[即约束条件(2)]和约束条件(3)的情况下,求出最优人均消费函数 $C(t)$,使目标函数方程(1)达到最大。在几何图形上,这个问题可以理解为,在图 10.10 中的诸条消费路径中,选取一条消费路径,使目标函数达到最大化。

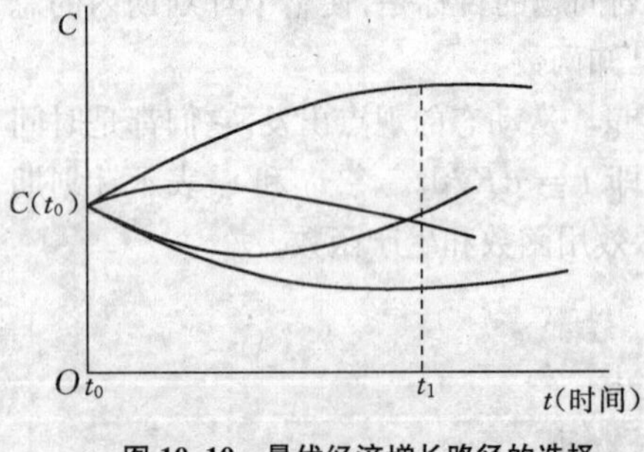

图 10.10　最优经济增长路径的选择

从一定意义上说,最优经济增长问题与经济学中典型的最优化问题(如消费者选择问题)有相同之处,都是一定的约束条件下追求目标函数的最大化。

然而,两者之间也有明显的不同。最优化问题往往要寻找一条与时间有关的路径(即函数)。而像消费者选择这样的最优化问题,一般是静态最优化问题,当有关的参数确定下来后,这一问题的解往往是某些确定的数值。

应该指出,最优经济增长问题的求解通常要用最优控制理论中的一些特殊方法,不过,对这些特殊方法的论述已超出了本书的范围。

第五节　内生经济增长理论
——经济增长理论的新发展

一、新古典增长理论的缺陷

以索洛的经济增长模型为基础的新古典增长理论，从 20 世纪 60 年代到 80 年代中期，一直在经济增长理论的研究中占据主导地位。这一期间，许多相关研究都集中在用数据分析来验证新古典增长理论的结论和推论方面。例如，对技术进步、劳动力和资本对经济增长的贡献份额进行定量分析，以便为政府制定促进经济增长的政策提供数值依据，等等。

然而，随着时间的推移，新古典增长理论也暴露出一些不足和缺陷。新古典增长理论假定生产函数具有规模报酬不变的性质，即投入增加一倍，产出也相应增加一倍。但这一假定往往与事实不符。由于大多数发达工业化国家的资源配置比较合理，经济部门间相互协调能力较强，信息传递也比较准确有效，所以，资源的总体利用率高，少量投入有可能带来大量产出。而一些发展中国家由于不具备发达工业化国家那样的生产条件，再加上难以避免的政策失误，就有可能导致规模报酬递减。此外，在新古典增长理论中，稳态增长率是外生的，增长模型本身无法对劳动力增长率和技术进步率做出解释。因而，该理论对控制人口增长率、提高技术进步速度也提不出相应的政策建议。事实上，许多国家经济增长的经验和教训都说明这两个参数的大小对经济增长至关重要，而且政策制定者可以对它们施加影响。现在，许多经济学家都认为，经济增长率的外生性质是新古典增长理论最主要的缺陷。

此外，新古典增长理论在解释现实方面也不尽如人意。新古典增长理论的一个重要结论是，不同国家的经济增长具有趋同性，即，有着相同技术和人口增长率的国家最终会接近于相同的稳态增长率(尽管收入的稳态水平可能会各异)。然而，根据世界银行在 1992 年公布的世界发展报告所提供的数据，在 1965—1990 年这 25 年中，美国人均收入年增长率为 4.7%，日本为 4.1%，韩国为 7.1%，巴西为 3.3%，墨西哥为 2.8%，印度为 1.9%。这些数据显示，在这 25 年的长时期中，各国之间存在着经济增长率上的较大差异。这显然与新古典增长理论的趋同论点相矛盾。

在这样的背景下，自从 20 世纪 80 年代中后期以来，美国经济学家保罗·罗默和罗伯特·卢卡斯等人在对新古典经济增长理论进行反思的基础上，相继发表了他们研究经济增长的一系列新成果，逐步形成了目前流行于西方的所谓“新经济增长理论”。“新经济增长理论”是指用规模收益递增和内生技术进步来说明一国长期经济增长和各国经济增长率差异而展开的研究成果的总称。新经济增长理论最重要的特征是，试图使经济增长率内生化。从这点出发，新经济增长理论又称为内生经济增长理论。由于篇幅和一些分析技术上的考虑，我们在下面只是简要介绍有关内生经济增长理论的基本情况。

二、新经济增长理论简述

各种新经济增长模型可以根据不同的标准加以分类。根据新经济增长模型所依赖的基本假设条件的差异，可以将新经济增长理论分为完全竞争条件下的内生经济增长模型和垄断竞争条件下的内生经济增长模型。完全竞争条件下的内生经济增长模型出现较早。这类模型基本上代表了新经济增长理论的第一个发展阶段。垄断竞争条件下的内生经济增长模型出现于20世纪90年代，它取消了前一类经济增长模型中过于苛刻的完全竞争假定，在垄断竞争的假设下说明技术进步的产生和均衡经济增长率的决定。这类经济增长模型的出现，标志着新经济增长理论进入了第二个发展阶段。由于篇幅和有关内容在技术上的复杂性，我们在下面简要概述完全竞争条件下的新经济增长模型。这类新经济增长模型又可以根据各种模型关于总量生产函数的不同规定，分为两种基本类型：一种是外部性条件下的内生经济增长模型，另一种是凸性经济增长模型①。

1. 外部性条件下的内生经济增长模型的情况

外部性条件下的内生经济增长模型采用马歇尔提出的外部经济分析方法来研究经济增长问题。这类模型假定，总量生产函数会呈现出规模收益递增的特点。造成规模收益递增的原因在于技术进步所产生的溢出效应。对单个厂商而言，技术进步表现为一种外部经济，因此，厂商是价格接受者。这样，就可以在完全竞争的假设下说明技术进步对经济增长的影响。外部性条件下的内生经济增长模型主要包括：罗默的知识溢出模型(1986)、卢卡斯的人力资本溢出模型(1988)、巴罗的公共产品模型和拥挤模型、克鲁格曼—卢卡斯—扬的边干边学模型、斯托齐(Nancy L. Stokey)的边干边学模型(1988)等。其中数罗默模型(1986)和卢卡斯模型(1988)最具代表性。

最早用技术外部性解释经济增长的模型是K. J. 阿罗于1962年提出的边干边学模型。阿罗模型试图将新古典经济增长模型中的外生技术进步内生化。为此，阿罗假设技术进步是投资的副产品，是厂商在生产中积累经验的结果。一个厂商的投资不仅会提高自身的生产率，而且将提高全新社会所有其他厂商的生产率，也就是说，对于企业来说，技术进步具有外溢效应。因此，技术进步是经济系统的内生变量。在阿罗模型中，由于存在技术溢出，不存在政府干预时的经济均衡状态是一种社会次优状态，均衡的经济增长率将低于社会最优经济增长率。阿罗模型的缺陷在于：在这一模型中，由于技术溢出不够强，内生的技术进步不足以推动经济持续增长。为了保证经济增长能够实现，必须要求人口以一个外生比率增长，所以，阿罗模型尚不是一个真正意义上的内生增长模型。

罗默(1986)将阿罗模型向前推进了一步。在罗默的知识溢出模型(1986)中，知识和技术是私人厂商进行主动的意愿投资的产物。不过，如同物质资本投资一样，私人厂商进行知识投资也将导致知识资本的边际收益递减。为了说明即便在人口增长率为零时，知识积累也仍然足以保证经济实现长期增长，罗默假定知识具有足够强的溢出效应，它足以抵消固定生产要素存在

---

① 在西方经济学中，所谓生产技术具有凸性是指，当存在两种能够生产相同产量的生产方法时，这两种方法的加权平均也至少能生产相同的产出量。

所引起的知识资本边际收益递减的趋势，从而使知识投资的社会收益率保持不变或呈递增趋势。这样，知识积累过程就不会中断，经济就能够实现长期增长。

卢卡斯(1988)建立了另一个重要的内生经济增长模型。卢卡斯的人力资本溢出模型实际上是将阿罗模型和日本经济学家宇泽弘文(1965)提出的另一个经济增长模型结合起来，用人力资本的溢出效应来解释技术进步，说明经济增长是人力资本不断积累的结果。宇泽弘文的增长模型是从不同于阿罗模型的角度将新古典经济增长模型中的外生技术进步内生化。宇泽弘文的做法是，考虑到经济中存在着从事人力资本积累的部门——教育部门。教育部门以线性技术生产人力资本。人力资本的不断积累则保证了经济能够实现持续增长。人力资本在宇泽弘文模型中的作用与外生技术进步在新古典经济增长模型中的作用一样，都会导致有效劳动量的增加，从而使物质资本积累不再呈现规模收益递减趋势，使经济以不变的比率持续增长。

罗默认为，技术进步表现为私人厂商投资于研究活动而生产出新知识。卢卡斯认为，技术进步是教育部门进行人力资本投资的结果。巴罗(1990)与他们不同，他认为，技术进步表现在政府提供服务所带来的私人厂商生产率和社会生产率的提高方面。

2. 凸性经济增长模型的情况

完全竞争条件下的内生经济增长模型的第二条研究思路，是在总量生产函数规模收益不变(即凸性生产技术)的假设下，说明经济实现内生增长的可能性。采用这条研究思路的经济增长模型有 AK 模型、琼斯—真野惠里(Larry E. Jones and Rodolfo Manuelli)模型、雷贝洛(S. Rabelo)模型、金—雷贝洛(Robert G. King and Sergio Rebelo)模型、拉德龙(A. Ladron-de-Guevara)等人的模型。在这类增长模型中，比较重要的是琼斯—真野惠里模型和雷贝洛模型。

下面，我们以 AK 模型为例简要说明一下内生经济增长模型的理论含义。

AK 模型假定总量生产函数具有最简单的线性形式：

$$Y = AK$$

式中，A 为反映技术水平的正的常数；K 为资本存量。该模型与索洛模型的最大区别在于，AK 模型不存在索洛模型中所具有的资本边际收益递减问题。

假定储蓄率是参数 s，又假定没有人口增长和资本折旧，所有的储蓄都转化为资本存量的增加，于是有：

$$\Delta K = sY = sAK$$

或者，

$$\Delta K/K = sA$$

这样，储蓄率就影响到了资本增长率。进一步说，既然产量与资本成比例，产量增长率也等于：

$$\Delta Y/Y = sA$$

在这种情况下，储蓄率 s 越高，产量的增长率也将越高。

假定资本边际报酬不变，资本积累过程就不会中止。即使经济中不存在任何技术进步，资本积累也足以保证经济沿着一条平衡增长的路径增长。当考虑到经济中存在折旧的时候，只要 $\Delta Y/Y$ 或 sA 大于折旧率，经济仍然能够持续增长。

当然，如果将 AK 模型中资本 K 的含义加以适当扩张，经济增长就可以内生地持续进行。持内生经济增长观点的经济学家，就是把体现在人力资源上和物质资本上的知识、技术作为资本处理，来建立内生经济增长模型的。

下面，我们可以从人均变量来继续探讨这一问题。

如果我们以相应的小写字母来代表相应的经济变量，则 AK 生产函数可以改写为：

$$y = Ak$$

由此可以进一步知道，资本的平均产出和边际产出都是常数 A，而且 $A>0$，即：

$$\frac{f(k)}{k} = \frac{\partial f(k)}{\partial k} = A > 0$$

从理论上说，对稻田条件（Inada condition）$\lim\limits_{k\to\infty} f'(k) = 0$ 的违反，正是产生内生经济增长的转折点和关键。如果我们假定 δ 为折旧率，由利润最大化条件就可以得出资本的边际产品等于租金价格，即：

$$r = A - \delta$$

我们再假定 s 为储蓄率，n 为不变的人口增长率，则积累方程为：

$$\Delta k = sf(k) - (n+\delta)k$$

对积累方程两边同时除以 k，可得：

$$\Delta k/k = sf(k)/k - (n+\delta)$$

令 $g_k = \Delta k/k$，再将 $f(k)/k = A$ 代入该积累方程，就可以得到

$$g_k = sA - (n+\delta)$$

由上可知，$f(k)/k$ 的曲线是在 sA 水平上的水平直线，因此，g_k 就是水平线 sA 与 $(n+\delta)$ 之间的垂直距离。在 $sA > (n+\delta)$ 的情况下，由于这两条直线是平行的，则 g_k 是一个正的常数，增长率与人均资本无关。换句话说，人均资本总是以稳定状态增长率 $g_k = sA - (n+\delta)$ 增长。

由于经济增长的目的是提高人们的生活水平和福利水平，所以，我们必须再考虑消费者行为。假定具有无限生命的消费者具有如下极大化问题：

$$\max \int_0^\infty \mathrm{e}^{-(p-n)t}\left[\frac{c^{1-\theta}-1}{1-\theta}\right]\mathrm{d}t$$

$$\text{s. t. } a = (r-n)a - (w-c) = 0$$

其中 ρ 是时间偏好率，$\theta > 0$，a 是人均资产，r 是利率，w 是工资率。定义一个汉密尔顿函数：

$$H = \frac{c^{1-\theta}-1}{1-\theta} + \lambda[(r-n)a + w - c]$$

解得最优化条件为：

$$g_c = \frac{\Delta c}{c} = \frac{1}{\theta}(r-\rho)$$

现在可以求出均衡的增长率。将 $r = A - \delta$ 代入到上面的最优条件中，就可以得到：

$$g_c = \frac{\Delta c}{c} = \frac{1}{\theta}(A - \delta - \rho)$$

因为 $y = Ak$，可以得到 $g_y = g_c = g_k$，三个变量都以同样的增长率 $\frac{1}{\theta}(r - \rho)$ 来增长。我们由此可以看出，这里的人均增长率取决于模型中的参数行为，比如储蓄意愿和资本的生产率等。较低的 ρ 和 θ 值会提高储蓄意愿，进而提高人均增长率，技术水平 A 的提高则可以提高资本的边际产出和平均产出，进而提高增长率和储蓄率。当然，折旧率也对人均增长率具有持久的效应。

显然，AK 增长模型的显著特点是不会出现"趋同"(即对所有的人均收入水平都有 $\partial g_y / \partial y = 0$)，而新古典经济增长模型却不然。

3. 两部门模型

为了进一步说明内生经济增长模型的含义，我们再看一个两部门的例子。

假定经济中存在着两个部门，一个是制造业企业，一个是研究性的大学。企业生产用于消费和物质资本投资的产品和服务。大学生产作为生产要素的"知识"，为这两个部门免费利用。它们的生产函数和资本积累的公式可以表示如下：

制造业企业的生产函数：$Y = F[K, (1-u)EN]$

研究性大学的生产函数：$\Delta E = g(u)E$

资本积累：$\Delta K = sY - \delta K$

其中，u 为大学的劳动力比例，$(1-u)$ 为制造业企业的劳动力比例，E 为知识存量(它决定劳动效率)，g 是表明知识增长如何取决于大学里劳动力比例的函数。在正常情况下，假定制造业企业生产函数是规模收益不变的，即物质资本 K 和效率工人的数量 $[(1-u)EN]$ 翻一番时，物品与服务产出 Y 也翻一番。所以，这个模型和 AK 模型一样，也可以在没有外生变动的情况下，保持经济增长，因为大学生产的知识是不断增加和进步的。

不过，该模型也可以和存在技术进步的索洛模型相类似。当大学的劳动力比例 u 不变时，劳动效率 E 就会按照不变的比率 $g(u)$ 增长。

正如索洛模型一样，该两部门经济模型中也有两个关键性决策变量，用于持续和投资的产出比例 s 决定了稳定状态的物质资本存量。另外，大学中劳动的比例 u 决定了知识存量的增长。尽管只有 u 影响稳定状态的收入增长率，但是 s 和 u 都会影响收入水平。所以该内生增长模型在说明哪种社会决策决定技术变革率方面取得了一点进展。

4. 新经济增长理论的验证

经济学家们对新经济增长理论进行实际验证的结果，使人们对经济增长问题的认识又深化了一步。

(1) 关于增长趋同论的看法。

一个经济追上另一个经济的过程称为趋同。第二次世界大战后直至今天，日本的生活水准已经追上了美国。美日经济在战后的趋近，这个引人注意的现象引发了经济学家对于趋同是否为经济增长过程中的规律的争论。如果趋同是确定的规律，那就意味着世界各国之间的收入水平差距将会随着经济增长而逐步缩小。如果趋同是不确定的，则各国间收入水平的差距将永远无法消除。

内生的经济增长理论暗示了，在具有不同储蓄率和投资率的国家之间，应该有不同增长率的持续。而过去的新古典经济增长理论则预测这些增长率的差异仅仅在一段转换时期内会影响到产量的增长率。

美国经济学家威廉·J. 鲍莫尔等人在 1989 年的一项研究成果中得出的结论认为，有证据表明，其他工业化国家的收入水平正在向美国的收入水平趋近。而美国被认为是可进行国际比较项目(ICP)下以收入标准衡量的世界最富有的国家。这一研究结论至少是暂时支持了新古典经济增长理论的“趋同”观点。

但是，罗伯特·巴罗的观点更具普遍意义。巴罗在 20 世纪 90 年代初的论文中指出，尽管那些投资更多的国家趋向于经济增长更快，但是，更多的投资对经济增长的影响似乎是暂时的。因为更多的投资会使经济停滞在人均收入更高但增长率不会更高的稳定状态。这种看法与新古典经济增长理论的预测是吻合的。巴罗把这一结论叫做“有条件的趋同”，也就是说，各个国家正在依照 GDP 中投资份额的不同条件决定的稳定状态趋同。当然，稳定状态也会依照其他变量的情况发生变化(如，政府支出在 GDP 中的份额、人力资本的投资率等)。

巴罗的研究表明，有条件的趋同以每年 2%的速度进行。其速度并不快，是一个缓慢的过程。他说如果一国的收入水平当前只有美国的 5%的话，大概经过 35 年才会达到美国收入水平的 10%。如果两国间影响收入水平的其他变量相同，该国就不可能指望通过“自然而然的”、“新古典的趋同力量”追上美国。

学习参考

各国经济会不会趋同

从理论上说，各国经济会不会趋同首先取决于它们之间为什么会有差距。一方面，如果有两个同样稳定状态的经济从不同的资本存量出发，我们就应该预期它们最终会出现趋同。资本存量较少的经济将会增长得更快。另一方面，如果有不同储蓄率的两国经济有不同的稳定状态，那么，我们就不应该预言最终会出现趋同。相反，每个国家将会达到它们自己的稳定状态。

经验与这种分析是一致的。在有相似文化和政策的经济体中，研究者发现经济每年以 2%左右的比率相互趋同。这就是说，贫国和富国之间的经济差距每年会缩小 2%。美国各个州经济之间的差距有些与此类似。由于历史的原因(比如 19 世纪 60 年代的内战)，一个世纪以前，美国各州之间的收入水平差距巨大。但是，这些差距随着时间的推移，逐渐消失了。

不过，在国际上问题较为复杂。当研究者只研究人均收入的数据时，很少能够找到趋同的证据:开始时贫穷的国家和开始时富裕国家相比，其平均增长速度并不快。这表明，不同的国家具有不同的稳定状态。如果可以用统计技术控制稳定状态的某些决定因素(比如储蓄率、人口增长率以及教育情况)，那么，数据就会再一次表明，经济将会每年以 2%左右的比率趋同。这也就是说，各国经济会表现出有条件的趋同:它们表现出趋向于自己的稳定状态，而稳定状态又是由储蓄、人口增长和教育所决定。

资料来源：N. 格里高利·曼尼：《宏观经济学》第4版，中国人民大学出版社2000年版，第102—103页。

(2) 对物质资本、设备投资和基础设施投资的作用的估计。

对于把GDP中的更大部分用于投资在经济增长上所产生的短期效应，美国经济学家进行了两方面的验证性研究。

关于第一方面。布赖德福德·迪·朗(Bredford D. Long)和劳伦斯·萨默斯(Laurence Summers)认为，在机器设备上的投资报酬率约为每年20%。这个比率是相当高的。由此，他们主张，应该通过投资税优惠对机器设备投资予以补贴。不过，问题在于20%的投资回报率属于谁。如果它属于投资者，补贴就不必要；如果属于社会，补贴就是必要的。

第二方面是政府基础设施投资的作用。戴维·阿沙尔(David Aschauer)认为，美国在20世纪70—80年代的增长减速，在很大程度上要归咎于政府投资的减少。不过，也有人认为，基础设施投资是对私人投资的补充。只有在私人投资需要基础设施时，后者的投资才会对生产率的增长有较大的贡献。不过，在道路和教育方面，与此有所不同。

当然，公共部门的资本存量很大，也是其对经济增长有所贡献的重要原因。

(3) 对人力资本作用的验证。

这方面的证据是支持人力资本对经济增长有积极意义的。格利高利·曼昆(Gregory N. Mankiw)、戴维·罗默(David Romer)和戴维·韦尔(David Weil)认为，将人力资本引入新古典经济增长模型，可以解释很多现象(如经济增长率的长期差异)。

(4) 关于生产率增长的考察。

一般说来，与内生经济增长理论有关的研究工作并未解释生产率增长减速的原因，也未说明如何才能恢复生产率的增长。

阿尔文·扬对比性地考察了新加坡和中国香港经济增长的情况。他发现，两地从1960年到1990年间的人均经济增长率都是6%。中国香港在此期间投资在GDP中所占的比重平均约为20%，新加坡在此期间投资在GDP中所占的比重则从1960年的9%上升到1985年的大约40%。在投资存在巨大差异的情况下，扬发现在20年间，中国香港的生产率增长达到了平均每年3.5%，而新加坡的生产率增长却基本为零。

在试图解释这种明显差异的时候，扬注意到中国香港有一个基本上自由放任的市场和政府，新加坡则坚持对经济实行严格的控制，政府间接地指导着大多数投资。扬认为，新加坡在引进外资和新技术过快，有超越本地企业与工人消化能力的问题。这反而阻碍了生产率的增长。

第六节　关于经济增长问题的争论

在经济发达国家经济增长的同时，也引起了环境污染、资源的耗竭、城市人口密集拥挤，生活质量下降等严重问题。一些经济学家注意到这种情况,因而对经济增长提出了异议。本节简要介绍西方国家在20世纪70年代围绕着经济增长问题展开争论的一些情况。

一、增长极限论

1968年,意大利菲亚特公司董事长帕塞伊,邀请西方国家30名科学家、经济学家、教育家和实业家在意大利的首都罗马讨论在经济增长和发展过程中人类目前和将来的处境。这些人就是后来所谓的“罗马俱乐部”的成员。在大众基金会资助下,罗马俱乐部委托美国麻省理工学院管理学教授唐奈勒·H.麦多斯(Donella H. Meadows)和丹尼斯·L.麦多斯(Dennis L. Meadows)领导的研究小组把讨论的情况整理成书出版。这就是在1972年由美国纽约的宇宙书局出版的《增长的极限》一书。在这本书中,麦多斯等人代表“罗马俱乐部”提出了一种在当时经济增长状况和方式下对于人类未来前途持悲观态度的理论。

这一理论认为,影响人类社会经济增长的主要因素有5个,即人口增长、粮食供应、资本投资、环境污染和资源耗竭。这5个因素的共同特点在于,它们的增长都是指数增长,即按一定的百分比递增。有关的学者分析了这5个增长因素的变化及其相互影响。通过建立一个世界模型,得出的结论是:1970年以后,人口和工业仍维持着指数增长,但迅速减少的资源将成为约束条件,使工业化不得不放慢速度。工业化达到最高点时,人口和污染还将继续增长。但由于食物与医药缺乏引起死亡率上升,最后人口增长将停止,人类社会将在2100年之前最终停止增长。

这些学者认为,摆脱这一困境,实现全球经济均衡增长的措施主要是:在1975年停止人口增长;1980年停止工业资本增长;每一单位工业品的物质消耗降到1970年的1/4;经济的重点从物质生产转到服务业上;环境污染降低到1970年数值的1/4;增加对粮食的生产,农业投资重点用于增加土地肥力与水土保持等等。

总之,麦多斯等人的基本观点是,世界经济体系的基本行为方式是人口和资本的指数增长和随后的崩溃。由于麦多斯等人对人类前途抱着悲观的态度,西方经济学家称他们的世界模型是“崩溃的模型”或“世界末日模型”。

二、增长怀疑论

增长极限论偏重于说明持续经济增长的不可能性。但是,如果持续经济增长是可能的,那么,这种增长是否就应该追求呢?一些经济学家从价值判断的角度对经济增长的价值提出了怀疑。

美国经济学家米香(Meashan)认为,为实现经济增长所付出的社会和文化的代价太大了。首先,持续的经济增长使人们失去了许多美好的享受,例如,无忧无虑的闲暇,田园式的享受,清新的空气等等。其次,经济增长所带来的仅仅是物质享受的增加。但物质享受不是人类快乐的唯一源泉,随着社会的发展,人们也并不把物质享受作为唯一的目标。最后,人对幸福的理解取决于他在社会上的相对地位,因此,经济增长尽管增加了个人收入的绝对量,但并不一定能提高他在社会上的相对地位,这样也就并不一定能给他带来幸福。总之,在米香看来,技术的进步,经济的增长仅仅是物质产品的增加而不是幸福的增加。在经济增长中,人们失去的幸福太多了,因此,即使经济增长是可能,也是不可取的。

三、对增长极限论的批评

由于《增长的极限》一书涉及的是人类前途问题,而结论又是那样阴暗和耸人听闻,所以该书出版后,立即引起了西方学术界的激烈争论。通过争论,形成了赞成经济增长和反对经济增长的两种对立观点。下面,我们简述一下西方学者对增长极限论的批评。

有些学者认为,增长极限论是新形势下的马尔萨斯人口论的翻版,麦多斯等人只是"带着计算机的马尔萨斯"。经济学家们认为,麦多斯等人的世界模型结论是否正确,决定于所选择的基本经济关系是否恰当,估计的参数是否正确。而麦多斯等人的世界模型在这些方面都有缺点。例如,有的学者根据麦多斯等人的世界模型,假定自1970年起,自然资源发现(包括回收)率每年增长2%,控制污染的技术能力每年增长2%,粮食产量每年增长2%,按照这样的假定,改变了模型结构时,计算机计算的结果表明,产量和人口增长都不受限制,崩溃永远不会发生。人们还对世界模型做了另一个实验,就是把模型的开始时期由1900年提前到1850年,且用该年各个变量的实际数值作为起点水平,答案是,世界在1970年左右就要崩溃。

美国经济学家索洛对世界模型予以了否定。他认为,末日模型是一个伪科学,因此,也是对公共政策的消极导向。末日模型从假设到结论之间的逻辑关系非常简单和明显,从这个意义上说,它更像是一个假设而不是一个结论。

对于麦多斯经济模型所分析的几个关键性因素,众多经济学家也纷纷进行了分析和批评,指出了麦多斯模型结论的不合理性。

至于经济增长是否为一个值得追求的目标,真正的经济社会发展目标和追求应该是怎样的,经济学家们更是观点各异,众说纷纭。他们的争论表明,经济增长实际上不仅是一个经济问题,而且还是一个社会问题。对经济增长问题的争论在某些方面实际上已经超出了经济学的范围。但是,我们应该看到,正是经济增长过程中反映出的实际问题和20世纪70年代给人印象深刻的那场大争论,推动了人们对经济社会发展目标看法的进步,也推动了后来经济增长和发展过程中对于有关问题的注意、关切和解决。20世纪70年代看法各异的观点,今天已经取得了很多共识。

本章小结

经济增长问题的本质就在于说明,究竟是什么因素决定了长期中产量的增长率?或者说,产出增长的长期趋势是受什么因素影响的,并按照什么规律变化的?

西方经济增长理论经历了研究成果较为密集的两大阶段:20世纪50年代末到60年代的第

一阶段和20世纪80—90年代的第二阶段。本章重点介绍了第一阶段中最重要的哈罗德—多马模型和索洛—斯旺模型。哈罗德模型最早开辟了一个研究经济增长理论的发展方向和角度。哈罗德模型在给定许多假定情况下，说明要实现长期均衡的经济增长，国民收入增长率就必须等于社会储蓄倾向与资本—产量比二者之比。索洛模型则试图在基本假定大致不变的前提下，克服哈罗德模型的缺陷，提出一个具有内在稳定性的经济增长模型。

20世纪80—90年代关于经济增长理论的第二阶段中，最重要的经济增长模型以内生经济增长模型著称。这一模型提出，在以索洛模型为代表的新古典增长理论中，稳态增长率是外生的，其模型本身无法对劳动力增长率和技术进步率做出解释。因而原有的第一阶段的经济增长理论和模型也就对控制人口增长率、提高技术进步速度提不出相应的政策建议。这是第一阶段的新古典经济增长理论的最大缺陷。

以卢卡斯和罗默为代表的"新经济增长理论"用规模收益递增和内生技术进步来说明一国长期经济增长和各国经济增长率差异。"新经济增长理论"最重要的特征是试图使经济增长率内生化。卢卡斯和罗默分别强调了"知识溢出"和"资本溢出"对解释经济增长率内生化的重要作用。此外，本章也介绍了经济增长的AK模型，并提到了这一时期许多其他经济学家提出的各种经济增长模型。过去的新古典经济增长理论曾经预测，各国在储蓄率和投资率上的差异，仅仅会在一段转换时期内影响到产量的增长率，因而，在长期中，各国经济发展将会"趋同"到相接近的水平。但是，"新经济增长理论"(内生经济增长理论)却暗示了，在具有不同储蓄率和投资率的国家之间，应该有增长率上的持续差异。

思考题

一、名词解释

经济增长　　全要素生产率的增长率　　有保证的增长率
自然增长率　　倒U字假说　　资本深化
资本广化　　资本增长的黄金分割规则　　增长趋同论
增长极限论　　增长怀疑论　　人力资本
内生经济增长理论

二、选择题

1. 如果人均产出函数$y=k^{1/2}$，$s=0.4$，折旧率为0.2，则稳定增长路径上的人均资本存量为(　　)。

A. 4　　B. 8　　C. 2　　D. 16

2. 如果人均产出函数为$y=k^{1/2}$，折旧率$\delta=0.05$，且资本的黄金规则水平为$k^*_{gold}=100$，则在黄金增长率水平时的储蓄率为(　　)。

A. 0.05　　B. 0.2　　C. 0.1　　D. 0.5

3. 假使某一经济的稳态增长时的人均资本低于黄金率水平，现在当政府提高储蓄率后，人均消费将(　　)。

A. 开始下降到初始水平之下，然后上升到初始水平之上

B. 高于初始水平不断上升

C. 开始上升到高于初始水平的位置，然后逐步下降到原有初始水平

D. 低于初始水平不断下降

4. 假设鲁滨孙孤岛经济初始时，资本存量低于黄金规则水平的资本存量，现在鲁滨孙要想使孤岛经济达到黄金增长率状态，就必须(　　)。

A. 提高储蓄率　　B. 降低对非投资品的政府支出

C. 提供税收优惠以刺激新投资　　D. 以上都正确

5. 假设资本边际报酬递减，现有两国除了其中一个资本较少而人均实际GDP较低外，其他条件均相同。当储蓄率从5%上升到6%时，可以预期(　　)。

A. 任何一国的增长率都不会改变　　B. 具有较少资本的国家增长较快

C. 具有较多资本的国家增长较快　　D. 两个国家增长速度相同

三、简答题

1. 简述总供给政策及其目标。
2. 经济增长的源泉是什么？
3. 在哈罗德模型中有保证的增长率、实际增长率和自然增长率的含义是什么？
4. 丹尼森把影响经济增长的因素归结为哪几个方面？
5. 在哈罗德模型中，有保证的增长率 G_w 大于自然增长率 G_n，经济将出现何种状况？
6. 索洛的“新古典经济增长模型”认为，要使经济能够实现长期均衡增长的条件是什么？
7. 费尔普斯提出的“黄金分割规则”的内容是什么？
8. 新古典增长理论最主要的缺陷表现在哪些方面？
9. 政府将会怎样影响经济增长？
10. 什么是经济增长的“趋同论”？你如何判断趋同的前景？
11. 如果将哈罗德—多马模型中的假设去掉，那么是否会导致经济的长期不稳定？请解释其原因。
12. 假设合意增长率小于自然增长率，根据新剑桥增长模型，为了满足一致性条件，你认为政府应该怎样调节？

四、计算题与分析题

1. 在新古典增长模型中，总量生产函数为：

$$Y = F(K, L) = K^{1/3}L^{2/3}$$

(1) 求稳态时的人均资本量和人均产量。

(2) 求出黄金律相对应的资本水平。

(3) 用这一模型解释“为什么我们如此富裕，而他们是那么贫穷。”

2. 假定资本是按其边际产品支付报酬。总量产出函数为劳动增进型 $Y = F(K, AL)$，人均产出函数为 $y = f(k)$，令 $w = \partial F(K, AL)/\partial L$，$r = \partial F(K, AL)/\partial K$。

(1) 证明劳动边际产品 $w = A[f(k) - kf'(k)]$；

(2) 证明如果劳动和资本按其边际产品取得报酬，规模报酬不变意味着：生产总要素等于总产量。即 $wL + rK = F(K, AL)$。

3. 假定总量生产函数为 $Y = 10K^{1/4}(AL)^{3/4}$，资本平均可以维持 10 年。现在假定人口增长率为 4%，技术进步率为 2%。

(1) 写出生产函数的密集形式，并计算资本的边际产出；

(2) 计算在黄金增长规则水平时的有效劳动的平均资本。

4. 某经济处于平衡增长路径上，人口增长率为 n，折旧率为 δ，劳动增进型的技术进步率为 g。

(1) 作图描述储蓄率上升是如何影响平衡增长路径上的有效劳动的平均资本。

(2) 作图描述当储蓄率提高时，有效劳动的平均资本、有效劳动的平均产出以及人均产出增长的时间路径。

5. 在新古典增长模型中，密集生产函数 $y = f(k) = 2k - 0.5k^2$，人均储蓄率为 0.3，设人口增长率为 3%，求：

(1) 使经济均衡增长的 k 值；

(2) 黄金分割率所要求的人均资本量。

第三部分

开放经济条件下的宏观经济

第十一章 开放经济条件下的宏观经济分析

学习目的和要求

通过本章的学习主要掌握：1. 国际贸易和汇率方面的知识、汇率制度、汇率的决定方式、购买力平价理论；2. 净出口函数；3. 国际收支平衡表；4. J 曲线效应、净资本流出函数；5. 国际收支平衡的调整和 BP 曲线；6. IS-LM-BP 曲线及其含义；7. 国内外的经济同时均衡和失衡的调整。

在开放经济下，国际贸易和资本流动将是宏观经济活动的重要内容。在开放经济条件下，本国的经济将和别国的经济通过国际贸易和资本流动的渠道联系起来。这也就是说，本国的经济既会影响别国的经济，也会受到别国经济的影响。而进出口、资本流动、汇率的变动和宏观经济政策的变动，将在上述相互作用中发挥不同程度的重要作用。为此，我们必须很好地理解进出口的影响因素、资本国际流动的影响因素、汇率的决定、汇率的变动，以及它们对国际贸易和国际资本流动的作用，对本国宏观经济均衡和国民收入水平变动的重要意义。当然，我们也要了解到，当一国经济在开放条件下发生失衡的时候，应该如何借助于各种宏观经济政策进行调节的原则和方法。

第一节 国际收支平衡表

国际收支是指一国在一定时期内从国外收进的全部货币资金和向国外支付的全部货币资金的对比关系。一国国际收支的状况反映在该国的国际收支平衡表上。

一、国际收支平衡表

国际收支平衡表是在一定时期内，对一国与他国之间所进行的一切经济交易加以系统记录的报表。

编制国际收支平衡表的基本规则就是复式记账法的原则。一个国家的任何交易活动，如果挣了外汇，就在国际收支平衡表上记入“信贷”入口，并给一个正号（通常忽略不写）。反之，如果任何交易是支出外汇，则记入国际收支平衡表的“借欠”入口，给一个负号。

国际收支平衡表总体上由三大部分组成：经常账户、资本账户及官方储备。

经常账户既记录商品与劳务的交易，也记录转移支付。劳务包括运费、版权支付和利息支付，还包括净投资收入，即本国在国外的资产获得的利息减去外国人在本国拥有的资产所获得的收入之差。转移支付包括汇款、捐赠、援助。

资本账户记录国际间的资本流动。凡是外国对本国居民的贷款，外国购买本国的实物资产和金融资产的交易都是资本流入，或称资本输入。凡本国居民对国外的贷款，以及他们购买外国的实物资产或金融资产的交易都是资本流出，或称资本输出。资本账户记录着一国资本的输入输出情况，如政府、国际金融机构、商业银行和跨国公司的投资等。资本流动又分为长期和短期两种，前者指一年以上到期的国际资本的流动；后者指一年或不足一年到期的国际资产和负债的变化。

官方储备又可称为官方的黄金和外汇储备，由一个国家官方的货币机构所持有。黄金和外汇通常被称为储备资产。

在开放经济中，一国与外国的经济往来主要包括两个方面的内容：一是商品与劳务的进出口和各种转移支付的进出；二是为购买实物资产和金融资产而发生的资本流入和流出。前者反映在国际收支平衡表的经常账户上，后者反映在资本账户上。

我们以美国 1994 年国际收支账户为例，做一个具体考察。表 11.1 列出了美国 1994 年的国际交易记录。国际收支平衡表把进出口分为三个更细的类别。第一类是商品贸易，即商品的进出口。第二类是投资收入，由国际利息、股息和本国在国外经营的企业返回的利润所构成。最后一类是其他服务，如律师费用、旅行费用和运输费用等。之所以把对外投资收入归入经常项目，是因为这部分收入是对外投资提供的服务所获的补偿。注意，经常项目还包括国家间的单边转移支付，即所谓国际馈赠，即不引起任何商品、劳务或资产购买的支付。该表列表明，1994 年，美国的单边转移支付为 341 亿美元。

表 11.1　1994 年美国国际收支账户

	贷方	借方
经常项目		
(1) 出口	+8329	
其中		
商品	+5029	
收到的投资收入	+1349	
其他服务	+1953	
(2) 进口		−9544
其中		
商品		−6691
支付的投资收入		−1353
其他服务		−1500

(续表)

	贷方	借方
(3) 单边转移支付		−341
经常项目余额[(1)+(2)+(3)]		−1557
资本项目		
(4) 美国在外国持有的资产(增加−)		−1257
其中		
官方储备资产		−1310
其他资产	+53	
(5) 外国在美国持有的资产(增加+)	+3146	
其中		
官方储备资产	+389	
其他资产	+2757	
资本账户余额[(4)+(5)]	+1889	
统计误差[(1)至(5)项之和的相反数]		−333

表11.1中，美国1994年的经常项目余额是8329亿美元 −9544亿美元 − 341亿美元 =−1557亿美元，处于赤字或逆差状态。这里，负号表示支出大于收入。如果一个国家发生经常项目赤字，这一赤字就需要通过向国外出售资产或国外借款来支付。换句话说，表列中经常项目余额−1557亿美元，必须被国际收支账户的另一部分，即资本项目的+1557亿美元所抵消。

资本项目余额是对外国人销售的资产与向外国购买的资产的差额。当美国人从外国人那里借入1美元，美国便卖给他们1美元的资产，即，一份将在未来偿还他们这1美元及其利息的保证。这笔交易，在资本项目中用正号，因为贷款本身是对美国的支付，或资本流入。另一方面，当美国向外贷款时，这笔贷款支付给外国人，因此应记入资本项目的借方。这笔业务是从外国人那里购得资产，被称为资本流出。为了弥补1994年经常项目的1557亿美元赤字，美国需要1557亿美元的资本流入。换言之，美国的净借款或对外资产销售，应达到1557亿美元。该表分别记录着美国在外国持有的资产的增加(这是资本流出，加上负号)和外国在美国持有的资产的增加(这是资本流入，加上正号)。根据表列，美国在外国持有的资产，在1994年为1257亿美元，以−1257亿美元的形式记入美国的国际收支账户。外国在美国持有的资产，在该年为3146亿美元，以+3146亿美元的形式记在资本项目下。由此可计算出资本项目的余额为3146亿美元−1257亿美元=1889亿美元，处于盈余状态。

资本项目盈余是1889亿美元，而不是所期望的1557亿美元。如果国际收支平衡表的贷方的每一次记入，都会自动产生相同的借方记入，反过来也是一样的话，为什么会出现上述的不一致呢？原因在于，一笔业务的借方和贷方资料，可能是通过不同的渠道得到的。例如，从日本进口录像机，借方资料可能是从美国海关验关报告中得到的，而对应的资本项目贷方资料则可能是从存入付款支票的美国银行获得的。因为不同来源的资料可能在范围、精确度、计时等方面存在不同，所以，实际操作中，国际收支账户很少能达到理论上的平衡状态。通过引入统计误差，账户记录人员使账户人为地达到平衡。1994年，未记录(或记录有错误)的国际交易产生了借方余额−333亿美元。

表列也显示了美国官方储备交易的规模和方向。美国的官方储备资产下降 53 亿美元(正号意味着美国在外国持有的资产减少,即把资产"出口"给了外国人)。外国中央银行新购入 389 亿美元的储备。外国在美国的官方储备净增加,减去美国官方储备的净增加,是美国官方交易余额。在 1994 年,此余额为 389 亿美元－(－53 亿美元) = 442 亿美元。

如果出口商品和劳务的总额加上外国向本国的转移支付,大于进口物品和劳务的总额加上本国向外国的转移支付,在经常账户上将出现顺差。反之,则出现逆差。由经常账户的收支产生的差额叫做经常账户差额。与商品和劳务的进出口额相比,转移支付的数额一般较小。如果在经常账户中略去国际间的转移支付,则经常账户的差额就可以大致被看作进出口差额。

二、资本账户与净资本流出函数

资本账户主要记录国际投资和借贷。国际投资包括本国的个人、企业和政府在国外购买房地产、外国企业的股票、外国政府债券,同时也包括外国的个人、企业和政府购买本国房地产、企业股票和政府债券。国际借贷包括本国企业和政府从国外银行、基金会、政府所获得的贷款,同时也包括外国企业和政府从本国拆借的款项。从经济学的角度看,国际投资和借贷的目的都是盈利。追逐较高利润的动机是形成国际间资本流动的根本原因。从直观上看,国际资本的流向是由利率低的国家向利率高的国家流动。

为分析方便,我们将从本国流向外国的资本量与从外国流向本国的资本量的差额定义为资本账户差额或净资本流出,并用 F 表示。则:

$$F = \text{流向外国的本国资本量} - \text{流向本国的外国资本量}$$

如果本国利率高于国外利率,外国的投资和贷款就会流入本国,这时净资本流出减少。反之,如果本国利率低于国外水平,则本国的投资者就会向国外投资,或向国外企业放贷,这时,资本就要外流,使净资本流出增加。一般地,净资本流出是本国利率 r 与国外利率 r_w 之差的函数。假定这一函数是线性的,则有:

$$F = \sigma(r_w - r)$$

式中,$\sigma > 0$ 为常数。根据该表达式,在国外利率水平既定时,本国利率越高,流出的资本就越少,流入的资本就越多,即,净资本流出越少;反之亦然。所以,F 是 r 的减函数。我们称该表达式为净资本流出函数。在以利率 r 为纵坐标、净资本流出 F 为横坐标的坐标系中,净资本流出函数如图 11.1 所示。

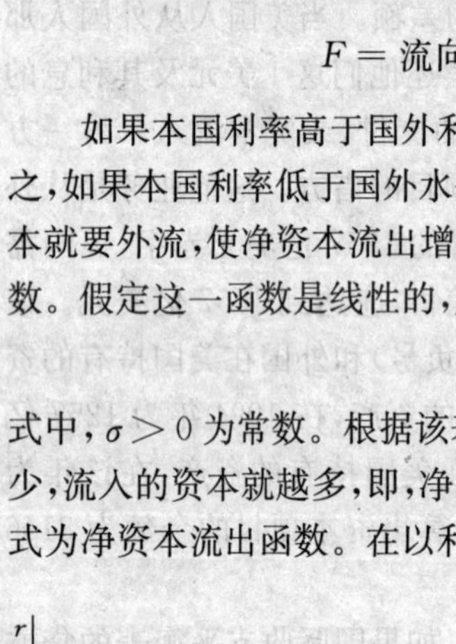

图 11.1　净资本流出函数

由图 11.1 可知,净资本流出与国内利率成反向关系,当国内利率为 r_1 时,净资本流出额为 F_1,当利率上升为 r_2 时,净资本流出减少为 F_2。

三、国际收支的平衡

每个国家在一定时期内都可能产生经常账户的顺差或逆差,以及资本账户的顺差或逆差。当然这两个项目也可能分别出现平衡，但这种情况大多是偶然的。

现将净出口和净资本流出的差额称为国际收支差额，并用 BP 表示，即：

$$\text{国际收支差额} = \text{净出口} - \text{净资本流出}$$

或者

$$BP = nx - F$$

按照宏观经济学的定义，一国的国际收支平衡也称为外部均衡，即，该国的国际收支差额为零，即 $BP = 0$。对于国际收支平衡还可以通过下面的方式理解：如果一个国家发生了经常账户赤字，即在国外的花费比它从国外得到的收入多，那么这一赤字就需要通过向国外出售资产或从国外借款来支持。而这种资产出售或借债意味着该国出现了资本账户盈余。因此，任何经常账户赤字要由相应的资本流入来抵消。如果国际收支差额为正，即 $BP > 0$，称国际收支顺差，也称国际收支盈余。如果国际收支差额为负，即 $BP < 0$，则称国际收支逆差，也称国际收支赤字。

当国际收支平衡时，即 $BP = 0$ 时，有：

$$nx = F$$

将净出口函数表达式和净资本流出函数表达式代入 $BP = nx - F$ 中，则有：

$$BP = 0 = q - \gamma y - n\frac{EP_f}{P} - \sigma(r_w - r)$$

化简为：

$$r = \frac{\gamma}{\sigma}y + \left(r_w + \frac{n}{\sigma}\frac{EP_f}{P} - \frac{q}{\sigma}\right)$$

上式表示，当国际收支平衡时，收入 y 和利率 r 的相互关系。宏观经济学称该式子为国际收支均衡函数，简称国际收支函数。在其他有关变量和参数既定的前提下，在以利率为纵坐标、收入为横坐标的直角坐标系平面内，国际收支函数的几何图形表示即为国际收支曲线或称 BP 曲线。从国际收支表达式可知，BP 曲线的斜率为正，即 BP 曲线向右上方倾斜。

BP 曲线如图 11.2 所示。BP 曲线上的每一点，都代表一个使国际收支平衡的利率和收入的组合。而不在 BP 曲线上的每一点都是使国际收支失衡的利率和收入组合。具体而言，在 BP 曲线左上方的所有点均表示国际收支顺差，即 $nx > F$；在 BP 曲线右下方的所有点均表示国际收支逆差，即 $nx < F$。例如，在 BP 曲线左上方任取一点 J，J 与均衡点 D 相比，利率相同，收入较低，因此，其相应的净出口较高，即在该点 $nx > F$。在 BP 曲线右下方任取一点 K，K 与均衡点 C 比较，利率相同，收入较高，故相应的净出口较低，即有 $nx < F$。

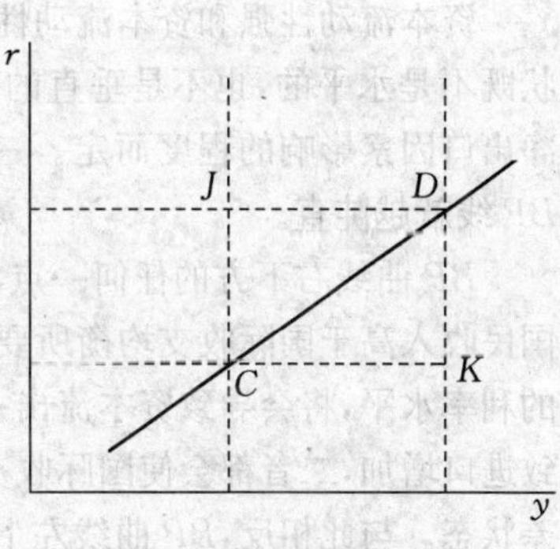

图 11.2　BP 曲线

净出口减少会使 BP 曲线左移，净出口增加会使 BP 曲线右移。作为 BP 曲线的截距项，汇率提高时，BP 曲线向左移动。反之，汇率降低时，BP 曲线向右方移动。

BP 曲线的形状取决于该曲线的斜率。从前边的 $r=\frac{\gamma}{\sigma}y+\left(r_w-\frac{n}{\sigma}\frac{EP_f}{P}-\frac{q}{\sigma}\right)$ 式中可知，BP 曲线的斜率项 $\frac{\gamma}{\sigma}$ 中有一个很重要的参数 σ。从前边提到的 $F=\sigma(r_w-r)$ 式中可以看出，σ 实际上反映国家间资本流动的难易程度。σ 值越大，表示国内与国外的极小的利率差都会引起大量的资金流动。反之，如果 σ 值较小，则表示该国的金融市场还不太成熟，资本流动还有一定的限制或困难，从而国内利率与国外利率不相等也不会造成很大的资金流动。而 σ 的值越大，也就意味着在其他因素不变的情况下，BP 曲线的斜率就越小，也就是 BP 曲线越平坦。反之，σ 的值越小，也就意味着在其他因素不变的情况下，BP 曲线的斜率就越大，也就是 BP 曲线越陡峭。

在资本完全流动的条件下，BP 曲线为一条位于国内利率水平和国外利率水平相等位置上的水平线。在资本完全流动的假定下，如果国外利率 r_w 是既定的，且不考虑对外贸易的情况，那么，当国内利率高于国外利率水平时，资本就会无限地流入本国，就会出现大量的资本账户以及国际收支的盈余(顺差)，即 $B>0$。反之，当本国的利率低于国外利率水平时，资本就会无限外流，就会出现国际收支赤字(逆差)，即 $B<0$。只有 BP 曲线上的点才代表国际收支达到了均衡。

在资本完全不流动时，BP 曲线将不受资本流动所引起的资本净流出因素的影响，即 $F=0$。这时，国际收支的均衡就完全取决于对外贸易的情况，也就是说，取决于净出口的情况。当 $nx=0$ 时，国际收支就处于均衡状态。这时 BP 线就是一条位于净出口为零时产量水平上的垂直线。其形状如下图所示。在资本完全不流动的假定下，将不存在资本流动所造成的净资本流出，也就是说，在资本项目中将不会产生国际收支的变动。所以，国际收支的变动完全来自于对外贸易的变化方面，即取决于净出口的变化。图中 BP 线左边各点都表示，在任何利率水平上，国民收入都低于国际收支均衡所要求的水平，因而，进口水平将低于国际收支均衡时的进口水平。这时将会出现国际收支顺差。反之，在 BP 曲线右边的各点都表示，在任何利率水平上，国民收入都高于国际收支均衡所要求的水平，因而，进口水平将高于国际收支均衡时的进口水平。这时将会出现国际收支逆差。只有 BP 曲线上的点才代表国际收支达到了均衡。

资本流动性强和资本流动性弱时的 BP 曲线显然介于上面两种情况之间，因而 BP 线的形状既不是水平的，也不是垂直的，而是正斜率的曲线。其倾斜程度取决于受资本净流出因素和净出口因素影响的程度而定。一般说来，资本流动性越强，BP 线就越平坦，资本流动性越弱，BP 线就越陡直。

BP 曲线右下方的任何一点，都代表本国利率水平低于国际收支均衡所需要的利率水平，而国民收入高于国际收支均衡所要求的国民收入水平。本国利率水平低于国际收支均衡所需要的利率水平，将会导致资本流出；而国民收入高于国际收支均衡所要求的国民收入水平，将会导致进口增加，二者都会使国际收支减少。所以，BP 曲线右下方各点，代表国际收支失衡，处于逆差状态。与此相反，BP 曲线左上方的任何一点，都代表本国利率水平高于国际收支均衡所需要的利率水平，而国民收入则低于国际收支均衡所要求的国民收入水平。本国利率水平高于国际收支均衡所需要的利率水平，将会导致资本流入；而国民收入低于国际收支均衡所要求的国民收入水平，将会导致进口减少，二者都会使国际收支增加。所以，BP 曲线左上方各点，也代表国际收支失衡，处于顺差状态。只有 BP 曲线上的点才代表国际收支达到了均衡。

第二节　净出口的决定因素

一、净出口函数

一国的对外贸易分为出口和进口，出口是向其他国家销售产品和提供劳务，进口则是从其他国家购买产品和劳务。净出口被定义为出口与进口的差额。当出口大于进口时，净出口为正值，存在贸易顺差；反之，当出口小于进口时，净出口为负值，存在贸易逆差。

影响净出口的因素有很多，在宏观经济学中，汇率和国内收入水平被认为是两个最重要的因素。

对于出口，若本国汇率提高，会使本国出口商品变得相对昂贵，从而使出口变得困难。一般来说，出口反向地受汇率影响。对于进口，若本国汇率提高，则本国货币换成的外币就多，国外的货物相应地变得相对便宜，因此，进口正向地取决于汇率。由于净出口为出口与进口之差，故一般地，净出口反向地取决于实际汇率。

除了汇率以外，进口还取决于一国的实际收入。当收入提高时，消费者用于购买本国产品和进口产品的支出都会增加。一般认为，出口不会直接受到一国实际收入的影响。因此，净出口反向地取决于一国的实际收入。基于以上考虑，在宏观经济学中，常将净出口简化地表示为：

$$nx = q - \gamma y - n\frac{EP_f}{P}$$

该式子被称为净出口函数，式中，q、γ 和 n 均为参数。参数 γ 被称为边际进口倾向，即，净出口变动与引起这种变动的收入变动的比率。

二、J 曲线

当一国货币贬值或升值时，该国贸易收支状况往往不能立即得到改善或恶化，因为，进出口变动的速度往往慢于价格变动的速度。例如，本国货币贬值时，出口并不会立即增加，进口也并不会立即减少。因为在贬值之前，进出口合同在一般情况下早已签订完毕，进口或出口的数量一般都在事前规定好了。本国货币贬值后，在新的进出口合同还未签约前，进出口数量仍按照原有的合同执行。本国货币贬值，即，外币升值后，一国出口余额反而就会减少。例如，假定 1 美元从兑换 8 元人民币变为兑换 9 元人民币时，如果按照旧合同出口一定数量商品原来可以得 4 万美元的话，现在只能得 3.5556 万美元。就是说，在贬值初期，一国出口收入可能反而减少，进口支出可能反而增加，因而，经常账户收支状况可能反而恶化。只有经过一段时间以后，随着旧合同结束，新合同开始履行，一国出口收入才会增加，进口支出才会减少，从而使经常账户收支状况得以改善。同样地，当本国货币升值时，经常账户收支状况的变动则往往先有改善，随着时间的推移，才会逐步恶化。由于这种经常账户收支变动的轨迹呈现英文字母“J”的形状，故被称为J曲线。该J曲线如图11.3所示。

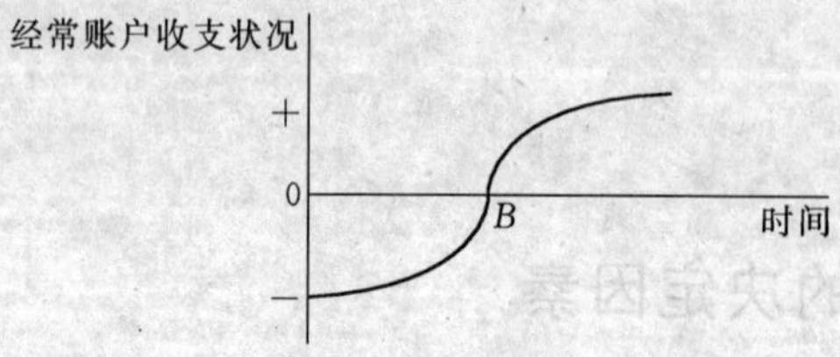

图11.3　J曲线

从净出口函数表达式中可以知道，汇率下降会增加净出口。但汇率上升或者说本国货币贬值能在多大程度上增加出口减少进口，从而改变国际收支，则取决于该国出口商品在世界市场上需求弹性和该国国内市场对进口商品的需求弹性。

先看出口，只有出口商品的需求弹性大，本国货币贬值所引起的商品出口增加的幅度才会大于外币价格下降的幅度，从而使外汇收入增加。如果出口商品的需求弹性小，本国货币贬值(从而使出口商品便宜)所引起的出口增加幅度会小于本国货币贬值幅度，就只会使外汇收入减少。

再看进口：本国货币贬值使进口减少，但如果国内市场对进口商品的需求弹性很小，则货币贬值(从而使进口商品价格上升)所引起的进口的减少幅度很小，这时外汇支出不仅不会减少，反而还会增加。因此，本国货币贬值能否改善一国贸易收支状况，取决于出口商品的需求弹性和进口商品的需求弹性。如果两者之和的绝对值大于1，则本国货币贬值可以改善一国贸易收支状况。这一结论首先由马歇尔提出，后来，又经过勒纳发挥，因此称为“马歇尔—勒纳条件”。

第三节　汇率的作用和影响

一、汇率及其标价

汇率(也叫汇价)是一个国家的货币折算成另一个国家货币的比率，它表示两个国家货币之间的互换关系。

汇率主要有两种标价方法。一种是直接标价法，是用一定数额的本国货币来表示的一单位外国货币的价格，或者说一单位外国货币可以折算为本国货币的数量。用这种标价法，一单位外币折算的本国货币量减少，表示外国货币贬值或本国货币升值。反之，若一单位外币折算的本国货币量增加，表示外国货币升值或本国货币贬值。另一种汇率标价方法是间接标价法，是用一单位的本国货币作为标准，折算为一定数额的外国货币，或者说一单位本国货币可以折算为外国货币的数量。用这种标价法，一单位本国货币折算的外国货币量增加，表示本国货币升值或外国货币贬值。反之，如果一单位本国货币折算的外国货币量减少，表示本国货币贬值或外国货币升值。

二、汇率制度

一般说来,汇率制度主要有固定汇率制与浮动汇率制两种。固定汇率制是指一国货币同他国货币的汇率基本固定,其波动限于在一定的幅度之内。浮动汇率制是指一国中央银行规定本国货币与他国货币的官方汇率,听任汇率由外汇市场的供求关系自发地决定。浮动汇率制又分为自由浮动与管理浮动。前者指中央银行对外汇市场不采取任何干预措施,汇率完全由外汇市场的供求力量自发地决定;后者指实行浮动汇率制的国家,对外汇市场进行各种形式的干预活动,主要是根据外汇市场的供求情况售出或购入外汇,以通过对外汇供求的作用来影响汇率。

从第二次世界大战后的情况看,西方各国在 20 世纪 70 年代之前实行的是固定汇率制,即按照以美元为中心的国际金融体系(又称"布雷顿森林体系")所实施的固定汇率制。此后,由于美元危机,布雷顿森林体系崩溃,西方各国相继放弃了固定汇率制而采用了浮动汇率制。目前,世界上有 80 多个国家仍然采用固定汇率制,60 多个国家则是采取不同程度的浮动汇率制。

三、自由浮动制度下汇率的决定

从经济学的观点看,货币也是一种商品。汇率既然是两种货币商品之间的兑换率,当然就是货币市场买、卖双方交易的市场价格。这一价格正好使货币市场上对货币的需求和供给达到均衡。自由浮动制度下均衡汇率的水平决定于对两种货币的供给与需求,也就是说,影响两种货币供给与需求的所有因素都会影响它们之间的汇率。一般来说,最主要的因素是进出口的供给与需求、国际间的借贷和投机。

四、购买力平价理论

对于汇率的决定及其变动,西方学者提出了大量的解释,其中一种较为著名的解释就是购买力平价理论。

平价(parity)是指一国金融当局为其货币规定的价值,常以黄金或另一个国家的货币来表示。实行固定汇率国家的货币都有一个平价。前面所说的布雷顿森林体系是一种典型的平价制度,美元的平价以黄金表示,其他国家货币的平价以美元表示。

购买力平价的出发点是,每一种货币在本国都有购买商品和劳务的能力,根据一价定律(law of one price),即同一种商品在两个国家的货币购买力应相同,所以,不同货币购买力的比率就构成了相互间汇率的基础。尽管货币的购买力难以准确衡量,但由于货币购买力与价格水平成反向关系,汇率就由两个国家的价格水平决定,价格水平的变化就会导致汇率的变动。举个例子,如果 1000 克小麦在德国的价格是 1 欧元,在美国的价格是 2 美元,那么,按照购买力平价理论,欧元与美元的汇率就应该是 1 欧元/2 美元=1/2。根据购买力平价理论,一国的价格水平上升,该国的货币就会贬值,反之,则升值。或者说,通货膨胀率高的国家的货币会贬值,通货膨胀率低的国家的货币会升值。

购买力平价理论建立的基础是经济中的变化必须来自货币方面;而且假定经济中不存在交易费用、关税等。由于这些条件在现实中难以完全满足,因此,很多西方学者认为,购买力平价理论不能很好地解释短期汇率的波动。但这一理论给出了货币间兑换的实质，即购买力的比较。因此，购买力平价理论更多地是作为解释汇率长期变化趋势的一种理论。

五、实际汇率

前面所提到的汇率是没有考虑两国价格因素的名义汇率。宏观经济学更注重考虑到价格因素的实际汇率。

实际汇率可以很自然地从上面的购买力平价理论中引出。所谓实际汇率，是用同一种货币来度量的国外与国内价格水平的比率。它是对一国商品和劳务价格相对于另一国商品和劳务价格的一个概括性度量。实际汇率被定义为：

$$e=\frac{E\times P_f}{P}$$

式中，e为实际汇率；P和P_f分别为国内与国外的价格水平；E为名义汇率。

由于P_f代表国外价格水平，例如是用欧元衡量的价格水平，如果名义汇率是用欧元兑换多少美元来衡量，则上面式子中的分子表示的是用美元衡量的国外价格水平，分母是用美元衡量的国内价格水平。所以，实际汇率反映了国外价格水平与国内价格水平的相对比值。

实际汇率的上升，或者说本币实际贬值，意味着国外商品相对于国内商品变得更加昂贵。在其他情况不变的条件下，这意味着国内和国外的人很可能会把他们的商品购买支出中的一部分转移到该国国内生产的商品上。这种情况，通常可以看作该国本国产品竞争力的提高。反之，实际汇率下降，或者说本币升值，则意味着该国商品变得相对昂贵了，或者说，该国本国产品竞争力下降了。

本章前面部分已经对影响汇率变动的因素作了一些说明，这里需进一步指出，一国的国际收支也对汇率变动产生影响。这一影响是通过外汇供求状况的变化实现的。当一个国家的国际收支出现较大数额的逆差时，对外国货币的需求便会增加，导致外币对本币汇率上升或本国货币对外币汇率下降。相反，当一国的国际收支存在较大顺差时，外国对本国货币的需求就增加，使本币对外币汇率上升或外币汇率下降，部分转移到国内生产的商品上，通常这被看作是该国自己产品竞争能力的上升。反之，当e下降，或者说本币实际升值，意味着该国的商品变得相对昂贵，换言之，该国产品竞争力下降。

第四节　开放经济条件下宏观经济政策的效果

一、*IS-LM-BP* 模型及其含义

1. 开放经济中的 *IS* 曲线

本书前边已经说明，*IS* 曲线描述了当产品市场达到均衡时，收入y和利率r的关系。或者

说，IS 曲线描述了满足收入恒等式和支出行为方程的利率 r 和收入 y 的各种组合。在开放经济条件下(即四部门的经济中)，收入恒等式变为：

$$y=c+i+g+nx$$

式中，nx 为净出口。

在开放经济条件下，支出行为方程除了消费函数和投资函数外，还包括净出口函数 $nx=q-\gamma y-n\frac{EP_f}{P}$。现将消费函数、投资函数和净出口函数代入到收入恒等式 $y=c+i+g+nx$ 中，则有：

$$y=\alpha+\beta(y-t)+(e-dr)+g+\left(q-\gamma y-n\frac{EP_f}{P}\right)$$

经整理得：

$$y=\frac{\alpha+e+g+q-\beta t}{1-\beta+\gamma}-\frac{dr-n\frac{EP_f}{P}}{1-\beta+\gamma}$$

或

$$r=\frac{1}{d}\left(\alpha+e+q+g+\beta t-n\frac{EP_f}{P}\right)-\frac{(1-\beta+\gamma)}{d}y$$

上面这两个表达式都可以作为开放经济中的 IS 曲线的方程。

从上边的收入方程可以看出，引入对外贸易之后，开放经济条件下的支出乘数有所变化。作为练习，读者可以自己尝试推导开放经济中的政府购买乘数和税收乘数，并与封闭经济时的相应乘数进行比较。

从上边的利率方程可以看出，开放经济条件下利率 r 与收入 y 仍维持了封闭经济的反向关系，换句话说，开放经济的 IS 曲线仍是向右下方倾斜的。值得注意的是，根据这一利率方程，IS 曲线的截距项的大小与汇率成反向关系，因此，在其他条件不变时，汇率提高会使 IS 曲线向右移动。反之，当汇率降低时，使 IS 曲线向左移动。

顺便说明的是，宏观经济学在考察开放经济时，通常假定货币需求函数和国内货币供给量保持不变。这意味着，LM 曲线在开放经济条件下不用修正。

2. *IS-LM-BP* 模型

开放经济下的 *IS-LM-BP* 模型可以用三个方程、三个未知数的方程组表示如下：

$$y=\frac{\alpha+e+g+q-\beta t}{1-\beta+\gamma}-\frac{dr-n\frac{EP_f}{P}}{1-\beta+\gamma}$$

$$y=\frac{hr}{k}+\frac{1}{r}\left(\frac{M}{P}\right)$$

$$r=\frac{\gamma}{\sigma}y+\left(r_w-\frac{n}{\sigma}\frac{EP_f}{P}-\frac{q}{\sigma}\right)$$

以上三个方程从上至下依次为 IS 曲线方程、LM 曲线方程和 BP 曲线方程。上述方程组要决定三个未知量 y、r 和实际汇率$\frac{EP_f}{P}$。

相应地，在以利率为纵坐标、收入为横坐标的坐标系中，这一模型可以用三条曲线，即 *IS* 曲线、*LM* 曲线和 *BP* 曲线来表示，如图 11.4 所示。

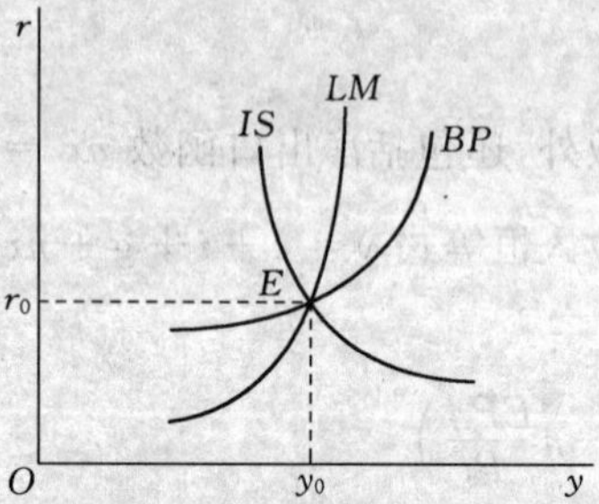

图 11.4　*IS-LM-BP* 模型

图 11.4 中，*IS* 曲线、*LM* 曲线和 *BP* 曲线相交于 *E* 点，表示经济内外同时达到均衡。在开放经济条件下，*IS* 曲线与 *LM* 曲线的交点所对应的状态被称为内部均衡或国内均衡。*BP* 曲线上的每一点所对应的状态，即国际收支平衡被称为外部均衡或国外均衡。因此，图 11.4 中的 *E* 点反映的是国内均衡和国外均衡同时得到实现的状态。其中，*IS* 曲线给出了在现行汇率下使总支出与总收入相等时的利率和收入水平的组合。*LM* 曲线给出了使货币需求与供给相等的利率和收入水平的组合。*BP* 曲线给出了在给定汇率下与国际收支相一致的利率和收入的组合。有了 *IS-LM-BP* 模型，就能从理论上分析开放经济条件下的若干宏观经济问题，特别是一些政策问题。

二、经济的国内外均衡与失衡

1. 经济的国内外同时均衡

如上图所示，当经济处于国内外同时均衡时，*IS*、*LM*、*BP* 三条曲线相交于一点。经济的国内外同时均衡是一国宏观经济所追求的目标之一。

2. 国际收支顺差的失衡

当经济不能达到国内外同时均衡时，我们称之为经济的内外失衡。在 *IS-LM-BP* 模型中，经济的内外失衡是指三条曲线不能相交于同一个交点上，如图 11.5 所示。

该图中 *IS* 曲线与 *LM* 曲线交点所决定的国民收入与利率的组合，位于 *BP* 曲线的左上方，表示国内市场已经均衡，但是，利率水平高于国际收支均衡所需要的水平，而国民收入又低于国际收支均衡所要求的水平。其结果必将导致净出口的顺差和净资本流入的增加，造成国际收支的顺差。

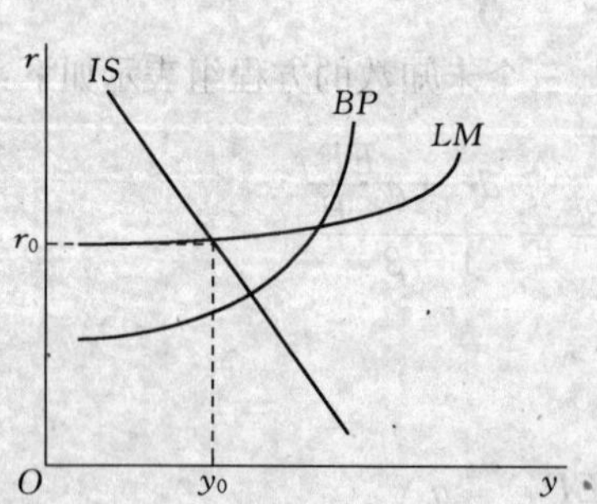

图 11.5　国际收支顺差的失衡

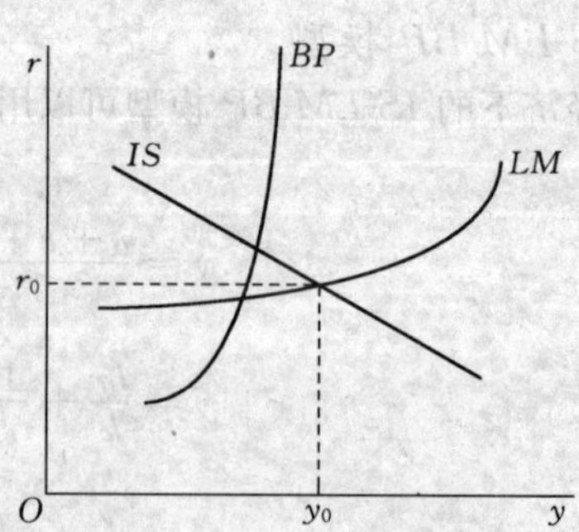

图 11.6　国际收支逆差的失衡

3. 国际收支逆差的失衡

与上面国际收支顺差的情况相反，如果 *IS* 曲线与 *LM* 曲线交点所决定的国民收入与利率的组合，位于 BP 曲线的右下方，则表示在国内市场已经均衡的情况下，利率水平低于国际收支均衡所需要的水平，而国民收入又高于国际收支均衡所要求的水平。其结果必将导致净出口的逆差和净资本流出的增加，造成国际收支的逆差。这种情形如图 11.6 所示。

IS-LM-BP 模型为我们进一步分析开放经济条件下的宏观经济变动和宏观经济政策的作用与效果提供了有用的分析工具。

第五节　开放经济条件下宏观经济政策和调整原则

一、开放经济条件下的宏观政策调整原则

前面，我们讨论过一国经济中的宏观经济政策的调节作用。但是，在开放经济中，一国经济一旦发生国际收支的顺差或者逆差的失衡，也需要进行调整。一般说来，任何能够影响 *IS*、*LM*、*BP* 曲线变动的因素，都可能直接或者间接影响国际收支的变动。如果通过宏观经济政策来影响那些因素，则既能够调节国内的均衡和经济增长，同时也可以对已经出现的国际收支顺差或者逆差失衡进行调节。

前面，我们已经探讨过在 *IS-LM* 模型中宏观经济政策的调节作用。在这方面，应该说宏观经济政策的调节机制还是一样的，只不过其效果因条件的变化而有所不同了。在开放经济条件下，除去原有的财政政策和货币政策之外，还有汇率政策可以对国际收支的失衡加以调节。但是，一国政府采取汇率政策来调节国际收支失衡的条件是实行固定汇率制。在浮动汇率制下，是谈不上使用汇率政策的。所以，当我们讨论开放经济条件下的宏观经济政策的调节作用时，首先必须区分开不同的汇率制度。此外，也需要分开资本流动性的不同来加以讨论。

二、调整经济内部均衡和外部均衡的政策

在本部分内容中，我们主要是在前面内容基础上，讨论经济如何从不理想的均衡状态或者不均衡状态向理想的一致均衡状态调整的问题。

引入国际经济部门之后，宏观经济的管理和调控更加复杂。一般说来，经济的理想状态是，在国内实现充分就业的均衡时，国际经济活动也同时实现国际收支平衡，即外部均衡。这样的理想状态反映在以利率为纵坐标、收入为横坐标的坐标系中，就是 *IS* 曲线、*LM* 曲线和 *BP* 曲线相交于一点，如图 11.7 所示。

图 11.7 中的 y^* 为充分就业的收入水平，r^* 为均衡的利率，*IS* 曲线和 *LM* 曲线的交点 A 则是实现了充分就业的国内均衡，由于 *BP* 曲线亦通过 A 点，从而国际收支也处于平衡状态。但是，这种理想状态很少出现，经常出现的情况很可能是如下几种情况：

(1) 国内经济和国际收支都不均衡。

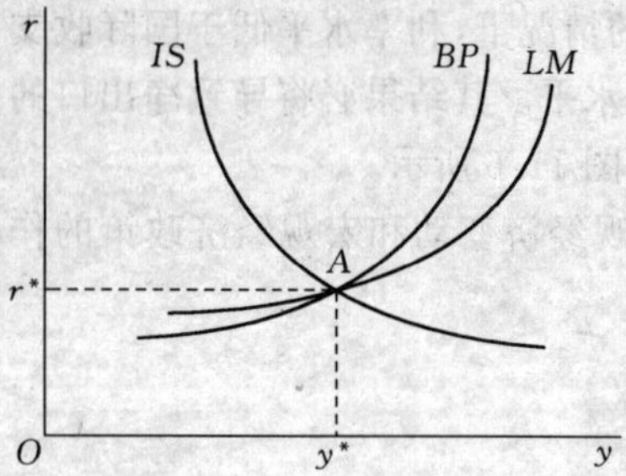

图 11.7　国内和国外同时均衡

(2) 国内经济均衡，但国际收支处于失衡状态。这种情况又可以进一步分为充分就业和非充分就业两类情况。

(3) 非理想的国内和国外同时均衡状态。

从宏观经济调控的角度看，上述三种情形都需要进行调整，以实现理想的均衡状态。调整的具体思路，简单地说，就是使 *IS*、*LM* 和 *BP* 三条曲线相交于一个能够实现充分就业的利率—收入组合点上。这样，调整国内均衡和国外均衡的政策就可以分为三种类型：第一种类型是影响或改变总需求量的政策，如财政和货币政策。这些政策将从总需求方面直接影响一国的经济活动水平。从理论上看，这些宏观经济政策都是可以移动 *IS*、*LM* 曲线的政策。第二种类型是调整支出结构的政策，例如贸易政策和汇率政策。这些政策主要在于在改变或者影响经济活动的模式。从理论上看，这些宏观经济政策都是可以移动 *BP* 曲线的政策。第三种类型是抵消国际收支盈余或赤字的其他金融政策。在这三类政策中，第一类政策已经在前面作过解释和说明。第二类和第三类政策的详细内容可以在有关的国际贸易课程或国际金融课程中找到。为此，我们在这里仅作适当的、概要的说明。

关于第二类宏观经济政策，也可以考虑进一步分为通过市场起作用的宏观经济政策和政府对经济的直接干预手段两类。通过市场起作用的宏观经济政策包括改变汇率、改变国内价格和利息率等政策措施。在其他条件不变时，本国汇率水平的提高（或者说本币升值）和汇率稳定情况下国内价格水平的上升，会抑制出口，鼓励进口；国内利息率的下降，则使资本净流出额增加，这些都会消除国际收支顺差或形成国际收支逆差，在图形上表现为 *BP* 曲线向左移动。相反，在其他条件不变情况下，如果本国汇率水平下降（或者说本币贬值）和汇率稳定情况下国内价格水平下降，则进口会受到抑制，出口会受到鼓励；国内利息率提高，资本净流出额将减少（资本流入增加），这些都会消除国际收支逆差或形成国际收支顺差，在图形上表现为 *BP* 曲线向右移动。当然，我们也需要指出，汇率和价格变动在对 *BP* 曲线产生影响的同时，也会使 *IS* 曲线和 *LM* 曲线出现移动，而利息率的变动也会使 *IS* 曲线和 *LM* 曲线都发生移动，受到一定的影响。这些影响除了使 *BP* 曲线、*IS* 曲线和 *LM* 曲线需要移动的幅度更大或更小之外，也可能产生其他的枝节问题。但是，进一步的分析只是更为复杂一些，在原则和方法上并未发生变化。由于进一步的复杂论述已经超出本科教科书的应有范围，在这里，我们就不再加以讨论。政府直接干预的经济措施和手段包括，给予出口津贴、加征进口关税、实行进口限额等。这些措施和手段会对进出口产生很有力的影响，因而也可以影响 *BP* 曲线，甚至 *IS* 曲线和 *LM* 曲线。其影响情况与汇率和价格变动的影响大致通过市场起作用的宏观调整相类似。

第三种政策的实行，虽然不能改变国际收支函数，移动 *BP* 曲线，但却可以抵消国际收支失衡对国内经济的影响，从而收到与实现国外均衡相同的效果。这类政策主要涉及与资本流动、债务管理以及一国国外净资产的规模有关的金融政策。

下面，我们具体地考察两种情况下宏观经济失衡的调整。

1. 国际收支失衡及其调整

假定国内经济已经实现均衡，但国外经济却处于失衡状态。换句话说，国内经济已处于 *IS* 曲线和 *LM* 曲线的交点位置，但这一交点却并不在 *BP* 曲线上。例如，图 11.8 的情况。

内部均衡由 IS 曲线与 LM 曲线的交点 A 所决定，这时，收入为 y_0，利率为 r_0。但由 y_0 和 r_0 所决定的 A 点位于 BP 曲线的上方（或左方），因而存在着外部失衡，更确切地说，存在着国际收支顺差。这时，要消除国际收支顺差，就要求 IS 曲线和 LM 曲线的交点既不位于 BP 曲线的上方，也不位于其下方，而只能处于 BP 曲线之上。要做到这一点，从图形上看，就要求三条曲线中至少有一条可以发生移动，以便使同一个 y 与 r 的组合处于三条曲线的交点位置。应该注意：这种使一条或一条以上的曲线发生移动的调整过程，要取决于国际汇率制度是固定汇率制还是浮动汇率制。考虑到当前世界上大多数国家已经实行浮动汇率制，我们在下面将着重说明浮动汇率制下国际收支顺差的调整过程。

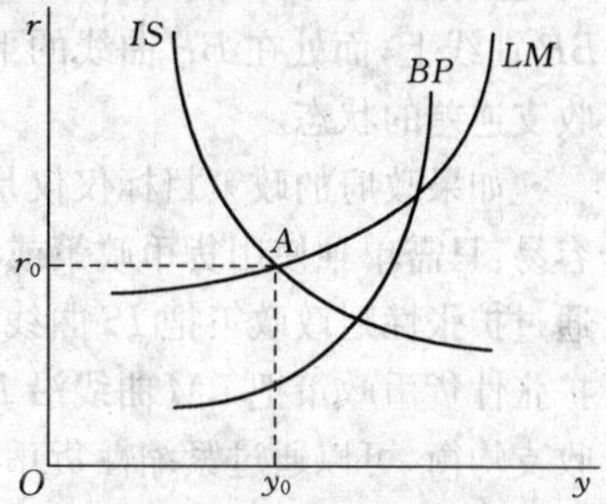

图 11.8　国际收支顺差与国内经济均衡

让我们考察下图所表示的 LM 曲线、IS 曲线和 BP 曲线所表示的国际收支顺差的情况。

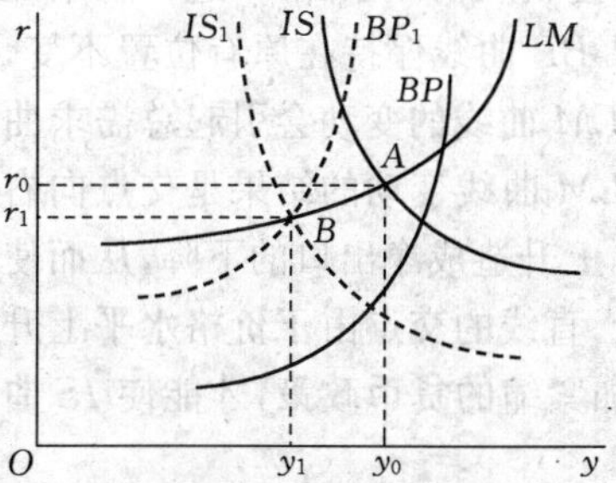

图 11.9　浮动汇率制下国际收支顺差的调整

一般说来，浮动汇率制下国际收支顺差的调整过程大多是一种市场自动调节的过程。在该状态下，本国经济从对外净出口和资本净流入中获得的外汇量是正值，即处于顺差状态。也就是说，在我们考察的时期中，该国通过经常项目交易和资本项目交易，得到的外汇量超过了所支出的外汇量，结果引起该国外汇总量的增加。这会造成外汇市场上过剩的外汇供给。在浮动汇率制下，外汇的过剩供给将促使外汇价格下降，本国汇率上升。本国汇率上升表示该国商品相对于外国商品更加昂贵。于是，该国出口将减少，进口将增加，即，净出口减少。净出口的减少一方面会使 IS 曲线向左移动，另一方面会使 BP 曲线向左移动，例如从 IS_0 和 BP_0 移动到 IS_1 和 BP_1，在图 11.9 中，由于这两种移动，IS 曲线、LM 曲线和 BP 曲线最终共同相交于 y_1 和 r_1 的组合点。在该收入水平和利率水平上，经济达到了内部均衡和外部均衡的同时实现。但是，应该注意，在浮动汇率制下，在上述调整过程中，中央银行一般不会改变本国货币供给量。因此，LM 曲线一般不会发生移动。简言之，在浮动汇率制下，国际收支顺差的调整是通过 BP 曲线和 IS 曲线的移动来实现的。

关于国际收支逆差的调整原理基本上和上面的情况相同，只是方向相反。对此，读者可以自己加以分析，此处不再赘述。

2. 经济内外失衡及其调整

让我们从低于充分就业均衡以及同时发生国际收支失衡（以国际收支逆差为例）的状态开始考虑。

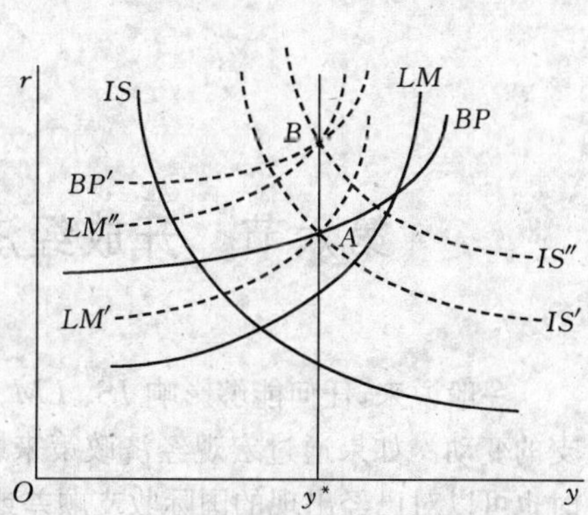

图 11.10　经济的内部失衡和外部失衡状态

图 11.10 中，充分就业的收入水平由 y^* 表示。经济的初始状态为：IS 曲线与 LM 曲线的交点位于

y^* 直线左边，这表明经济处在低于充分就业的均衡状态。由于 IS 曲线与 LM 曲线的交点不在 BP 曲线上，而处在 BP 曲线的下方，这说明经济处在国际收支失衡状态，更具体地说，这是国际收支逆差的状态。

如果政府的政策目标仅仅是实现充分就业或仅仅是实现国际收支均衡，则政策选择将比较容易：只需单独使用货币政策或单独使用财政政策就可以实现。例如，为了达到充分就业，可以通过扩张性财政政策把 IS 曲线沿 LM 曲线右移到 LM 曲线与 y^* 垂直线的交点处，或者，通过扩张性货币政策把 LM 曲线沿 IS 曲线右移到 IS 曲线与 y^* 的交点处。再比如，为了达到国际收支均衡，可以通过紧缩性货币政策把 LM 曲线沿 IS 曲线左移到 IS 曲线与 BP 曲线相交的位置。

如果政府的政策目标是同时实现充分就业和国际收支平衡，则需要将财政政策和货币政策协调使用。我们知道，BP 曲线与 y^* 垂线相交于 A 点。与 IS 曲线和 LM 曲线的交点相比，A 点意味着更高的收入和更高的利率。更高的收入可以通过扩张性财政政策达到：它使 IS 曲线沿 LM 曲线右移（扩张性财政政策也可以使利率稍微提高）。更高的利率，可以通过紧缩性货币政策来达到：它使 LM 曲线沿 IS 曲线左移（紧缩性货币政策同时使收入稍微下降）。这种政策配合的结果将使 IS 曲线与 LM 曲线的交点不断接近 A 点。如果 BP 曲线保持在原有位置不变，则 IS 曲线与 LM 曲线的交点最终会达到 A。但是，IS 曲线与 LM 曲线的变动会引起总需求曲线的变动从而导致价格水平的变动。在这里，由于 IS 曲线与 LM 曲线变动的结果是交点向右上方移动，总需求曲线也会向右移动，价格水平上升。价格水平上升造成净出口的下降，从而使 BP 曲线左移。BP 曲线与 y^* 的交点上移。假定 BP 曲线与 y^* 直线的交点由于价格水平上升而上移到 B 点。这意味着应当采取更加扩张的财政政策和更加紧缩的货币政策，才能使 IS 曲线与 LM 曲线的交点达到 B 点。

总之，从原理上说，在低于充分就业和国际收支逆差同时出现的情况下，政策调整的方针是，可以通过紧缩性货币政策提高利率以减少资本净流出，从而实现外部均衡，通过扩张性财政政策扩大总需求以提高收入，从而实现内部均衡。有些西方学者认为，虽然这两项目标有可能达到，但为做到这一点，调控政策的实施也会带来一些其他问题。他们认为，作为在一个封闭经济中实现充分就业的手段，财政政策和货币政策的功效是有限度的，而在一个开放经济中，作为实现充分就业和外部均衡这两个重要目标的手段，财政政策和货币政策的功效就更加有限。

第六节 开放经济条件下政策调节效果的差异

一般说来，任何能够影响 IS、LM、BP 曲线变动的因素，都可能直接或者间接影响国际收支的变动。如果通过宏观经济政策来影响那些因素，则既能够调节国内的均衡和经济增长，同时也可以对已经出现的国际收支顺差或者逆差失衡进行调节。在开放经济条件下，除去原有的财政政策和货币政策之外，还有汇率政策可以对国际收支的失衡加以调节。但是，一国政府采取汇率政策来调节国际收支失衡的条件是实行固定汇率制。在浮动汇率制下，是谈不上使用汇率政策的。所以，当我们讨论开放经济条件下的宏观经济政策的调节作用时，首先必须区分开不同的汇率制度。此外，也需要分开资本流动性的不同。

在固定汇率制下，一国的国际收支如果发生了顺差或者逆差，从而导致汇率趋于上升或者下降时，政府必须通过中央银行对外汇市场进行干预。而这会使本国的货币供给发生变动，从而影响所使用的宏观经济政策的效果。这时，货币供给是一种内生变量，外汇市场失衡时，货币供给将随之变动。因此，在固定汇率制下，当资本完全流动时，一国无法实行独立的货币政策，即货币政策不会发生积极的作用。也就是说，在这时采用货币政策调节国民收入，最终是无效的。与此相反，在固定汇率制下而且资本具有完全流动性时，扩张性的财政政策对国民收入的影响却很大。当然，在固定汇率制下而且资本具有完全流动性条件下，政府的汇率政策将具有明显的效果。

然而，在固定汇率制和资本完全不流动条件下，不仅货币政策最终完全无效，而且扩张性的财政政策除了使利率上升、外汇流失之外，对国民收入水平和就业水平最终也不会产生影响。这时如果马歇尔—勒纳条件成立，汇率政策将具有提高国民收入水平的明显效果。

在固定汇率制和资本流动介于完全流动和完全不流动之间的情况下，只有货币政策始终是无效的，而财政政策和汇率政策都会有不同程度的效果。只有在浮动汇率制下，货币政策才会有不同程度的效果。但是，在这种情况下，汇率政策失去了运用条件，因而，谈不上实行汇率政策的问题。而财政政策在浮动汇率制和资本完全流动条件下，会完全失效。只有资本流动性受限制时，在浮动汇率制下，财政政策才可能产生实际效果。

在当今世界上，大多数国家都实行了浮动汇率制。在这种情况下，国际收支差额的调整，在理论上，是通过 *BP* 曲线和 *IS* 曲线的移动来实现的。但是，一般说来，浮动汇率制下国际收支顺差的调整过程，大多是一种市场自动调节的过程。

总之，我们看到，在开放经济中，虽然宏观经济政策所依据的基本原理没有改变，但是，由于对外经济部门的存在，政策对经济变量的影响及其后果要比以前更为复杂了。

一、固定汇率制下宏观经济政策的调节机制及其效果

在固定汇率制下，一国的国际收支如果发生了顺差或者逆差，从而导致汇率趋于上升或者下降时，由于汇率必须固定在某个既定水平上，政府就必须通过中央银行对外汇市场进行干预。这就会使本国的货币供给发生变动，从而影响使用的宏观经济政策的效果。这时，货币供给就是一种内生变量，外汇市场失衡时，货币供给将随之变动。

为说明宏观经济政策对开放经济中国内经济增长状况和国际收支的调节作用与机制，我们暂时先不讨论宏观经济政策对国内经济失衡和国际收支失衡向内外一致均衡的调节，而先从开放经济条件下宏观经济政策的调节机制和作用分析入手。这里将主要讨论从经济的内外一致均衡出发，宏观经济政策在一个均衡状态变动到(或者恢复到)另一个均衡状态过程中所起的作用和政策实施后经济本身的反应。

1. 固定汇率制下资本完全流动时的政策效应

(1) 货币政策的效果。

前面说过，在资本完全流动条件下，极小的利率差异也会引起巨大的资本流动。在固定汇

率制下，*IS-LM-BP* 模型所演绎的一个结论是，一国无法实行独立的货币政策，即货币政策不会发生积极的作用。这种调节情况可以参见图 11.11。

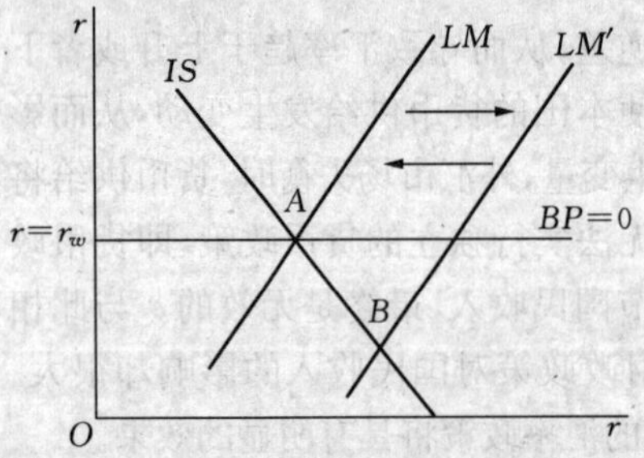

图 11.11　固定汇率制下资本完全流动时的货币政策效果

图中，由于资本的完全流动，*BP* 曲线为一条水平线，这意味着，只有在利率水平等于国外利率，即 $r = r_w$ 时，该国才能实现国际收支平衡。在任何其他利率水平上，资本流动都很剧烈以致该国的国际收支无法实现均衡，这又迫使该国中央银行不得不进行干预以保持原有的汇率水平。这种干预在理论上会使 *LM* 曲线发生移动。

从最初的均衡点 *A* 点开始的扩张性货币政策，使得 *LM* 曲线向右移动到 *LM′*，这时内部均衡点移到 *B* 点。但在 *B* 点上，出现大规模的国际收支赤字，因而存在使汇率贬值的压力。为了稳定汇率，中央银行必须干预，抛售外国货币，同时购回本国货币。因此，本国货币供给减少，结果使 *LM* 曲线向左移动。这一过程会一直持续到最初在 *A* 点的均衡得到恢复时为止。同样可以说明，中央银行任何紧缩货币的政策都将导致大规模的国际收支盈余，这倾向于引起货币升值，并迫使中央银行进行干预以保持汇率稳定。中央银行的干预引起本国货币量增加。结果，最初的货币紧缩就被抵消了。

所以，在固定汇率制下，当资本完全流动时，采用货币政策调节国民收入，最终被证明是无效的。

(2) 财政政策的效果。

当政府采取财政政策对固定汇率制和资本完全流动条件下的国民收入进行调节时，其效果将和货币政策的效果完全不同。其调节过程如图 11.12 所示。

图 11.12 中，当政府采取扩张性财政政策时，*IS* 曲线向右移动到 *IS′*，国民收入暂时提高到 y_1，利率暂时上升到 r_1。尽管国民收入提高会使进口增加，但是，由于资本具有完全的流动性，所以，利率的上升使得资本流入大幅度增加，净资本流入增大，出现国际收支顺差，达到 *B* 点。这时，产生本币升值的压力。中央银行必须干预外汇市场，购入外汇，增加本币的供给。这又会使 *LM* 曲线向右移动到 *LM′*，最终在 *C* 点达到经济的内外同时均衡。

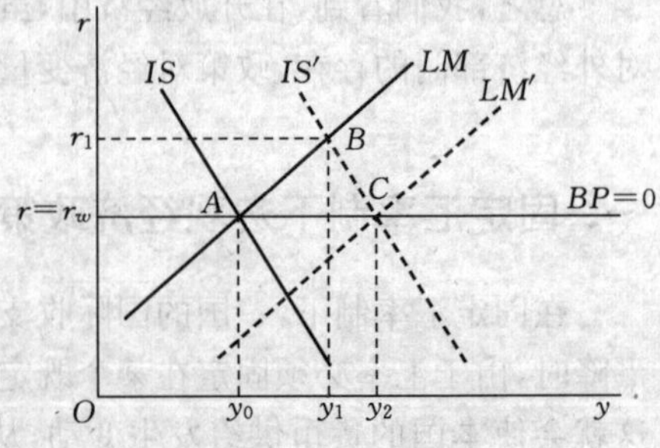

图 11.12　固定汇率制下资本完全流动时的财政政策效果

由此可见，在固定汇率制下而且资本具有完全流动性时，扩张性的财政政策对国民收入的影响很大。因为在资本完全流动时，财政政策所导致的利率上升，可以吸引大量的资本流入，国际收支因而出现顺差，货币趋于升值，中央银行为维持汇率固定，必须购入外汇，所以，货币供给不但不减，反而增加，使利率维持在原来的国际利率水平。这样形成的货币供给的增加，更增强了扩张性的财政政策的效果。所以，财政政策对国民收入的影响很大。在这种情况下，外汇不但没有损耗，而且会因为中央银行购入外汇而增加。

(3) 汇率政策的效果。

假如一国政府试图采取汇率政策对固定汇率制和资本完全流动条件下的国民收入进行调

节，希望使国民收入增加时，其作用机制和政策效果如图11.13所示。

经济中，原均衡点A为IS、LM和BP三条曲线的共同交点。假如政府试图以本币贬值的汇率政策来推动出口，从而推动国民收入的增长，则IS曲线将右移到IS'的位置，收入将暂时增加到y_1，利率暂时上升到r_1。由于资本完全流动，利率的上升将引起资本的大量流入，使国际收支出现顺差。B点位于BP曲线上方。国际收支的顺差将产生本币升值的压力。中央银行必须在外汇市场上抛出本币，购回外汇。结果，会引起本币供给增加，造成LM曲线右移至LM'的位置，最终与IS曲线和BP曲线共同相交于C点，达到均衡状态。这时的利率没有发生改变，而产出和收入则增加了。

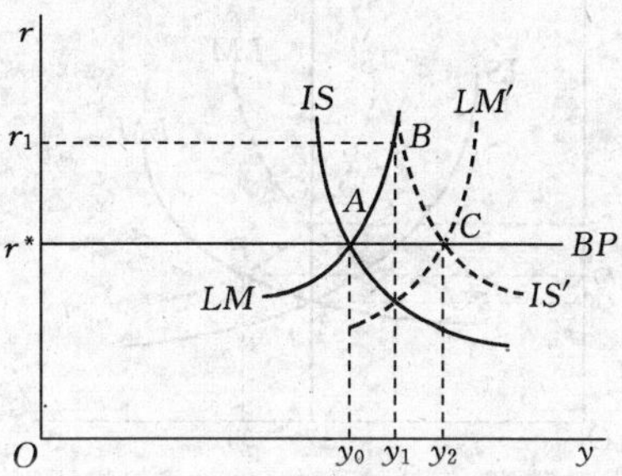

图 11.13　固定汇率制下资本完全流动时的汇率政策效果

可见，在实行固定汇率制而且资本完全流动条件下，政府的汇率政策将具有明显的效果。

2. 固定汇率制下资本完全不流动时的政策效应

(1) 货币政策的效果。

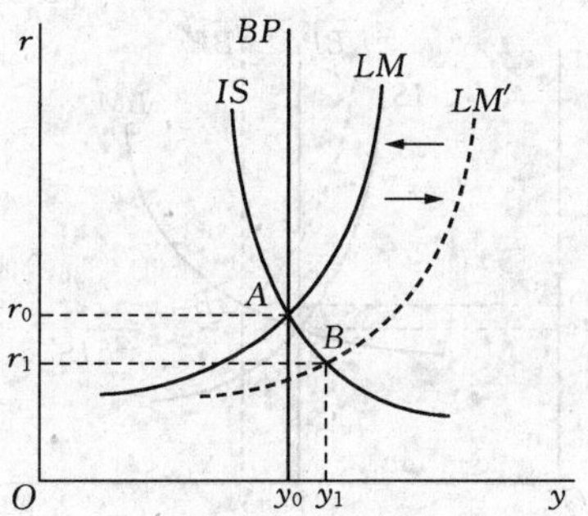

图 11.14　固定汇率制下资本完全不流动时货币政策的效果

当货币当局认为国民收入的水平太低，试图在固定汇率制而且资本完全不流动的条件下采用扩张性货币政策来达到这一目标的时候，其作用机制和效果如图11.14所示。

经济中，原均衡点A为IS、LM和BP三条曲线的共同交点。中央银行采用扩张性货币政策而增加货币供给的时候，图中的LM曲线就向右移动到LM'的位置，使国民收入暂时提高到y_1，利率暂时降低到r_1。代表新的收入和利率组合点的B点并未处在IS、LM和BP三条曲线的共同交点上，所以，这不可能是经济的最终均衡点。由于$r_1 < r_0$，$y_1 > y_0$，尽管在资本完全不流动时，$r_1 < r_0$不会使资本流出，但$y_1 > y_0$却会使商品和劳务进口输入增加，从而形成国际收支逆差（y_1与r_1的交点处于BP曲线的右方）。国际收支逆差的情况表示外汇市场上对外汇的需求增大，外汇汇率趋于上升，本币趋于贬值。中央银行实行扩张性货币政策所增发的货币也加强了本币贬值的趋势。为维持固定汇率（即本币币值稳定），中央银行必须对外汇市场进行干预，抛售外币，购回本币。这样，就会减少货币供给量，从而使图中的LM'曲线再回到原来的LM的位置，达到IS、LM和BP三条曲线的共同交点上为止。这时，经济就处于稳定的均衡状态上。

从整个过程来看，我们可以看出，在固定汇率制和资本完全不流动条件下，货币政策从最终结果看，是完全无效的。

(2) 财政政策的效果。

假如政策当局同样认为当前的国民收入水平或者就业水平太低，而试图在固定汇率制并且资本完全不流动的条件下，采用扩张性财政政策来达到这一目标的时候，其作用机制和效果如图11.15所示。

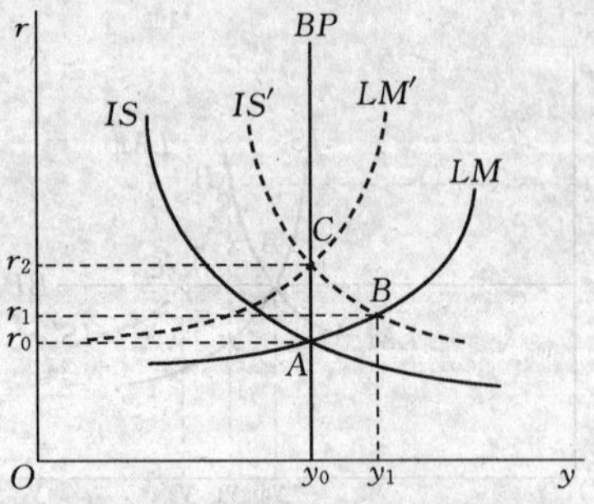

图 11.15 固定汇率制下资本完全不流动时财政政策的效果

经济中,原均衡点 A 为 IS、LM 和 BP 三条曲线的共同交点。当政策当局采取扩张性财政政策试图达到增加国民收入或者就业水平时,图中的 IS 曲线将向右移动到 IS' 的位置,收入水平将暂时提高到 y_1 的水平,利率暂时上升到 r_1 的水平。该组合点 B 点不处在 IS、LM 和 BP 三条曲线的共同交点上,所以,这不可能是经济的最终均衡点。由于资本完全不能流动,所以,利率的暂时提高并不能带来资本的流入。但是,收入的暂时增加却会引起进口增加,从而造成国际收支逆差。可以看出,IS、LM 曲线的交点暂时处于 BP 曲线的右方。在本币贬值压力下,货币当局必须干预外汇市场以保持固定汇率。中央银行抛售外币购回本币的举动,减少了本国的货币供给量,从而使 LM 曲线向左上方移动,直至最终达到与 IS'、BP 曲线相交的 LM' 曲线位置 C 点为止。在 C 点上,利率上升了,但收入却没有增加。

由此可以看出,在实行固定汇率制而且资本完全不流动条件下,扩张性的财政政策除了使利率上升、外汇流失之外,对国民收入水平和就业水平最终也不产生影响。

(3) 汇率政策的效果。

假如一国政府试图采取汇率政策对固定汇率制和资本完全不流动条件下的国民收入进行调节,希望使国民收入增加时,其作用机制和政策效果如图 11.16 所示。

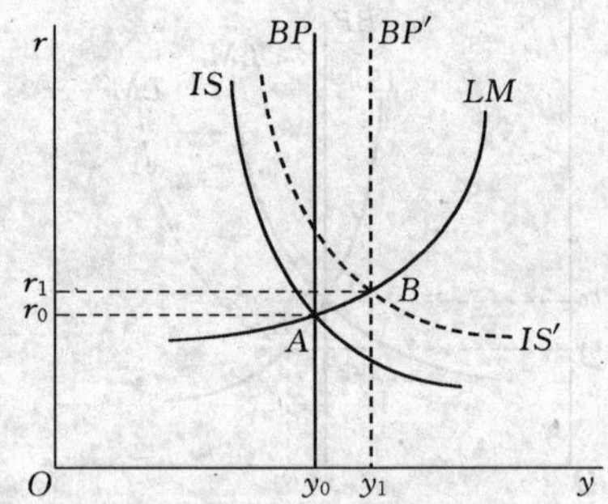

图 11.16 固定汇率制下资本完全不流动时的汇率政策效果

经济中,原均衡点 A 为 IS、LM 和 BP 三条曲线的共同交点。假如政府试图以本币贬值的汇率政策来推动出口,从而推动国民收入的增长,则 IS 曲线将右移到 IS' 的位置,收入将增加到 y_1,利率将上升到 r_1。假设马歇尔—勒纳条件成立,贬值将改善国际收支,推动 BP 曲线向右移动到 BP' 的位置上。如果我们暂时不考虑收入增加使物价上升的效果,由于资本完全不流动,利率的上升将不会引起资本的流入。B 点位于 IS、LM 和 BP 线的共同交点上,达到均衡状态。

可见,在实行固定汇率制而且资本完全不流动条件下,如果马歇尔—勒纳条件也成立,政府的汇率政策将具有提高国民收入水平的明显的效果。

二、浮动汇率制下宏观经济政策的调节机制及其效果

在浮动汇率制下,汇率由外汇市场的供求决定,因而无所谓汇率政策,所以,我们在这一部分只讨论货币政策和财政政策的政策效果。

1. 浮动汇率制下资本完全流动时的政策效果

(1) 货币政策的效果。

图 11.17 中,IS、LM 和 BP 三条曲线的最初均衡点为 A。当政府采取扩张性货币政策时,LM 曲线向右移动到 LM',国民收入暂时提高到 y_1,利率暂时下降到 r_1。由于资本具有完全的

流动性，所以，利率的下降使得资本流出大幅度增加。与此同时，收入的增加使进口增加。

这两方面会使经济产生国际收支逆差。在浮动汇率制下，本国货币趋于贬值。贬值使 IS 曲线移动到 IS' 位置，和 LM、BP 两条曲线共同相交于 C 点，达到新的均衡。

可见，在浮动汇率制而且资本完全流动的情况下，货币政策将具有很大的增加国民收入的效果。

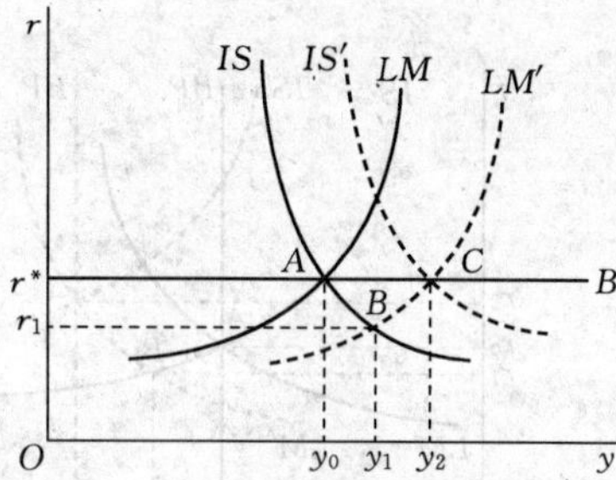

图 11.17　浮动汇率制下资本完全流动时的货币政策效果

（2）财政政策的效果。

假定其他情况如前，政府想在实行浮动汇率制同时资本完全流动条件下采取扩张性财政政策来增加国民收入的话，该财政政策的作用机制和效果将如图 11.18 所示。

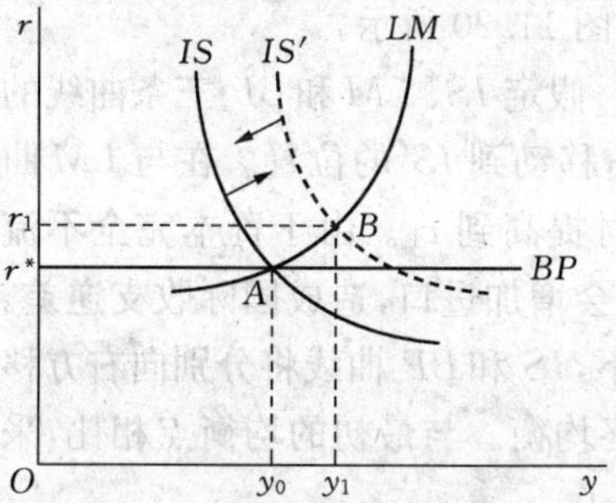

图 11.18　浮动汇率制下资本完全流动时的财政政策效果

图 11.18 中，IS、LM 和 BP 三条曲线的最初均衡点为 A。当政府采取扩张性财政政策时，IS 曲线向右移动到 IS'，国民收入暂时提高到 y_1，利率暂时上升到 r_1。收入增加虽然会使进口增加，但是由于资本具有完全的流动性，所以，利率上升会使资本大幅度流入，超过进口的增加。所以，B 点位于 BP 曲线的上方，表示国际收支发生顺差，使本币升值，出口减少，进口增加，IS' 又会向左移动，回到 IS 的位置。最终，重新在 A 点上恢复均衡。

所以，在浮动汇率制而且资本完全流动条件下，财政政策完全无效。因为，在资本完全流动时，扩张性财政政策引起的利率上升，可以吸引大量资本流入，国际收支会发生顺差，本币升值，出口减少，进口增加，完全抵消扩张性财政政策的效果，以至财政政策完全无效。

2. 浮动汇率制下资本完全不流动时的政策效应

（1）货币政策的效果。

假定其他情况如前，政府想在实行浮动汇率制同时资本完全不流动条件下采取扩张性货币政策来增加国民收入的话，该货币政策的作用机制和效果将如图 11.19 所示。

图 11.19 中，BP 曲线因资本完全不流动而呈现垂直状态。假定 IS、LM 和 BP 三条曲线的最初均衡点为 A。当政府采取扩张性货币政策时，LM 曲线向右移动到 LM' 位置。在暂时均衡点 B 点，国民收入暂时提高到 y_1，利率暂时下降到 r_1。由于资本完全不流动，利率的降低并不会引起资本的流出，但国民收入的提高却会增加进口，造成国际收支逆差。在浮动汇率制下，本国货币会发生贬值，使 IS 和 BP 曲线分别向右方移动到 IS' 和 BP' 的位置，最终与 LM' 线相交于 C 点，达到最终均衡。与最初的均衡点相比，采取货币政策的结果，使国民收入增加了，同时，本国利率也变动了。（至于利率到底是上升，还是下降，取决于 IS 和 LM 曲线的斜率情况。）

可见，在浮动汇率制下，当资本完全不能流动时，货币政策也是有效的。

（2）财政政策的效果。

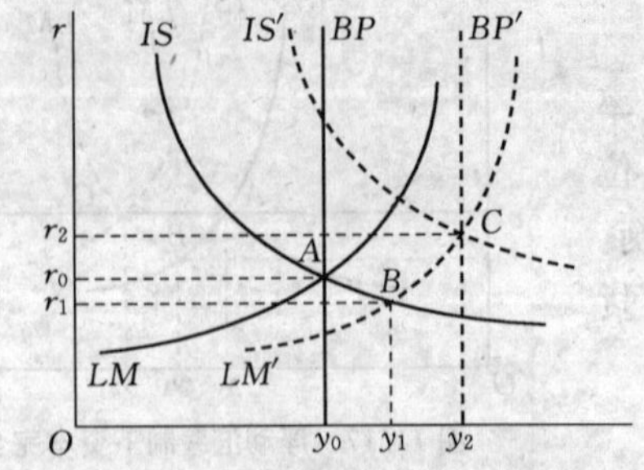

图 11.19　浮动汇率制下资本完全不流动时的货币政策效应

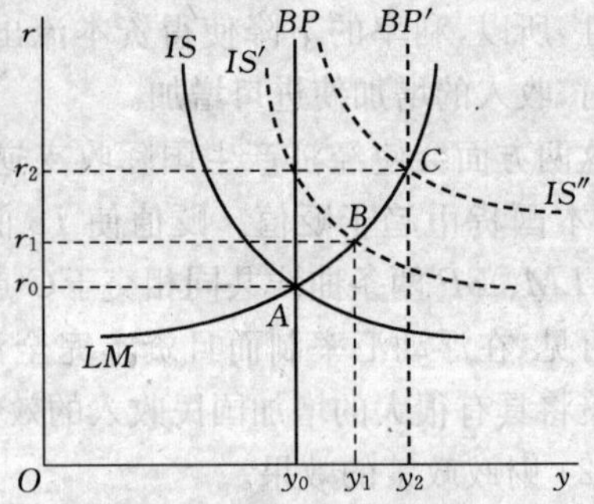

图 11.20　浮动汇率制下资本完全不流动时的财政政策效应

假定其他情况相同，政府想在实行浮动汇率制同时资本完全不流动条件下采取扩张性财政政策来增加国民收入的话，该财政政策的作用机制和效果将如图 11.20 所示。

图 11.20 中，BP 曲线因资本完全不流动而呈现垂直状态。假定 IS、LM 和 BP 三条曲线的最初均衡点为 A。当政府采取扩张性财政政策时，IS 曲线向右移动到 IS′的位置。在与 LM 曲线相交的暂时均衡点 B 点，国民收入暂时提高到 y_1，利率暂时提高到 r_1。由于资本完全不流动，利率的提高并不会引起资本的流入，但国民收入的提高却会增加进口，造成国际收支逆差。在浮动汇率制下，本国货币会发生贬值，在马歇尔—勒纳条件下，IS′和 BP 曲线将分别向右方移动到 IS″和 BP′的位置，最终与 LM 曲线相交于 C 点，达到最终均衡。与最初的均衡点相比，采取财政政策的结果，使国民收入增加了，同时，本国利率也上升了。

可见，在浮动汇率制下，当资本完全不能流动时，财政政策也是有效的，将使国民收入和利率同时上升。

总之，我们看到，在开放经济中，虽然宏观经济政策所依据的基本原理没有改变，但是，由于对外经济部门的存在，政策对经济变量的影响及其后果要比以前更为复杂。对此，我们仅仅作了一种简要的论述。如果读者希望进一步了解对外经济部门在整个宏观经济理论体系中的位置及作用，可以参阅有关国际贸易和国际金融专业方面的书籍。

本章小结

本章首先介绍了开放经济条件下宏观经济学的一些基本理论知识和相关问题，包括汇率、汇率制度、汇率的决定，以及汇率变动和进出口贸易的关系；随后，介绍了关于国际收支平衡的理论问题，以及 IS-LM-BP 模型及其含义。

本章重点讨论开放经济条件下的宏观经济政策问题。具体涉及了开放经济条件下宏观经济政策的调整原则，财政政策和货币政策分别在固定汇率条件下和浮动汇率条件下，在资本流动程度不同时的不同效果；同时，也对保持经济内部均衡与外部均衡一致性的政策协调问题做了适当的探讨。

思考题

一、名词解释

汇率	直接标价法	间接标价法
固定汇率制	浮动汇率制	自由浮动汇率制
管理浮动汇率制	均衡汇率	平价
购买力平价	一价定律	实际汇率
马歇尔—勒纳条件	国际收支	国际收支平衡表
经常账户	资本账户	官方储备
J 曲线	国际收支顺差	国际收支盈余
国际收支逆差	国际收支赤字	国际收支函数
国际收支曲线	*BP* 曲线	

二、选择题

1. 对于蒙代尔—弗莱明模型，以总收入 Y 和汇率 e 为坐标轴，下列错误的是(　　)。
   A. 利率维持在世界利率水平
   B. *LM* 曲线垂直，因为汇率不进入货币需求和货币供给函数
   C. *IS* 曲线向下倾斜，因为低的汇率水平将刺激投资增加
   D. *IS* 曲线和 *LM* 曲线交点决定了均衡的汇率水平
2. 当一国出现国际收支逆差同时失业率低于自然失业率水平时，这时为了实现国际收支平衡且经济处于自然就业水平，则应该采取(　　)。
   A. 扩张性货币政策和扩张性财政政策
   B. 扩张性货币政策和紧缩性财政政策
   C. 紧缩性货币政策和扩张性财政政策
   D. 紧缩性货币政策和紧缩性财政政策
3. 在固定汇率制、资本完全流动的开放经济 *IS-LM* 模型，政府支出减少会使(　　)。
   A. *IS* 曲线左移，但不影响 *LM* 曲线
   B. *IS* 曲线先左移，然后净出口增加，再向右移
   C. *IS* 曲线和 *LM* 曲线左移，因为银行被迫紧缩货币供给
   D. *IS* 曲线左移，*LM* 曲线右移，因为央行将被迫进行货币扩张
4. 与封闭经济相比，在开放经济中政府的财政政策的作用将(　　)。
   A. 更大，因为总需求方加入净出口后使支出乘数增大

B. 不变,因为总需求方加入净出口后对支出乘数并没有什么影响

C. 更小,因为总需求加入净出口后使支出乘数变小

D. 不能确定两者的关系

5. 汇率自由浮动,政府不加干预的情况下,若一国国内收入增加,这会(　　)。

A. 导致对该国货币需求的增加而使货币升值

B. 使该国进口增加,国际收支出现赤字而使货币贬值

C. 缩减对国内外商品的消费,使国际收支有所改善

D. 因进口减少出口增加,该国货币币值不变

6. 在浮动汇率制下,下列情况中不正确的是(　　)。

A. 对外贸易的风险比在固定汇率制下更大

B. 国际收支的不平衡自动地得到纠正

C. 随着一国经济活动水平的变动,其汇率也将变动

D. 汇率波动调节国际收支时对经济不产生任何影响

三、简答题

1. 汇率在长期和短期内各是由什么因素决定的?
2. 本币贬值对于出口的增长有怎样的作用?
3. 推导在开放经济条件下的各种乘数。
4. 在开放条件下,推导 *IS* 曲线。
5. 调节国际收支的主要手段有哪些?
6. 当一国经济既处于通货膨胀又有国际收支赤字状况时,应当采取什么样的政策措施?
7. 在市场经济中,如何使国际收支自动得到调节?
8. 汇率变动与净出口中变动有何相互影响?
9. 简述在开放经济下国际经济的相互依存。
10. 假设一个固定汇率制的大国开放经济。

(1) 试说明由于税收增加这类紧缩性财政政策会导致什么样的变动?试与小国开放经济情况进行比较。

(2) 试说明如果中央银行通过向公众购买债券来扩大货币供给,会导致什么样的变动?试与小国开放经济情况进行比较。

11. 说明资本完全流动、浮动汇率制下国际收支逆差的调整过程。
12. 简述蒙代尔—弗莱明模型。

四、计算题与分析题

1. 在一个大型开放经济体中,假定政府想在短期增加国民产出但是又不影响实际汇率,政府应该采用什么样的政策组合来实现目标?利用图形简要说明。
2. 考虑一个大型开放经济体,假如消费者信心突然崩溃,导致在可支配收入水平上的消费大幅度下降。利用蒙代尔—弗莱明模型分析下列变量在短期会发生什么样的变化。

(1) *IS* 和 *LM* 曲线;

(2) 本国实际利率；

(3) 净资本流动和净出口；

(4) 汇率。

3. 假定某经济中，消费为 $C=100+0.9(1-t)Y$，投资函数为 $I=200-500r$，净出口函数 $NX=100-0.12Y-500r$，货币需求函数为 $L=0.8Y-2000r$，其中政府购买支出 $G=200$，税率 $t=0.2$，名义货币供给为 $M=800$，价格水平为 $P=1$，试求：

(1) IS 曲线，LM 曲线；

(2) 均衡的利率和收入，以及此时的消费、投资和净出口。

4. 在不考虑资本流动和汇率变动的情况下，已知某经济的宏观模型：$Y=C+I+G+X-M$，$C=40+0.8Y$，$I=50$，$X=100$，$M=0.2Y+30$。充分就业产出水平 $Y^*=500$。求：

(1) 外贸乘数；

(2) 产品市场均衡时的产出水平和贸易收支；

(3) 使贸易收支均衡的产出水平；

(4) 实现充分就业水平的贸易收支。

5. 考虑资本完全流动下的开放宏观经济模型：

$$Y=5000,\ G=1000,\ T=1000$$

$$C=250+0.75(Y-T)$$

$$I=1000-50r$$

$$NX=500-500(EP/P^*)$$

$$r=r^*=5$$

(1) 求该经济的国民储蓄、投资、贸易差额以及均衡汇率；

(2) 假定 G 增加到 1250，求国民储蓄、投资、贸易差额以及均衡汇率，并解释你的结果；

(3) 现在假定世界利率从 5%上升到 10%，求国民储蓄、投资、贸易差额以及均衡汇率，并解释你的结果。

6. 1990—1991 年，芬兰陷入了严重的困境。芬兰对苏联出口瘫痪，尤其是重要出口产品纸浆和纸张的价格大幅度下跌，导致芬兰国内经济萧条和大量的经常账户赤字。有鉴于此，作为芬兰政府的经济顾问，你觉得应该采取怎样的调整政策？

第四部分

宏观经济的重要问题

第十二章 通货膨胀理论和问题

学习目的和要求

通过本章的学习，主要掌握：1. 掌握通货膨胀的定义、通货膨胀的衡量和通货膨胀的分类；2. 通货膨胀产生的原因；3. 通货膨胀的影响；4. 通货膨胀与价格调整的关系；5. 通货膨胀与产量变化的关系；6. 反通货膨胀的政策及其效果。

通货膨胀是宏观经济运行过程中的一种不正常的病态。西方经济学家对通货膨胀的成因及其对经济运行的各种效应做了大量研究。本章对于这一论题进行最基本的介绍。

第一节 通货膨胀的定义、衡量及种类

当一个经济中的大多数商品和劳务的价格连续在一段时间内普遍上涨时，宏观经济学就称这个经济经历着通货膨胀。严格地讲，西方经济学中的通货膨胀就是指经济中一般物价水平的持续上升。按照这一说明，如果仅有一种商品的价格上升，这不是通货膨胀。只有大多数商品和劳务的价格上升才是通货膨胀。此外，物价的偶然上升，或者有升有降时的上升，也都不能叫做通货膨胀。只有普遍、持续的物价上升才能够叫做通货膨胀。

如何理解大多数商品和劳务的价格上升呢？考虑到现实经济当中成千上万种不同商品价格的实际情况，以及经济当中一些商品价格上涨的同时，另一些商品的价格却可能在下降，而且各种商品价格涨跌幅度也不尽相同的复杂情况，宏观经济学通常运用价格水平的概念进行说明。

一、价格水平

宏观经济学用价格水平来描述整个经济中的各种商品和劳务价格的总体平均数。作为一个总量指标，价格水平是用所谓价格指数来衡量的。宏观经济学中常涉及的价格指数主要有

GDP 折算指数、消费价格指数(CPI)和生产者价格指数(PPI),关于 GDP 折算指数,本书在前边的有关章节中已经做过说明,这里不再重复。

消费价格指数告诉人们的是,对普通家庭的支出来说,购买具有代表性的一组商品,在今天要比在过去某一时间多花费多少。这一指数的基本意思是,人们有选择地选取一组(相对固定)商品和劳务,然后比较按当期价格购买它们的花费和按以前某一个确定时期(基期)价格购买它们的花费。用公式表示,就是:

$$CPI = \frac{\text{一组固定商品按当期价格计算的价值}}{\text{一组固定商品按基期价格计算的价值}} \times 100$$

假如,我国一个普通家庭在 2000 年每个月购买一组商品的费用为 857 元,2004 年购买同样一组商品的费用是 1174 元,那么我国 2004 年消费价格指数就为:

$$CPI_{2004} = \frac{1174}{857} \times 100 = 137$$

与此相类似,如果在 1980 年相同的一组商品的费用为 412 元,那么 1980 年的消费价格指数(仍以 2000 年为基年)就是这一数值与 2000 年购买相同一组商品的费用比较的结果,即:

$$CPI_{1980} = \frac{412}{857} \times 100 = 48$$

作为衡量生产原料和中间投入品等价格平均水平的价格指数,生产者价格指数是对给定一组商品的成本的度量。它与 CPI 的一个不同之处在于,它包括原料和中间产品。PPI 旨在对销售过程中开始阶段的价格的度量,这使得 PPI 成为表示一般价格水平变化的一个信号,被当作经济周期的指示性指标之一,受到政策制定者的密切注视。

有了价格水平(价格指数)这一概念,就可以将通货膨胀更精确地描述为经济社会在一定时期内价格水平持续和显著地上涨。通货膨胀的程度通常用通货膨胀率来衡量。通货膨胀率被定义为从一个时期到另一个时期价格水平变动的百分比。用公式表示就是:

$$\pi_t = \frac{P_t - P_{t-1}}{P_{t-1}} \times 100\%$$

式中,π_t 为 t 时期的通货膨胀率;P_t 和 P_{t-1} 分别为 t 时期和 $(t-1)$ 时期的价格水平。如果用前面介绍的消费价格指数来衡量价格水平,则通货膨胀率就是不同的时期的消费价格指数变动的百分比。假定一个经济的消费价格指数,从去年的 100 增加到今年的 127,那么这一时期的通货膨胀率就为 $\frac{127-100}{100} = 27\%$。

二、通货膨胀的分类

西方学者从不同角度对通货膨胀进行了分类。

1. 按照价格上升的速度进行分类

按照价格上升的速度,西方学者认为存在着三种通货膨胀类型:第一,缓慢而温和的通货膨胀，指每年物价上升的比例在10%以内。目前，许多国家都存着这种温和类型的通货膨胀。一些西方经济学家并不十分害怕温和的通货膨胀，甚至有些还认为这种缓慢而逐步上升的价格对经济和收入的增长有积极的刺激作用。第二，快速和较严重的通货膨胀，指年度通货膨胀率在10%以上和100%以内。这时，货币流通速度提高和货币购买力下降，均具有较快的速度。西方学者认为，当这种通货膨胀发生以后，由于价格上涨率高，公众预期价格还会进一步上涨，因而采取各种措施来保卫自己，以免受通货膨胀之害。这使通货膨胀更为加剧。第三，奔腾的和恶性的通货膨胀，指通货膨胀率在100%以上。发生这种通货膨胀时，价格持续猛涨，人们都尽快地使货币脱手，从而大大加快货币流通速度。其结果，货币完全失去信任，货币购买力猛降，各种正常的经济联系遭到破坏，致使货币体系和价格体系最后完全崩溃，在严重的情况下，还会出现社会动乱。

2. 按照通货膨胀在不同商品上的表现程度和差别分类

按照通货膨胀在不同商品上的表现程度和差别大小加以区分，存在着两种通货膨胀的类型：第一种为平衡的通货膨胀，即每种商品的价格都按相同比例上升。这里所指的商品价格包括生产要素以及各种劳动的价格，如工资率、租金、利率等。第二种为非平衡的通货膨胀，即各种商品价格上升的比例并不完全相同。例如，甲商品价格的上涨幅度大于乙商品的，或者，利率上升的比例大于工资上升的比例，等等。

3. 按照人们对通货膨胀的可预料程度加以区分

按照这种区分方法有两种通货膨胀类型：一种为没有预期到的通货膨胀，即价格上升的速度超出人们的预料，或者人们根本没有想到价格会上涨的问题。例如，国际市场原料价格的突然上涨所引起的国内价格的上升，或者在长时期中价格不变的情况下突然出现的价格上涨。另一种为预期到的通货膨胀。例如，当某一国家的物价水平年复一年地按5%的速度上升时，人们便会预计，物价水平以同一比例继续上升。既然物价按5%的比例增长成为意料之中的事，则该国居民在日常生活中进行经济核算时会把物价上升的比例考虑在内。例如，银行贷款的利息肯定会高于5%，因为5%的利率仅能起到补偿通货膨胀的作用。由于每个人都把5%的物价上涨考虑在内，所以每个人所索取的价格在每一时期中都要上升5%。每种商品的价格上涨5%，劳动者所要求的工资、厂商所要求的利率都会以相同的速度上涨，因此，预料之中的通货膨胀具有自我维持的特点，有点像物理学上的运动中的物体的惯性。因此，可预期到的通货膨胀有时又被称为惯性的通货膨胀。

第二节　通货膨胀的效应及其对经济社会的影响

考察通货膨胀的经济影响，也就是要弄清楚通货膨胀对经济活动所发生的作用及其效果。通货膨胀是一个能够广泛扩散其影响的经济过程，每一个经济活动的参加者和经济单位都会在某种程度上受到它的影响。我们在这里主要从两方面来考察其效应。

一、通货膨胀对收入或利益再分配方面的影响

在现实经济中，产出和价格水平是一起变动的，通货膨胀常常会伴随着扩大的实际产出。只有在较少的一些情况下，通货膨胀的发生才会伴随着实际产出的收缩。为了独立地观察通货膨胀对收入分配的影响，我们假定实际收入是固定的，然后去研究通货膨胀如何影响收入的所有者，使其实际得到的收入受到影响。在分析之前，还要区分货币收入和实际收入。货币收入就是一个人所获得的货币数量；而实际收入则是一个消费者用他的货币收入所能买到的物品和劳务的数量。

那么，通货膨胀的再分配效应是怎样的呢？

首先，通货膨胀对于有固定货币收入的人是不十分有利的。对于有固定收入的阶层来说，其收入是固定的货币数额，在通货膨胀时期内会落后于上升的物价水平。其实际收入因通货膨胀而减少，其固定货币收入的实际购买力也必将随着价格的上升而下降。于是，这些人的生活水平必然会随着通货膨胀的程度而相应地降低。

哪些人属于固定收入阶层呢？最为明显的就是那些领取救济金、退休金的人，那些白领阶层、公共雇员以及靠福利和其他转移支付维持生活的人。他们在相当长时间内所获得的收入是不变的。特别是那些只获得少量救济金的老人，遇到这种经济灾难，更是苦不堪言。他们是通货膨胀的牺牲品。

相反，那些靠变动收入维持生活的人，则会从通货膨胀中得益，这些人的货币收入会走在价格水平和生活费用上涨之前。例如，在扩张的行业中工作并有强大的工会支持的工人就是这样。他们的工资合同中或者是订有工资随生活费用上涨而提高的条款，或是有强有力的工会能够代表他们与雇主进行谈判，在每个新合同中都能得到大幅度的工资增长。那些从利润中得到收入的企业主也能从通货膨胀中获利，如果产品价格比资源价格上升得快的话，则企业的收益将比它的成本增长得更快。

其次，通货膨胀对储蓄者不利。随着价格上涨，存款的实际价值或购买力就会降低。那些口袋中有闲置货币和存款在银行的人将受到严重的打击。同样，像保险金、养老金以及其他有固定价值的证券财产等，它们本来是作为未雨绸缪和蓄资防老的，在通货膨胀过程中，其实际价值也会下降。

再次，通货膨胀还可以在债务人和债权人之间发生收入再分配的作用。具体地说，通货膨胀靠牺牲债权人的利益而使债务人获利。假如甲向乙借款 1 万元，一年后归还，而这段时间内价格水平上升一倍，那么一年后甲归还给乙的 1 万元就只相当于借时实际价值的一半了。这里是假定借贷双方都没有预期到通货膨胀的影响。但是，如果一旦预期到通货膨胀，则上述的再分配情况就会改变。

如果借贷的名义利率为 10%，而通货膨胀率为 20%，则实际利率为 −10%。实际利率为名义利率和通货膨胀率的差额。若名义利率为 10%，通货膨胀率为 5%，则实际利率为 5%，只要通货膨胀率大于名义利率，则实际利率就是负值。实际研究表明，第二次世界大战以来，通货膨胀从居民户手中把大量再分配的财富带到公共经济部门。原因有两点：第一，政府已经负债累累，而大量的债券是掌握在居民户手中的。也就是说政府是债务人，而居民户是债权人。于是，

战后的通货膨胀就经常将财富从居民户那里转移到政府方面。第二,一般政府所征收的所得税是累进的。所以,在通货膨胀期间,人们要多缴些税。这不但因为他们的货币收入提高了,而且还由于他们进入了较高的纳税级别。因此,要支付他们收入中的较大百分比给政府,于是,必然出现这样的收入再分配结果。所以,有些西方经济学家认为,很难希望政府会努力去制止通货膨胀。

最后,还应该说明:由于居民往往既是收入的获得者,也是金融证券的持有者和实际财产(如不动产)的所有者。所以,通货膨胀对他们的影响有时可以在一定程度上相互抵消掉一部分。比如,某一家庭有价值固定的货币资产,如储蓄、债券、保险等。这既会因通货膨胀而削减其实际价值,但同时这一通货膨胀又会增加其财富,如增加该家庭所拥有的房产、土地的价值。总之,许多居民既会因通货膨胀而得益,同时又会因通货膨胀而有所损失。此外,我们还应该注意到通货膨胀的再分配效应是客观的和自发形成的。它本身并未存心或者直接从谁手中拿走些收入转给其他人。

二、通货膨胀对产出方面所产生的影响

上面,我们假定了国民经济的实际产出固定。而实际上,国民经济的产出水平是随着价格水平的变化而变化的。下面我们考虑可能出现的三种情况。第一种情况:随着通货膨胀出现,产出增加。这就是需求拉动的通货膨胀的刺激,促进了产出水平的提高。许多经济学家长期以来坚持这样的看法,即认为温和的或爬行的需求拉动通货膨胀对产出和就业将有扩张性的效应。假设总需求增加,经济复苏,造成一定程度的需求拉动的通货膨胀。在这种条件下,产品的价格会跑到工资和其他资源的价格的前面,由此而扩大了企业的利润。利润的增加就会刺激企业扩大生产,从而发生减少失业,增加国民产出的效果。这种情况意味着通货膨胀的再分配后果,会被更多的就业、增加的产出所获得的收益所抵消。例如,对于一个失业工人来说,如果他唯有在通货膨胀条件之下才能得到就业机会,显然,这受益于通货膨胀。

第二种情况:成本推动的通货膨胀会引起产出和就业的下降。假定在原来的总需求水平下,经济实现了充分就业和物价稳定。如果发生成本推动的通货膨胀,则原来总需求所能购买的实际产品的数量将会减少。也就是说,当成本推动的压力抬高物价水平时,既定的总需求只能在市场上支持一个较小的实际产出。所以,实际产出会下降,失业会上升。美国在20世纪70年代的经济情况就证实了这一点。1973年末,石油输出国组织把石油价格翻了两番,成本推动的通货膨胀的后果使美国1973—1975年的物价水平迅速上升,与此同时,美国失业率从1973年不到5%上升到了1975年的8.5%。

第三种情况:恶性或超级通货膨胀(hyperinflation)将导致经济崩溃。首先,随着价格持续上升,居民和企业都会产生通货膨胀预期,即估计物价会再度升高。这样,人们为了不让自己的储蓄和现有的收入贬值,宁愿在价格进一步上升前把它花掉,从而会产生过度的消费购买。这样,储蓄和投资都会减少,进而使经济增长率下降。其次,随着通货膨胀而来的生活费用的上升,使劳动者会要求提高工资。他们不但会要求增加工资以抵消过去价格水平上升所造成的损失,而且要求补偿下次工资谈判前可以预料到的通货膨胀带来的损失。于是,企业增加生产和扩大就业的积极性就会逐渐丧失。再者,企业在通货膨胀率上升时会力求增加存货,以便在稍

后按高价出售以增加利润。这种通货膨胀预期还可能鼓励企业增加新设备。不过,企业这些行为到无法筹措到必需的资金(增加存货和购买设备都需要资金)时就会停止。因为,银行会在适当的时机拒绝继续为企业扩大信贷。而且,银行的利率也会上升,企业得到贷款会越来越难。当企业被迫减少存货时,生产就会收缩。第四,当出现恶性通货膨胀时,情况会变得更糟。当人们完全丧失对货币的信心时,货币就再不能执行它作为交换手段和储藏手段的职能。这时,任何一个有理智的人都不愿再花精力去从事财富的生产和正当的经营,而会把更多的精力用在如何尽快把钱花出去,或进行种种投机活动上。等价交换的正常买卖、经济合同的签订和履行、经营单位的经济核算,以及银行的结算和信贷活动等等,都无法再实现,市场经济机制也无法再正常运行,别说经济增长,大规模的经济混乱也不可避免了。

第三节　通货膨胀的原因

关于通货膨胀的原因,西方经济学家提出了种种解释。大体上,对其可以分为三个方面:第一个方面为货币数量论的解释,这种解释强调货币在通货膨胀过程中的重要作用;第二个方面是以总需求和总供给的角度来加以解释;第三个方面是从经济结构中相关因素变动的角度来说明通货膨胀的原因。我们在下面依次对其加以说明。

一、作为货币现象的通货膨胀

货币数量论的赞成者解释通货膨胀问题的基本思想是,每一次通货膨胀背后都有货币供给的迅速增长。这一理论的出发点是如下所示的交易方程式:

$$MV = PY$$

式中,M 为货币供给量;V 为货币流通速度,它被定义为名义收入与货币量之比,即一定时期(如一年)平均一元钱用于购买最终产品与劳务的次数;P 为价格水平;Y 为实际收入水平。

方程左方的 MV 反映的是经济中的总支出,而右方的 PY 为名义收入水平。由于经济中对商品与劳务支出的货币额即为商品和劳务的总销售价值,因而方程的两边相等。由交易方程式可以得到如下关系式:

$$\pi = \hat{m} - \hat{y} + \hat{v}$$

式中,π 为通货膨胀率;而 $\hat{m}$ 为货币增长率;$\hat{v}$ 为流通速度变化率;$\hat{y}$ 为产量增长率。

根据该方程,可以看出通货膨胀来源于三个方面,即货币流通速度的变化、货币增长和产量增长。如果货币流通速度不变且收入处于其潜在的水平上,则显然可以得出,通货膨胀的产生主要是货币供给量增加的结果。换句话说,货币供给的增加是通货膨胀的基本原因。

二、需求拉动的通货膨胀

需求拉动通货膨胀，又称超额需求通货膨胀，是指总需求超过总供给所引起的一般价格水平的持续显著的上涨。需求拉动的通货膨胀理论把通货膨胀解释为“过多的货币追求过少的商品”。图 12.1 常被用来说明需求拉动的通货膨胀。

图中，横轴 y 表示总产量(国民收入)，纵轴 P 表示一般价格水平。AD 为总需求曲线，AS 为总供给曲线。总供给曲线 AS 起初呈水平状。这表示，当总产量较低时，总需求的增加不会引起价格水平的上涨。

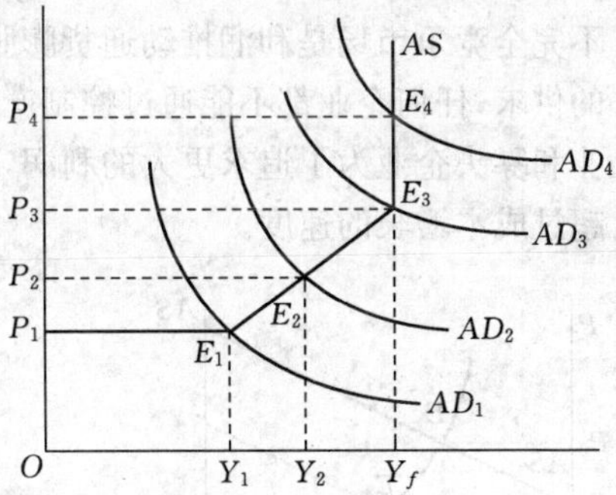

图 12.1　需求拉动的通货膨胀

在图 12.1 中，产量从零增加到 Y_1，价格水平始终稳定。总需求曲线 AD_1；与总供给曲线 AS 的交点 E_1 决定的价格水平为 P_1，总产量水平为 Y_1。当总产量达到 Y_1 以后，继续增加总需求，就会遇到生产过程中一定程度上供给短缺的所谓瓶颈现象，即由于劳动、原料、生产设备等的不足而使价格上升，生产成本提高又会引起价格水平的上涨。图中总需求曲线 AD 继续提高时，总供给曲线 AS 便开始逐渐向右上方倾斜，价格水平逐渐上涨。总需求曲线 AD_2 与总供给曲线 AS 的交点决定的价格水平为 P_2，总产量为 Y_2。当总产量达到最大，即为充分就业的产量 Y_f 时，整个社会的经济资源全部得到利用。图中总需求曲线 AD_3 同总供给曲线 AS 的交点 E_3 决定的价格水平为 P_3，总产量水平为 Y_3。价格水平从 P_1 上涨到 P_2 和 P_3 的现象被称作瓶颈式的通货膨胀。在达到充分就业的产量 Y_f 以后，如果总需求继续增加，总供给就无法继续增加了，因而总供给曲线 AS 呈垂直形状，这时总需求的增加只会引起价格水平的上涨。例如，图中总需求曲线从 AD_3 提高到 AD_4 时，它同总供给曲线的交点所决定的总产量并没有增加，仍然为 Y_f，但是价格水平已经从 P_3 上涨到 P_4。这就是需求拉动的通货膨胀。西方经济学家认为，不论总需求的过度增长是来自消费需求、投资需求，或是来自政府需求、国外需求，都会导致需求拉动的通货膨胀。需求方面的原因或冲击主要包括财政政策、货币政策、消费习惯的突然改变，国际市场的需求变动，等等。

三、成本推动的通货膨胀

成本推动的通货膨胀理论，是西方学者企图从供给方面说明为什么会发生一般价格水平上涨的一种理论。成本推动的通货膨胀，又称成本通货膨胀或供给通货膨胀，是指在没有超额需求的情况下由于供给方面成本的提高所引起的一般价格水平持续和显著的上涨。

西方学者认为，成本推动的通货膨胀主要是由工资的提高造成的。他们把这种成本推动的通货膨胀叫做工资推动通货膨胀，以区别于利润提高造成的成本推动的通货膨胀。

工资推动通货膨胀是指不完全竞争的劳动市场造成的过高工资所导致的一般价格水平的上涨。据西方学者解释，在完全竞争的劳动市场上，工资率完全决定于劳动的供求，工资的提高不会导致通货膨胀；而在不完全竞争的劳动市场上，由于强大的工会组织的存在，工资不再是竞争的工资，而是工会和雇主集体议价的工资，并且由于工资的增长率超过生产率的增长率，工资的提高就导致成本提高，从而导致一般价格水平上涨。这就是所谓工资推动的通货膨胀。西方学者进而认为，工资提高和价格上涨之间存在因果关系：工资提高引起价格上涨，价格上涨又引起工资提高。这样，工资提高和价格上涨形成了螺旋式的上升运动，即所谓工资—价格螺旋。

利润推动通货膨胀是指垄断企业和寡头企业利用市场势力谋取过高利润所导致的一般价格水平的上涨。西方学者认为，就像不完全竞争的劳动市场是工资推动通货膨胀的前提一样，不完全竞争市场是利润推动通货膨胀的前提。在完全竞争的产品市场上，价格完全决定于商品的供求，任何企业都不能通过控制产量来改变市场价格，而在不完全竞争的产品市场上，垄断企业和寡头企业为了追求更大的利润，随意操纵价格，把产品价格定得很高，致使价格上涨的速度超过成本增长的速度。

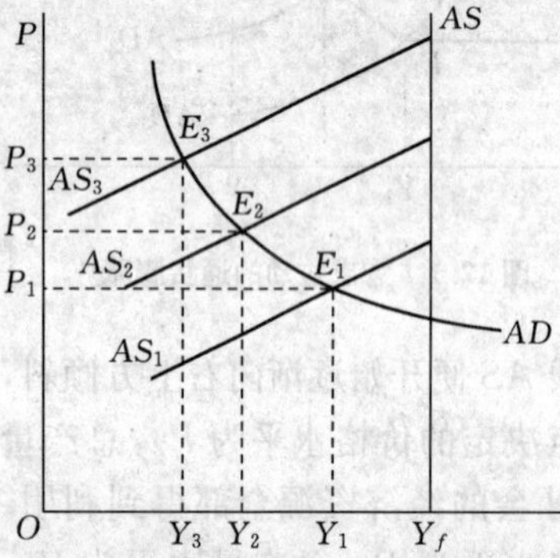

图 12.2　成本推动的通货膨胀

在总需求曲线不变的情况下，包括工资推动通货膨胀和利润推动通货膨胀在内的成本推动的通货膨胀，可以用图 12.2 加以说明。

图 12.2 中，总需求是既定的，不发生变动，变动只出现在供给方面。当总供给曲线为 AS_1 时，这一总供给曲线和总需求曲线 AD 的交点 E_1 决定的总产量为 Y_1，价格水平为 P_1。当总供给曲线由于成本提高而移到 AS_2 时，总供给曲线与总需求曲线的交点 E_2 决定的总产量为 Y_2，价格水平为 P_2。这时，总产量比以前下降，而价格水平比以前上涨。当总供给曲线由于成本进一步提高而移动到 AS_3 时，总供给曲线和总需求曲线的交点 E_3 决定的总产量为 Y_3，价格水平为 P_3。这时的总产量进一步下降，而价格水平进一步上涨。

一些西方学者认为，单纯用需求拉动或成本推动都不足以说明一般价格水平持续上涨，而应当同时从需求和供给两个方面以及二者的相互影响说明通货膨胀。于是又有人提出了从供给和需求两个方面及其相互影响说明通货膨胀的理论，即混合通货膨胀理论。

四、结构性通货膨胀

西方经济学家认为，在没有需求拉动和成本推动的情况下，只是由于经济结构因素的变动，也会出现一般价格水平的持续上涨。他们也把这种价格水平的上涨称为结构性通货膨胀。

结构性通货膨胀理论把通货膨胀的起因归结为经济结构本身所具有的特点。据西方学者的解释，从生产率提高的速度看，社会经济结构的特点是，一些部门生产率提高的速度快，另一些部门生产率提高的速度慢；从经济发展的过程看，社会经济结构的特点是，一些部门正在迅速发展，另一些部门渐趋衰落；从同世界市场的关系看，社会经济结构的特点是，一些部门（开放部门）同世界市场的联系十分密切，另一些部门（非开放部门）同世界市场没有密切联系。现代社会经济结构不容易使生产要素从生产率低的部门转移到生产率高的部门，从日趋衰落的部门转移到开放部门，但是，生产率提高慢的部门、正在趋向衰落的部门以及非开放部门在工资和价格问题上都要求“公平”，要求向生产率提高快的部门、正在迅速发展的部门以及开放部门“看齐”，要求"赶上去",结果导致一般价格水平的上涨。

西方学者通常用生产率提高快慢不同的两个部门说明结构性通货膨胀。由于生产率提高的快慢不同,两个部门的工资增长的快慢也应当有区别。但是,生产率提高慢的部门要求工资增长向生产率提高快的部门看齐,结果使全社会工资增长速度超过生产率增长速度,因而引起通货膨胀。

假定 A、B 分别为生产率提高快慢不同的两个部门,二者的产量相等。部门 A 的生产增长率 $\left(\frac{\Delta y}{y}\right)_A$ 为 3.5%,工资增长率 $\left(\frac{\Delta w}{w}\right)_A$ 也为 3.5%。这时全社会的一般价格水平不会因部门 A 工资的提高而上涨。但是,当部门 B 的生产增长率 $\left(\frac{\Delta y}{y}\right)_B$ 是 0.5%,而工资增长率 $\left(\frac{\Delta w}{w}\right)_B$ 因向部门 A 看齐也达到 3.5%时,这就使全社会的工资增长率超过生产增长率。

全社会的工资增长率为:

$$\frac{\Delta w}{w}=\left[\left(\frac{\Delta w}{w}\right)_A+\left(\frac{\Delta w}{w}\right)_B\right]\div 2=3.5\%$$

全社会的生产增长率为:

$$\frac{\Delta y}{y}=\left[\left(\frac{\Delta y}{y}\right)_A+\left(\frac{\Delta y}{y}\right)_B\right]\div 2=(3.5\%+0.5\%)\div 2=2\%$$

这样全社会工资增长率超过生产增长率 1.5%,工资增长率超过生产增长率的百分比就是价格上涨率或通货膨胀率。西方学者认为,上述说明同样适用于在工资问题上渐趋衰落的部门向正在迅速发展的部门看齐、非开放部门向开放部门看齐的情况。

五、通货膨胀的持续

上面关于需求拉动的通货膨胀和成本推动的通货膨胀的分析表明,对经济的冲击如何移动了总需求曲线和总供给曲线,导致一个新的更高价格水平的均衡。但是,通货膨胀不是价格水平的一次性改变,而是价格水平的持续上升。在大多数情况下通货膨胀似乎有一种惯性。如果经济有了 8%的通货膨胀率,那么,这 8%的通货膨胀率会有不断持续下去的趋势。这种情况被称为通货膨胀螺旋。

产生这种现象的原因在于,如果经济中大多数人都预期到同样的通货膨胀率,那么,这种对通货膨胀预期就会变成经济运行的现实。在通货膨胀时期,劳工与厂方谈判,要求保证工资上升与物价水平的上涨相一致,以使他们的实际工资不会下降。银行在贷款时也希望确保一定的实际收益率,因此,它们在确定贷款利率时,要考虑到它们年末收回的货币值低于年初贷出时的货币值这一情况。这意味着,在以货币计量的一些名义变量(如工资、租金等)的提高和价格上涨之间存在着因果关系。以工资为例,工资提高引起价格上涨,价格上涨又引起工资提高。于是,工资提高和价格上涨形成了螺旋式的上升运动,这就是前面所说的工资—价格螺旋。

考虑到上述情况,可以说,单纯用需求拉动或成本推动都不足以说明一般价格水平持续上涨。事实上,无论通货膨胀的原因如何,只要通货膨胀开始,需求拉动和成本推动过程几乎都发挥着作用。即使导致通货膨胀的初始原因消失了，通货膨胀也可以自行持续下去。当工人们预期物价会上涨时，他们就会坚持要求增加工资，而工资的上升，使企业成本增加，从而又导致更高的价格水平。

图 12.3 进一步说明了通货膨胀螺旋的情况。

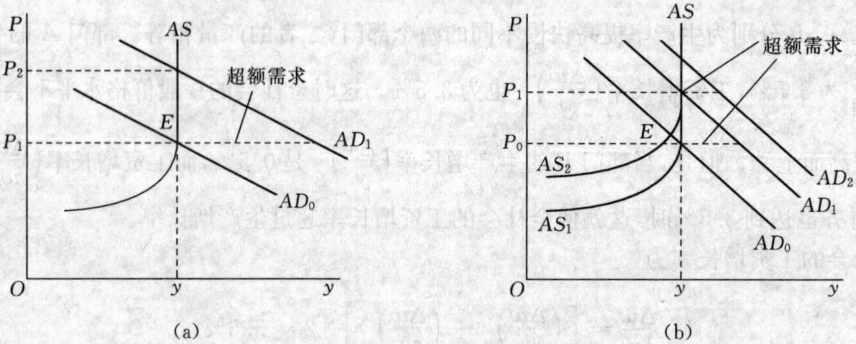

图 12.3 通货膨胀螺旋

在(a)图中，经济初始时处于均衡点 E，它位于总供给曲线比较陡的部分。现在假定出现总需求冲击，总需求曲线从 AD_0 移到 AD_1。这个移动使得在原来的价格水平上出现了超额需求，结果价格上升到 P_1。根据上面所说的工资—价格螺旋，价格上升会引起工资提高，较高的工资使总供给曲线向上移动，表现在(b)图中，就是总供给曲线由 AS_1 移动到 AS_2。同时，更高的工资率意味着人们有更多的货币收入，导致更多的消费，从而使总需求进一步扩大，在(b)图中，总需求曲线由 AD_1 移动到 AD_2。在新的价格水平 P_1 下，新的总需求曲线 AD_2 与新的总供给曲线 AS_2 之间仍有差距。于是又存在一个对商品的超额需求，导致价格进一步上涨，又引发了另一轮的工资的上涨。这样，通货膨胀的压力在整个经济中具有不断循环下去的趋势。

第四节　通货膨胀的治理

从宏观经济角度看，通货膨胀是和失业具有同等重要性的问题。在西方国家，几乎每次总统竞选时，候选人都要抨击通货膨胀，并发誓一旦当选就予以控制。经济社会的物价几乎是每个成员都非常关注的问题。物价稳定已成为西方国家宏观经济政策的一个主要目标。本节重点在于论述西方国家解决通货膨胀问题的政策。

在宏观经济学中，在通货膨胀问题上，经济学家们的分歧首先在于是否需要治理通货膨胀，然后才是如何治理通货膨胀的问题。

在达成需要解决通货膨胀问题的共识后，西方学者认为，除去减少和控制货币供应量之外，主要有两种不同的思路来对付通货膨胀:或者用人为制造经济衰退来解决通货膨胀问题,或者使用收入政策来缓解通货膨胀的程度。下面,我们将依次加以说明。

一、用经济衰退来降低通货膨胀

从上一节动态总供求模型中可知,要降低通货膨胀,可通过使动态总需求曲线向左移动的办法来达到。在政策上,这可以通过实施紧缩性的财政政策和货币政策来实现。在实践上,存在着两种不同的政策选择:即渐进主义的与激进主义的。

1. 渐进主义的选择

渐进主义解决方案的基本特征是以较小的失业和较长的时间来降低通货膨胀率。图 12.4 显示了渐近主义方法降低通货膨胀率的情况。

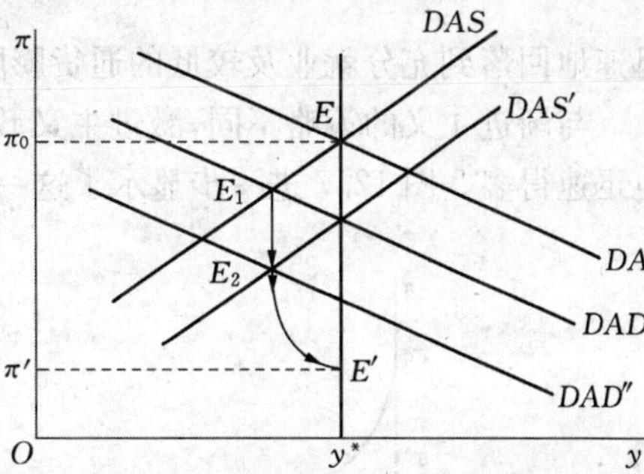

图 12.4 降低通货膨胀的渐进主义的选择

图中,经济最初处于动态总需求曲线 DAD 和总供给曲线 DAS 的交点 E 的状态上,这时通货膨胀率为较高的。政府用紧缩性的经济政策使总需求曲线由 DAD 下移至 DAD',使经济沿着总供给曲线 DAS 从 E 点移动较小距离至 E_1 点。与 E_1 点较低的通货膨胀率相对应,短期总供给曲线下移到 DAS'。接着随着紧缩性政策的进一步实施使经济运行到 E_2 点,总供给曲线再次下移,这个过程不断持续下去。最后,经济运行到 E' 点时,产量回到其潜在水平。而在该点处,通货膨胀率达到了预期的目标,即为较低的。在这一调整过程中,尽管失业始终处在正常水平之上,但并没有大规模的经济衰退。

渐进主义的策略还可以用图 12.5 来描述。

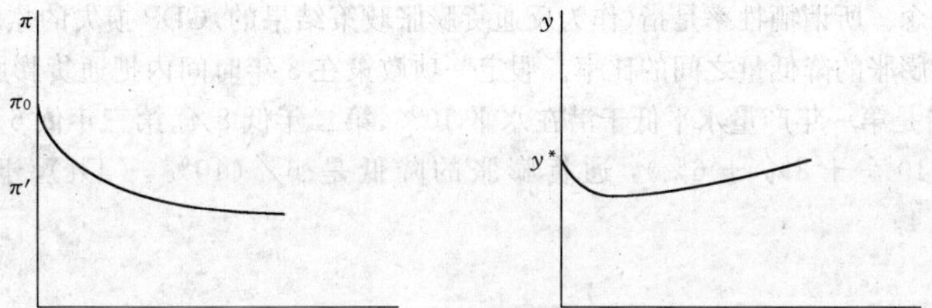

图 12.5 降低通货膨胀的渐进主义策略的说明

(a)图表示渐进主义的策略使通货膨胀率缓慢地回落到目标水平上。(b)图则表示,这种策略并没有对经济与自然失业率偏离太远。

2. 激进主义的选择

与渐进主义的特征相反,激进主义是以较高的失业率和较短的时间来降低通货膨胀率。图

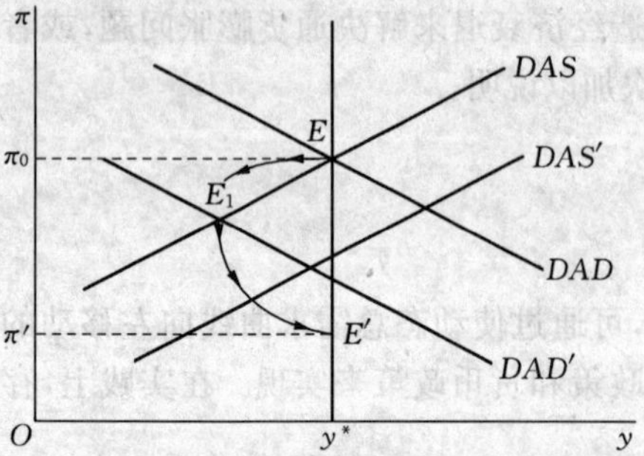

图 12.6　降低通货膨胀的激进主义的选择

12.6 显示了激进主义降低通货膨胀率的情况。经济最初处在 E 点所对应的状态上。这时的通货膨胀率为 π_0，为使通货膨胀率回落到 π' 的目标水平上，政府用力度较大的紧缩性经济政策使总需求曲线下移至 DAD'，经济由 E 点移动到 E_1 点。从图中可见，由此造成的迅速衰退程度要远大于渐进主义的情形。

通过比渐进主义政策造成更大程度的通货膨胀的降低，激进主义策略使得短期总供给曲线下移了更大的距离。随着这种紧缩性政策的实施，经济较迅速地回落到充分就业及较低的通货膨胀率的 E' 点上。

与渐进主义的策略不同，激进主义政策造成了较大规模的经济衰退，但通货膨胀率的下降也迅速得多。图 12.7 进一步显示了这一情况。

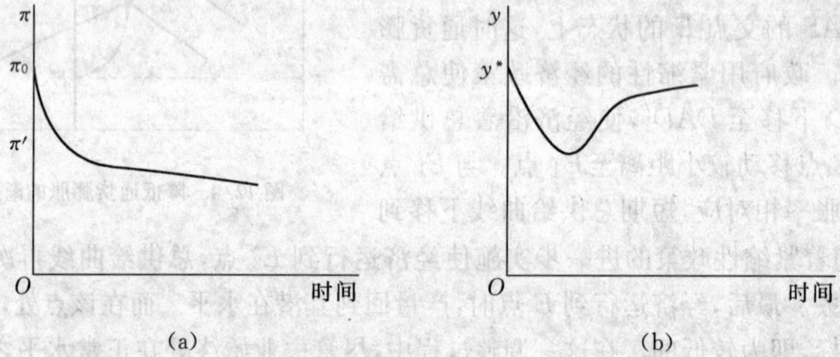

图 12.7　降低通货膨胀的激进主义策略的说明

通货膨胀的降低总会以经济衰退为代价，但这一替代如何衡量呢？为此，宏观经济学引入了牺牲率的概念。所谓牺牲率是指(作为反通货膨胀政策结果的)GDP 损失的累积百分比与实际获得的通货膨胀的降低量之间的比率。假定一项政策在 3 年时间内把通货膨胀率从 10%降至 4%，其代价是第一年产量水平低于潜在水平 10%，第二年低 8%，第三年低 6%。GDP 的总损失是 24%(10% + 8% + 6%)，通货膨胀的降低是 6%(10% − 4%)，于是牺牲率为 24% ÷ 6% = 4。

二、收入政策

有时政府可以通过影响实际因素来达到控制通货膨胀的目的，这些实际因素包括工资与物价的控制、道德的劝说和改变预期。

1. 通过工资对物价进行控制

通过对工资控制达到对物价进行控制的政策被称为收入政策。这是指政府为了降低一般价格水平上升的速度，而采取的强制性或非强制性的限制货币工资和价格的政策。其目的在于影响或控制价格、货币工资和其他收入的增长率。

收入政策的理论基础主要是成本推动的通货膨胀理论。上面说过,成本推动的通货膨胀来自供给方面,是由于供给方面提高了成本,特别是提高了工资,从而引起价格水平的上涨。因为,在一个货币工资率的增长快于劳动生产率增长的经济中,价格水平的趋势是向上调整,其调整数量等于弥补上述差额所需的数量。为了进一步说明这一论断,西方学者从微观经济学中的货币工资等于劳动边际产品价值的公式,即 $W = P \cdot MP_L$(式中 W 为货币工资,MP_L 为劳动边际产品,P 表示产品价格)出发,进行分析。如果在某一年份,W 提高 5%,而该年劳动的边际产品 MP_L 也提高 5%,则 $\frac{W}{MP_L}$ 仍然不变,从而没有发生变动的 P 仍然符合最大利润原则。而另一方面,如果 W 增长的百分比大于 MP_L 增长的百分比,这表示最大利润需要一个较高的价格。在这种场合下,$\frac{W}{MP_L}$ 有了增加,这意味着价格相应于成本必然要提高,否则工资率的提高就会以牺牲厂商的利润为代价。

西方学者还认为,在市场竞争不完全的条件下,当通货膨胀发生时,工会和企业又会利用自己的垄断力量保持自己的实际收入,因而货币工资和价格继续增长。这种增长威胁到他人的实际收入,因而导致更高的货币工资和更高的价格。为了抑制货币工资和价格,就有必要采取收入政策。

第二次世界大战后,美国、英国、法国、荷兰、瑞典、加拿大、意大利等国,都曾经先后实行过收入政策。它们推行收入政策的手段主要是:(1)对工资和价格进行管制,即企业和工会不经政府有关部门同意,不得提高工资和价格。这是最强硬的措施。(2)对工资和价格进行指导,即由政府规定工资和价格的指导指标,指令工会和企业参照执行。这类措施与第一类措施相比,较为软弱。在 20 世纪 60 年代和 70 年代,美国政府曾经交替使用过这两种手段。历史上美国政府曾实行过三次收入政策。第一次实行收入政策的是肯尼迪和约翰逊政府。第二次实行收入政策的是尼克松政府。第三次实行收入政策的是卡特政府。三次实行收入政策的效果都不理想。下面,我们以尼克松政府的收入政策作为例子予以适当说明。

1969 年,尼克松政府执政的第 1 年,消费价格指数上升 6.1%。尼克松政府采用财政政策和货币政策来反通货膨胀,但收效甚微。1971 年 8 月 15 日,尼克松政府采取了极端形式的收入政策,宣布自即日起全面冻结价格、工资和租金 90 天,由政府设立的生活费用委员会强制实行。这是尼克松政府收入政策的第一阶段。

1971 年 11 月 13 日进入第二阶段。在这个阶段,将工资和价格冻结改为工资和价格指导指标。这种指导是指令性的。工资由工资委员会管制,价格和租金由价格委员会控制,利息和红利由利息和红利委员会管理。1973 年 1 月 11 日起为第三阶段。在这个阶段,将指令性的工资和价格指导改为尽可能自愿的、但又有必要强制的工资和价格指导。在第三阶段的头几个月,消费价格指数急剧上升。1973 年 6 月,尼克松政府又实行了第二次价格冻结。1973 年 8 月 12 日开始第四阶段。在这一阶段,对成本压力没有增大的行业,或能增加国内市场供给以减轻价格压力的行业,解除管制,对其他行业则加强工资和价格指导。为期 32 个月的管制政策至 1974 年 4 月 30 日结束。此后,工资和价格又重新由市场力量决定。

大多数经济学家都反对限价的方法。首先,人为地限制产品和劳务的价格不利于资源的有效配置,因为,市场经济的资源配置依赖价格信号。其次,这种做法没有触及通货膨胀的深层原因,如对商品的超额需求。再有,这种控制是难以实施的,而且通常会导致不同程度的低效率。比如,工资被控制时,雇主可以通过对职位重新分类而绕过控制。增加秘书的工资也许是违法的,但是,提升秘书到一个"新"的岗位就不违法了,将秘书升为主任助理,就可以增加薪水。强行限价还存在着另一个困难。因为通货膨胀是所有商品的价格一起上涨,而不是每个商品的价格分别上升。即使价格总水平没有上涨或上涨很少,各种商品的相对价格也在不断地变化着。如果物价控制要持续相当长时间的话,它必须允许这些相对价格的变动。如果不这样的话,低于均衡价格的那些商品就要发生短缺。

2. 道德劝说

政府的另一种反通货膨胀的办法,是使用非正式的工资和物价控制。政府不直接控制物价和工资,而是更巧妙地借助于一种被称作道德劝说或施加压力的办法。这种方法试图劝说企业和工人不要涨价或涨工资。政府编制了物价和工资的指导线,希望工人和企业能够遵守。政府可以通过一个杠杆,产生一种比求助于人们道德诚实更强有力的力量。这一杠杆就是,政府可以用不购买该企业的产品来威胁那些不听从劝告的企业。这种施加压力的做法在一个时期果然产生了效果。肯尼迪总统曾担心美国钢铁公司提价,会引起通货膨胀和工资的螺旋上升。他通过对钢铁公司施加压力,成功地使公司撤销了提价的企图。

3. 改变预期

道德劝说的办法所以能够奏效,很大程度上是因为这种方法打破了人们对通货膨胀的心理预期。这种预期在使通货膨胀得以持续方面扮演重要角色。如果工会和企业坚信每个人都会屈从政府压力,他们就会愿意缓和自己对工资的要求和提价的要求。但是,这一点也正是道德劝说不那么可靠的地方:因为很难对市场的心理反应做出预测。

一些经济学家认为货币政策的一个重要作用也是劝说,因为中央银行要让每一个人都确信它对通货膨胀的强硬立场。如果中央银行能够成功,那么,它就打破了人们对通货膨胀的预期,工资增长会降低,工资—物价螺旋上升也会被打破。中央银行的成功是不言自明的,既然通货膨胀被打破了,那么就不必要采取紧缩信贷的政策,这种紧缩政策对产出和就业都有负面影响。

根据前面所论述的动态总供求模型,如果人们相信政府所采取的打破通货膨胀的任何行动都是成功的,这种预期本身就有助于消灭通货膨胀。政府的政策能够成功,部分得力于人们相信它可以成功。相反,如果人们认为政策不可能奏效,那么,通货膨胀的预期就不可能被打破,通货膨胀就可能会持续下去。

如果人们的预期变化缓慢,在失业与通货膨胀之间就会存在一个替换关系,这种关系会持续相当长的时间。由于人们的预期变化缓慢,使得政府更容易在不致引发较高通货膨胀的情况下降低失业。但是,一旦通货膨胀的预期发展起来,要想停止通货膨胀就很难了。即使失业率很高,通货膨胀率也可能会很高。要想使通货膨胀率降下来,就必须使高失业率维持相当长的时期。

这里,我们顺便指出,前面所说明的激进主义策略有非常有利的一点。即,它比渐进主义更能清楚地体现出决定性的政策变化,来引导企业以降低通货膨胀率为目标。激进主义政策似乎比渐进主义政策更令人可信。而一种可信的政策就是那种公众相信它会继续保持下去并最终获得成功的政策。实际上,对政策已经改变的信念本身也会降低预期通货膨胀率,并由此引起短期非利普斯曲线的向下移动。

本章小结

通货膨胀问题是经济活动中一个难以回避的问题。世界上大多数国家在历史上都经历过不同原因引起的通货膨胀问题。而且，通货膨胀在大多数情况下也都给正常的经济活动带来了消极影响。因此，大多数经济学家都赞成采取积极的姿态来防范和消除通货膨胀。

尽管通货膨胀的原因可能是多种多样的，但是，无外乎涉及总需求和总供给两大方面，而最终都要借助于货币量的增多而实际表现出来。所以，从防范和治理通货膨胀角度来说，最有效的政策或方法，就是控制和减少货币供应量以及人为地制造一点经济衰退，以减少总需求水平。至于其他办法，充其量只能是一些辅助性办法。

思考题

一、名词解释

通货膨胀率	需求拉动的通货膨胀	成本推动的通货膨胀
结构性通货膨胀	慢速的通货膨胀	快速的通货膨胀
奔腾的通货膨胀	平衡的通货膨胀	非平衡的通货膨胀
收入政策	工资—价格螺旋	混合的通货膨胀
菲利普斯曲线	价格调整曲线	

二、简答题

1. 衡量通货膨胀的指标有哪些？试进行比较。
2. 通货膨胀对经济有何影响？
3. 如何根据适应性预期和理性预期来解释菲利普斯曲线？
4. 试述治理通货膨胀的收入政策有哪些方法？试进行比较。
5. 能不能说有劳动能力的人都有工作才是充分就业？为什么西方国家近年来自然失业率有上升的趋势？

三、计算题

1. 已知产品市场的均衡条件为 $Y=850-25r$，货币市场的均衡条件为 $Y=-500+5M_s+10r$，经济在 $Y=650$ 时达到充分就业。如果名义货币供给 $M_s=200$，物价水平 $P=1$，试求：

(1) 是否存在通货膨胀压力；

(2) 当物价水平为何值时，才能实现宏观经济的一般均衡；

(3) 如何变动名义货币量，才能达到充分就业的一般均衡。

2. 已知价格调整方程：$\pi_t = \pi_t^e + h \times (Y_{t-1} - Y^*)/Y^*$。式中 π_t 是 t 的通货膨胀率，π_t^e 是 π_t 的预期，$h = 0.6$。假设某经济社会在第 0 期有通货膨胀率 15%，潜在收入是 100，该经济欲将通货膨胀率降到 3%。试问：如果利用制造衰退的办法来降低通货膨胀率，则要使未来各年的实际收入维持在 90 的水平，到第几年能够实现控制通货膨胀的目标？（假设可以把 π_t^e 看做 π_{t-1}。）

第十三章
经济周期和经济波动

学习目的和要求

通过本章的学习应当掌握：1. 经济周期的一般知识；2. 历史上出现过的一些经济周期理论的大致情况；3. 乘数—加速数的经济周期模型；4. 实际经济周期理论。

资本主义市场经济发展的历史资料表明，在市场经济发展的总体趋势中，常常伴随着经济活动的上下波动，而且呈现出周期性变动的特征。在本章，我们将简要概述一下经济波动和周期方面的基本知识和主要理论的概况。

第一节　经济的波动和周期

一、经济周期的定义及经济周期的阶段

所谓经济周期（又称商业循环，business cycle），是指经济发展的总体趋势中具体经济活动所经历的有规律的扩张和收缩。

图 13.1 是表示经济周期波动的一个典型的曲线图。图中的正斜率的直线是经济的长期增长趋势线。由于经济在总体上保持着或多或少的增长，所以经济增长的长期趋势线是正斜率的。经济周期大体上会经历四个阶段：繁荣、衰退、萧条和复苏。

按照西方经济学的说法，假定开始时，经济处于繁荣阶段。这时经济活动处于高水平的时期，就业增加，产量扩大，社会总产出逐渐达到最高水平。但繁荣阶段不可能长期维持下去。当消费增长放慢，引起投资减少时，或投资本身下降时，经济就会开始下滑，使经济处于衰退阶段。在衰退阶段初期，由于需求，首先是消费需求相当于生产能力的偏离和下降，使投资增加的势头受到抑制，随着投资减少，生产下降，失业增加；另一方面，消费减少，产品滞销，价格下降，进而使企业利润减少，致使企业的投资进一步减少，相应地，收入也不断地减少，最终会使经济跌落

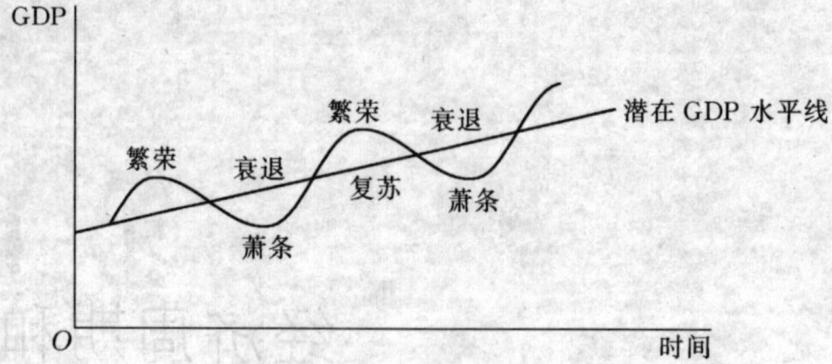

图 13.1　经济周期变动的曲线和经济增长的趋势线

到萧条阶段。萧条(又称谷底)阶段是指经济活动处于最低水平的时期。在这一阶段存在大量的失业,大批生产能力闲置,工厂亏损,甚至倒闭。但萧条时期也不可能无限延长。随着时间的推移,随着现有设备的不断损耗,以及由消费引起的企业存货的减少,致使企业考虑增加投资。这又使就业开始增加,产量逐渐扩大,使经济进入复苏阶段。复苏阶段是指经济走出萧条阶段并转向复苏的阶段。在复苏阶段,生产和销售回涨,就业增加,价格也有所提高,整个经济呈上升的势头。随着生产和就业继续扩大,价格上升,整个经济又逐步走向繁荣阶段。接着,经济又开始了周期变动的又一个循环。

二、经济周期的类型

美国经济学家约瑟夫·熊彼特根据经济周期持续的时间长短将经济周期分为长周期、中周期和短周期。

长周期又称长波(long waves),指一个周期长度平均为 50 年—70 年左右的经济周期。这一划分是由前苏联经济学家康德拉季耶夫(N. D. Kondratieff)于 1925 年发表的《经济生活中的长波》一文中首先提出的。所以,经济长周期又称康德拉季耶夫周期。

中周期又称中波(midling waves),指一个周期平均长度为 8 到 10 年左右的经济周期。关于中周期的研究较早。1860 年,法国经济学家朱格拉(C. Juglar)在其《论法国、英国和美国的商业危机及其发生周期》一书中系统地分析了这种经济周期。所以,经济中周期又名朱格拉周期。

短周期又称短波(short waves),指一个周期平均长度约为 40 个月左右的经济周期。它最早由美国经济学家基钦(J. Kitchin)于 1923 年提出。所以,经济短周期又称基钦周期。

三、经济周期理论的概况

经济周期的阶段性变动特征以及每一周期的长度,是宏观经济运行周期性变动的外部特征。那么,造成经济周期的原因是什么呢?对此,西方经济学家给出了种种不同的说明和解释。大致说来,对于现代经济周期理论而言,可以划分为凯恩斯主义的经济周期理论和非凯恩斯主义的经济周期理论。关于前者,我们会在后面给出一个有代表性和有影响的经济周期模型。关于后者,由于内容较多,这里仅作简要概述。

在西方经济学家看来,在众多的非凯恩斯主义的经济周期理论中,比较有名的有以下几种理论:(1)消费不足论;(2)投资过度理论;(3)货币信用过度论;(4)创新理论;(5)心理理论;(6)太阳黑子论;(7)政治周期理论。

消费不足理论认为,经济衰退的原因在于收入中用于储蓄的部分过多,用于消费的部分不足。储蓄过多和消费不足,又是由于收入分配过于不均等所造成。同可以投资的数量相比,富人得到了过多的收入。如果收入分配均等一些,储蓄就不会过多,消费也就不会不足。

投资过度理论认为,经济衰退的原因不是投资太少,而是投资过多。投资过多是指生产资本品(和耐用品)的部门的发展超过了生产消费品部门的发展。经济扩张时,资本品(和耐用品)增长的速度比消费品快;经济衰退时,资本品(和耐用品)下降的速度也比消费品快。资本品(和耐用品)投资的波动造成了整个经济波动。

货币信用过度论把经济周期看作为一种货币现象。认为经济波动是银行货币和信用波动的结果。按照这一理论,银行货币和信用的扩张会导致利率下降,从而引起投资增加,走向繁荣;反之,银行货币和信用的紧缩会导致利率上升,从而引起投资减少,走向衰退。

创新理论认为,创新是经济周期波动的主要原因。据称,技术革新和发明等经济创新不是均匀的连续的过程,而是有高潮和低潮,因而导致经济上升和下降,形成经济周期。

心理理论认为,经济周期波动的原因在于公众心理反应的周期变化。这种理论用心理上的乐观预期和悲观预期的交替来说明繁荣和萧条的交替。人们对前途抱乐观态度时,投资和生产增加,经济走向繁荣;人们对前途抱悲观态度时,投资和生产下降,经济走向衰退。

太阳黑子论认为太阳黑子周期性地造成恶劣的气候,使农业收成不好,影响了工商业,从而使整个经济周期性地出现衰退。

政治周期理论认为,政府交替执行扩张性政策和紧缩性政策的结果,造成了扩张和衰退的交替出现。政府企图保持经济稳定,实际上却在制造不稳定。为了充分就业,政府实行扩张性财政和货币政策。但是,在政治上,财政赤字和通货膨胀会遭到公众反对。于是,政府又不得不转而实行紧缩性政策,也就是人为地制造经济衰退。这是政府干预经济所造成的新型的经济周期,其原因在于充分就业和价格水平稳定之间存在着矛盾。

当前,政治的周期理论也用西方国家的政府选举周期来解释。当大选来临时,政客们为了拉选票,会迎合社会民众的要求,实行扩张性政策来制造短暂的经济繁荣。当大选结束后,领导人又会将民众愿望放置一旁,或者从现实出发去收拾残局和处理经济短暂繁荣引起的后遗症。这样一来,经济活动就在政府大选的周期中呈现了周期变动的特点。

四、乘数—加速数的经济周期模型

在凯恩斯主义的经济周期理论中,乘数—加速数模型是一个有代表和有影响的模型。下面,我们就来简要介绍这一模型。

首先,我们有必要简单说明一下加速原理。

1. 加速原理

在宏观经济学中,产量水平的变动和它所引起的投资支出数量之间的关系被称为加速原理。

一般来说,在生产能力饱和的情况下,要生产更多的产量就需要更多得多的资本,进而需要用投资来扩大资本存量。在一定的限度内，企业有可能用现有的资本通过集约的使用来生产更多的产品，但在任何时候，企业总认为有一个最优的资本对产量的比率。这个比率不仅在行业与行业之间差别很大，而且还随着社会技术和生产环境的变动而发生变动。在宏观经济学中，为了减少复杂性，通常假定这个比率在一定时间内保持不变。

若以 K 代表资本存量，Y 代表产量水平，V 代表资本—产量比率，即一定时期每生产一单位货币价值量的产量所要求的资本存量的货币额，则有：

$$K = VY$$

这里要注意：K 是存量，而 Y 是流量，所以一般情况下，$V > 1$。假定 $V = 3$，就意味着，要生产 200 元的 Y，就需要至少有 600 元的 K。

引入时期的概念后，则 $t-1$ 时期的 K 和 Y 的关系可表示为：

$$K_{t-1} = VY_{t-1}$$

如果产量从 Y_{t-1} 变动到 Y_t，则资本存量也将从 K_{t-1} 变动到 K_t，即：

$$K_t = VY_t$$

于是资本存量的增加量是 $K_t - K_{t-1}$。为了增加资本存量，需要投资支出为净额。以 I_t 表示时期 t 的投资净额，即净投资，则有：

$$I_t = K_t - K_{t-1}$$

进而有：

$$I_t = VY_t - VY_{t-1} = V(Y_t - Y_{t-1})$$

该方程表明，t 时期的净投资额决定于产量从 $t-1$ 期到 t 期的变动量乘以资本—产量比。如果 $Y_t > Y_{t-1}$，则在时期 t 有正的净投资。该方程告诉我们，净投资取决于产量水平的变动。其变动的幅度大小取决于 V 的数值。资本—产量比 V 在这里通常被称为加速数。

由于总投资由净投资与重置投资（或更新投资）构成，如果将重置投资视为折旧，则在上述方程两边同时加上折旧，便有：

$$t\text{ 时期的总投资} = V(Y_t - Y_{t-1}) + t\text{ 时期的折旧}$$

由上面两个方程所表示的加速原理说明，如果加速数为大于 1 的常数，资本存量的增加必须超过产量的增加。应当指出，加速原理发生作用是以资本存量得到了充分利用，而且生产技术不变，从而资本—产出比率固定不变为前提的。

2. 乘数—加速数模型的基本思想

乘数—加速数模型在试图把外部因素和内部因素结合在一起对经济周期作出解释的同时，特别强调投资变动的因素。假设由于新发明的出现使投资的数量增长。投资数量的增长会通过乘数作用使收入增加。当人们的收入增加时，他们会购买更多的物品，从而整个社会的商品销售量增加。通过上面所说的加速数的作用，销售量的增加会促进投资以更快的速度增长，而投资的增长又使国民收入增长，从而，销售量再次上升。如此循环往复，国民收入将不断增大，于是，社会经济便处于经济周期的扩张阶段。

但是，社会的资源是有限的，收入的增大迟早会达到资源所能容许的最高限度。一旦经济达到经济周期的峰顶，收入便不再增长，从而销售量也不再增长。根据加速原理，销售量增长的停止意味着净投资量下降为零。由于投资的下降，收入减少，从而销售量也会因之减少。又根据加速原理，销售量的减少使得投资进一步减少，而投资的下降又使国民收入进一步下降。如此循环往复，国民收入会持续下降。这样，社会便处于经济周期的衰退阶段。

收入的持续的下降使社会最终达到经济周期的谷底。这时，由于在衰退阶段的长时期所进行的负投资，生产设备的逐年减少，所以，仍在营业的一部分企业会感到有必要更新设备。这样，随着投资的增加，收入开始上升。上升的国民收入通过加速数的作用又一次使经济进入扩张阶段。于是，一次新的经济周期便又开始了。

3. 乘数—加速数模型

由萨缪尔森所提出的乘数—加速数模型的基本方程如下：

$$Y_t = C_t + I_t + G_t$$

$$C_t = \beta Y_{t-1}, \ 0 < \beta < 1$$

$$I_t = V(C_t - C_{t-1}), \ V > 0$$

第一个方程式为产品市场的均衡公式，即收入恒等式。为使问题更加简便，我们假定政府购买 $G_t = G$（常数）。第二个方程式是简单的消费函数，它表明，本期消费是上一期收入的线性函数。第三个方程式表明，按照加速原理，本期投资依赖于本期与前期消费的改变量，其中 V 为加速数。

将后两个方程代入第一个方程式，可得到：

$$Y_t = \beta Y_{t-1} + V(C_t - C_{t-1}) + G_t$$

由于对该模型的方程求解都需要使用差分方程的知识，这里不进行讨论。下面用具体的例子来说明在加速原理下的经济周期波动。

在表 13.1 中，假设边际消费倾向 $\beta = 0.5$，加速数 $V = 1$，政府每期开支 G_t 为 1 亿元。在这些假定下，如果不考虑第 1 期以前的情况，那么，从上期国民收入中来的本期消费为零，引致投资当然也为零。因此，第 1 期的国民收入总额就是政府在第 1 期的支出 1 亿元。

表 13.1 乘数和加速数的相互作用

时期 (t)	政府购买 (G_t)	从上期国民收入中来的本期消费 (C_t)	引致的本期私人投资 (I_t)	国民收入总额 (Y_t)	经济变化趋势
1	1.00	0.00	0.00	1.00	—
2	1.00	0.50	0.50	2.00	复苏
3	1.00	1.00	0.50	2.50	繁荣
4	1.00	1.25	0.25	2.50	繁荣
5	1.00	1.25	0.00	2.25	衰退
6	1.00	1.125	−0.125	2.00	衰退
7	1.00	1.00	−0.125	1.875	萧条
8	1.00	0.9375	−0.0625	1.875	萧条
9	1.00	0.9375	0.00	1.9375	复苏

（续表）

时期 (t)	政府购买 (G_t)	从上期国民收入中来的本期消费 (C_t)	引致的本期私人投资 (I_t)	国民收入总额 (Y_t)	经济变化趋势
10	1.00	0.96875	0.03125	2.00	复苏
11	1.00	1.00	0.03125	2.03125	繁荣
12	1.00	1.015625	0.015625	2.03125	繁荣
13	1.00	1.015625	0.00	2.015625	衰退
14	1.00	1.0078125	−0.0078125	2.00	衰退

第 2 期政府支出仍为 1 亿元。但由于第 1 期有收入 1 亿元，在边际消费倾向为 0.5 的情况下，第 2 期的引致消费 $C_2=\beta Y_1=0.5\times1=0.5$ 亿元，第二期的引致投资 $I_2=V(C_2-C_1)=1\times(0.5-0)=0.5$ 亿元，因此，第 2 期的国民收入 $Y_2=G_2+C_2+I_2=1+0.5+0.5=2$ 亿元。

同样可算出第 3 期收入为 2.5 亿元，第 4 期的收入为 2.5 亿元，以下各期收入也都以同样方法计算出。

从公式 $Y_t=\beta Y_{t-1}+V(C_t-C_{t-1})+G_t$ 和表 13.1 可以看出，边际消费倾向越大，加速数越大，政府支出对国民收入变动的作用也越大。

西方经济学家指出，在社会经济生活中，投资、收入和消费相互影响，相互调节，通过加速数，上升的收入和消费会引致新的投资，通过乘数，投资又使收入进一步增长。假定政府支出为一个固定的量，则靠经济本身的力量自行调节，就会自发形成经济周期。经济周期中的不同阶段正是乘数与加速数相互作用而形成的：投资影响收入和消费（乘数作用），反过来，收入和消费又影响投资（加速数作用）。两种作用相互影响，形成累积性的经济扩张或收缩的局面，这是西方学者对经济波动做出的一种解释。他们认为，只要政府对经济实行干预，就可以改变或缓和经济波动。例如，采取适当的扩张性政策刺激投资，采取某些政策鼓励提高劳动生产率以提高加速数，以及采取某些鼓励消费的措施，就可以克服或者缓和经济的萧条或波动。

第二节　实际经济周期模型

当前，经济学家们对于经济周期和波动问题大致上可以分为两类。(1)新凯恩斯主义者认为，经济在长期中基本上是稳定在产出的自然增长率上，但是，在短期中，经济会偏离自然率。所以，新凯恩斯主义者认为，经济周期及波动问题实际上就是经济中总供给或总需求对于产出自然增长率的短期背离。在不完全竞争市场（非出清的市场）上的总供给或者总需求的变动（或者冲击）是波动的原因。宏观经济学对于总需求和总供给变动的研究，实际上就是在解释经济周期波动。(2)新古典宏观经济学派的经济学家认为，经济周期和波动主要是由产出的自然率本身的波动造成的，而不是对产出自然率的背离。这种产出自然率的波动是在保持市场出清的情况下发生的，这时的工资和物价是具有完全弹性的。而且产出自然率的波动完全是由人们意料之外的、相对于名义变量之外的实际因素（例如技术的变动）造成的。因而，新古典宏观经济学家提出了自己的实际经济周期理论。

一、作为波动源的技术冲击

实际经济周期理论认为，由于货币是中性的，所以宏观经济经常会受到一些实际因素的冲击而发生波动，明显的实际因素冲击经济的例子是石油危机和农业歉收，还有诸如战争、人口增减、技术革新、外部资源供给环境的突然变化、时际劳动替代等等。虽然冲击的具体原因可以开列很长的单子，但是它们引起经济波动的途径却是有限的：要么使人们的偏好发生变动，要么改变技术状况（生产率），或者使可利用的资源发生变动等。实际周期理论认为，所有因素中最常见、最值得分析的是技术的冲击方面。因此，实际经济周期理论有代表性的论文都把技术冲击作为经济波动的根源。

学习参考

对货币中性的证明

所谓货币中性，就是说货币供给的变动不会对经济中的实际变量产生影响。要证明货币是否中性，就需要确定货币供给的波动与产出的波动之间的因果关系。但是，这种因果关系的方向难以确定。现实中，由于经济学无法以社会的代价来做这种问题的试验，因而，我们只能通过历史上出现的真实数据来考察货币是否中性。

在对货币政策的历史数据进行研究的过程中，米尔顿·弗里德曼和安娜·施瓦茨在 1963 年出版了他们的经典性研究著作《美国货币史：1867—1960 年》。他们在书中提出，1928 年纽约联邦储备银行总裁本杰明·斯特朗的去世，造成了美联储的权力真空，使美联储不能随着经济状况的恶化而作出有力的反应，从而成为 20 世纪 30 年代大萧条的一个原因。这实际上是表明，货币政策是会影响实际经济的。

近年来，克里斯蒂娜·罗默和戴维·罗默认真研究了联邦公开市场委员会研究确定货币政策的会议记录，从中确定了美联储看来要使政策转向降低通货膨胀率的日期。罗默夫妇认为，在每一次这种日期之后，经济就经历了产出和就业的衰退。这种证明，显然也是说明在短期内货币是非中性的。

他们的研究结论当然有一定的道理，但是，说服力仍然有限，无法彻底说明货币中性论断的确定性。所以，直到今天，经济学家们对此仍然存在争议。

古典经济学在解释经济的周期性扩张阶段时，也提到技术变化对产出和就业的正向影响。

但是，在那里，技术变化专指物资设备的革新。现代的新古典经济学家所提出的理论是与之有区别的。他们不仅要用技术变化解释经济的增长，还要用它解释劳动生产率的变动。为此，实际经济周期理论接受了新古典经济增长理论对技术变化的定义，即，技术变化包括任何使生产函数发生移动，而不涉及投入要素数量变化的因素①。根据这个宽松的定义，就连管理的成功与失败也构成技术冲击，也会带来技术变化。

学习参考

劳动的时际替代与经济周期波动

由于劳动的时际替代往往被实际经济周期理论作为解释产出的自然率变化的重要因素，所以，许多经济学家都在研究工资和工作时间的数据关系，试图说明劳动者对实际工资微小变动的反应是否会改变他们的工作量。如果劳动和闲暇具有高度的时际替代性，那么，预期实际工资将会上升的人就将在今天减少工作、享受闲暇而在未来努力增加工作，而预期实际工资将会下降的人将会在今天努力增加工作而在未来减少工作，增加闲暇的享受。

不过，大多数劳动供给的研究发现，预期实际工资的变动只会引起工作时间微不足道的变动。所以，人们并不总是通过大幅度地重新配置闲暇来对预期的实际工资变动做出反应。这证明，劳动的时际替代并不像实际经济周期理论所说的那样成为劳动供给的重要决定因素。

当然，由于数据不完全的关系，上述证据并不能使人人都相信。所以，在这方面的争论仍然存在。

二、实际经济周期的基本理论

在人口和劳动力固定的情况下，一个经济中所生产的实际收入主要取决于技术和资本存量，从而总量生产函数就可以表示为：

$$y = zf(k)$$

式中，y 为实际收入；k 为资本存量；z 为技术状况。于是生产中的技术变动便反映在 z 值发生的变化上。z 值的变动表现为生产函数的变动。假定资本折旧率为 δ，于是没有被折旧的资本存量为 $(1-\delta)k$。那么，在所考察时期的期末，经济中可供利用的资源为当期的产量加上没有折旧的资本存量，即 $zf(k)+(1-\delta)k$。

实际经济周期理论假定，经济中每个人都具有相同的偏好。这相当于经济中存在着反映所有人利益的代表。该理论进一步假定，这个代表的偏好仅仅依赖于可延续未来无限期的每年的消费。代表者每年对更多消费的偏好减少，即从消费获得的边际效用递减。这样，代表者最好

---

① C. I. Plosser, 1989, "Understanding Real Business Cycles", *Journal of Economic Perspectives*, Vol. 3: pp. 51—77.

的做法就是在整个生命期内均匀地消费。

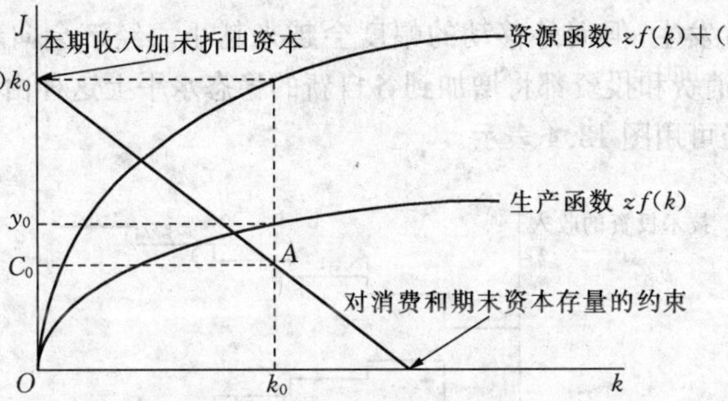

图 13.2　生产函数和资源函数

图 13.2 给出了生产函数和资源函数。其中，横轴 k 为资本存量，纵轴 J 表示这样几个变量，即实际收入、消费、下期的资本存量和投资。总资源函数为 $zf(k)+(1-\delta)k$。图 13.2 中向右下方倾斜的直线为经济中的约束线(又称消费和资本积累可能线)，它反映消费与积累的关系，当期用来消费的最大量为当期收入加上没折旧的资本量，如果这个数量全部被消费掉，下一时期就将没有资本存量。已知约束线的斜率为 -1，因为下一期一单位额外资本存量的增加正好来自于当期一单位消费量的减少。约束线上的每一点都可供经济社会选择。假定约束线上的 A 点，代表经济的稳定状态。这时，下期资本存量为 k_0，投资为 i_0，消费为 C_0(为简单起见，忽略政府购买和净出口)，实际收入为 y_0。如果资本存量 k_0 保持不变，生产函数(从而总资源曲线)也不发生变动，则消费、投资和实际收入将会重复下去。

图 13.3 说明了实际经济周期理论对宏观经济波动的解释。

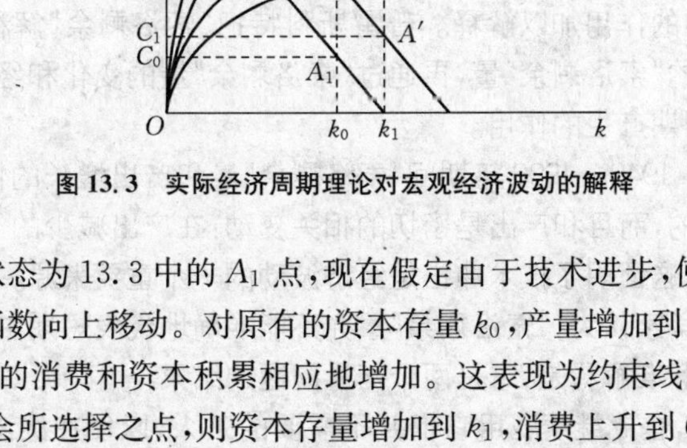

图 13.3　实际经济周期理论对宏观经济波动的解释

经济原有的稳定状态为 13.3 中的 A_1 点，现在假定由于技术进步，使 z 值从 z_0 增加到 z_1，则生产函数和总资源函数向上移动。对原有的资本存量 k_0，产量增加到 y_1，总资源增加到 $y_1+(1-\delta)k_0$，从而使下期的消费和资本积累相应地增加。这表现为约束线向右移动。如果新约束线上的 A' 是被经济社会所选择之点，则资本存量增加到 k_1，消费上升到 C_1。

如果没有进一步的技术变化，在 k_0 水平的资本存量之下，实际收入在下一个时期进一步增

加到 y_2，相应地，经济的总资源也会增加，在下一个时期，关于消费和资本存量的约束线又往右移动，这些进一步的变动在图 13.3 中并没有表示出来，但可以想象，资源约束线的向外移动会在接下来的时期相继发生，但向外移动的幅度会越来越小。经济会向新的稳定状态收敛。最终，资本存量、收入、消费和投资都将增加到各自新的稳态水平上这种由于技术变化(冲击)所导致的收入变动的路径可用图 13.4 表示。

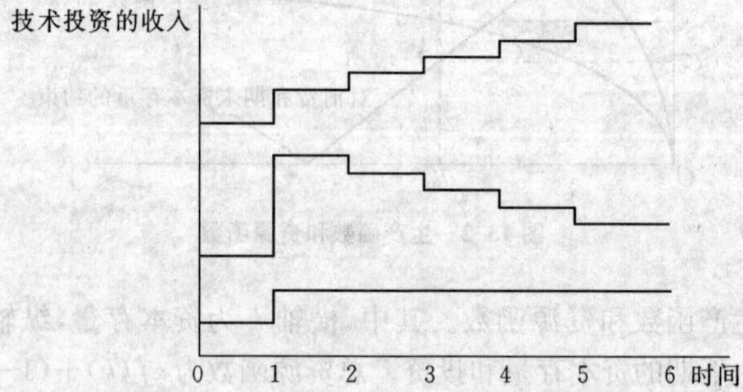

图 13.4 技术变化所引起的投资、收入变动

图 13.4 中，随着反映技术进步的 z 值在第 1 时期期末的提高，投资和收入相应地增加。随着经济向新的稳定状态运动，投资增量渐近下降，但收入继续增加，只是增加的幅度越来越小，直到达到新的稳定状态上。

类似地，也可以说明随着 z 值的减少，生产函数向下移动，减少了可用资源，紧接着的便是投资、资本存量、消费和收入的下降的相反方向的情形。总之，实际周期理论在这里强调的是，技术的变化是收入和投资变动的根源。

学习参考

普雷斯科特对技术冲击对经济周期作用的研究

美国经济学家爱德华·普雷斯科特曾经考察了一些投入和产出的数据，试图对于技术冲击在引起经济周期变化中的作用加以解释。普雷斯科特把“索洛剩余”解释为技术进步率的衡量指标，然后计算每一年的“索洛剩余”量，再通过“索洛剩余”量的变化和经济增长之间的关系，来分析技术冲击对经济周期产生的作用。

普雷斯科特考察了 1948—1996 年期间“索洛剩余”量和产出增长的情况。他发现，“索洛剩余”量的波动是相当大的，而且和产出是密切的相关变动：在产出减少的年份，技术也是变坏的。因此，普雷斯科特认为，这证明了技术冲击是经济波动的一个重要来源。

不过，有很多经济学家认为，“索洛剩余”量并不能准确地代表短期中的技术变动。对“索洛剩余”量周期性行为的标准解释是，它是两个衡量问题的结果：

第一，在衰退期间，企业继续雇用它们并不需要的工人，以便在经济复苏时能够拥有这些工人。这种劳动储备意味着在衰退时期高估了劳动投入，因为作为储备的工人也许不会像平常那样努力工作。于是,"索洛剩余"量就比实际使用的生产技术更具有周期性。在衰退时,即使技术没有变动,按照"索洛剩余"量衡量的生产率也会由于储备的工人坐等衰退结束而下降。

第二,当需求较低时,企业会生产一些不容易衡量的东西。在衰退中,工人会清扫工厂,整理存货,进行一些培训,以及其他一些尽管有用却没有进入按照产出的标准衡量的工作范围。这样,在衰退中就会低估产出。这又使所衡量的"索洛剩余"量由于技术之外的原因而具有周期性。

不过,这些经济学家也没有找到关于劳动储备和产出周期性衡量失误的证据。

由此看来,经济学家其实是可以使用不同的方法来解释"索洛剩余"量的周期变动的,而且,各自都有一定的道理,但又都没有十分有力的证据来证明自己的观点。

资料来源:N.格里高利·曼昆:《宏观经济学》第4版,中国人民大学出版社2000年版,第460—461页。

本章小结

本章我们探讨了经济周期理论和相关的一些问题。应该说,从宏观经济政策所追求的目标来看,包含维持宏观经济稳定增长的内容。从我们学习的宏观经济学体系来看,我们已经从静态和比较静态的角度对宏观经济学的内容作了一定的了解。但是,我们还没有涉及全部宏观经济的动态问题。除本章外,下一章也恰好是对这方面的内容的介绍。

本章所介绍的经济周期的概念、阶段和类型都是学习宏观经济学所应当了解的基本知识。我们对20世纪中期以前西方经济学中的经济周期理论的适当介绍,是为了使读者了解到,关于经济周期的理论有很多,并不限于我们这本教科书集中介绍的那两种。我们所介绍的经济周期理论,只是20世纪中期以后,在西方国家有较大影响的、有一定代表性的经济周期理论。其中,乘数—加速数的经济周期理论主要盛行于20世纪50年代以后。但是,由于西方经济发达国家在20世纪50—60年代的经济顺利发展和增长,经济周期问题显得并不突出,西方经济学家们在考虑宏观经济动态问题时,往往把经济增长问题放在最显著的位置上,而把经济周期问题放在次要的、甚至是为人们所忽略的地位。只是在70—80年代和90年代后期,当经济出现较大波动时,才有经济学家对经济周期理论重新注意。不过,由于宏观经济学理论的整体进展和研究方法的进展,后来的经济周期理论也发生了侧重点的变化。

乘数—加速数的经济周期理论的侧重点主要是在经济的总需求方面,因而它被看作是凯恩斯主义的或者是新古典综合派的经济周期理论。凯恩斯主义的反对派对于这种理论是不感兴趣的。"实际经济周期理论"则将侧重点放在了经济的总供给方面,因而被看作20世纪80年代以后复兴起来的新自由主义经济学或者是新古典宏观经济学派的经济周期理论。读者不难看出本章所重点介绍的这两种经济周期理论所包含的上述特点。

思考题

一、名词解释

经济周期	长周期	中周期
短周期	消费不足理论	投资过度理论
货币信用过度论	创新理论	心理理论
太阳黑子论	政治周期理论	加速数
加速原理	乘数—加速数的经济周期模型	
资本—产量比率	实际经济周期理论	

二、简答题

1. 经济周期有哪些类别?
2. 经济周期各阶段的主要特点是什么?
3. 经济周期各类型的长度及相互关系是怎样的?
4. 乘数原理和加速原理发生作用的条件各是什么?
5. 乘数—加速数模型是怎样解释经济周期波动的?
6. 实际经济周期理论是怎样解释经济周期波动的?

第十四章

基本经济学理论派别及论战概况

学习目的和要求

通过本章的学习，主要掌握：1.了解当前西方宏观经济学的基本共识；2.了解当前西方宏观经济学的基本分歧；3.了解当前西方宏观经济学理论的发展动向；4.了解新古典宏观经济学和新凯恩斯主义学派的主要理论渊源；5.明白新古典宏观经济学和新凯恩斯主义学派的基本假设；6.掌握新古典宏观经济学和新凯恩斯主义学派的基本观点；7.掌握新古典宏观经济学和新凯恩斯主义学派的基本理论模型；8.明白新古典宏观经济学和新凯恩斯主义学派理论的政策含义和主要政策观点；9.了解新凯恩斯主义经济学派的主要特点；10.把握新凯恩斯主义经济学派关于粘性工资和价格问题的看法；11.掌握新凯恩斯主义经济学派的基本理论模型；12.明白新凯恩斯主义经济学派的基本政策主张。

第一节　当前西方宏观经济学的基本理论派别及论点概况

当前，西方经济学界最主要的和最活跃的宏观经济学理论流派是新古典宏观经济学派和新凯恩斯主义学派。这两个学派针对20世纪70年代美国经济的处境和原凯恩斯主义理论的困境，进行理论探讨，提出了各自不同的观点。新古典宏观经济学派基本上反对凯恩斯主义的国家干预思想，主张回到古典经济学自由放任的基本主张去。而新凯恩斯主义学派则既在分析方法上向新古典宏观经济学更多地靠近，又在一定程度上坚持了原凯恩斯主义的基本观点和政策主张。

“理性预期”是新古典宏观经济学派最突出的特征。据此，新古典宏观经济学派提出了“宏观经济政策无效论”、“适应性预期错误论”，并且观点鲜明地反对凯恩斯主义经济学派主张的斟酌使用(相机抉择)的宏观经济政策(或者“微调”的宏观经济政策)。在基本理论模型上，新古典宏观经济学派通过引入“理性预期”，修改了短期供给曲线，借以说明可以预料的(即不是出乎预料之外的)宏观经济政策的无效和“货币中性”。

新古典宏观经济学派的基本经济理论和政策主张显然代表了20世纪80年代以后复兴起来的新经济自由主义思潮。尽管其政策观点在强调发挥市场机制的作用方面，有一定的可取之处，但是，它彻底否认宏观经济政策积极作用的观点，未免过于极端化。事实证明，过分强调经济自由主义、神话市场自动调节功能、否认适当宏观经济政策积极作用的观点，是经不起历史和实践考验的。

新古典宏观经济学派和新凯恩斯主义学派论战了20多年，取得了一些共识，但也仍然存在一些分歧。

第二节 当前西方宏观经济学的基本共识、分歧及新近动向

一、当前西方宏观经济学理论的基本共识

新古典宏观经济学派和新凯恩斯主义学派的共识主要有：

(1) 在长期中，一国生产商品和劳务的能力(即经济的供给方面)决定着该国居民的生活水平高低。

从对这种供给能力的衡量和估计方面来说，首先，GDP是衡量一国经济福利水平的一项重要指标。实际GDP衡量了一个国家满足其居民需要和愿望的能力。从某种角度和一定程度上讲，宏观经济学最重要的方面就是研究：究竟是什么因素决定了GDP的水平和GDP的增长。其次，在长期中，GDP依赖于劳动、资本和技术在内的生产要素状况。当生产要素增加和技术水平提高时，GDP将得到增长。

(2) 在短期中，总需求水平能够影响一国生产的物品和劳务的数量。

虽然一国经济中生产商品和劳务的能力是在长期中决定GDP的基础，但在短期内，GDP也依赖于经济的总需求水平。所有影响总需求水平的变量及其变化，都能够引起经济不同程度的波动。消费者更大的信心、较大的预算赤字和较快的货币增长都可能增加产量和就业，从而减少失业。

(3) 预期在决定经济行为方面发挥着至关重要的作用。

居民和企业如何对政策的变化做出反应，决定了经济变化的规模，甚至有时还决定着经济变动的方向。

(4) 在长期中，总产出最终会达到其潜在的水平。这一潜在产出水平的高低取决于一国的自然失业率、资本存量和技术的状态。

无论是新古典宏观经济学派，还是新凯恩斯主义学派都承认，经济的短期总供给曲线是一条水平直线，而长期总供给曲线是一条位于潜在产量水平上的垂直线。

二、当前西方宏观经济政策方面的基本分歧

在上述宏观经济学的理论共识之外，我们也应该注意到，西方经济学家之间依然存在着一些至今仍未得到解决的有争议的问题。这些争论主要涉及宏观经济政策方面。具体说来，这些争论是：

1. 经济政策的决策者是否应该努力稳定经济

(1) 赞成的意见认为，经济活动本身并不总是处于较好的状态，它会呈现出一种不可避免的起伏变动和经济周期之中。经济活动的上下起伏既会影响资源的配置效率，影响经济的正常发展，也会影响人们的福利状况。根据宏观经济学的有关理论，经济政策的决策者既然有可能借助宏观经济政策（主要是财政政策和货币政策）在短期内影响总需求，在长期内影响总供给，从而影响经济活动，那么，借助于上述手段，缓解经济波动，稳定社会经济，对于社会来说，就是一件好事。所以，经济政策的决策者应该努力去稳定经济。

(2) 反对的意见认为，尽管在理论上，借助于宏观经济政策可以稳定宏观经济，但是，在实践上，却存在着较大的障碍。这是因为，任何政策的实施都不可能立即见效，都会存在一定的时滞。经济政策的决策者要想采取稳定经济的政策，就必须能够准确地预期到政策真正发生作用的时滞和未来的经济状况。由于这种预期非常困难，无法保证其准确性和及时性，所以，经济政策决策者稳定经济的政策实践，不仅不能真正起到稳定经济的作用，反而会在实际上加剧宏观经济的波动。持有这种意见的经济学家认为，历史上大的经济波动和萧条，往往就是由错误的稳定政策推动的。其实，经济现象就像人体一样，当病因不明或者不确定时，最好让病人借助于自身的抵抗力，慢慢自行恢复。不恰当和不合时宜地采取诊治的手段，也许会酿成恶果。经济情况也是如此。所以，不恰当的干预还不如不干预。二者相比，不恰当的干预比不干预会带来更大的伤害。因此，经济政策的决策者不应当为稳定经济而努力。

2. 货币政策应该是规则的还是相机抉择的

(1) 一部分经济学家认为，货币政策应该按照规则来制订。因为相机抉择存在两个问题：其一是，它无法限制无能的决策者，也不能限制滥用权力。这样，很难保证某些决策者在制订和运用货币政策时会有稳定经济之外的考虑（比如，运用某种政策来为某个政治家的选举服务）。这样做的结果，可能反而加剧了经济的不稳定。其二是，相机抉择的货币政策也许会引起更高的通货膨胀水平。由于决策者也许在短期内遇到的失业与通货膨胀之间的交替关系，再加上公众在通货膨胀条件下无法消除的通货膨胀预期，使他们无法真正达到零通货膨胀的目标。充其量，他们只能以某种程度的通货膨胀来实现较低的失业率。决策者的宣言与政策实践结果的不一致，会在一定程度上丧失人们对他们的信任。于是，人们不再相信决策者关于其政策结果的预言。人们对通货膨胀的预期往往高于政策的结果。而通货膨胀预期越高，其后的通货膨胀结果也越高。这也就是有预期的菲利普斯曲线向上移动的情况。

鉴于这种情况，货币政策就不能是相机抉择的，而只能是按规则行事的。按规则行事的货币政策将会始终按照一个不变的、与经济增长速度相一致的比率来增加货币供给。这将消除政策决策者的无能和权力的滥用，也可以避免“政治性的经济周期”。此外，这也会消除政策性宣言与实际结果的不一致，防止有预期的菲利普斯曲线向上移动的情况发生。

(2) 另一部分经济学家认为，不能实行规则的货币政策，而应该实行相机抉择的货币政策。他们认为，相机抉择的货币政策尽管有缺点，但是，其最大的优点是具有灵活性。由于经济活动具有不确定性，政策决策者不可能事先考虑到一切情况，提前做好一切准备工作。所以，最好的办法是任命最适当的人选去掌握货币政策，根据实际经济情况，自由地、灵活地处理问题。持有上述意见的经济学家认为，反对意见提出的相机抉择引出的问题有假想的成分。实际上，并不会产生那么明显和那么严重的问题。真正的问题在于，制定货币规则固然很好，但实际上无法真正在好的规则上达成共识。在无法达成好的共识之前，社会只能采用相机抉择的货币政策。由此可见，相机抉择的货币政策是社会从实际出发的一种可行的选择。

3. 中央银行是否应该确立零通货膨胀的目标

通货膨胀能给社会带来一定的危害和不必要的成本。但是，经济学家们对此的看法却有所不同。

一些经济学家认为，这种危害或成本至少在温和的通货膨胀情况下并不大，因此，温和的通货膨胀是可以容忍的。另外一些经济学家却认为，即便是温和的通货膨胀，其危害和成本也是相当大的。所以，公众不喜欢通货膨胀，特别不喜欢通货膨胀的加快。他们把通货膨胀当作重要的社会问题之一。

(1) 赞成将零通货膨胀作为中央银行政策目标的经济学家认为，究竟要不要以零通货膨胀为目标，需要以达到零通货膨胀的成本大小来判断。菲利普斯曲线表明，降低通货膨胀要以暂时较高的失业率和较低的产量为代价。当人们了解到这种代价的暂时性后，通货膨胀预期将会下降。这就会改善菲利普斯曲线的短期交替关系。在预期调整后，在长期中，通货膨胀和失业之间的替代关系将不复存在。可见，降低通货膨胀是一项暂时有成本而长期有好处的政策。当反通货膨胀造成的暂时性经济衰退过去之后，零通货膨胀的好处就会到来，并将持续下去。具有远见卓识的政策决策者当然应该选择这种长远有好处而暂时会付出一些代价的政策。

此外，降低通货膨胀的代价在实际上并没有一些人所想的那么大。如果人们非常信任货币当局，或者货币当局能够宣布一种可信的承诺，则通货膨胀预期就会更低，通货膨胀和失业之间的替代关系将更好地改善，降低通货膨胀的成本就会更小。

当然，零通货膨胀也是一个很好的、使人放心的最终目标。它比任何其他指标更能够表明物价稳定和通货膨胀成本的完全消除。

(2) 反对将零通货膨胀作为中央银行政策目标的经济学家认为，尽管物价稳定是受欢迎的，但是，与温和的通货膨胀相比，零通货膨胀并没有太大的好处，而且为了实现零通货膨胀需要付出较大的代价。牺牲率的估算表明，为降低1%的通货膨胀，需要减少年产量的5%左右。① 而反通货膨胀的社会代价更大。因为收入分配的不平均，降低通货膨胀的代价对社会上的低收入者就显得更加沉重。从另一方面说，温和通货膨胀的代价并不是很大。如果社会的生产率不能提高，人们的生活水平也并不会仅仅由于通货膨胀率的降低而得到提高。考虑到政策决策者可以在实际上不降低通货膨胀而减少许多通货膨胀成本的话，则以持久性的经济衰退和失业增加来降低温和的通货膨胀，就是不可取的了。所以，反对将零通货膨胀作为中央银行政策目标的经济学家认为，不去追求零通货膨胀目标，而是学会在温和的通货膨胀下生活，也许是更可

① 参见：N. 格里高利·曼昆：《经济学原理》，北京大学出版社 2000 年版，第 400 页。

取的。

4. 政府是否应该实行平衡预算

(1) 主张政府应该实行平衡预算的经济学家认为，政府的财政赤字会造成政府债务，而政府债务则会将负担强加在子孙后代纳税人身上。当这些债务及其累计的利息到期时，子孙后代纳税人将不得不支付较高的税收额，从而影响他们的生活与福利。当然，他们也可以选择借新债还旧债的办法，将负担继续转嫁给他们的下一代。另外，预算赤字会降低公共储蓄或形成负的公共储蓄，引起实际利率上升和投资减少，最终产生产量和收入降低的后果。

出于上述考虑，主张政府应该实行平衡预算的经济学家认为，预算赤字只能在战争时期和经济暂时衰退的时期出现，而一般情况下，不应该出现。正常情况只能与正常的平衡预算相适应。

(2) 反对政府实行平衡预算的经济学家认为，预算赤字的问题被主张政府应该实行平衡预算的经济学家夸大了。诚然，预算赤字造成的政府债务会对年轻人形成负担，但是，这种负担与他们一生的收入相比并不算大。另外，不能孤立地看待预算赤字的影响，应该把其他政策与预算赤字结合起来通盘考虑。从政府来看，可以通过调整社会保障政策来缓解预算赤字带来的影响。从家庭来看，上一代人也可以采取诸如增加储蓄的办法来防止下一代人生活质量的下降。再说，政府也可以从长计议，将债务在一个更长的时间内分布开来，或者说，将债务在多代人之间传递下去。而这样的传递是没有终点的。况且，政府实行预算赤字的办法是为了推动经济增长。当经济增长后，下一代人的负担自然会减轻。所以，政府不应该实行平衡预算。

5. 应该不应该为了鼓励储蓄而修改税法

(1) 赞成为了鼓励储蓄而修改税法的经济学家认为，一国的储蓄率高低是其能否实现经济长期繁荣的重要因素。较高的储蓄率为较高的投资率提供了可能。而较高的投资率又会推动经济增长，推动就业和收入的增加。如果能够通过有关的税收法律对人们产生足够的储蓄激励或吸引力，国家就会得到更多的储蓄，最终会引起经济的繁荣。但是，经济现实中，对储蓄征税太高的规定，对某些形式的资本收入进行双重征税的规定，都严重影响了储蓄的增长。此外，遗产税、某些社会福利和医疗援助也都会妨碍对储蓄增加的激励。所以，为了鼓励储蓄从而促进资本的增长，应该考虑对税制和税法实行修改，比如，将以所得税为中心的税收制度和税法改为以消费税为中心的税制和税法。

(2) 反对为了鼓励储蓄而修改税法的经济学家则认为，尽管增加储蓄是一件好事，可是，税收政策并不以鼓励储蓄为唯一目的。如果仅仅为了鼓励储蓄而修改税法，却可能给那些承受能力最弱的人增加了负担。这却违背了税收负担必须公平地分配的原则。

首先，因为高收入家庭的储蓄比例高于低收入家庭，是一个事实，所以，任何鼓励储蓄的税收变动都将趋向有利于高收入家庭。而且，从优惠退休金账户的税收来说，也会通过减少那些可以利用这些账户的富人的税负，来迫使政府增加穷人的税负。

其次，许多研究表明，储蓄比较缺乏弹性，就是说，储蓄量的变动对于储蓄收益并不很敏感。因而，想通过减少对资本收入征税来提高实际收益的税法，将使富人更富，却未见得能使储蓄增加更多。

再者，经济理论也不能确定，高收益率就一定可以增加储蓄。因为替代效应和收入效应二者谁大谁小，是不确定的。一方面，替代效应会增加储蓄。因为较高的储蓄收益率会增加储蓄者未来的收入，进而可以增加他们未来的消费，使他们愿意减少当前的消费而增加储蓄。另一方面，收入效应会减少储蓄。因为，既然较高的储蓄收益率会增加储蓄者未来的收入，所以，当前家庭少储蓄一些也不会影响未来的消费水平。当二者相抵消，或者收入效应大于替代效应时，通过降低资本收入税来提高收益率就不会增加储蓄。

此外，反对为了鼓励储蓄而修改税法的经济学家还认为，实际上，增加国民储蓄的途径并不限于税收优惠。比如说，减少财政预算赤字将会增加公共储蓄。而增加对富人的税收来减少财政预算赤字，就恰好可以增加公共储蓄，并增加了子孙后代的繁荣。

由此可见，在考虑到公共储蓄的情况下，鼓励储蓄的税法可能会减少政府收入，增加预算赤字。因为，在这种情况下，如果私人储蓄的增加不能大于预算赤字的增加的话，增加储蓄激励的税法也许会使问题更加恶化。

第三节　新古典宏观经济学派的主要理论观点及政策主张

一、新古典宏观经济学的理论渊源

新古典宏观经济学派的理论渊源主要是现代货币主义的新货币数量论、自然率假说，以及古典经济学关于理性人和市场自动调节机制有效性的观点。现代货币主义是 20 世纪 50 年代后期在美国出现的一个经济学流派。米尔顿·弗里德曼被公认为是现代货币主义的创始者和领袖。前面有关章节中曾经介绍过弗里德曼的货币需求函数理论和有关的消费理论、通货膨胀理论。这里，我们将主要介绍一下自然率假说。

1. 现代货币主义的自然率假说

自然率主要指自然失业率(或自然就业率)。按照自然率假说，任何一个市场经济中都存在着一个自然失业率，其大小，取决于该社会的技术水平、资源数量和文化传统。在长期中，该社会的经济会趋向于自然失业率(如 6%)的水平。经济政策可以暂时使实际失业率大于或小于自然失业率，但是，在长期，却做不到。

持有自然率假说观点的现代货币主义的经济学家们认为，社会上只存在着摩擦性失业和自愿失业，二者之和在全部劳动力中所占有的比例就是自然失业率。实际上，这种观点意味着经济在长期中不存在非自愿失业的现象。

2. 现代货币主义的主要观点及政策主张

根据新货币数量论和自然率假说，现代货币主义者形成了他们的基本理论观点。

其一，货币供给量对于名义收入的变动具有决定性作用。

其二，在长期中，货币数量的作用主要是影响价格以及其他用货币表示的名义变量(如货币工资等)，而不能影响就业量和实际国民收入那样的实际变量。所以，通货膨胀归根到底是一种货币现象。

其三，在短期中，货币供给量可以影响就业量和实际国民收入那样的实际变量。

其四，私人经济在市场自发作用下具有自身的内在稳定性，国家干预的经济政策只会使它的稳定性遭到破坏。

以弗里德曼为首的现代货币主义者根据其理论和对经验资料所作的分析，还提出了与凯恩斯主义者不同的政策主张。这主要表现在以下几点上：

一是反对凯恩斯主义的财政政策。弗里德曼认为，以需求管理为宗旨的财政政策最终都是通过货币量的扩张和收缩来实现其经济调节作用的，而由于扩张性财政政策的“挤出效应”，私人投资会随着政府支出的增加而减少，其后果往往造成用非生产性投资代替了生产性投资，从而，影响了劳动生产率的改善。此外，过度的政府开支也会带来通货膨胀。因此，财政政策不但无效，反而对经济有害。

二是反对凯恩斯主义者所实行的、根据情况变化来制定和执行的“斟酌使用”的货币政策。弗里德曼认为，由于经济政策的滞后性，“斟酌使用”的货币政策不仅无效，而且会使经济波动更加剧烈。

三是极力主张实行单一规则的货币政策。弗里德曼认为，货币政策只能胜任两项任务：防止货币本身成为经济混乱的主要根源；给经济提供一个稳定的环境。所以，在没有通货膨胀的情况下，按国民收入的平均增长率再加上人口增长率来规定并公开宣布一个长期不变的货币增长率，是货币政策唯一的最佳选择。现代货币主义的这一以货币供给量作为货币政策的唯一控制指标，而排除利率、信贷流量、准备金等因素的政策建议也被称为单一的政策规则。

二、新古典宏观经济学的基本假设

在 20 世纪 70 年代，以美国为首的西方国家陷入严重的经济“滞胀”困境。传统的凯恩斯主义因为提不出解决困境的对策而逐渐丧失了社会和公众的信任。在这种形势下，出现了作为现代货币主义延续与发展的理性预期学派。该学派采用并发展了理性预期观点，形成了一系列与传统的凯恩斯主义经济学相反的见解。由于这一系列的说法大体与凯恩斯主义理论出现以前的“古典学派”观点相一致，所以，理性预期学派也被称为新古典宏观经济学派，其主要代表人物有卢卡斯、萨金特、华莱士、巴罗等。其中，以诺贝尔经济学奖获得者卢卡斯居于最为重要和显著的地位。

新古典宏观经济学派的理论依赖于四个假设条件，即：经济个体追求自身利益的最大化、理性预期、市场出清和自然率的假说。前边对自然率假说已经做过说明，这里仅对另外三个假设加以解释。

第一，关于经济个体追求利益最大化的假定。新古典宏观经济学认为，宏观经济现象是个体经济行为的结果。宏观经济理论必须具有微观理论的基础，特别是，要符合人们追求经济利益最大化这个微观经济学的基本假定。

第二，关于理性预期的假定。所谓理性预期，就是指在有效地利用一切信息的前提下，对经济变量做出的在长期中平均说来最为准确的，而又与所使用的经济理论、模型相一致的预期。理性预期包含三层意思：其一，做出经济决策的经济主体是理性的。为了追求自身的最大经济利益，他们总是力求对未来做出正确的预期。其二，为了做出正确的预期，经济主体总是会力图得到有关的一切信息，其中包括对反映经济变量之间因果关系的系统了解（当然包括有关的经济理论和模型在内）和有关的资料与数据。其三，经济主体在预期时不会犯系统性的错误。也就是说，经济主体会随时随地根据它所得到的新的信息立即修正其预期值的错误。因此，从整体上和长期中来看，理性预期对某一经济变量的未来预期值与未来的实际值是基本一致的。所以，也可以讲，理性预期就是指，在长期中，人们会准确地预期到会趋向于实际数值的经济变量的值。①

第三，关于市场出清的假定。这是指，工资和价格都具有充分的灵活性，都可以根据供求情况迅速进行调整。这样，产品市场和劳动市场就都不会出现超额供给。因为产品市场出现超额供给时，价格就会下降，直至商品价格降到使买者愿意购买为止；如果劳动市场出现超额供给，工资就会下降，直至使雇主愿意在某个工资水平上雇用所有想工作的失业者。因此，每一个市场都会处于或趋向于供求相等的一般均衡状态。

三、新古典宏观经济学的基本观点

根据有关假设，新古典宏观经济学派得出了一系列的理论结论。

1. 关于宏观经济政策无效性的观点

这里涉及的宏观经济政策既指财政政策，也指货币政策。根据新古典宏观经济学派关于自然率的假设，市场经济在长期中会处于自然失业率（如失业率＝6%）的状态。凯恩斯主义经济学认为，宏观经济政策的目的和效果就在于使经济社会脱离失业状态。但新古典宏观经济学派认为，凯恩斯主义经济学派的这种做法是不必要的，即使有必要，按照理性预期的假设条件，也不可能达到目的。这就是说，宏观经济政策是无效的。

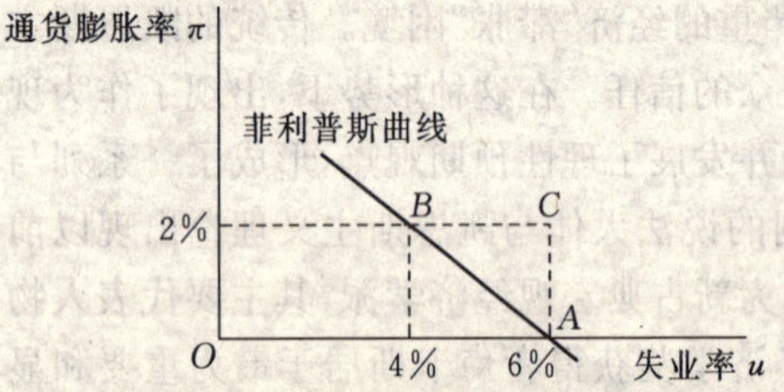

图 14.1　以菲利普斯曲线说明宏观经济政策的无效性

新古典宏观经济学派认为，可以借用菲利普斯曲线的分析工具说明这点。例如，当经济处于 6% 的自然失业率时，假设实际通货膨胀率为零，如图 14.1 的菲利普斯曲线的 A 点所示。

假设人们根据过去的通货膨胀率来形成现在的预期通货膨胀率，那么，在 A 点，由于过去的实际通货膨胀率为零，所以，现在的预期通货膨胀率也为零。这时，如果政府企图把失业率降低到 4%，从图中可以看到，它必须使用财政或货币政策来造成 2% 的通货膨胀率，使经济沿着菲利普斯曲线到达图中的 B 点，因为，B 点所代表的失业率为 4%，而 4% 的失业率正是政府所要追求的目标。

为什么 2% 的通货膨胀率能把失业率降低到 4% 呢？按照理性预期学派的说法，当通货膨胀率为 2% 时，由于所有的价格都上升了相同的比例，所以，劳动者发现，工资上升了 2%；企业

① 许多人曾经对理性预期学派这一见解感到难以理解。他们问道：为什么普通人能预期到那些比计量经济学的复杂的预测模型还难以预期的事情？理性预期学派一些人的通俗答案是：鸟没有学过复杂的空气动力学，却能飞得很好。他们说：人们会利用一切信息来改善他们的预测，因为人们会从吃亏上当中吸取教训。对此，这些人还经常引用一句西方俗语："你可以在一段时期内欺骗所有的人，或者在长时期内欺骗一部分人，但是决不能在长时期内欺骗所有的人。"

家也发现,他的产品价格也上升了2%。但是,由于信息的传递和供给等都不够完善,企业决策者只看到自己的产品的价格上升,却未能考虑到其他产品价格变动的情况。因此,他们误以为,自己产品价格的上升是自己产品需求增加的讯号;于是,企业家便因之而扩大生产,由此产生对劳动的需求增大,而劳动者也会相应增加劳动供给量。这样一来,这些原因就会促使整个社会的国民收入(y)上升到相当于4%失业率(或96%就业率)时的水平,即,到达图中的B点。在B点,失业率和实际通货膨胀率分别为4%和2%。

然而,新古典宏观经济学家指出,B点仅能暂时存在,因为,根据理性预期,企业家会很快收集到有关通货膨胀的信息,从而发现自己产品价格的上升是通货膨胀的结果,而不是对自己产品需求的增加,即在B点,由于实际通货膨胀率为2%,所以他们的预期通货膨胀率从零变为2%。这样,他们会减少产量。同理,劳动者也会收集到有关通货膨胀的信息,从而发现自己的货币工资水平上升完全是通货膨胀的结果,其实际工资水平仍然是原先的水平。这样,劳动者也会减少其劳动供给量。企业和劳动者在得到新信息情况下调整其经济行为的结果,使社会经济移动到C点。在C点,失业率又回复到原有的6%,而实际的和预期的通货膨胀率均为2%。这一结果也可以从下面的方程中得到。该方程表明:

$$\pi_t = \pi^e + h \cdot \frac{y_t - y^*}{y^*}$$

在C点,π_t(实际通胀率)$=\pi^e$(预期通胀率)$=2\%$。因此:

$$\pi_t - \pi^e = 0 = h \cdot \frac{y_t - y^*}{y^*}$$

所以,$y_t = y^*$,即失业率处于相当于y^*的6%的自然率水平。该结果表明:财政政策和货币政策并没有达到它们的目标,而仅仅造成了通货膨胀率的提高。

由此,新古典宏观经济学派得出结论,由于存在理性预期,一切宏观经济政策都将是无效的。

宏观经济政策无效性的结论意味着:要想使政策有效,它们就必须具有欺骗性,即,使人们得不到有关政策的真实信息。然而,这一点在事实上又做不到,因为,宏观经济政策的真正内容和后果迟早要为公众所了解。

作为新古典宏观经济学派先驱的现代货币主义仅仅反对凯恩斯主义的财政政策,而新古典宏观经济学派则反对一切宏观经济政策。

2. 关于适应性预期错误的观点

适应性预期是指人们仅仅根据过去的信息预测未来。直到20世纪70年代,凯恩斯主义者经常在他们的宏观计量经济学模型中使用适应性预期的说法。①

但是,新古典宏观经济学家认为,适应性预期是错误的,因为,人们预期未来时,除了以过去的事实作为依据,也要考虑事态在将来的变化。例如,人们在估计某种商品的价格时,除了考虑该产品过去价格以外,也要照顾到将来的变化对该产品的供求影响。因此,适应性预期不但不符合现实,而且也违反了人们为实现自己利益的最大化,必须学会利用一切信息(包括有关将来的信息),来寻求最精确预期的原则。所以,一切使用适应性预期的模型都是错误的。这也意味

① 斯诺登著:《现代宏观经济学发展的反思》,商务印书馆2000年版,第143—144页。

着 20 世纪 70 年代以前的全部凯恩斯主义计量经济学模型都不够精确。

3. 反对凯恩斯主义经济学“斟酌使用”(相机抉择)的政策或者对经济运行的“微调”的政策

这个观点的理论基础是所谓的“卢卡斯批评”。①卢卡斯认为,人们对将来的事态作预期时,不但要考虑过去的情况,还要估计现在的事件对将来的影响,并且根据他们所得到的预期结果来改变和调整其行为。由于行为的改变会使经济模型的参数发生变化,而参数的变化又难以衡量,因此,经济学家们很难评价经济政策的效果。

我们仍以前面说过的价格调整方程为例。②该方程中,π^e是一个参数,代表人们预期的通货膨胀率的大小,但它又部分地取决于人们对目前经济政策的态度。这就是说,“斟酌使用”(相机抉择)或“微调”政策本身会造成π^e的改变,从而会改变宏观经济政策的效果。假设在过去,减少 3%的国民收入就能成功地使 5%的通货膨胀率降为零,这并不意味着:当通货膨胀率为 10%时,减少 6%的国民收入就能达到通货膨胀率为零的目标,因为,人们对 3%和 6%所作出的π^e的反应不同,所以,不能根据 3%政策的经验来判断 6%政策的效果。

由于“斟酌使用”(相机抉择)或“微调”政策代表在某一种具体情况下所执行的具有特殊性的政策,所以,政策的制定者并不知道经济模型中参数的数值变动,从而也就无从决定政策力度的大小以及效果的多少。这说明“斟酌使用”(相机抉择)或“微调”政策是靠不住的。

在政策建议方面,新古典宏观经济学家并没有明确地提出他们的主张③。这与古典经济学不主张国家干预的观点完全是一脉相承的。

四、新古典宏观经济学派的基本理论模型

1. 传统的总供给曲线

传统总供给曲线是在货币工资和价格具有完全伸缩性的假定下得到的,如图 14.2 所示。它(AS)是一条位于充分就业产量 y^* 上的垂直线。它的意义是,不论价格 P 的数值如何,经济所提供的产量或国民收入均为不变的 y^*。由于总供给曲线为一条垂直线,所以,任何一条总需求曲线与它相交之点均处于垂直线上,如图 14.2 中的 A、B 点所示。这表明,社会的生产总是处于自然就业率的水平,从而不会出现长期的大量失业现象。正是由于这一原因,传统理论不能解释资本主义的经济波动,从而被凯恩斯主义经济学所代替。

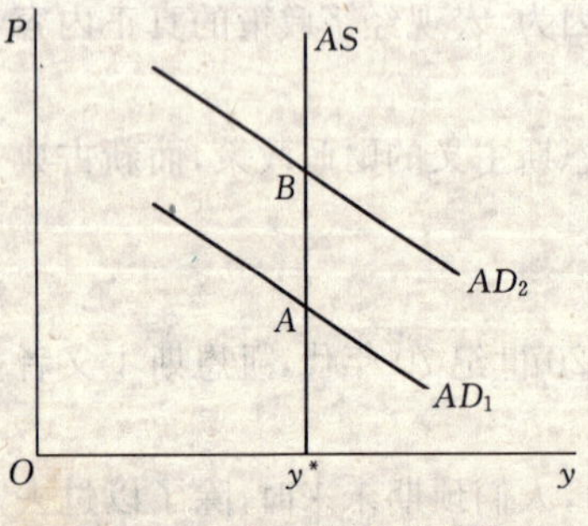

图 14.2 传统的总供给曲线

对凯恩斯主义经济学持否定态度的新古典宏观经济学企图弥补传统理论的这一缺点。他们企图在传统理论的基础上来“解释”资本主义的经济被动。为此,他们对传统总供给曲线作了一些修改和补充。

① 卢卡斯:《计量经济学的政策评价:一个批判》,载《对经济周期理论的研究》,麻省理工学院出版社 1981 年版。

② 例子取自布兰查德:《宏观经济学》,普伦蒂斯—霍尔公司 1997 年版,第 371—372 页。

③ 霍尔、泰勒、鲁丁:《宏观经济学》,诺顿公司 1990 年版,第 424 页。

2. 附加预期变量的总供给曲线

理性预期学派对传统总供给曲线所作的修改和补充主要是给它添加了一个预期变量。

新古典宏观经济学派的学者完全同意传统古典经济学理论的劳动的供给和需求取决于实际工资(W/P)的说法。不过,他们认为,在决定实际工资的大小时,劳动供给方面所依据的价格和劳动需求方面所依据的价格并不是同一个价格。①

新古典宏观经济学派认为,社会中各行业在任何时候都确切知道自己产品的价格。但是,他们对整个社会的价格水平的变动,却未必确切地了解,至少在短暂的时期内如此。当通货膨胀出现时,各行业的价格会普遍上升。在短期内,各行业都感到自己产品的价格在上升,然而,他们却不知道,这种上升是通货膨胀造成的。因此,各行业都会按照原有价格或预期的价格(P^e)来决定其供给量,而它们的需求量则取决于通货膨胀所造成的实际价格(P)。劳动市场的情况也是如此,即:劳动的供给方面使用预期价格(P^e)来决定实际工资的大小。而在劳动的需求方面,则使用实际价格(P)。

把实际的 P(即在劳动的需求曲线方面的 P)和预期的 P(即在劳动的供给曲线方面的 P)的差别考虑在内,就可得到图 14.3。

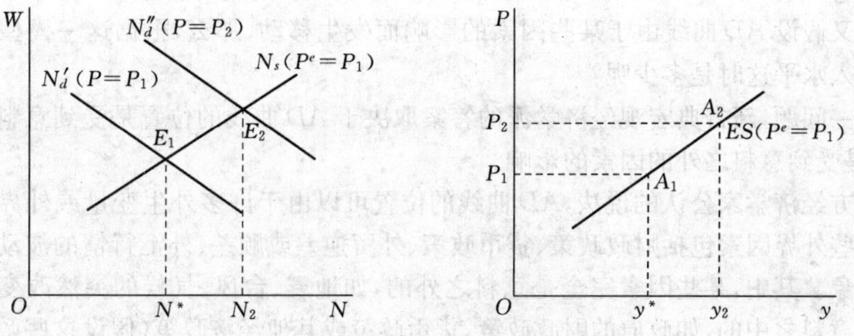

图 14.3 附加预期变量的总供给曲线的推导

在左图中,W 为货币工资,N_d 和 N_s 为相当于不同数值的 P 的劳动需求曲线和供给曲线,P^e 为预期价格,N'_d是根据 P_1 数值的实际价格水平而做出的对劳动的需求曲线,假定 N_s 为劳动者根据 $P^e = P_1$ 给出的劳动供给曲线,即假定预期的价格水平正好等于实际的价格水平,换句话说,就是在需求方面的 P 与在供给方面的 P 是相同的。因此,N_s 与 N'_d相交于 E_1,E_1 点决定了就业量的数值为 N^*,从而得到对应的产量 y^*。于是,在右图中得到点 $A_1(y^*, P_1)$。假设左图中 P^* 的数值不变,而实际价格却由 P_1 上升到 P_2,这时,由于 P^e 不变,所以 N_s 的位置不变,然而,由于 $P_2 > P_1$,所以劳动需求曲线的位置由 N'_d上升到 N''_d,其含义是,由于实际价格的提高,整个社会只有在货币工资 W 出现相同比例的上升时,才会雇用到原有数量的劳动者。现在 N_s 和 N''_d相交于 E_2 点,E_2 点所对应的就业量为 N_2,由此产生出对应的收入 y_2。从而又得到了右图中的 A_2 点(y_2, P_2)。按照这一思路继续下去,便可得到一系列的点,将其用光滑的曲线连接起来便得到附加预期变量的总供给曲线 $ES(P^e = P_1)$。它表示在一定预期的 P_1 下与各

① 斯诺登著:《现代宏观经济学发展的反思》,商务印书馆 2000 年版,第 13—14 页。

个实际的价格 P 相对应的 y 的数值。图 14.3 中的右图中的 ES 曲线是以 P^e 的某一数值为前提的，可以设想，P^e 可以具有许多不同的数值，而相当于每一个 P^e 数值都存在着一条相应的 ES 曲线。从理论上讲，ES 曲线的数量是很多的，其中每一条 ES 曲线与传统总供给曲线都相交于一点。就像图 14.4 所表示的那样。

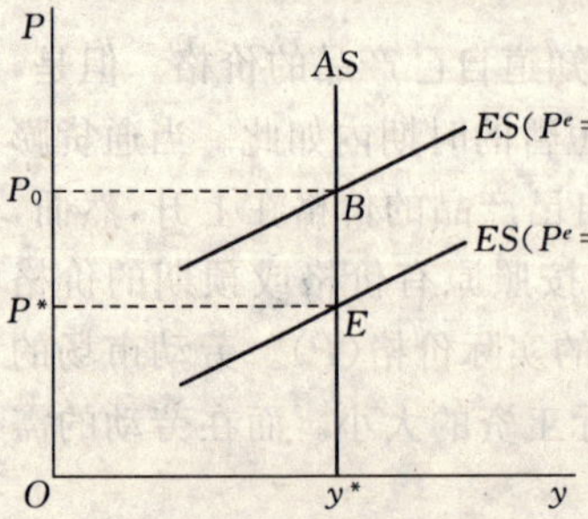

图 14.4 附加预期变量的总供给曲线与传统总供给曲线

图 14.4 中的 B 点代表预期的 P^e 与实际的 P_0 相一致，E 点代表预期的 P^e 与实际的 P^* 相一致，如此等等。虽然图 14.4 仅表示出了两条 ES 曲线，但是我们可以想到，该图应该具有很多的 ES 线，其中每一条线分别代表某一特定数值的预期价格。

上面所论述的仅仅是劳动市场所导致的情况，新古典宏观经济学派认为，社会上一切市场所导致的情况都是如此。因此，附加预期变量的总供给曲线必然存在。[①]

3. 新古典宏观经济学的基本理论模型

我们考虑一个由附加预期变量的总供给曲线 ES 和总需求曲线 AD 构成的经济模型。假定经济社会在开始时处于 y^* 垂直线、ES 和 AD 这三条线相交之点。又假设 AD 曲线由于某些因素的影响而发生移动，那么，根据这一模型而决定的价格水平和收入水平这时是多少呢？

对于这一问题，新古典宏观经济学派的答案取决于 AD 曲线的位置是受到意料之中的因素的影响，还是受到意料之外的因素的影响。

按照西方经济学家公认的说法，AD 曲线的位置可以由于许多外生变量或外界因素的影响而改变。这些外界因素包括财政政策、货币政策、外贸逆差或顺差、外汇行情的波动以及气候变化等自然现象。其中，某些因素完全是意料之外的，如地震、台风、气候的突然改变等等。某些因素完全是意料之中的，如政府的财政政策、货币政策或其他经济政策（假设这些政策是公开执行的）。另一些因素则是介于两者之间的情况，如仅仅被部分地觉察到的外贸逆差或顺差，外汇行情的波动等等。其中被察觉到的部分属于意料中的部分，还没有被觉察到的部分则是意料外的部分。

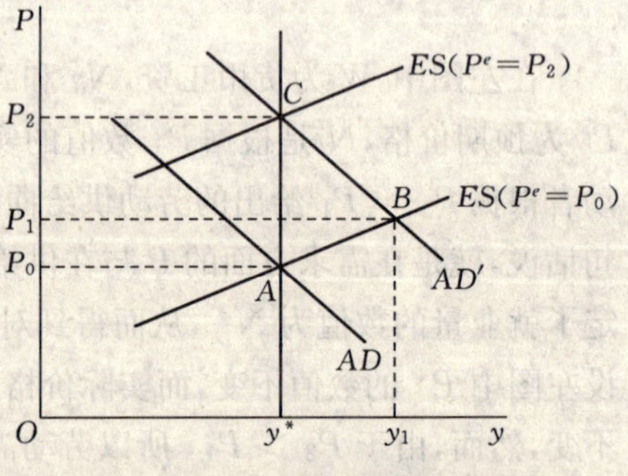

图 14.5 意料之中的原因所造成的后果

现在，假设 AD 曲线位置的改变完全是由于意料中的因素的影响。那么，ES 和 AD 的经济模型如何决定价格水平 P 和产量 y 呢？这个问题的答案可以通过图 14.5 加以说明。

图中，假定经济社会在开始时处于 A 点，即处于 y^* 垂直线、ES 和 AD 这三条线相交之点。又假设完全由于意料之中的因素的影响，AD 的位置移动到 AD'，那么，情况变动以后的 P 和 y 各是多少呢？

图形表明：ES 和 AD' 相交于 B 点。B 点处的价格水平和产量分别为 P_1 和 y_1。从表面上看，P_1 和 y_1 似乎就是问题的答案。

---

① 斯诺登著：《现代宏观经济学发展的反思》，商务印书馆 2000 年版，第 13—14 页。

但是，新古典宏观经济学派认为，B 点不可能成为问题的答案。因为 B 点的答案违反理性预期的假设。如果 B 点代表问题的答案，那么，根据经济模型（ES 与 AD' 的交点）而推算出来的 P 必然是 P_1，此时，预期的 P 必然是 P_0（因为，在 ES 与 y^* 垂直线的交点，预期的 P 必然等于实际的 P，从而，$P^* = P_0$）。因此，在这里，预期的 P 和根据经济模型而推算出来的 P 并不相等，由此可知，B 点所涉及的 P^e 并不是理性预期的 P。既然理性预期学派假设每个参与经济活动的人的预期都是理性的，所以，B 点不能长期存在，从而，P_1 和 y_1 也不能构成问题的答案。

那么，什么是理性预期学派的答案呢？AD' 是意料之中的原因所造成的。这就是说，在有效地利用一切信息的情况下，AD' 的位置已是众所周知的。在这种情况下，显然，图上的 C 点可以使预期的 P 和根据模型而推算出来的 P 相等，因为 C 点是根据 P^e 等于 P_2 而得到的另一条 ES 线、y^* 线和 AD' 这三条线的交点。从 C 是 ES 线与 AD' 线的交点来看，P_2 是根据经济模型而推算出来的 P。从 C 是 ES 和 y^* 交点来说，则 $P^e = P_2$。因此，三条线相交于一点，就意味着预期的 P 和根据模型而推算出来的 P 相等。这时的预期就是理性的预期，从而，C 点就代表问题的答案。C 点所代表的价格和产量分别为 P_2 和 y^*。把 C 点和原来的 A 点相比较，价格已从 P_0 上升到 P_2，而产量却不变，仍然为 y^*。因此，由于意料中的原因而造成的总需求的变动只能使价格水平上升或下降，并不能导致整个经济社会就业量或产量的变动。

新古典宏观经济学派的上述结论具有明显的政策含意。它意味着，既然一切公开执行的宏观经济政策，包括财政和货币政策在内，都属于意料之中的因素，那么，宏观经济政策就只能改变价格水平的高低，而不会造成就业量或产量的上升或下降。这也意味着，凯恩斯主义经济学派所主张的通过宏观经济政策来改变就业量的说法是错误的。

虽然由于意料之中的因素而造成的 AD 的变动不能改变 y 的数值，但是，新古典宏观经济学派认为，意料之外的因素所造成的 AD 的变动却可以导致 y 的变动。事实上，按照该学派的说法，资本主义市场经济波动的唯一原因恰恰在于意料之外的因素。这一想法也可以通过图 14.6 加以说明。

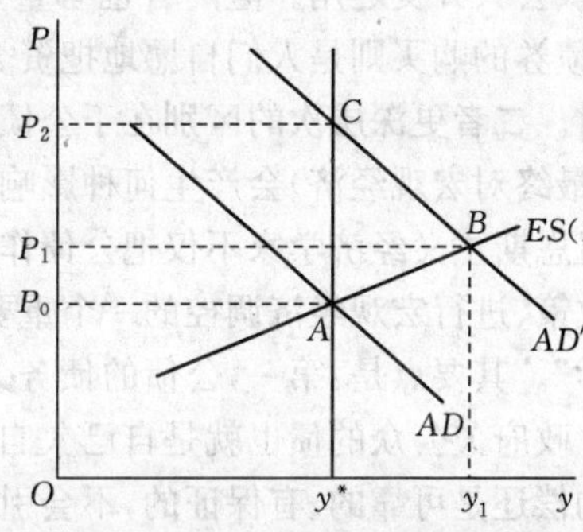

图 14.6　意料之外的原因所造成的后果

在该图中，经济社会在开始时仍然处于 A 点，但 AD 移到 AD' 的原因却是由于信息不能事先知道的意料外的因素造成的。因此，虽然 AD 已经移动到 AD' 的位置，但参与经济活动的人并不能觉察到这一事实。他们还以为 AD 仍然处于原有的位置。在这情况下，他们对价格的理性预期只能是 P_0。因为，如果 AD 的位置没有移动，预期的 P 就是 P_0，而根据经济模型推算出来的 P 也是 P_0。这就是说，即使存在着理性预期，价格水平和产量却可以由于意料之外的原因而发生波动，在这个例子中，它们分别波动到 P_1 和 y_1 的数值。可以看到，理性预期一方面维护了传统西方经济学的总供给曲线，另一方面又以意料之外的因素的影响来解释资本主义市场经济活动的上升和下降。

理性预期学派认为，对于意料之外的因素所造成的价格和产量的波动，国家不能使用宏观经济政策来加以避免，或使经济保持稳定。由于意料之外的因素无法事先得知，所以参加经济活动的人，包括国家的经济管理人员在内，事先都不知道这些因素的存在，更谈不到理解这些因素的作用。因此，即使宏观经济政策是有效的，国家的经济管理人员也无从执行这些政策。理性预期学派的最终结论是，在任何情况下，宏观经济政策都是无效的。

五、新古典宏观经济学的政策含义和主要政策观点

新古典宏观经济学在经济政策含义上基本上是经济自由主义的倾向，即主张尽可能地实行自由放任的经济政策，让市场机制充分地发挥自行调节的作用，反对政府对经济生活干预过多，特别是反对实行凯恩斯主义的宏观经济政策。

一般说来，新古典宏观经济学沿袭货币主义的传统，在说明货币政策在理性预期条件下将完全无效的同时，也对财政政策提出了更多的反对意见。

财政包括政府收入和支出两个方面，其中支出可以作为整体加以研究，而对收入方面则有必要作进一步的划分。从广义上说，政府为支出筹措资金的方法有三种：征税、发行货币和公债。其中，货币的发行被认为是一种特殊形式的税收。因而，通常并不把发行货币作为一项单独的收入列入在政府预算收入之中。因此，政府收入一般是指税收和公债。另一方面，公债是用来弥补政府支出和税收之间的差额（赤字）的，所以在狭义上，只有税收才被认为是政府收入。美国经济学家罗伯特·巴罗曾经分别就政府的支出、税收和公债作了较深入的分析。①这里，我们仅说明新古典宏观经济学关于公债的分析。

1. 公债非中性理论

公债和税收有共同之处，它们都是从公众手中抽取一部分收入，然后再把这些资金转交给政府，供公共开支之用。但两者也有重要区别，其中一点是，税收是由政府分派下来强制执行的，而债券的购买则是人们自愿地把资金以交换的形式转让给政府，旨在获得以后的利息和分期偿付。二者更深层次的区别在于公债将公共开支的偿还负担推迟到了未来，这一点对人们的行为（最终对宏观经济）会产生何种影响，正是各种公债理论产生分歧之处。

凯恩斯主义经济学家不仅把公债作为弥补财政赤字的一个重要手段，而且也作为政府实施财政政策、进行宏观经济调控的一个重要工具。对此，凯恩斯主义经济学家还提出了所谓的“公债哲学”。其要点是：第一，公债的债务人是国家，债权人是公众。国家与公众的根本利益是一致的。政府欠公众的债也就是自己欠自己的债。第二，如果政府的政权是稳定的，这就保证了债务的偿还是可靠的、有保证的，不会引起信用危机。第三，公债不会对子孙后代构成负担。因为发行公债可以促使资本更多更快地形成，加快经济增长的速度，从而使子孙后代在偿付公债的负担之后，还能得到更多的财富和消费。由此，凯恩斯主义经济学家把用发行公债来弥补由于增加支出而造成的政府预算赤字这一办法，看作是经济萧条时期刺激总需求的重要途径。

总之，在凯恩斯主义经济学家看来，公债的效果是非中性的，即是有益处的。

2. 李嘉图—巴罗等价定理

新古典宏观经济学家罗伯特·巴罗，根据“理性人”的假说，复兴了19世纪初的著名古典经济学家大卫·李嘉图曾经提出的一个重要观点，即，在本质上说征税和举债是等价的，因而公债

① R. J. Barro, 1989, “The Neoclassical Approach to Fiscal Policy”, in Barro(ed), *Modern Business Cycle Theory*, Harvard University Press: pp. 178—235.

的效果是中性的，既不会带来好处，也不会带来坏处。

李嘉图在其经典性著作《政治经济学及赋税原理》一书中提出了一种推测，即：在某些条件下，政府无论通过债券还是税收来筹资，其效果是等价的或者说是相同的。西方经济学家称巴罗发现的李嘉图这一观点为"李嘉图—巴罗等价定理"。从表面上看，以税收筹资和以债务筹资并不相同。政府的税收减少了一个人的财富。而出售相当于该税收额的债券给同一个人，以后再同利息一起偿还给他。这似乎并没有改变这个人的财富。但是，政府的任何债券发行均体现着将来的偿还义务；从而，在将来偿还时，会导致社会承担更高的税收。如果人们意识到这一点，他们将会把相当于未来额外税收的一部分财富积蓄起来。结果，人们可支配的财富数量与征税时的情况一样。李嘉图本人并不认为上述推测完全符合现实，但是巴罗却认为按理性预期行事的人们正是如此行事的，因此，无论是税收融资还是债务融资，其效果都是相同的。

罗伯特·巴罗在《政府债券是净财富吗？》①一文中提出，当政府出售债券以弥补减税的收入损失时，具有理性预期的人同时就会意识到：将来为了还本付息，他会面临更高的赋税。政府借债只是一种对他推迟了的纳税。为了应付将来的税收负担，人们将会把由于减税而增加的收入储蓄起来，以备将来应付增加的税收，而不是花掉那些因暂时减税而增加的收入。

早在巴罗发表这篇文章之前，一些经济学家已经认识到对将来赋税的预期会促使消费者储蓄更多。但他们认为这种抵消作用只是部分地发生。人们不可能永远活着，有些人在债券需要兑付以前会死去。如果由于偿付公债而导致的更高的赋税负担部分地落在后代身上，今天的纳税人确实感到他的财富更多些，因此花费也会多一些。

针对这种想法，巴罗认为，假定今天的纳税人通过遗产与后代有联系，那么李嘉图等价定理最终还是成立的。理由是：消费者是关心后代的，他们不仅从自己的消费中获得满足，而且从其孩子的消费(成长)中得到快乐。而且，他们的孩子又关心自己的孩子，情况会如此继续下去。由于人们这种代与代之间的联系，今天的纳税人就会像他们能永远活着一样地行动。如果政府增加财政预算赤字，纳税人知道他们的孩子可能面临更重的纳税负担，他们就会考虑留给后代更多的遗产。为此，他们就需要更多的储蓄，而不会增加其目前的消费。

巴罗所复兴的李嘉图等价定理有很强的政策含义。如果人人都认识到他们的纳税只是被推迟了，那么，政府通过借款而增加的任何支出都将被私人储蓄的等额增加所抵消，结果，既不存在消费扩张，也没有收入增加的乘数效应。这样一来，政府用减税的办法或者用举债支出的办法来刺激经济的财政政策就是无效的。

第四节　新凯恩斯主义经济学派的主要观点及政策主张

面对新古典宏观经济学派的责难和挑战，一批仍然信奉凯恩斯主义基本思路的西方经济学

---

① 巴罗：《政府债券是净财富吗？》，载《政治经济学杂志》第 82 卷，1974(11)，第 1095—1117 页。

家，也随着新古典宏观经济学派的成长而形成了目前的新凯恩斯主义经济学派。其中的代表性人物是斯蒂格利茨(J. Stiglitz)、曼昆(N. G. Mankiw)、阿克洛夫(G. Akerlof)、罗默(D. Romer)、泰勒(Taylor)等人。这一学派的特点主要表现在两个方面。

一、对新古典宏观经济学派的某些观点加以肯定和吸收

新凯恩斯主义者认为，新古典宏观经济学派有两个观点是可以肯定的，因而应该被吸收过来。

1. 理性预期的观点

新凯恩斯主义者虽然并不认为人们最终能够准确地预期到现实的情况，但是，他们也认为，人们会为了自己的利益而尽量收集信息，以使其预测能够趋于正确；收集的信息不但涉及过去，而且牵涉到未来的事态。所以，理性预期的思想可以在这个意义上被接受。

2. 宏观经济学必须有微观基础的观点

新凯恩斯主义者同意，宏观经济理论必须符合微观经济学的假设条件，特别是个人利益最大化的假设条件，也就是说，宏观经济理论必须有微观经济学的基础。

二、对原有的凯恩斯主义的观点的坚持

在部分吸收新古典宏观经济学派观点的同时，新凯恩斯主义者也坚持了一些凯恩斯主义理论原有的论点。这主要是：

1. 工资和价格刚性(粘性)的观点

工资和价格刚性(粘性)的观点在凯恩斯主义经济学中占有特殊的地位。它们被认为是导致经济波动的一个重要原因。新凯恩斯主义者仍然坚持工资和价格的刚性(粘性)。他们认为，虽然从理论上说，工资和价格应该灵活地涨落，以便保持供求的均衡，但是，实际的观察表明，二者并不随时随地发生变动。因而，二者的刚性(粘性)是客观存在的事实。

2. 市场"非出清"或"不出清"的观点

新凯恩斯主义者认为，正是由于工资和价格的刚性(粘性)，所以市场上的供求量未必经常相等，即经常处于和新古典宏观经济学派的假设相反的市场"非出清"或"不出清"状态。不论这一状态存在的原因究竟是什么，新凯恩斯主义经济学派还是认为，市场不出清状态毕竟是客观存在的事实。

3. 认为"卢卡斯批判"不适用于"斟酌使用"(相机抉择)的政策

新凯恩斯主义者认为，"卢卡斯批判"的有效性仅限于政策发生巨大变动时的情况。这就是说，只有当经济政策的性质或幅度发生重大的变动时，经济模型的参数(如价格调整方程中的π^e和h)才会出现较显著的变动，从而，"卢卡斯批判"才能生效①。但是，"斟酌使用"(相机抉择)的政策往往代表政策的微小变动，比如，利息率提高 0.25 个百分点(即年率的变动为 0.0025)。在

① 霍尔、泰勒：《宏观经济学》第 3 版，诺顿公司 1991 年版，第 503 页。

这种情况下，参数变动的大小微不足道，完全可以忽视不计。因此，不能根据“卢卡斯批判”对“斟酌使用”(相机抉择)的政策加以全盘否定。

4. 不赞同“李嘉图—巴罗等价”的观点

新凯恩斯主义者认为，“李嘉图—巴罗等价”的观点是否成立值得质疑。其原因在于：第一，普通人即使具有理性，也未必像巴罗所说的那样能够有远见地考虑到增发公债而引起的将来赋税的增加；第二，人的生命是有限的，而偿债的时期可能在生命结束之后。即使普通人能够想到偿债问题，但利己的动机会使他们并不关心这一点。巴罗所提到的“对后代人的关心正如对自己一样”的看法是否能够成立还有待于事实的验证。①

5. “挤出效应”的影响会受到条件的限制

对此，新凯恩斯主义者提出了两个限制条件。②第一，“挤出效应”只有当 *LM* 曲线处于垂直状态时才会完全发生作用，也就是说，只有在这种情况下，政府的投资才会把私人投资完全挤掉。然而，*LM* 曲线的垂直状态仅仅是一个特殊状态，只有国民收入达到充分就业以后才可能如此。问题是，当充分就业已经实现后，政府已经没有直接投资的必要了。第二，在达到充分就业以前，虽然政府投资可以部分地排挤掉私人投资，但是，如果政府同时采用适当的扩大货币供给的政策加以配合，则利息率也未必会上升很多。这样一来，被排挤掉的私人投资的数量就很少，甚至为零。

6. 认为经济萧条对自然率具有“永久性作用”

“永久性作用”(hysteresis)是西方经济学新近出现的一个名词。它的意思是：经济萧条状态的长时期存在可以对自然率的数值造成永久性的作用。比如，在长时期的萧条状态中，失业的劳动者会荒疏他已经掌握的技术，从而使他成为一个不适合雇主需要的劳动者。又比如，长期的萧条可以使失业者丧失寻找工作的勇气，或者使他习惯于懒散的生活，因而失去寻找工作的动力。凡此种种都会加大自然失业率的数值。“永久性作用”的概念就是新凯恩斯主义者提出来的。

“永久性作用”的政策含义是很明显的。由于它不但会导致暂时性的失业，而且还会扩大长期失业大军的比例，所以，国家更有必要来推行克服萧条状态的经济政策。

二、新凯恩斯主义经济学对粘性工资和价格的重视

新凯恩斯主义一方面吸收了新古典宏观经济学派的理性预期和微观基础的观点，另一方面又坚持了凯恩斯主义经济学派原有的工资和价格刚性、不出清的市场以及斟酌使用(相机抉择)的经济政策的必要性等观点。因此，新凯恩斯主义者至少面临着两个任务：其一是，在承认理性预期和微观基础(如个人利益最大化)的前提下，提供刚性工资和价格存在的理由；其二是，用工资和价格刚性来解释经济波动的原因，并证实斟酌使用(相机抉择)的经济政策的必要性。

1. 工资刚性(或粘性)③存在的理由

① N. 格里高利·曼昆：《宏观经济学》，沃斯出版社 1992 年版，第 429—433 页。

② 多恩布什、费希尔、斯塔兹：《宏观经济学》第 7 版，麦格劳-希尔公司 1998 年版，第 248—252 页。

③ 目前西方的文献更多地使用粘性。为了和过去的关于凯恩斯模型的用法保持连续性，我们在本书中也使用刚性。在短期内，二者的含义大致相同；也许粘性的含义较弱。

新凯恩斯主义者认为,工资由雇用合同所规定。在协商合同时,劳动者根据他所估计的或预期的价格水平(P^e)来决定他要求的工资(W^e)的高低。在合同期限内,劳动者必须按照他根据预期的价格水平而计算出的 W^e 提供劳动;即使在此期间实际的价格水平(P)有所变动,劳资双方也必须遵守 W^e 的数值(即工资的高低)。由此,新凯恩斯主义者提出两个工资刚性(粘性)存在的主要理由和两个次要的原因。

(1) 工资合同的长期性。

工资合同有具体期限,而且一般又不短暂。在美国的重要行业中,劳动合同的期限往往为三年。也就是说,货币工资(上面的 W^e)在三年内不能改变。由于工资合同期限较长,所以,工资便具有刚性或粘性。

① 工资合同具有分批到期的性质(ataggesed contract)。

社会的全部工资合同不可能同时签订,也不可能同时达到终止期。现实情况往往是:一批工资合同尚在执行中,另一批工资合同已经达到期限,还有一些工资合同已经执行了四分之三的期限,等等。新凯恩斯主义者认为,工资合同的这种分批到期性质会使工资具有粘性或刚性。

② 效率工资论。

所谓效率工资就是指能够保证工人劳动效率较充分发挥的工资水平。在实际经济生活中,为了保持工人的劳动积极性,厂商会愿意支付比平均工资稍多一点的工资。否则,工人易于外流到其他的厂商那里,或者是劳动积极性不高。而为了补充流失的工人,培训新职工,厂商将花费更多的培训费用。如果在岗的工人劳动积极性不高的话,实际上也意味着厂商付出了高工资。所以,为了使原有职工不会外流并且保持他们的工作积极性,厂商一般也不愿意轻易降低工资。这样一来,工资也就具有了刚性。

③ 就业与失业职工的差别。

与厂商签订了工资合同的人,其工资水平已经被工资合同所固定了。虽然失业的职工会愿意接受较低的工资,但厂商一般无法和他们进行联系,无法实施低工资的办法。这样,实际工资水平也会保持其刚性或粘性。

2. 价格刚性(或粘性)存在的理由

(1) 市场的不完全性。

市场的不完全性有可能是垄断的存在造成的。而垄断成分的存在,也意味着厂商或企业家具有一定程度的控制价格上升或下降的力量。

(2) 工资的刚性①。

工资是构成企业产品成本的一个重要部分。工资的刚性的存在会使产品成本较少变化,或没有变化。当市场情况不变时,厂商也就没有多大必要去改变产品的价格。

(3) 菜单成本。

厂商改变价格时,需要重新印刷它的产品价格表,向客户通报改变价格的信息和理由;所有这一切都会引起一笔额外的开支或费用。这就像餐馆里由于价格改变而重新印制新菜单价目表要花费一点成本一样。虽然菜单成本的数值并不很大,但是,如果菜单价目表变动的次数很

① 霍尔、泰勒:《宏观经济学》第3版,诺顿公司1991年版,第449页。

多，也会给厂商带来一些不利之处，比如使顾客感到麻烦和不快等。①出于这种考虑，当价格改变带来的好处与上述成本和麻烦相比，或是相当，或是后者更大时，厂商也许就不愿意改变价格了。

(4) 价格分批变动的性质②。

和工资变动的情况一样，社会上所有商品的价格并不是在相同的时刻一起变动的。一部分价格会受到销售合同的限制，不能任意改变。由此也可以造成价格的粘性。即使是不受销售合同限制的价格，如零售业的价格，厂商一般也不会做出较大幅度的调整。因为，如果其他厂商不这样做，单个厂商的单独行动就有可能招致不利的后果。出于这一考虑，在改变价格时，厂商往往会采取试探性的步骤，对价格作较微小的改变。这样的做法也就使价格具有了粘性。

新凯恩斯主义提出的这些造成工资和价格刚性或粘性的原因，是要说明：尽管人们的预期是理性的，而且人们有使自己的利益最大化的动机，但社会的市场经济体制和结构会使工资和价格必然具有刚性或粘性。而这种刚性或粘性又导致了产量和就业量的波动，以致使政府采用斟酌使用(相机抉择)的宏观经济政策成为必要。

三、新凯恩斯主义经济学的基本模型

为了说明新凯恩斯主义对经济波动的解释③，有必要首先说明新凯恩斯主义的短期总供给曲线。

新凯恩斯主义的短期总供给曲线可以从图 14.7 中推导出来。其中(a)图中的 N_d 和 N_s 分别表示劳动的需求曲线和供给曲线。它们都是实际工资 W/P 的函数。不过，在事实上，劳动的需求方面所支付的和劳动者所得到的只能是货币工资。因此，劳动的需求和供给两个方面都必须使用一定的价格指数 P 去除货币工资才能得到实际工资 W/P。

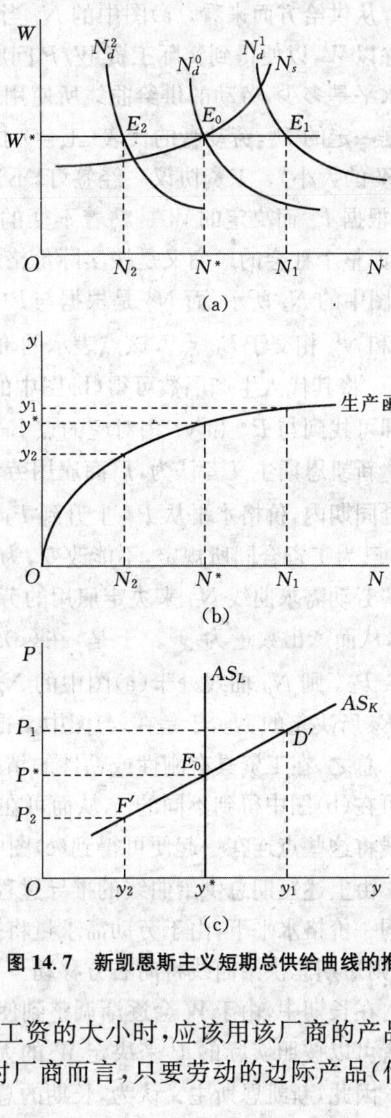

图 14.7 新凯恩斯主义短期总供给曲线的推导

新凯恩斯主义者认为，厂商在决定他所支付的实际工资的大小时，应该用该厂商的产品价格去除货币工资。因为，微观经济学的原理已经表明，对厂商而言，只要劳动的边际产品(代表

① 霍尔、泰勒：《宏观经济学》第 3 版，诺顿公司 1991 年版，第 444—447 页。

② N. 格里高利 · 曼昆：《宏观经济学》，沃斯出版社 1992 年版，第 314—315 页。

③ 严格说来，新凯恩斯主义者使用两个经济模型来解释产量和就业量的波动：一个模型把工资刚性当作波动的原因；另一个则把价格的波动作为原因。除了原因的差别以外，二者的形式和结果基本相同。为了简化论述，这里把两个原因放在同一模型之中。

劳动给厂商带来的利益)大于它为了这一劳动而必须支付的代价(即劳动的实际工资),厂商便会增加雇用的人数一直到代表其收益的边际产品与代表其成本的实际工资相等时为止。这就是说,每一行业的厂商都会用本行业产品的实际价格去计算他所支付的实际工资的大小。既然社会上的各行各业全部都由厂商所经营,那么,厂商整体必然会用实际存在的价格指数或价格水平 P 去计算实际工资。

从供给方面来看,(a)图中的 N_s 当然也是实际工资 W/P 的函数。在劳动者用什么样的 P 去除以 W,以便得到实际工资 W/P 问题上,新凯恩斯主义者认为,不论劳动者是否知道实际价格水平是多少,劳动的供给曲线所使用的 P 只能是在签订合同时他们所预期的价格 P^e。正是根据一定的 P^e,劳动者的代表(工会)才与厂商通过讨价还价以后达成工资协议(即规定货币工资 W 的大小)。工资协议一经签订,不论情况如何变化,双方都必须遵守。这就是说,在合同期内,根据 P^e 而决定的 W 是粘着不变的。另一方面,在同一期间,实际价格水平却可以经常变动,而整个社会的厂商又是按实际价格水平 P 来决定对劳动的需求的。如果 P 正好等于 P^e,如(a)图中的 N_s 所示,而 N_d^0 是根据与 P^e 相等的 P^* 而作出的劳动需求曲线。由于 $P=P^e$,所以 N_s 和 N_d^0 相交于 E_0 点。该点表示的价格水平 P 和就业量 N 顺次为 P^* 和充分就业的就业量 N^*。将其代入生产函数可得(b)图中的 E_0 点,从而相应的充分就业的产量为 y^*,于是在(c)图中即可找到与 P^* 和 y^* 相对应的点 E_0。E_0 点便是新凯恩斯主义短期总供给曲线上的一点。

新凯恩斯主义者认为,厂商雇用劳动的实际数量取决于 W 和 N_d 的共同作用。例如,在工资合同期内,价格水平从 P^* 上升到 P_1,这时(a)图中的劳动需求曲线从 N_d^0 移动到 N_d^1。由于 W^* 已为工资合同所规定,不能改变,为了取得最大利润,厂商只能根据既定的货币工资 W^* 和新的劳动需求曲线 N_d^1 来决定雇用的劳动数量。由(a)图所示,这时厂商实际雇用的劳动数量为 N_1,从而产出数量为 y_1。于是,在(c)图中可得到与 P_1 和 y_1 相对应的点 D'。如果实际的 $P=P_2$,则 N_d 曲线处于(a)图中的 N_d^2 的位置。按照同样的步骤便可找出 N_d^2 与 W^* 两线交点 E_2 所决定的 N_2,于是在(c)图中又得到 F'点。

总之,在工资具有刚性或粘性的情况下,从不同的 P 可得到不同的 N,根据这些不同的 N 便可在(b)图中得到不同的 y,从而可在(c)图中找到不同的点(如 E_0、D'、F'等),用一条光滑的曲线将这些点连在一起便可得到(c)图中的曲线 AS_K,这便是新凯恩斯主义的短期总供给曲线。

由上述短期总供给曲线的推导过程可以知道,若货币工资降低(即(a)图中的 W^* 下移),则在同一价格水平下,由于劳动需求量将提高,从而总产出将相应增加。这意味着,若货币工资下降,则短期总供给曲线将向右方移动。

在长期中,由于 W 会逐渐调整到使 W/P^e 等于 W/P,所以 P^e 等于实际的 P。这就是说,劳动者可以按照实际的 P 来决定 W 的大小,因而能使 N_d 和 N_s 相交于充分就业(或自然率)之点。因此,新凯恩斯主义认为,长期的总供给曲线是(c)图中的相当于 y^* 的垂直线 AS_L。

上述的结果是仅就劳动市场的情况而言的。其实,在产品市场,结果也是相同的。由于价格的粘性,每一种产品市场的供给价格在短期内只能是 P^e,即供给厂商所期望得到的粘性价格。然而,在需求方面,由于对某一产品的需求往往来自不同的地方(如饭馆、食堂、糖果厂、面包房、挂面厂等都需要购买面粉),所以需求价格代表实际的价格水平(P)。按照和劳动市场相类似的步骤,也同样可以得到与图 14.7 中相同的短期和长期供给曲线。

把新凯恩斯主义和新古典经济学的劳动市场的情况加以比较，可以看到，前者的劳动市场处于不出清的状态，供求之间存在着差距，如图 14.7 的(a)图中的 E_2E_0 和 E_0E_1 所示。在后者的劳动市场中，存在着市场出清的状态，如(a)中的 E_1 和 E_2 点所示。这种市场不出清和市场出清的差别也应该存在于其他市场中。

四、新凯恩斯主义经济学派的政策主张

原凯恩斯主义经济学主要是针对经济萧条提出的。新凯恩斯主义经济学派继承了这一倾向，也试图对市场经济的波动进行新的解释，并进而提出其政策主张。

1. 对宏观经济波动的分析

新凯恩斯主义经济学家对宏观经济波动的分析，是用总需求曲线和总供给曲线并结合长期劳动合同的交错性质来说明的，如图 14.8 所示。

假定经济起初位于总需求曲线 AD_0 和新凯恩斯主义短期总供给曲线 ASK_0 的交点上，这时价格水平为 P_0，实际收入为 y_0。假定经济受到总需求的冲击，例如，由于企业对将来收益的预期发生变化而减少了投资需求，或者全球经济的萎缩使净出口需求减少，或者是政府由于某种原因而增税，或者政府支出的突然减少，或者货币供给的减少引起了总需求的减少，等等。总需求的减少反映在总需求曲线上，则使总需求曲线从 AD_0 向左移动到 AD_1 的位置。

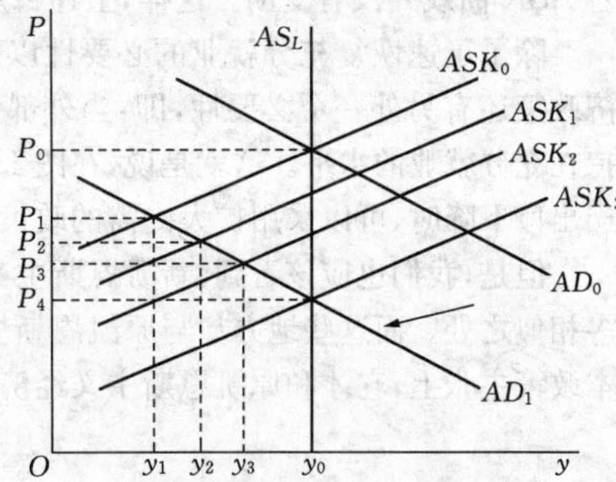

图 14.8　新凯恩斯主义对经济波动的解释

现在假定劳动市场的工资合同为期 3 年，且每年都有工资合同总数 1/3 数量的合同需要重新签订。按照新凯恩斯主义理论，当总需求曲线移动到 AD_1 后，实际收入会下降到 y_1，价格水平也会下降到 P_1。这种状态将一直持续到第一批劳动合同被重新签订时为止。在第一批占总数 1/3 的劳动合同重新签订时，劳动供求双方达成了较低的货币工资协议，较低的货币工资使短期总供给曲线向右移动到 ASK_1，这时价格水平下降到 P_2，实际收入增加到 y_2。到了需求冲击后的第 2 年，当第二批劳动合同重新签订时，劳动供求双方又达成了较低的货币工资协议。较低的货币工资又使短期总供给曲线进一步向右移动到 ASK_2，相应地，价格水平下降到 P_3，收入增加到 y_3，类似地，到了第三批劳动合同重新签订时，总供给曲线向右移动到 ASK_3，这时，价格水平卜降到 P_4，而收入则恢复到了总需求冲击前的充分就业的水平 y_0。

按照上述例子分析，在新凯恩斯主义看来，整个经济经历了三年左右的衰退。这便是新凯恩斯主义对宏观经济波动所作的解释。

2. 新凯恩斯主义者稳定经济的政策主张

新凯恩斯主义在经济政策主张方面所持有的观点是，由于价格和工资的刚性或粘性，经济在遭受到总需求冲击后(例如导致经济衰退)，从一个非充分就业的均衡状态回复到充分就业的均衡状态，是一个缓慢的过程。因此，用政策来刺激总需求是必要的，不能等待工资和价格向下的压力带来经济恢复，因为这是一个长期的痛苦的过程。

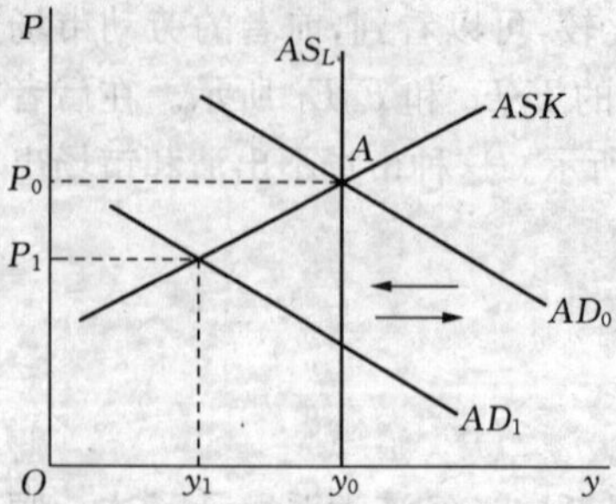

图 14.9　新凯恩斯主义稳定经济的政策

假定在图 14.9 中,经济最初处于由总需求曲线 AD_0 和总供给曲线 ASK 的交点 A 所确定的充分就业状态。这时的收入和价格水平分别为 y_0 和 P_0。在为期一年的劳动合同被签订后的某一天,由于经济遭受总需求冲击,使总需求曲线移动到 AD_1。这时,实际收入下降到 y_1,价格水平下降到 P_1。这时,政府有两种选择:一是使该经济停留在价格水平为 P_1,收入水平为 y_1 的萧条状态(至少短期如此);二是政府采取旨在刺激总需求的政策。新凯恩斯主义者主张实行第二种方案。按照这一方案,总需求曲线将从 AD_1 回复到原来的 AD_0 的位置,从而使经济再回复到原来充分就业的状态上。直到这一年的年末,尽管厂商和工人都有理性预期,但原有的劳动合同没到期,因而,就没有新的劳动合同签订。这意味着 ASK 曲线并没有变动。这样,上述稳定性政策就是必要的。

除了迅速恢复充分就业的必要性以外,新凯恩斯主义者还认为,斟酌使用(相机抉择)的经济政策还有另外一个必要性,即:当外部冲击到来时,这种政策可以抵消外部冲击,使总需求保持在充分就业的水平。这就是说,在图 14.9 中,使总需求曲线不会从 AD_0 移动到 AD_1。例如,当出口下降时,可以采用扩大内需的政策来补充出口量的下降。

但是,我们也应该看到,新凯恩斯主义经济学毕竟在许多方面与新古典宏观经济学有着更多相似之处。而这些地方却与原凯恩斯主义经济学有着很大的不同。只是在最终结论上和基本政策主张上,它才和原凯恩斯主义经济学有着比较一致或接近的看法。

第五节　西方宏观经济学发展的新近动向

20 世纪 90 年代以后,诺贝尔经济学奖的颁发对象,在一定程度上向我们显示了宏观经济学的最新发展动向。我们曾经在论述西方宏观经济政策理论的演变时指出,随着理性预期理论的兴起,宏观经济学对预期在经济政策制定中的作用给予了相当的重视,由此产生了博弈理论在宏观经济政策理论方面的应用。事实上,这也构成了西方宏观经济学,特别是宏观经济政策理论的一种发展。此外,在经济全球化过程中,进一步研究开放宏观经济学的重大问题;在寻求宏观经济学微观基础过程中,进一步对以前宏观经济学研究所忽略的问题,如:信息问题、制度问题的研究,对经济增长中规模经济及其变动的研究,也都是目前宏观经济学深入研究的前沿。

一、经济政策的博弈论研究

按照西方经济学家的说法,政府为了达到某种既定目标,比如,低通货膨胀,需要通过宏观经济政策对工资协议施加影响。而其结果又取决于民众(工会组织)如何预期未来的价格水平和向政府作出反应。这样一来,政策的作用过程就变成了政府(中央银行)与民众(特别是工会)之间的一场博弈过程。

通过货币政策来影响工资的博弈过程,其规则是,工会以一致要求增加货币工资作为第一步行动。工会必须在增加名义工资还是不增加名义工资之间作出选择。政府采取第二步行动。如果政府可以自由运用相机抉择权,它就可以考虑在提高名义工资的同时,在提高货币供应增长率和不提高货币供应增长率之间作出选择。于是,这场博弈活动存在着下面四种可能的结果。

工会面临的选择			
不增加工资		增加工资	
政府面临的选择			
不提高货币增长率	提高货币增长率	不提高货币增长率	提高货币增长率
可能的结果			
低通货膨胀率 低失业率	高通货膨胀率 低失业率	低通货膨胀率 高失业率	高通货膨胀率 高失业率

二、对时间不一致性的研究

工会与政府之间的博弈模型也说明了宏观经济政策的一个重要特点,即时间的不一致性将会影响经济结果。

假定在工资谈判前,政府公布紧缩性的货币政策,希望它有助于节制工资上升。如果政府坚持这样做,那么,对工会来说最有利的选择是不要求与预期通货膨胀相一致的工资上涨。这样将产生理想的结果:低通货膨胀率、低失业率。如果工会坚持要求增加工资,而政府仍坚持紧缩性货币政策,失业率就会提高。

不过,如果工会设想,一旦不要求工资上涨的工资协议定下来后,政府还会不会把不提高货币增长率作为最好的政策呢?一般说来,答案往往是否定的。

实际的情况是,出于政治原因,政府常常倾向于采取高通货膨胀率换取低失业率的政策。于是就出现了这样一种可能性:如果工会同意不增加货币工资,政府很可能想抓住这个机会来减少失业。由于工资已经被钉住,更快的货币增长至少在短期内有利于创造就业机会。结果,工人遭受实际工资下降的损失。

另一种情况是,假若工会签订了增加货币工资的合同,政府决策者面临的选择则是:或者坚持紧缩性货币政策,让失业率上升;或者放弃紧缩性政策,以减少失业。在这种情况下,工会便会预期政府很可能放弃原来的紧缩性政策,而选择目前看来更好的政策:加快货币扩张,以降低失业率。一项原本适合于今天的政策,随着时间的推移,很可能不再适合于明天。这就发生了时间不一致性。①借助于时间的不一致性概念,我们可以知道政府最初的低通货膨胀政策会因

① “时间不一致性”这一概念最先由芬·基德兰德与爱德华·普雷斯科特合写的《宁要单一规则,不要相机抉择:最优计划的不一致性》,相关内容载《政治经济学杂志》,1977(85)。

为时间的不一致性而受挫。如果工会意识到了这一点，并预期货币将会更快地增长，那么，签订增加货币工资的合同总会使他们的处境好一些。假若真如预期的那样，中央银行放弃了紧缩性政策，其结果则很可能是高通货膨胀率，而就业却不会增加。由此看来，如果政府可以根据情况的变化自由选择某个时期的政策，即使是最好的政策也存在着通货膨胀的倾向。政策的时间不一致性告诉人们，如果没有什么办法能硬性规定政府必须执行其原来的计划，政府就有权选择目前看来更好的政策。问题在于，如果经济主体（工会）意识到这种情况，他们就会预测政策的变化并采取相应的行动，以阻止决策者所设想的目的的实现。

因此，赢得信誉的可靠办法就是：借助于人人都相信决策者必须遵从有约束力的规则，来消除政府可以改变政策的可能性。在“时间不一致性”的概念提出之前，赞成规则的人倾向于非干预主义。他们认为反通货膨胀政策是无效的，甚至是有害的。时间不一致性的概念不仅使宏观经济政策争论的焦点转移到了积极干预政策是否有效的问题上，而且向人们表明，建立对规则的信任比具体的规则本身更为重要。

三、新制度主义经济学和新经济史学研究对宏观经济学的影响

诺贝尔经济学奖获得者罗纳德·科斯(Ronald Coase)、道格拉斯·诺思(Douglass North)的研究，为宏观经济学注意制度在经济活动中的作用开辟了道路。尽管科斯的成果更多地被应用于微观经济学方面的进一步深入研究，但是，诺思的研究成果却对宏观经济学的进一步发展不无借鉴意义。一些经济学家，特别在对一些发展中国家的经济问题进行研究时，已经在尝试对宏观经济学作进一步的制度分析。可以预期，今后在这方面的研究，很可能会出现一些新的成果。

四、经济全球化对宏观经济政策的挑战

20世纪末21世纪初，世界经济发生了重要的变化，以信息技术为代表的新产业的出现，不仅带动了相关国家的经济增长，而且对世界经济格局的变化产生了重要的影响。在信息技术飞跃发展的情况下，经济全球化迅速发展。经济全球化使各国市场经济的格局发生了较大的变化，使各国市场经济的运作方式和调控方式也发生了较大的变化。开放经济条件下的宏观经济政策及有关的经济机制等理论问题，正在成为当前宏观经济学研究的外延扩张方向。

在经济全球化条件下，市场开始不再以国别和地域为基本划分条件（尽管以往的外汇市场和期货市场也在一定程度上具有这种性质），而是互相渗透，互相融合，企业的一切经济行为都以全世界为考虑对象或经营范围。国别和地域的利益日益被模糊化（GDP指标取代GNP指标的过程，可被看作国别利益和国别观点被淡化，地域观点被强化的一个例证）。更大的区域经济正在成为经济走向全球化的一个中间形态和过渡阶段（尽管大的区域化经济可能持续更长的时间，才会向进一步的全球化经济过渡，但是，这一过程已经开始了）。APEC、OPEC、欧盟一体化经济、北美自由贸易区等等都是这种过渡形态的具体表现。

经济全球化和新的区域化进程对宏观经济学提出了新的挑战。原有的宏观经济政策利益大打折扣，国家的经济利益和经济安全难以得到保证，国家的宏观经济调控政策的效果大受影

响。在这种形势下，宏观经济学究竟应该如何应付？如何变化？站在谁的立场上？变动趋势如何？都是有待于各国经济学家认真研究的问题。2000年诺贝尔经济学奖得主，加拿大裔美国经济学家罗伯特·蒙代尔(Robert Mundell)提出的国际收支调节模型，国际货币在区域内一体化的理论，都为开放经济条件下的宏观经济政策及有关的经济机制问题开辟了方向。当然，在这方面，除罗伯特·蒙代尔之外，目前的宏观经济学界正在继续研究，还没有提出更多的适当的研究成果。

五、信息经济学研究的深入进一步推动了对宏观经济学微观基础的研究

2001年度的诺贝尔经济学奖授予了以研究信息经济学问题著称的三位经济学家：乔治·阿克洛夫(George Akerlof)、迈克尔·斯彭斯(A. Michael Spence)、约瑟夫·斯蒂格利茨(Joseph E. Stiglitz)。这表明他们致力研究的不对称信息的市场理论受到的重视和重要影响。我们已经看到，当前宏观经济学研究的微观方向正因为信息经济学的发展而得到了加强。

作为新凯恩斯主义经济学的重要代表人物，这三位经济学家的研究体现出了这样的特点，即，第一，他们将宏观经济学的研究与微观经济学的研究更紧密地联系起来，从而将已有的对于宏观经济学的微观基础的研究向前大大地推进了一步；第二，他们将信息经济学的研究进一步推广到应用层次，从而大大丰富了宏观经济学的研究内容和方法，使经济学家们对于以往的宏观经济学理论和政策研究结果，加以重新审视，展开更深层的研究；第三，他们的研究进一步表明，信息的不对称的确是造成市场不均衡和缺乏效率的重要原因，而不完全竞争的市场则是经济中的常态，从而为政府对经济进行干预的必要性再次做出论证，也为政府干预指明了一种新的方向；第四，他们的研究进一步表明，凯恩斯主义经济学与新古典宏观经济学的"趋同"或者接近，似乎已经成为宏观经济学发展的一种日趋明朗的趋势。

本 章 小 结

西方宏观经济学是在经济活动中借助于理论争论和实践检验不断发展深化的。宏观经济学在基本理论方面共识的形成，就是这种发展过程的产物。但是，经济实践活动在发展，各种新的情况不断出现，在很多情况下，理论认识显然是滞后于实践的。由于经济活动的复杂性和人们认识的局限性，在宏观经济政策方面，经济学家对一些主要问题仍然存在着争论，没有得出共识。但是，我们应该知道，争论是共识之母，实践是理论发展之源。我们在学习宏观经济学的过程中，既要学习那些共识，也应了解分歧与争论，更要关注当前宏观经济学发展的最新动向。唯有如此，才能积极主动地学习和运用宏观经济学的知识与原理，恰当地把握和运用适当的方法，在发展变动的经济活动中，为我国的经济建设服务。

思考题

一、名词解释

凯恩斯主义学派　新古典学派　新古典综合学派
货币主义学派　理性预期学派(新古典宏观经济学学派)
供给学派　新凯恩斯主义学派　理性预期
自然率假说　公债非中性观点　李嘉图等价定理
货币中性　政策无效性假说　工资刚性
工资粘性　价格刚性　价格粘性
菜单成本　效率工资　市场出清
卢卡斯批判

二、简答题

1. 当前西方经济学的主要共识表现在哪几方面?
2. 当前西方经济学家们在宏观经济政策方面继续存在着争论的主要问题是哪几方面的?
3. 当前宏观经济学的新发展表现在什么方面?
4. 宏观经济博弈模型可以说明宏观经济政策的一个什么重要特点?
5. 什么因素会引起货币政策和财政政策的时滞?
6. 政策时滞对于宏观经济政策的争论起到了什么作用?
7. 政治性经济周期对政策争论有何影响?
8. 民众对政府的信任会怎样影响降低通货膨胀的代价?
9. 你是否赞成零通货膨胀目标?
10. 预算赤字是否具有合理性? 怎样估价其危害性?
11. 试分析抑制社会储蓄的政策和制度原因。
12. 增加储蓄的税收激励是否一定能够使储蓄和投资增加?
13. 新古典宏观经济学的主要理论渊源是什么?
14. 新古典宏观经济学的基本假设有哪些?
15. 新古典宏观经济学的基本理论观点是什么?
16. 新古典宏观经济学的总供给曲线有什么特点?
17. 新古典宏观经济学在财政政策方面的基本观点是怎样的?
18. 新凯恩斯主义经济学派的主要特点是什么?
19. 新凯恩斯主义经济学派是怎样说明工资的刚性或粘性的?
20. 新凯恩斯主义经济学派是怎样说明价格的刚性或粘性的?
21. 工资和价格的刚性或粘性对于新凯恩斯主义经济学派有什么重要意义?
22. 新凯恩斯主义在经济政策主张方面所持有的基本观点是什么?
23. 新凯恩斯主义经济学派是怎样说明经济波动的?

参考文献

[美]萨缪尔森、诺德豪斯:《经济学》第 16 版,华夏出版社 1999 年版。

[美]曼昆:《经济学原理》,北京大学出版社 1999 年版。

[美]多恩布什、费希尔、斯塔兹:《宏观经济学》第 7 版,中国人民大学出版社 2000 年版。

[美]霍尔、泰勒:《宏观经济学》第 5 版,中国人民大学出版社 2000 年版。

高鸿业主编:《西方经济学》第 2 版,中国人民大学出版社 2000 年版。

Oliver Blanchard, 2000, *Macroeconomics*, Second Edition, Printice Hall.

Rudiger Dornbusch, Stanley Fischer and Richard Startz, 2001, *Macroeconomics*, McGraw-Hill.

Robert J. Gordon, 1987, *Macroeconomics*, Fourth Edition, Little, Brown & Company(Canada) Limited.

Robert J. Barro, 1990, *Macroeconomics*, Third Edition, John Wiley & Sons, Inc..

William J. Baumol, Alan S. Blinder, 1991, *Macroeconomics(Principles and Policy)*, Fifth Edition, Harcourt Brace Jovanovich Publishers.

部分参考答案

第一章

二、选择题

1. E; 2. C; 3. D; 4. D; 5. B; 6. D

三、判断题

1. T; 2. F; 3. F; 4. T; 5. T; 6. T

第二章

二、选择题

1. A; 2. D; 3. B; 4. D; 5. C

三、判断题

1. F; 2. T; 3. F; 4. T; 5. F

五、计算题

1. (1) 私人部门储蓄 S_p = 个人可支配收入 − 消费 = 4100 − 3800 = 300(万美元)

   (2) 政府储蓄 S_g = 预算盈余(或赤字) = −200(万美元)

   根据储蓄—投资恒等式:

   $I = S_p + S_g + (M - X)$

   $I = 300 - 200 + 100 = 200$(万美元)

   (3) 根据 $GDP = C + I + G + (X - M)$,有

   $G = 5000 - 200 - 3800 - (-100)$

   $= 1100$(万美元)

2. (1) 2000 年名义国民生产总值为 370 美元;2001 年名义国民生产总值为 456 美元。

   (2) 2001 年实际国民生产总值为 440 美元。

   (3) 3.6%。

3. (1) GNP = 3350; (2) $T = 335$;

   (3) $T = 410$; (4) $T = 335$

4. (1) 2019 年的实际 GNP = 41179.7

   2020 年的实际 GNP = 41558.8

   (2) 名义 GNP 增长率 = 5.08%

   实际 GNP 的增长率 = 0.92%

   通货膨胀率 = 4.12%

第四章

二、选择题

1. D; 2. A; 3. A; 4. C; 5. C; 6. A

四、分析题

1. (1) 总需求—总供给模型是要说明均衡的国内生产总值与物价水平的决定的。总需求曲线与短期总供给曲线相交时就决定了均衡的国内生产总值和均衡的物价水平。这时总需求与总供给相等,实现了宏观经济的均衡。

   (2) 石油产量减少,导致生产要素价格上升,从而生产其他相关产品的成本增加,这会使得短期总供给曲线左移,如图 1 所示。短期总供给曲线从 SAS_1 向上移动至 SAS_2。

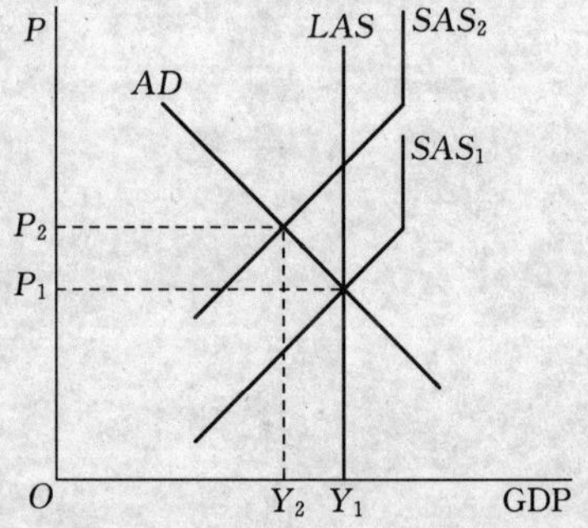

图 1

(3) 这时经济会出现非均衡的产出 Y_2 水平。此时,价格水平上升,总产出下降。

(4) 由于石油冲击,会导致世界总供给减少,价格上升,产出低于初始水平。如果存在工资对价格上升的预期反应,则将出现工资和价格螺旋上升的结果,而产出停滞不前。这就是西方国家 20 世纪 80 年代所出现的滞胀现象。

2. 央行增加货币供给,如图 2 所示,总需求曲线 AD_1 右移到 AD_2。在短期内,由于存在价格粘性,经济会沿着短期总供给曲线 SAS 从 A 点移动到 B 点,产出增加并高于潜在产出水平 Y^*。此时过高的总需求将会引起工资和价格上升,而价格上升会使经济沿着新的总需求曲线 AD_2,从 B 点移动到 C 点。在新的长期均衡点上,产出位于自然产出水平,而价格却高于初始的价格水平。

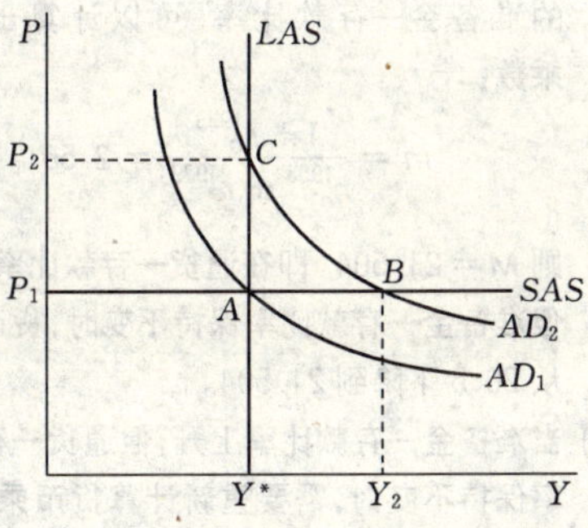

图 2

第五章

二、选择题

1. C; 2. B; 3. C; 4. B; 5. B; 6. C

四、计算题

1. (1) 可支配收入 $Y_D = Y - T + TR = Y - 250 + 62.5 = Y - 187.5$

则 $Y = C + I + G = 100 + 0.8(Y - 187.5) + 50 + 200$

$Y = 200/0.2 = 1000$,即为均衡国民收入。

(2) 投资支出乘数:$K_I = 1/(1-\beta) = 1/0.2 = 5$;

政府购买乘数:$K_G = 1/(1-\beta) = 1/0.2 = 5$;

税收乘数:$K_T = -\beta/(1-\beta) = -0.8/0.2 = -4$;

转移支付乘数:$K_{TR} = \beta/(1-\beta) = 0.8/0.2 = 4$;

平衡预算乘数:$K_{BS} = K_T + K_{TR} = 1$。

2. (1) 均衡收入 750,消费为 700,储蓄为 50;

(2) 企业非意愿存货积累 50;

(3) 若投资增至 100,则新收入 Y' 为 800,比原来的收入 750 增加 50;

(4) 消费函数变化后的收入 1500,储蓄为 5;若投资增至 100,则收入为 2000,比原来收入 1500 增加 500;

(5) 乘数从 5 增加到 10。

3. $C = 100 + 0.5Y \quad S = -100 + 0.5Y$;

$MPC = \dfrac{\Delta c}{\Delta y} = (700 - 600)/(1200 - 1000) = 0.5$;

$APC = C/Y = 600/1000 = 0.6$;

$MPS = 0.5$;

$APS = 400/1000 = 0.4$。

4. 依照题意,宏观经济模型为:

$Y = C + I + G$

$C = C_0 + cY_d$

$Y_d = Y - T + TR$

$T = T_0 + tY$

$TR = TR_0 + pY$

$I = I_0,\ G = G_0$

可得出均衡的国民收入为:$Y^* = \dfrac{1}{1 - c(1 - t + p)}(C_0 + I_0 + G_0 - c_1 T_0 + c_1 TR_0)$。用均衡的国民收入对投资、政府购买支出、税收和转移支付求导数,即可得相应乘数值。

$$k_I = \frac{1}{1 - c_1(1 - t + p)}$$

$$k_G = \frac{1}{1 - c_1(1 - t + p)}$$

$$k_T = \frac{-c_1}{1 - c_1(1 - t + p)}$$

$$k_{TR} = \frac{c_1}{1 - c_1(1 - t + p)}$$

5. (1) 依照题意,宏观经济模型为:

$Y = C + I + G + X - M$

$C = \alpha + \beta Y_D$

$Y_d = Y - T + TR$

$T = -1000 + 0.2Y$

$I = 200 - 0.14Y$

$M = 470 + 0.8Y$

$TR = 0,\ G = 2200,\ X = 1000$

解得均衡国民收入为 $Y = 3983.61$。同理可得消费 $C = 3682.79$，投资 I 为 757.71，净出口 $X-M$ 为 -2656.89。

(2) 均衡国民收入时，

投资乘数 $k_I = \dfrac{1}{1-\beta(1-t)+m} = 0.7353$；

政府购买支出乘数 $k_G = \dfrac{1}{1-\beta(1-t)+m} = 0.7353$；

政府税收乘数 $k_T = \dfrac{-\beta}{1-\beta(1-t)+m} = -0.4044$；

对外贸易乘数 $k_{NX} = \dfrac{1}{1-\beta(1-t)+m} = 0.7353$。

第六章

三、计算题

1. (1) 考虑劳动市场，根据劳动需求和劳动供给方程：

$N_d = 175 - 12.5\dfrac{W}{1.1},\ N_s = 70 + 5W$，

$N_s = N_d$，则有 $W = 6.42,\ N^* = 102.8$。

(2) 当工人要求增加 10% 的名义工资时，则：

$N_d = 175 - 12.5\dfrac{W}{1.15},\ N_s = 70 + 5\left(\dfrac{W}{1.1}\right)$，$N_s = N_d$，则有 $W = 6.81,\ N^* = 101$。由此可见，均衡名义工资上升，就业量下降，实际工资上升。

(3) 当经济初始处于 1000 的充分就业产出水平，实际工资为 6，就业量为 100。如果现期劳动力市场上实际工资低于 6，实际就业超过 100 时，工人会要求更高的名义工资，结果将使得就业下降，实际产出下降，最终在长期恢复到初始的充分就业水平，即实际工资为 6，就业量为 100。

(4) 由于价格水平的上升并不会立即反映到工人的名义工资中，如果工人的实际工资由于价格水平上升而下降，那么低的实际工资将促进就业的增加，从而使得实际产出超过充分就业的水平。

第七章

二、选择题

1. D； 2. E； 3. C； 4. D； 5. B

五、计算题与分析题

1. 4250。

2. 1250；833.33。

3. 2%。

4. 总成本 TC 是交易成本和利息成本之和，即：$TC = FN + (rZ/ZN)$，求出最小成本，即收到的利息最大。于是有：$\dfrac{\partial}{\partial N}TC = F + \dfrac{rZ}{2}\left(-\dfrac{1}{N^2}\right) = 0$，则有 $N = \sqrt{rZ/2F}$。

5. (1) 当通货—存款比率上升，但准备金—存款比率保持不变时，需要重新计算货币乘数，则利用 1993 年的通货—存款比率和 1929 年的准备金—存款比率，可以计算出货币乘数：

$$m = \frac{1 + r_c^{1933}}{r_c^{1933} + r^{1929}} = 2.56$$

则 $M = 21.504$。即在通货—存款比率上升，但准备金—存款比率保持不变时，货币供给从 26.5 下降到 21.504。

(2) 当准备金—存款比率上升，但通货—存款比率保持不变时，需要重新计算货币乘数，则利用 1993 年的准备金—存款比率和 1929 年的通货—存款比率，可以计算出货币乘数：

$$m = \frac{1 + r_c^{1929}}{r_c^{1929} + r^{1933}} = 3.09$$

则 $M = 25.96$。即在准备金—存款比率上升，但通货—存款比率保持不变时，货币供给从 26.5 下降到 25.96。

(3) 比较(1)(2)的结果可以知道，通货—存款比率的上升是影响该国货币乘数和货币供给的最主要因素。

6. (1) 6。

(2) 货币数量论预言，货币增加将使物价水平同比例上升。因而当货币供给由 600 亿元增加到 800 亿元即增加了 33% 时，物价水平将

由最初的 1.5 增加 33% 到 2。

7. (1) 名义 GNP 为 1700 元，$V = 6.8$；

(2) $GNP = 2040$，$P = 4.435$，$Q = 460$；

(3) $GNP = 2100$，$P = 4.565$，$Q = 460$；

(4) 在(2)中，要使价格保持不变，货币供给必须增长 15%；

在(3)中，要使价格保持不变，必须使货币 M 提高到 279.29。

第八章

二、选择题

1. B；2. B；3. C；4. B；5. B

三、判断题

1. T；2. T；3. T；4. F；5. F

五、计算题与分析题

1. (1) 描述 IS 方程的主要有：

$C = 0.8(1-t)Y$

$t = 0.25$

$I = 900 - 50r$

$\overline{G} = 800$

IS 曲线描述的是当产品市场(商品市场)均衡时，利率与产出水平的所有组合，即计划的支出等于收入的利率与产出水平的所有组合。

(2) 描述 LM 曲线的方程是

$L = 0.25Y - 62.5r$

$\frac{\overline{M}}{P} = 500$

LM 曲线是能使货币需求等于货币供给，即货币市场均衡时的利率与产出水平的所有组合。

(3) 联立上述方程组：

$C = 0.8(1-t)Y$

$t = 0.25$

$I = 900 - 50r$

$\overline{G} = 800$

$L = 0.25Y - 62.5r$

$\frac{\overline{M}}{P} = 500$

解方程：

IS：$Y = C + I + G = 0.8(1-0.25)Y + 900 - 50r + 800$

LM：$500 = 0.25Y - 62.5r$

解方程有：

$r = 6$

$y = 3500$

故均衡的利率为 6%，均衡的国民收入为 3500。

2. (1) IS 方程：$Y = C + I + G = 60 + 0.8(Y - 100) + 100 + 150 = 1150$

LM 方程：$200 = 0.2Y - 62.5r$

(2) 联立上述方程有收入为 1150，利率为 0.48。

(3) 均衡收入为 1250，利率为 0.8，投资不发生变化。

3. 购买住房为投资需求，它会影响总需求。

投资增加会引起总需求增加，总需求曲线向右方移动，由 AD_1 移动到 AD_2。

变动的结果是 GDP 增加(由 Y_1 增加为 Y_2)，物价水平上升(由 P_1 上升为 P_2)。

作图如下：

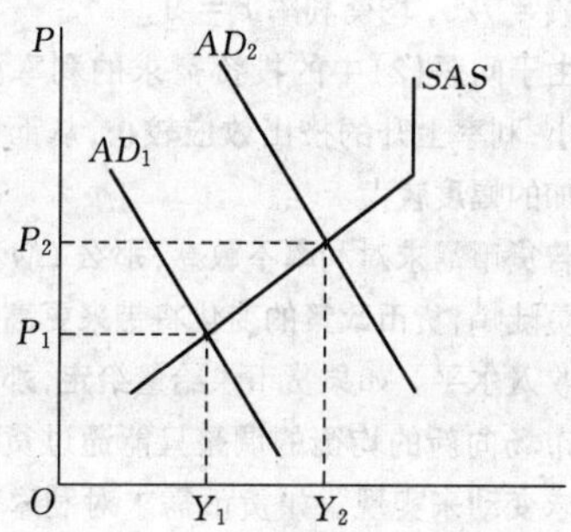

图 1

4. IS-LM 模型是说明物品市场与货币市场同时均衡时，利率与国内生产总值决定的模型。

扩张性货币政策就是增加货币供给量，降低利率，刺激总需求。

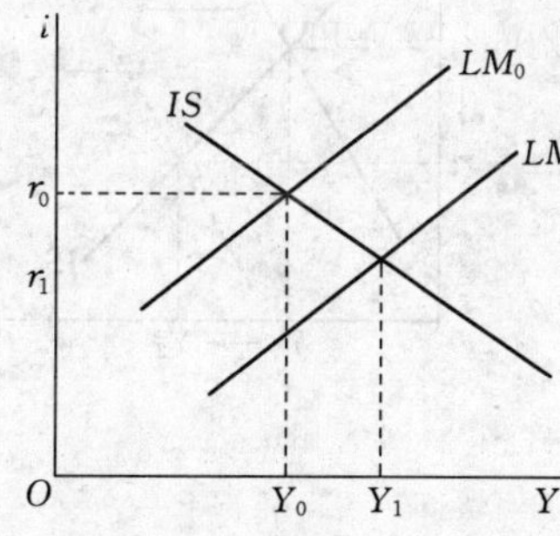

图 2

当货币供给量增加时，LM 曲线向右下方移动，即从 LM_0 移动到 LM_1。

LM 曲线向右下方移动，引起 GDP 从 Y_0 增加到 Y_1，利率从 r_0 下降为 r_1。

5. (1) 由 IS 方程 $Y = 950 - 50r$ 和 LM 方程 $Y = 500 + 25r$，解得均衡收入 $Y = 650$ 亿美元，均衡利率 $r = 6$。根据投资方程 $I = 140 - 10r$，有 $I = 80$ 亿美元。

   (2) 同样由 IS 方程 $Y = 800 - 25r$ 和 LM 方程 $Y = 500 + 25r$，解得均衡收入 $Y = 650$ 亿美元，均衡利率 $r = 6$。根据投资方程 $I = 110 - 5r$，有 $I = 80$ 亿美元。

   (3) 当 $G = 80$ 时，考虑问题(1)，则可以得到新的 IS 方程 $Y = 1100 - 50r$，结合 LM 方程，有均衡收入 $Y = 700$ 亿美元，均衡利率 $r = 8$。考虑问题(2)，可以得到新的 IS 方程 $Y = 950 - 25r$，根据 LM 方程，解得均衡收入 $Y = 725$，均衡利率 $r = 9$。

   由于问题(2)中的投资需求的利率弹性较小，利率上升的挤出效应较小，从而收入增加的幅度较大。

6. (1) 若货币需求对利率不敏感，那么 LM 曲线则更陡峭，货币政策的变化将带来更高的均衡收入水平。如果货币供给量给定，那么货币市场向新的均衡的调整只能通过货币的需求变动来实现。如货币需求对利率较不敏感，货币供给的任何增加要求收入有更大的增加，利率有更大的下降，以使货币市场达到新的均衡，如图3。

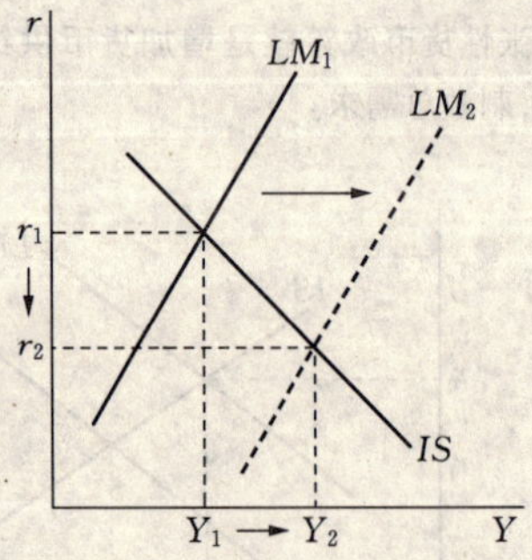

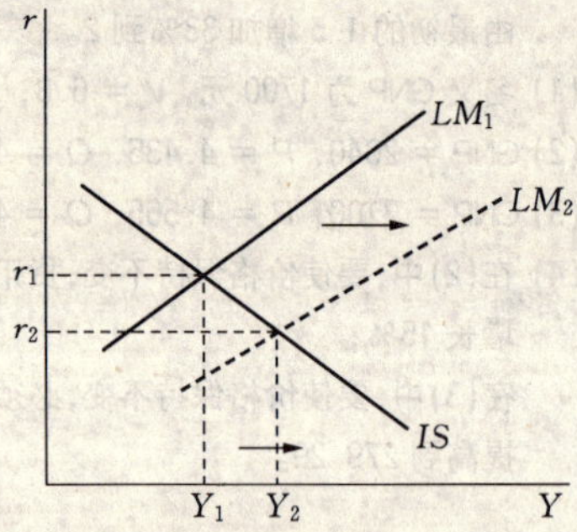

图3

假定 IS 方程和 LM 方程如下：IS 曲线：$Y = \alpha_G(\bar{A} - br)$，$LM$ 曲线：$\frac{\bar{M}}{P} = kY - hr$

解上述方程有 $Y = \frac{h\alpha_G}{h + kb\alpha_G}\bar{A} + \frac{b\alpha_G}{h + kb\alpha_G}\frac{\bar{M}}{P}$，则 $\frac{\Delta Y}{\Delta\frac{\bar{M}}{P}} = \frac{b}{h}r = \frac{b\alpha_G}{h + kb\alpha_G}$

由上式可以看出，由于 α_G 与货币需求的利率弹性 h 无关，显然当货币需求的利率弹性越小时，均衡收入对货币供给量的乘数就越大，即给定的货币供给量的变动对产出的影响就越大。反之，当货币需求的利率弹性越大时，均衡收入对货币供给量的乘数就越小，即给定的货币供给量的变动对产出的影响就越小。

   (2) 当货币供给量增加(下降)时，利率会下降(上升)。如果货币需求的利率弹性越小，即货币需求对利率反映不是很明显，也就是利率下降(上升)不会导致货币需求的大幅度上升(下降)。也就是说一定量的货币供给变动要使得货币需求增加同样的幅度必将导致利率大幅度的变动，大幅度变动的利率必将导致大幅度的投资变动，从而导致均衡收入水平较大幅度变化。反之，如果货币需求的利率弹性越大时，一定货币供给变动将导致利率较小的变动，从而导致投资较小变动，均衡收入水平较小变动。

7. 货币扩张导致利率降低，刺激投资，产出增加。图中 LM 曲线右移，新的均衡点位于 E_2。财政扩张带来更高的产出和更高的利率，在图中 IS 曲线右移，新的均衡点位于 E_1。

通过增加政府购买支出的财政扩张，将使得公共支出增加，而私人投资支出会有所下降。所得税的下降将提高消费水平，但是由于提高利率会挤出部分私人投资，货币扩张会降低利率，从而导致投资支出增加，从而收入增加，因此消费也跟着增加。

投资补贴会使得 IS 曲线右移，新的均衡点为 E_1。即使利率上升，投资补贴的影响也不会全部消失。一般而言，充分就业可以通过扩张性的货币政策和扩张性的财政政策组合来实现。这将使得 IS 曲线和 LM 曲线均向右移，最后的均衡点将位于 E_1 和 E_2 之间的某一个位置。

第九章

二、选择题

1. B； 2. A； 3. C； 4. C； 5. D； 6. B

四、计算题与分析题

1. (1) 均衡收入 $Y = 1045$ 亿美元，政府预算盈余为 45 亿美元；
   (2) 应增加支出 90 亿美元。
2. 在三部门经济模型中，政府购买支出的乘数为：$k_g = 1/[1-c(1-t)] = 1/[1-0.8(1-0.25)] = 2.5$，当政府购买支出减少 200 亿美元时，收入和税收均会减少为 $\Delta Y = \Delta G k_g = -500$ 亿美元，$\Delta T = \Delta Y t = -125$ 亿美元。于是预算盈余增量为：$\Delta BS = \Delta T - \Delta G = 75$ 亿美元，这说明当减少政府购买支出 200 亿美元时，政府预算将增加 75 亿美元，正好与当前预算赤字相抵消，这种支出的变化能最终消灭赤字。
3. (1) 均衡国民收入 $Y^* = 620$ 亿美元；
   (2) 投资乘数为 2.5，政府支出乘数 2.5，税收乘数 2，转移支付乘数 2，平衡预算乘数 0.5；
   (3) 政府可以单独增加政府购买 32 亿美元，或单独减税 40 亿美元，或单独增加政府购买和同时增加税收 160 亿美元，即可实现充分就业。
4. 由 $H = C_u + RR + ER$，$M = C_u + D$，则有

$$mm = \frac{M}{H} = \frac{C_u + D}{C_u + R_d + R_e} = \frac{C_u/D + 1}{C_u/D + R_d/D + R_e/D}$$

即为货币创造乘数。其中 $r_c = C_u/D$ 是现金一存款比例，$r_d = R_d/D$ 为法定准备金率，$r_e = R_e/D$ 为超额准备金率。可见，现金存款比率、法定准备金率和超额准备金率越大，货币创造乘数越小。

5. (1) $M = C + D = 1000 + 400/0.12 = 4333$ 亿美元；
   (2) 中央银行买进 10 亿美元债券，则基础货币增加 10 亿美元，则货币供给增加 $\Delta M = 10 \times (1/0.12) = 83.3$ 亿美元；
   (3) 当准备金率提高 0.2，则存款变为 $400/0.2 = 2000$ 亿美元，现金仍为 1000 亿美元，则货币供给为 3000 亿美元，可见货币供给减少 1333 亿美元。
6. 取消投资津贴和增加所得税虽然都属于紧缩性财政政策，都会使 IS 曲线左移，从而使得利率和收入均下降，但是对投资影响却不一样，在 IS-LM 图形上表现也有较大差异(如图 1 所示)。

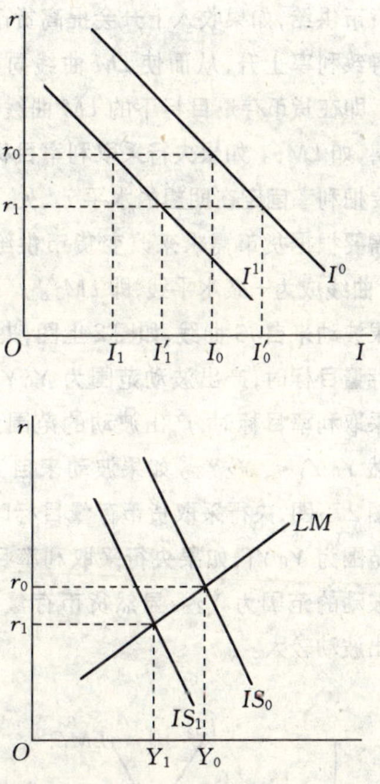

图 1

(1) 当投资津贴减少时，投资曲线左移，即从 I^0 左移到 I^1，如果利率不变，则投资要从 I_0 减少到 I_1。当投资减少后，IS 曲线也会从 IS_0 左移到 IS_1，此时，收入下降，利率下降，即从 r_0 下降到 r_1。由于 r 利率下降，则投资

会增加，即沿着 I^1 曲线下移，投资从 I_1 增加到 I_1'。由此可见投资津贴减少的结果是利率下降，均衡产出减少。

(2) 当增加所得税时，会减少可支配收入，从而降低消费，使得 *IS* 曲线左移，结果导致均衡利率下降，均衡收入下降。利率下降会使得投资增加，即投资会沿着投资曲线 I^0，从 I_0 上升到 I_0'。由此可见，所得税的增加导致利率下降、收入下降，投资却上升。

7. 对于货币存量目标和利率目标的优劣分两种情况：(1) 对于来自 *IS* 曲线方面的支出冲击（如消费、投资、政府购买支出或者进出口冲击），则盯住货币供给量可以使产出波动最小；(2) 对于来自 *LM* 曲线方面的冲击（货币需求或货币供给冲击）时，那么盯住利率更为可取。在 *IS-LM* 模型中，如果央行采取货币存量目标，则会形成固定的货币供给，如果收入上升会提高货币需求，从而导致利率上升，从而使 *LM* 曲线向右上方倾斜。即在货币存量目标下的 *LM* 曲线向右上方倾斜，如 LM_1。如果央行采取利率目标，则央行需要把利率固定在期望的水平 r^* 处，那么央行就需要根据货币需求来改变货币供给，从而使 *LM* 曲线成为一条水平线，即 LM_3。

如果波动来自 *IS* 曲线，如图 2 上图，央行采取货币存量目标时，产出波动范围为 Y_0Y_1，如果央行采取利率目标时，产出波动的范围为 Y_2Y_3。显然 $Y_0Y_1 < Y_2Y_3$。如果波动来自 *LM* 曲线，如图 2 下图，央行采取货币存量目标时，产出波动范围为 Y_0Y_1，如果央行采取利率目标时，产出波动的范围为 Y_2。显然货币存量目标时的产出波动较大。

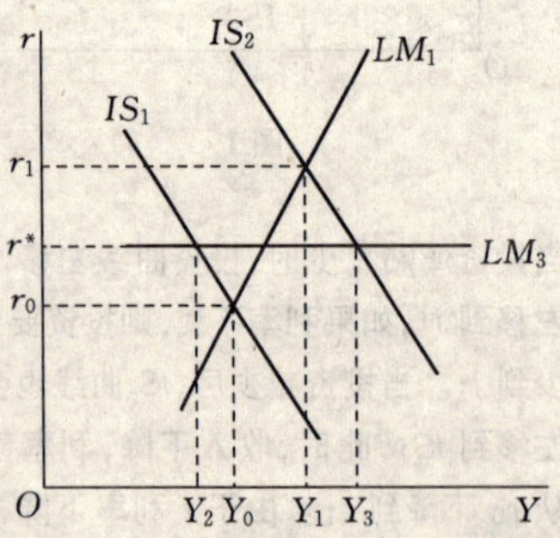

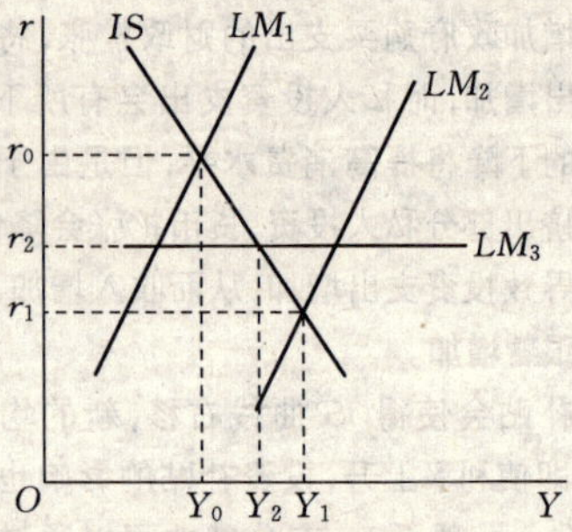

图 2

第十章

二、选择题

1. A；2. D；3. A；4. D；5. B

四、计算题与分析题

1. (1) $k = \frac{K}{L} = \left(\frac{s}{n+\delta}\right)^{\frac{3}{2}}$，

$y = \frac{Y}{L} = \left(\frac{s}{n+\delta}\right)^{\frac{1}{2}}$

(2) $k^* = 3^{-\frac{3}{2}}(n+\delta)^{-\frac{3}{2}}$

(3) 解释国家间的生活差异的一个重要方面是人均收入，当一个国家的储蓄率高，人口增长率低时，该国的稳态人均资本和人均产量就相对较高；反之，当一个国家的储蓄率低，人口增长率高时，该国的稳态人均资本和人均产量就相对较低。因此，根据这里的模型，可以用储蓄率和人口增长率的差异来解释"为什么我们如此富裕，而他们如此贫穷"这个问题。

2. (1) $w = \frac{\partial Y}{\partial L} = \frac{\partial[ALf(k)]}{\partial L} = Af(k) + ALf'(k)\frac{\partial k}{\partial L} = Af(k) + ALf'(k)\frac{\partial(K/AL)}{\partial L} = A[f(k) - kf'(k)]$

(2) 同理可以有：$r = \frac{\partial Y}{\partial K} = \frac{\partial[ALf(k)]}{\partial K} = ALf'(k)\frac{\partial k}{\partial K} = f'(k)$

于是有：$wL + rK = F(K, AL)$

3. (1) $y = f(k) = 10k^{1/4}$，$MPK = f'(k) = 2.5k^{-3/4}$；

(2) $f'(k^*_{gold}) = (\delta + n + g)k^*_{gold}$，$k^*_{gold} = 39.0625$。

4. (1) 储蓄率增加会使 $sf(k)$ 曲线上移，最终导致平衡增长路径上的有效劳动的平均资本增加。

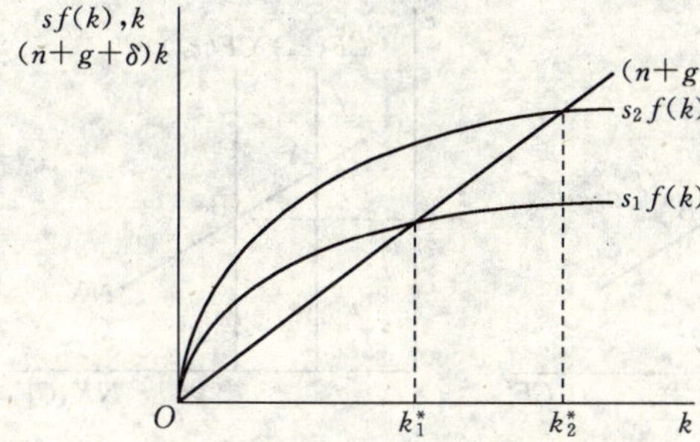

图 1　有效劳动的平均投资与持平投资

(2)

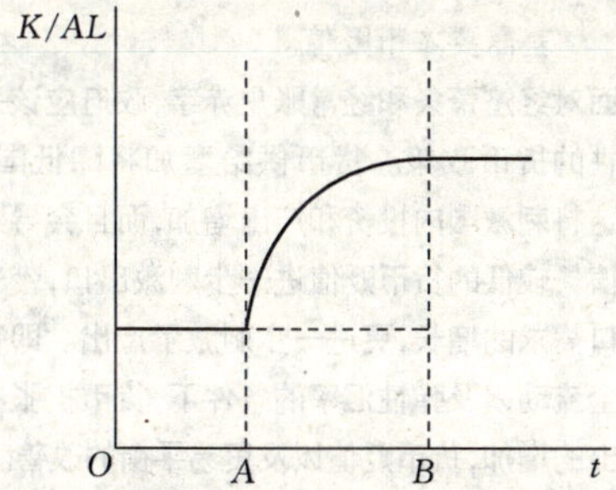

图 2　有效劳动的平均资本增长的时间路径

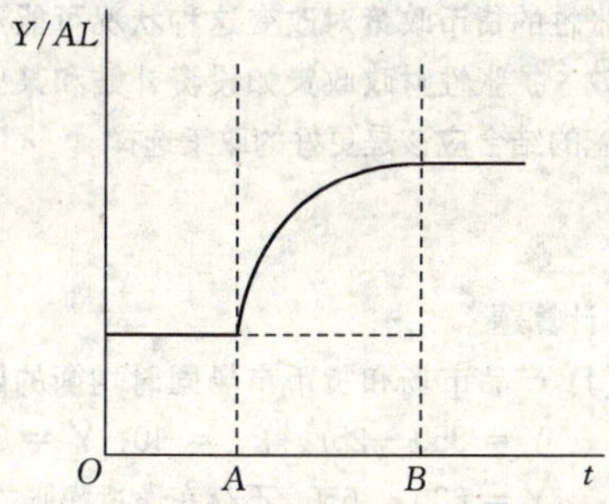

图 3　有效劳动的平均产出增长的时间路径

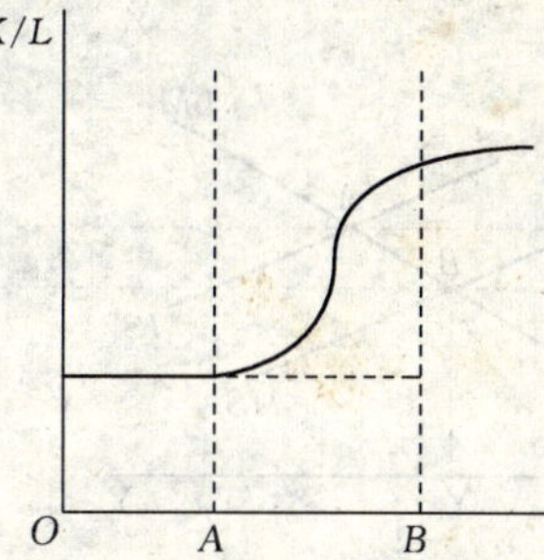

图 4　人均产出增长的时间路径

5. (1) 当经济均衡时，$sf(k) = nk$，则有 $k = 3.8$；
   (2) 由 $f'(k) = n$，则有 $k = 1.97$。

第十一章

二、选择题

1. C；2. D；3. C；4. C；5. B；6. D

四、计算题与分析题

1. 要保证实际汇率不变，则净资本流动 *CF* 必须不变，这只有在实际利率不变时才能实现。因此政府要增加国民收入而保持利率不变，可以采取实施扩张的货币政策，增加货币供给的同时采取扩张的财政政策如增加政府购买支出和减税。这样将使得 *IS* 曲线和 *LM* 曲线均向右移，保证利率水平不变。如图 1 和图 2 所示。
2. 消费者信心下降将使得 *IS* 曲线左移，从而导致国内利率下降，结果净资本流出会伴随净出口增加而增加。汇率会下降，净出口增加，从而阻止了 GDP 的下降。如图 3 和图 4 所示。

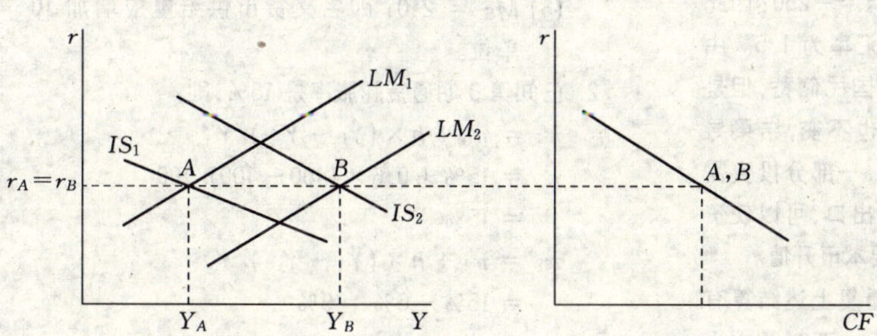

图 1

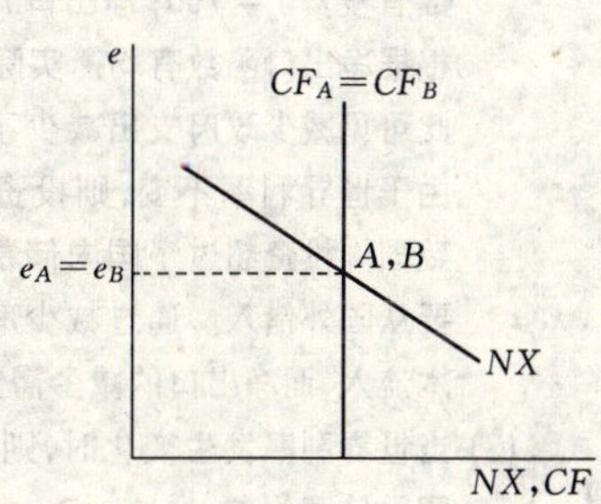

图 2

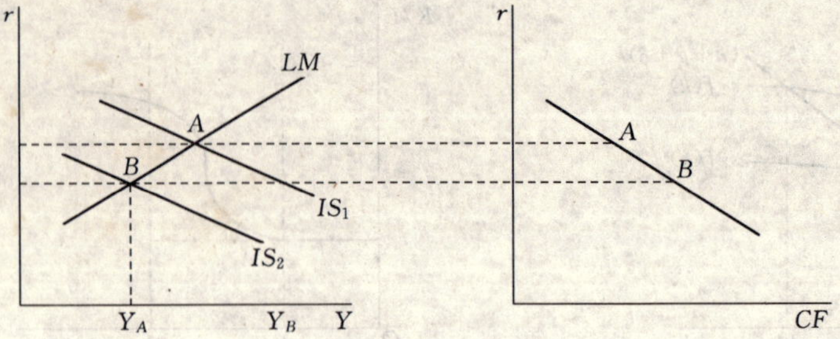

图 3

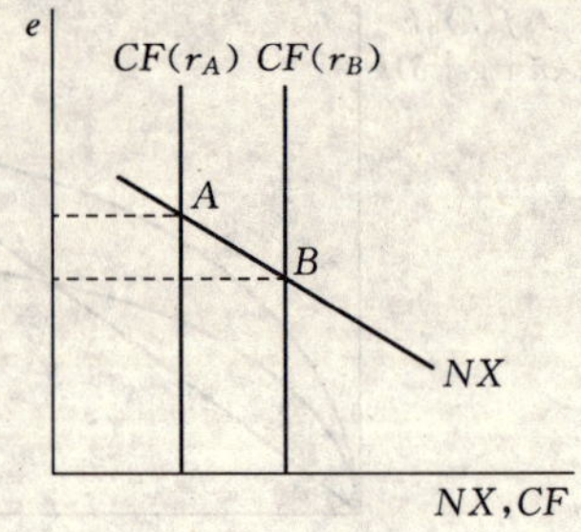

图 4

3. (1) IS 曲线：$Y = 1500 - 2500r$，
   LM 曲线：$Y = 1000 + 2500r$；
   (2) 均衡收入为 1250，均衡利率为 10%，消费为 1000，投资为 150，净出口为 −100。
4. (1) 外贸乘数 $k = \dfrac{1}{1-0.8+0.2} = 2.5$；
   (2) 产品市场均衡时，可以得到 $Y = 400$，则贸易收支 $X - M = 100 - (0.2Y + 30) = -10$（贸易赤字）；
   (3) 要是贸易收支均衡，即 $X - M = 0$，$100 = 0.2Y + 30$，有 $Y = 350$；
   (4) 当处于充分就业均衡时，有 $X - M = 100 - (0.2Y^* + 30) = -30$（贸易赤字）。
5. (1) 国民储蓄是未被私人消费以及未被政府购买支出的那部分产出。已经产出和政府支出，通过消费函数，可以得到消费值。因此国民储蓄为 $S = Y - C - G = 750$；根据投资函数有投资 $I = 750$；净出口 $NX = 0$；因此根据净出口函数有均衡实际汇率为 1。
   (2) 对于新的政府购买支出，同样可以得到国民储蓄为 $S = Y - C - G = 500$；根据投资函数有投资 $I = 750$；净出口 $NX = -250$；因此根据净出口函数有均衡实际汇率为 1.5。由此可见减少政府支出减少了国民储蓄，但是由于世界利率不变，则投资也不变，结果导致国内投资超过了国内储蓄，一部分投资需要从国外借入。通过减少净出口，可以使资本流入，而净出口的减少需要本币升值。
   (3) 当世界利率发生变化时，则重复上述结算有国民储蓄为 $S = Y - C - G = 750$；根据投资函数有投资 $I = 500$；净出口 $NX = 250$；因此根据净出口函数有均衡实际汇率为 0.5。由此可见，更高的世界利率使得投资减少，通过贸易顺差可以使得资本流出，而贸易顺差需要本币贬值。
6. 面对经济萧条和经常账户赤字，政府应该采取扩张性的货币政策。货币供给增加将降低国内利率。这将刺激国内投资和产出增加，而且会导致货币贬值。较低的货币贬值进一步刺激出口，带来本国出口需求的增长，更进一步刺激了产出。即在资本完全流动以及弹性汇率的条件下，货币扩张将带来产出的增加，货币贬值以及贸易平衡的改善。
   芬兰困境主要在于主要贸易伙伴苏联的瘫痪，以及主要出口品纸浆和纸张价格的下跌。因此，扩张性的货币政策对改变这种状况可能不会很有效。扩张性财政政策如投资补贴和某些贸易措施的结合应该是更好的政策选择。

第十二章

三、计算题

1. (1) 产品市场和货币市场同时均衡的国民收入 $Y = 850 - 25r$，得 $r = 10$，$Y = 600$。由于 $Y = 600 < 650$，不存在通货膨胀的压力。
   (2) $P = 0.95$。
   (3) $M_S = 210$，即名义货币供给量应增加 10 单位。
2. 已知第 0 期通货膨胀率是 15%，则：

$$\pi_1 = \pi_0 + h \times (Y_0 - Y^*)/Y^*$$
$$= 15\% + 0.6 \times (100 - 100)/100$$
$$= 15\%$$
$$\pi_2 = \pi_1 + h \times (Y_1 - Y^*)/Y^*$$
$$= 15\% - 6\% = 9\%$$
$$\pi_3 = \pi_2 + h \times (Y_2 - Y^*)/Y^*$$
$$= 9\% - 6\% = 3\%$$

这样，第 3 年就可以达到将通货膨胀率控制在 3% 的目标。

图书在版编目(CIP)数据

宏观经济学/王志伟编著.—上海:上海人民出版社,2007

ISBN 978-7-208-07338-8

(高等院校经济学管理学核心课教材)

Ⅰ.宏… Ⅱ.王… Ⅲ.宏观经济学-高等学校-教材 Ⅳ.F015

中国版本图书馆 CIP 数据核字(2007)第 124651 号

责任编辑 钱 敏
美术编辑 路 静

高等院校经济学管理学核心课教材
宏观经济学
王志伟 编著

出 版 世纪出版集团 www.ewen.cc
格致出版社 www.hibooks.cn
上海人民出版社
(200001 上海福建中路193号24层)

编辑部热线 021-63914988
市场部热线 021-63914081

发 行 世纪出版集团发行中心
印 刷 上海商务联西印刷有限公司
开 本 787×1092 毫米 1/16
印 张 19.5
插 页 1
字 数 465,000
版 次 2008 年 1 月第 1 版
印 次 2008 年 1 月第 1 次印刷
ISBN 978-7-208-07338-8/F·1657
定 价 30.00 元